Hamburger Edition

Studien zur Gewaltgeschichte des 20. Jahrhunderts
Ausgewählt von Jörg Baberowski,
Stefanie Schüler-Springorum und Michael Wildt

Das 20. Jahrhundert gilt als das Jahrhundert des Genozids, der Lager, des totalen Krieges, des Totalitarismus und Terrorismus, von Flucht, Vertreibung, Zwangsmigration – gerade weil sie im Einzelnen allesamt zutreffen, hinterlassen diese Charakterisierungen in ihrer Summe eine eigentümliche Ratlosigkeit. Die Vorstellung, Gewalt einhegen, begrenzen und letztlich überwinden zu können, ist der Einsicht gewichen, dass alles möglich ist, jederzeit und an jedem Ort der Welt. Selbst Demokratien, die Erben der Aufklärung, sind vor entgrenzter Gewalt nicht gefeit.
Darum sind sorgfältige Studien zur Gewaltgeschichte des 20. Jahrhunderts nötig, die Formen, Akteure, Situationen, Rechtfertigungen und Repräsentationen der Gewalt untersuchen. Der Blick darf dabei nicht auf Europa beschränkt bleiben, sondern muss globalgeschichtlich auch jene Räume der Welt einbeziehen, die eng verflochten mit der von Europa ausgeübten Gewalt sind.
Ausgewählt von Jörg Baberowski, Stefanie Schüler-Springorum und Michael Wildt, präsentieren die »Studien zur Gewaltgeschichte des 20. Jahrhunderts« die Forschungsergebnisse junger Wissenschaftlerinnen und Wissenschaftler. Die Monografien analysieren unterschiedliche Felder des Gewaltgeschehens, sie beschreiben aber auch das Erbe der Gewalt und skizzieren mögliche Wege aus der Gewalt.

Kerstin Bischl

Frontbeziehungen

Geschlechterverhältnisse und Gewaltdynamiken in der Roten Armee 1941–1945

Hamburger Edition

Studien zur Gewaltgeschichte des 20. Jahrhunderts

Hamburger Edition HIS Verlagsges. mbH
Verlag des Hamburger Instituts für Sozialforschung
Mittelweg 36
20148 Hamburg
www.hamburger-edition.de

Redaktion: Sigrid Weber
Umschlaggestaltung: Wilfried Gandras, unter Verwendung eines Fotos aus »Mascha + Nina + Katjuscha. Frauen in der Roten Armee 1941–1945«, Deutsch-Russisches Museum Karlshorst (Hg.), Berlin 2002, S. 198.

Satz aus der Minion Pro von Dörlemann Satz, Lemförde
Druck und Bindung: CPI books GmbH, Leck
Printed in Germany
ISBN 978-3-86854-332-2
1. Auflage März 2019

Inhalt

Einleitung

Der deutsch-sowjetische Krieg, der am 22. Juni 1941 begann, war voller Besonderheiten, Extremfälle und Grenzerfahrungen. Dazu gehören insbesondere die Gewalt, mit der das Deutsche Reich die Sowjetunion überzog, aber auch die Antworten, die die stalinistische Sowjetunion fand, um die Niederlage abzuwenden. Gleichermaßen Leidtragende wie auch Exekutoren waren auf sowjetischer Seite die bis zu 35 Millionen Rotarmisten und die knapp eine Million Rotarmistinnen,[1] die diesen Krieg auszufechten hatten. Von der Wehrmacht sollten sie vernichtet werden und mussten sich zunächst verlustreich und schmachvoll zurückziehen; von der eigenen Führung wurden sie massiv repressiert. Schließlich kamen sie als Sieger und Besatzer nach Mittel- und Osteuropa, wo die Männer der Roten Armee Abertausende von Zivilistinnen vergewaltigten: deutsche Frauen, befreite Frauen, slawische Frauen.[2] Wie konnte es zu dieser überbordenden sexuellen Gewalt kommen? Diese Frage steht im Zentrum der vorliegenden Arbeit.

Die Rote Armee changiert in vielerlei Hinsicht zwischen Regelfall und Ausnahmeerscheinung. So mag die Anzahl sowjetischer Soldaten,[3] die von den eigenen Institutionen mit dem Tod bestraft wurden, immens hoch erscheinen. Doch sind die drakonischen Maßnahmen der sowje-

---

1 Die Zahl der Rotarmistinnen und ihre Verteilung auf die unterschiedlichen Tätigkeitsfelder innerhalb der Armee lassen sich genauso wenig genau bestimmen wie die Zahl der Armeeangehörigen insgesamt. Vgl. Jahn (Hg.), Mascha + Nina + Katjuscha, S. 7 f.; Eifler, Bewaffnet und geschminkt, S. 81; Conze/Fieseler, Soviet Women as Comrades, S. 212; Markwick/Cardona, Soviet Women, S. 1, 150, 156; Glantz, Colossus Reborn, S. 554.

2 Für homosexuelle Gewaltakte habe ich keine Belege gefunden. Damit will ich sie nicht ausschließen, die Arbeit zeigt aber, warum sich die sexuelle Gewalt v. a. gegen Frauen richtete, unabhängig von der individuellen sexuellen Orientierung der Täter.

3 Aufgrund der Überzahl der Männer und ihrer diskursiven Dominanz gilt für die Einleitung und den gesamten zweiten Teil der vorliegenden Arbeit, dass die männliche Form beide Geschlechter einschließt. Im Laufe der Arbeit unterscheide ich dann zwischen den Männern und den Frauen der Roten Armee.

tischen Führung letztlich nichts anderes als eine Fortsetzung des Stalinismus vor 1941, und andere Armeen zogen in ähnlich ausweglosen Situationen ähnliche Register.[4] Nichts anderes gilt für die massive sexuelle Gewalt, die die Rotarmisten verübten, als sie nach Deutschland vorrückten. Denn sexuelle Gewalt gegenüber den Frauen der jeweils verfeindeten Nation gehört zu kriegerischen Auseinandersetzungen, seitdem wir von Krieg wissen. Sie findet als staatlich organisierte Prostitution oder in Form von Übergriffen einzelner Soldaten statt, manchmal wird sie gar zur Terrorisierung des Feindes instrumentell eingesetzt.[5] Doch die sexuellen Übergriffe der Rotarmisten stechen zum einen aufgrund der sehr hohen Zahlen hervor: Verschiedene Studien sprechen von über zwei Millionen vergewaltigter Frauen allein auf deutschem Boden. Zum anderen konnten die Vergewaltigungen sehr brutal sein, aber auch als Nötigung ohne Einsatz physischer Gewalt stattfinden. Aber v.a.: Sie hatten nicht nur die Frauen des militärischen Gegners zum Ziel, sondern auch befreite und slawische Frauen.

Diese Varianz, was die Art und Weise der Vergewaltigungen sowie die Opfergruppen anbelangt, erfordert eine Abkehr von monokausalen Erklärungen hin zu einer alltagsgeschichtlichen. Deshalb stellt diese Arbeit das Erleben und die Erfahrungen der Rotarmisten (und der Rotarmistinnen) im Alltag des Großen Vaterländischen Krieges, wie die militärischen Auseinandersetzungen zwischen Deutschland und der Sowjetunion nach russischer Lesart genannt werden, ins Zentrum. Da-

---

4 Darauf haben insbesondere Roger Reese und Amir Weiner hingewiesen. Reese, R., Why Stalin's Soldiers Fought, S. 157; Weiner, Something to Die for.

5 Insgesamt: Brownmiller, Gegen unseren Willen; Bourke, Rape. A History. Für staatlich organisierte (Zwangs-)Prostitution im Zweiten Weltkrieg: Lie, The State as Pimp; Mühlhäuser, Eroberungen, S. 214–239. Für Phänomene sexueller Gewalt im Zweiten Weltkrieg durch deutsche Soldaten: Mühlhäuser, Eroberungen, S. 73–155; Röger, Kriegsbeziehungen, S. 169–209. Beide machen keine quantifizierenden Angaben zu den Übergriffen in der Sowjetunion und Polen. US-amerikanische Soldaten sollen in Deutschland (und Frankreich) bis zu 200000 Frauen vergewaltigt haben. Vgl. Lilly, Rape and American GIs, S. 12; Gebhardt, Als die Soldaten kamen, S. 38. Mary Louise Roberts bringt für die US-Truppen in Frankreich keine Zahlen: Roberts, What Soldiers Do, S. 195–254. Für Übergriffe französischer Soldaten auf deutschem Boden: Bechdolf, Grenzerfahrungen. Zur vielfältigen Literatur zu sexueller Gewalt im Krieg sei auf die Literaturdatenbank der SVAC-Arbeitsgruppe verwiesen; War and Gender, Bibliography, http://warandgender.net/bibliography [23. 08. 2018].

von ausgehend soll untersucht werden, welche Geschlechterverhältnisse und Gewaltdynamiken sich in dem durch Mangel und stalinistische Willkür geprägten Frontraum der Roten Armee herausbildeten, die als Erklärung für die sexuelle Gewalt der Rotarmisten gegen Kriegsende herangezogen werden können. Hierbei kann die Arbeit auf einen großen Literaturbestand zurückgreifen: Alle genannten Themen wurden immer wieder von der Forschung und den Erinnerungsdiskursen der beteiligten Länder aufgegriffen, bislang aber kaum zusammengedacht.

Zur Forschungs- und Erinnerungslandschaft

Sowjetische und westliche Perspektiven auf den Krieg

Die Geschichte der Roten Armee wurde in West und Ost zumeist als Geschichte großer Männer und Schlachtenverläufe erzählt. In der Sowjetunion war es Josef Stalin,[6] der sich zum Generalissimus und alleinigen Sieger des Großen Vaterländischen Krieges erklärte und die einfachen Armeeangehörigen zu »Schrauben« und »Rädchen« in der Kriegsmaschinerie degradierte.[7] Dementsprechend war die sowjetische Geschichtsschreibung der Nachkriegsjahre auch die eines großen Mannes und seiner großen Taten. Sie ignorierte nicht nur das Handeln, den Einsatz und das Leiden der Frauen in der Roten Armee, sondern die Erfahrungen eines jeden einfachen Soldaten, egal welchen Geschlechts.[8]

6 Mit Ausnahme eingedeutschter Wörter und Namen wie Wodka, Trotzki etc. gebe ich im Fließtext russische Begriffe und Eigenamen gemäß der wissenschaftlichen Transkription wieder. Bei veröffentlichten Texten übernehme ich in Fußnoten und Literaturverzeichnis die Werksangaben.

7 Barber, The Image of Stalin in Soviet Propaganda; zur Terminologie: Senjavskaja, Psichologija vojny, S. 185; Zubkova, Russia after the War, S. 27 ff.; Fieseler, Der Krieg der Frauen, S. 39. Allgemein zur russisch-sowjetischen Geschichtskultur mit Blick auf den Krieg für diesen und die folgenden Absätze: Bonwetsch, War as a »Breathtaking Space«; Hösler, Aufarbeitung der Vergangenheit; Langenohl, Erinnerung und Modernisierung; Hoffmann, M., Der Zweite Weltkrieg in der sowjetischen Erinnerungskultur; Tumarkin, The Living & the Dead.

8 Vgl. Fieseler, Der Krieg der Frauen, S. 18; Nikonova, Das große Schweigen. Zum allumfassenden Beschweigen aller(!) einfachen Rotarmisten: Edele, Soviet Veterans, S. 111, 125.

Dies sollte sich mit der Entthronung Stalins ändern. Mit der sogenannten Geheimrede von Nikita Chruschtschow 1956 erschienen die ersten Enzyklopädien und Memoiren mit Bezug auf den Krieg, die zumindest eine Kritik an Stalin und seiner Kriegführung zuließen. Insbesondere unter Leonid Breschnew wurde der »Sieg über den deutschen Faschismus« im »Heiligen Krieg« schließlich an das sowjetische Volk zurückgegeben.[9] Auch um einen gesamtgesellschaftlichen Konsens herzustellen, entstanden unzählige historische Arbeiten, Kriegserinnerungen und Gedenkrituale, die vorwiegend Heldengeschichten erzählten. Dies galt ebenfalls in Bezug auf (einzelne) Rotarmistinnen,[10] um zu zeigen, wie fortschrittlich die Sowjetunion in der Frauenfrage war.[11]

Spätestens mit der Perestroika brachen die russischsprachigen Diskussionen zum Zweiten Weltkrieg ein weiteres Mal auf. Vielfach entstanden Arbeiten und Quellensammlungen, die sich auch mit den weniger heroischen Seiten des Großen Vaterländischen Krieges auseinandersetzten. Die letzten Entwicklungen im russischen Geschichtsdiskurs sind jedoch ambivalent: Neue Quellenkorpora sowie vielfältige Informationen, Berichte und Einschätzungen der pluralisierten und unübersichtlichen Medienlandschaft stehen auf den ersten Blick einer staatlichen Politik gegenüber, die versucht, jeden Ansehensverlust der Roten Armee zu verhindern, und den Krieg entmoralisieren will.[12] Doch der Sieg im Großen Vaterländischen Krieg und die Ehre der Roten Armee scheinen auch gesamtgesellschaftlich umso sakrosankter werden, je weiter sie zurückliegen und Patriotismus sowie Ost-West-Konfrontationen zunehmen.[13]

Auch die Geschichtswissenschaft in Westeuropa und den USA hat sich des Kriegsalltags der Rotarmisten erst relativ spät und mit einigen

---

9 Vermutlich trug auch der millionenfache Tod im Krieg zu dessen Zementierung im sowjetischen Gedächtnis bei, Merridale, Steinerne Nächte, S. 289–328.

10 Siehe dafür insbesondere das Quellenverzeichnis von Krylova, Soviet Women in Combat.

11 Siehe dazu z. B. Murmanceva, Sovetskie ženščiny v Velikoj Otečestvennoj Vojne, S. 3.

12 Für die Entmoralisierung des Krieges: Gudkov, Die Fesseln des Sieges.

13 Siehe dazu die Diskussionen um Äußerungen von Ul'jana Skojbeda: Ja budu vsegda saščiščat' našu Pobedu, no za ›abažury‹ prinošu izvinenie, in: *Komsomol'skaja Pravda* (online) 18. 05. 2013, http://www.kp.ru/daily/26077/2982584/ [26. 10. 2018].

Wendungen angenommen: Vor allem im angelsächsischen Raum wurde der Große Vaterländische Krieg als Antwort auf das deutsche Unternehmen Barbarossa gesehen. Dementsprechend wurde er vielfach einem militärgeschichtlichen Duktus gemäß entlang von Frontverläufen und Schlachten sowie anhand politischer und militärischer Persönlichkeiten erzählt.[14] Neuere Arbeiten beschäftigen sich damit, in welchem Verhältnis der Krieg und das stalinistische System standen, welchen Zugriff der Staat auf das Individuum hatte und in welchem Verhältnis der »Angst-Faktor« oder andere den Soldaten äußerliche Faktoren sowie die Freiwilligkeit, die im sowjetischen System noch möglich war, stehen.[15]

In Deutschland fehlt es weitgehend an einer Forschung zur Roten Armee: Hier lag und liegt das Hauptaugenmerk auf der Wehrmacht. Dazu kommen Arbeiten zum Kriegsende und zur sowjetischen Besatzung Deutschlands sowie zur sexuellen Gewalt der Rotarmisten, auf die noch zurückzukommen sein wird. Besonders relevant für meine Arbeit sind aber die theoretischen Diskussionen, die sich in der westlichen Historiografie entspannten. An diesen sind die neueren Publikationen zu den einfachen Angehörigen der Roten Armee und zu deren Gewalt zu messen.

Kulturgeschichtliche Ansätze und die Frauen in der Roten Armee

Die prägendste theoretische Entwicklung begann mit der zweiten Welle[16] der Frauenbewegung, die in den 1960ern und 1970er Jahren den mannigfaltigen Ausschluss von Frauen kritisiert hatte. Um diese Leerstelle zu füllen, entstand eine vielfach additive Frauengeschichtsschreibung, die Frauen entweder als Marginalisierte und Unterdrückte oder in ihren positiven, gar heldinnenhaften Beiträgen sichtbar machte.[17] Insbesondere die Rotarmistinnen passten zu diesen Ambitionen, sodass auch

14 Werth, Russland im Krieg; Erickson, The Road to Stalingrad; ders., The Road to Berlin; Beevor, Berlin. The Downfall; Overy, Russlands Krieg.

15 Vgl. Reese, R., Why Stalin's Soldiers Fought, Kapitel 7 und 8; Baberowski, Verbrannte Erde, S. 425–436; Birstein, SMERSH. Stalin's Secret Weapon. Diese Arbeit folgt weitgehend Amir Weiner, nach dem sich die Soldaten weitgehend an die Repressionen gewöhnt hatten und diese folglich keine Anomalien mehr darstellten: Weiner, Something to Die for, S. 102, 107.

16 Haas, Der postfeministische Diskurs, S. 7.

17 Habermas, Frauen- und Geschlechtergeschichte, S. 233–237.

im Westen Heldinnengeschichten entstanden, die in einem ereignisgeschichtlichen, oftmals biografischen Narrativ auf sie verwiesen.[18]

Mit dem *cultural* beziehungsweise dem *linguistic turn* und der Alltagsgeschichte sollte sich die Frauengeschichtsschreibung zu einer Geschlechtergeschichtsschreibung entwickeln. Diese fragt, welche Rollen und Attribute Männern und Frauen als geschlechtlichen Wesen in einer bestimmten Zeit an einem bestimmten Ort zugeschrieben werden und wie sie ihre geschlechtliche Identität *(gender)* annehmen, ausfüllen und neu erschaffen *(doing gender)*, sodass eine bestimmte Gesellschafts- oder gar Herrschaftsordnung entsteht. Im Fokus stehen Alltags- und Sprachpraktiken, die es dicht zu beschreiben und zu interpretieren gilt,[19] sowie die subjektiven Identitäten, die Menschen ausmachen.

Die Anleihen feministischer Historikerinnen wie Joan Scott bei Michel Foucault, der wie kein Zweiter für den *linguistic turn* in der Geschichtswissenschaft steht, sind überdeutlich. Laut Foucault bestimmen Diskurse als sich verändernde und sprachlich strukturierte Sagbarkeitsregime nicht nur, was auf welche Art und Weise sag-, denk- und wahrnehmbar ist, sondern lassen dieses Sagbare auch durch die entsprechenden (Sprach-)Praktiken Realität werden.[20] Menschen sprechen, verhalten und erschaffen sich so, wie es Diskurse ihnen vorgeben. Sie nehmen entsprechende Subjektpositionen ein, um wahrnehmbar und handlungsfähig zu sein und um Sanktionen und Ausschluss zu vermeiden, und sie haben wiederum machtvollen, wenn auch nicht immer intendierten Einfluss auf andere.[21]

Geschlechtergeschichte im Besonderen und Kultur- und Alltagsgeschichte im Allgemeinen fragen daher nach den Bedeutungen, die alltäg-

---

18 Pennington/Erickson, Wings, Women, and War; Cottam, Women in Air War; dies., Women in War and Resistance; sowie Smirnova-Medvedeva, On the Road to Stalingrad.

19 Für diesen Absatz und den folgenden: Habermas, Frauen- und Geschlechtergeschichte, S. 233–237; Griesebner, Geschlecht als soziale und als analytische Kategorie, S. 43–48; Scott, Gender: Eine nützliche Kategorie, S. 29 ff. Kessel, Heterogene Männlichkeit, S. 377–381.

20 Foucault, Archäologie des Wissens, S. 31–112. Für den Begriff Sagbarkeitsregime: Baberowski, Der Sinn der Geschichte, S. 197.

21 Für den Begriff Subjektposition bzw. Positionen der Subjektivität: Foucault, Archäologie des Wissens, S. 78–92. Zum Machtbegriff: Foucault, Analytik der Macht, S. 253–260.

lichen Handlungen und körperlichen Praktiken[22] innewohnen, und danach, wie diese kommuniziert werden, nach Sinnstiftungen und dem Selbstverständnis von Menschen. Und sie beschreiben Strukturen ausgehend davon, wie Menschen sie erschaffen.[23] Selbst in Bezug auf Gefühle wird inzwischen die Frage gestellt, wie diese in einem historischen Kontext erzeugt und interpretiert werden und was sie sozial, insbesondere in Hinblick auf Vergemeinschaftungsprozesse, bewirken.[24]

Diese neuen und instruktiven Herangehensweisen wurden bislang aber nur mit Abstrichen auf die Rote Armee angewandt. Zwar gibt es inzwischen die ersten Monografien, die ihr Augenmerk kulturgeschichtlich auf den Alltag und die Wahrnehmungen der »einfachen Soldaten« legen, allerdings (fast) ohne Interpretation der Geschlechter- und Machtverhältnisse.[25] Die explizit auf die Geschlechterverhältnisse in der Roten Armee abzielenden Monografien der letzten zehn Jahre fokussieren v.a. die Rotarmistinnen und heben ihre besondere Position in der Armee hervor. Den Anfang machte Franziska Exeler, die zeigt, wie die Anwesenheit von Frauen in der Roten Armee Irritationen bei den männlichen Soldaten auslöste und die Rotarmistinnen ihren zurechtgemachten Körper gegen Schutz – gewährleistet durch einen ranghöheren Offizier – eintauschten.[26] Anna Krylova verweist darauf, dass für die sowjetischen Jugendlichen »männlich« und »weiblich« aufgrund von Rollenvorbildern sowie der gemeinsamen (wehr-)sportlichen Ausbildung zwar weiterhin binäre, aber keine gegensätzlichen Konzepte mehr waren.[27] Das heißt, die (späteren) Rotarmistinnen unterstrichen weiter-

---

22 Villa, Sexy Bodies.

23 Lüdtke, Alltagsgeschichte; ders., Geschichte und Eigensinn; zur Kulturgeschichte: Baberowski, Der Sinn der Geschichte, S.174–190; Daniel, Clio unter Kulturschock. Eine Unterscheidung zwischen Materialität und Konstruktion, zwischen Akteur und Struktur sowie zwischen körperlichem und sozialem Geschlecht wird so hinfällig: Butler, Das Unbehagen der Geschlechter, insb. S.11; Scott, Die Zukunft von Gender, S.43 ff., 59.

24 Reddy, Historical Research on the Self; Rosenwein, Problems and Methods in the History of Emotions.

25 Merridale, Iwans Krieg.

26 Exeler, »Hier ist Krieg, kein Tanzboden!«. Teile der Magisterarbeit sind veröffentlicht: Exeler, Gewalt im Militär. Siehe auch Köbberling, Das Klischee der Sowjetfrau, S.120–123.

27 Krylova, Soviet Women in Combat, S.13, 18; dies., Stalinist Identity from the Viewpoint of Gender. Sie versieht so die These, dass die 1930er Jahre im Gegensatz

hin ihre Feminität, fühlten sich aber ebenso wie die Männer verpflichtet, ihre staatsbürgerlichen Pflichten zu erfüllen – bewaffnet und in ebenbürtiger, maximal romantischer Kameradschaft mit den Männern.[28] Krylova bestätigt damit die oft behauptete geschlechterpolitische Progressivität der Sowjetunion, jedoch um den Preis, dass sie sich allein auf die ca. 120 000 gut ausgebildeten Elitekämpferinnen bezieht, die seit den 1970er Jahren ihre Heldennarrative publizierten, und die Konflikte zwischen Männern und Frauen in den unteren Rängen bzw. zwischen den Frauen untereinander ignoriert.[29] Arbeiten, die die einfachen Soldatinnen in Blick nehmen, verweisen hingegen auf deren sexuelle Ausbeutung und den undankbaren Umgang mit ihnen in der Nachkriegssowjetunion. Denn hier galten sie vielfach als »Fronthuren«, die ihre Zeit an der Front vorrangig mit wechselnden Partnern im Bett verbracht hätten.[30] Eine geschlechtergeschichtliche Studie zu den Männern der Roten Armee fehlt bislang.[31]

Von der Männlichkeitsforschung zur Erklärung von (sexueller) Gewalt

Die Soziologin R. W. Connell hat gezeigt, dass Männer nicht nur in Machtbeziehungen zu Frauen stehen, sondern auch untereinander.[32] Ausschlaggebend ist dabei, dass nur eine bestimmte Rollenausformung

---

zu den progressiven 1920er Jahren eine Zeit des genderpolitischen Rückschlags gewesen seien, mit einem Fragezeichen. Vgl. Goldman, Women, the State, and Revolution. Für ambivalentere Ansätze siehe: Scheide, Kinder, Küche, Kommunismus. Ebenfalls ambivalenter: Fitzpatrick, Everyday Stalinism, S. 139–163; Conze, Weder Emanzipation.

28 Krylova, Soviet Women in Combat, S. 236–289.

29 Ebd., S. 282.

30 Markwick/Cardona, Soviet Women, S. 138 ff., 201 ff., 230–248; Nikonova, Das große Schweigen; Köbberling, Das Klischee der Sowjetfrau, S. 116–123; Budnickij, Mužčiny i ženščiny v Krasnoi Armii, S. 410. Zum Schweigen über den Kriegseinsatz hatte Michajl Kalinin den Frauen bereits im Mai 1945 geraten. Fieseler, Der Krieg der Frauen, S. 13. Jedoch fehlen Studien zu den Veteranen und darüber, wie sich die Vorwürfe an die Frauen verbreiteten. Zu deren Netzwerken: Weiner, Making Sense of War, S. 8; und zu den Veteranen als soziale Gruppe: Edele, Soviet Veterans.

31 Eine ähnliche Leerstelle konstatiert Erica L. Fraser für Männer und Männlichkeit der Stalinjahre: Fraser, Soviet Masculinities and Revolution, S. 128. Einige Ausnahmen: Livers, Stalinism Embodied; Kaganovsky, How the Soviet Man Was (Un)Made; Haynes, New Soviet Man.

32 Connell, Der gemachte Mann, S. 45 f., 94–103.

von Männlichkeit zu einer bestimmten Zeit als allgemein verbindlich, als objektive Norm, als *role model* gilt, und das, obwohl ihre Vertreter eigene, besondere Interessen haben und auch nur eine Gruppe unter vielen sind. Diese »hegemoniale Männlichkeit« ist somit eine Gruppenpraxis, die sich in Relation, oftmals in Abgrenzung zu anderen Männern und Frauen entwickelt und durchsetzt – und sei es nur in bestimmten Situationen.[33] Nach Connell gilt es zu fragen, wo eine solche beschworen und hierarchisiert wird, wie und über welche Bezugspunkte Männergemeinschaften entstehen und welche Bedingungen Männer erfüllen müssen, um in diesen akzeptiert zu sein.

Als wesentlicher Faktor bei der Konstruktion und Durchsetzung einer solchen hegemonialen Männlichkeit gilt das Militär, das einen Durchgangsritus für Männer darstellt und in einem Zirkelschluss die gesellschaftliche Privilegierung von bestimmten, zumeist heterosexuellen weißen Männern begründet(e).[34] Dabei ist zu beachten, dass selbst in den Männergemeinschaften des Militärs Frauen – oder besser: Frauenbilder – präsent und relevant sind. Das Thema Frauen fungiert als Gemeinschaftskitt unter den Kameraden, und durch das Sprechen über sie können emotionale Prozesse und Probleme zur Sprache gebracht werden, die oftmals nicht anders artikulierbar sind. Dieser Bezug auf (eine imaginierte) Weiblichkeit nivelliert die Unterschiede zwischen den Männern und bringt sie zusammen, auch wenn die angestrebte Männlichkeit vielfach ein Ideal bleibt, um das man konkurriert.[35]

Mit dem Verweis auf das Militär als Instanz zur Ausbildung einer bestimmten Männlichkeit näherte man sich geschlechtergeschichtlich

33 Connell/Messerschmidt, Hegemonic Masculinity, S. 838.

34 Carreiras, Gender and the Military, S. 41 ff.; Frevert, Soldaten, Staatsbürger, S. 77–81. Für die Bedeutung des Militärs für geschlechtlich strukturierte Gemeinwesen: Yuval-Davis, Militär, Krieg und Geschlechterverhältnisse; die Beiträge in: Dombrowski, Women and War; Hagemann/Schüler-Springorum, Heimat-Front; Eifler/Seifert (Hg.), Soziale Konstruktionen; siehe auch Seifert/Eifler (Hg.), Gender und Militär; Selek, Zum Mann gehätschelt.

35 Kühne, Imaginierte Weiblichkeit, S. 239 f.; ders., Kameradschaft, S. 143. In Bezug auf die Wehrmacht wurde Männlichkeit vielfach untergeordnet behandelt. Ansätze bei: Neitzel/Welzer, Soldaten. Protokolle vom Kämpfen, S. 217 f.; Müller, Deutsche Soldaten und ihre Feinde, S. 156–174; Latzel, Deutsche Soldaten – nationalsozialistischer Krieg?, S. 311–321; Werner, Soldatische Männlichkeit im Vernichtungskrieg.

auch dem Phänomen sexueller Gewalt im Krieg, dies aber vielfach allgemein. Sexuelle Gewalt war zuvor auf unterschiedliche Weise, aber fast immer ahistorisch erklärt worden. So wurde von den natürlichen, gar evolutionären Bedürfnissen eines Mannes nach Sexualität gesprochen, die im Krieg, aufgrund jugendlichen Übermuts, mangelnder Disziplin oder einer Wehrlosigkeit den eigenen Hormonen gegenüber, gewaltsamer durchgesetzt würden.[36]

Von dieser ahistorisch-biologistischen Erklärung kam die Journalistin Susan Brownmiller zu einer ahistorisch-patriarchalen. Vergewaltigung sei eine »Methode bewußter systematischer Einschüchterung, durch die *alle* Männer *alle* Frauen in permanenter Angst« hielten.[37] Demnach ist Vergewaltigung ein Herrschaftsinstrument in einem Geschlechterverhältnis. Manche Autor_innen gingen im Anschluss an Brownmiller davon aus, dass es bei Vergewaltigungen nicht um sexuelle Bedürfnisse, also um Lust, gehe, sondern allein um Gewalt. Sie seien als »sexualisierte« und nicht als »sexuelle Gewalt« zu begreifen, also als Gewalt, die sich sexualisierter Mittel bedient, und nicht als gewalttätige Form von Sexualität.[38] In den letzten Jahren wurde dieser Ansatz für Vergewaltigungen in internationalen Konflikten noch um einen kommunikativen Aspekt erweitert. Der vergewaltigte Frauenkörper sei ein Zeichen in der Kommunikation sich bekriegender Männer: Da Frauen diskursiv »das Volk« repräsentierten, sei deren Vergewaltigung eine (gewollte) Nachricht an die besiegten Männer, denen damit abgesprochen würde, diese und damit das eigene Land schützen zu können.[39]

Für den sowjetisch-deutschen Kriegsschauplatz lässt sich dies nicht belegen. Mit einer kulturgeschichtlichen Perspektive, wie der skizzier-

---

36 Sabine Grenz hat gezeigt, dass in dem Gerede von männlichen Trieben, die überschäumen, immer eine Machtgeste, m. E. sogar eine Drohgebärde, steckt. Grenz, Prostitution, S. 339.

37 Brownmiller, Gegen unseren Willen, S. 22 (Hervorheb. im Original).

38 Mischkowski, Sexualisierte Gewalt im Krieg, 18; Seifert, Krieg und Vergewaltigung, S. 86 ff.

39 Seifert, Der weibliche Körper als Symbol, S. 22–27. Diese Lesart findet sich inzwischen auch in der internationalen Rechtsprechung. Mibenge, Sex and International Tribunals, S. 50–59; Lamp, Der Beitrag der Vereinten Nationen. Vergewaltigungen gelten hier als Mittel ethnischer Säuberungen. Auch mancher Veteran der Roten Armee verweist auf eine solche Strategie. Manfred Zeidler widerspricht einer solchen. Zeidler, Kriegsende im Osten.

ten, ist es zudem fraglich, wie eine klare Grenze zwischen Natur/Sexualität einerseits und Macht/sozialen Verhältnissen andererseits gezogen werden kann. Denn alles angeblich Natürliche, auch Sexualität und die damit verbundenen Gefühle von Lust, Rausch[40] oder Scham, ist kulturell, also durch soziale Praktiken, Vorstellungsweisen und Subjektpositionen sowie durch Machtbeziehungen überformt. Vergewaltigungen sind eine Gewalt- und Machtausübung, die dann sexuell ist, wenn die Beteiligten sie so empfinden.[41] Damit ist es für diese Arbeit auch irrelevant, ob es im Falle von gewaltsam erzwungenen sexuellen Handlungen eher um »Gewalt« oder »Sexualität« geht, ob also von »sexueller« oder von »sexualisierter« Gewalt zu sprechen ist.

Insbesondere die Soziolog_innen Gaby Zipfel, Rolf Pohl und Joanna Bourke explizieren die Bedeutung des Militärs für sexuelle Übergriffe durch Soldaten, und ihnen schließt sich meine Arbeit an. Demnach sollen Soldaten in Ausbildung und Kriegsgeschehen nicht nur zu »Tötungsmaschinen« mit »wahnhaften Zügen« werden; die Männergemeinschaft Armee wird zudem durch die sexuell konnotierte Degradierung des Feindes als Frau und Hure zusammengeschweißt, das gemeinsame Töten wird sexuell aufgeladen und der Penis als Waffe, die Waffe als Penis inszeniert.[42] Ausgestattet mit diesem gewaltvollen Bild von Sexualität und einem sexualisierten Bild von Kriegführung vergewaltigen Soldaten, weil sie sich und ihren Kameraden(!) in den Vergewaltigungen ihre Potenz und damit ihre Macht, also ihr männliches Selbstbild, das im Krieg gelitten hat, beweisen und sie sich darüber vergemeinschaften (wollen).[43]

---

40 I. Ü. ist auch der Rausch sozial beeinflusst, kein völlig irrationales Außer-sich-Sein: Klimó/Rolf, Rausch und Diktatur, S. 21 f.

41 Pohl, Feindbild Frau, S. 487, 506–16. Siehe auch Bourke, Rape. A History, S. 13; Mühlhäuser, Eroberungen. Es verwundert keinesfalls, dass von den Tätern und ihren Sympathisanten das angeblich Natürliche, also das Sexuelle, von den Opfern und ihren Verbündeten hingegen der Regelbruch, also die Gewalt betont wird, um Schuldzuweisungen zu begegnen.

42 Bourke, Rape. A History, S. 357–389; Zipfel, »Blood, sperm and tears«, S. 12–18; dies., Schlachtfeld Frauenkörper; Pohl, Feindbild Frau, S. 437–445. Siehe auch Greiner, Das alltägliche Verbrechen. Ruth Seifert hat ebenfalls auf Männlichkeitsangebote verwiesen: Seifert, Krieg und Vergewaltigung, S. 92–95.

43 Auch die Militärpsychologie verweist auf die Wahrscheinlichkeit aggressiver Männlichkeit im Militär sowie auf die Bedeutung der »organisierten Toleranz«

Zipfel, Pohl und Bourke befinden sich damit im Einklang mit der Neuen Gewaltforschung.[44] Diese betrachtet Gewalt sowohl als Rausch als auch als Kommunikationspraxis zwischen Tätern, vermittelt über ihr Opfer. Die Sozialwissenschaftlerin Christa Oppenheimer hat dieses Modell explizit zur Erklärung von kriegsbedingten Vergewaltigungen weiterentwickelt: Vergewaltigungen seien ein Mittel zur Kommunikation zwischen Männern, die sich in ihrer Männlichkeit anerkannt sehen wollen und die vergewaltigte Frau bzw. die Vergewaltigung zum Medium ihrer Anerkennung und zur Bestätigung ihrer Gemeinschaft machen. Die vergewaltigte Frau fungiert als Teil des Anerkennungsgeschehens zwischen den Männern, als eine Art Referenzpunkt, ist aus diesem jedoch gleichermaßen ausgeschlossen.[45]

Als relevant wird bei all diesen Beschreibungen von Gewaltphänomenen der Kontext der Gewalt betrachtet, also die Situationen, Interessen und gegebenenfalls Handlungszwänge, die die Gewalt hervorbringen.[46] Gewalt ist nur unter bestimmten Bedingungen eine Ressource, auf die der Einzelne oder eine Gruppe zurückgreifen, keine Ad-hoc-»Jedermannsressource«.[47] Sie findet in sozialer Interaktion statt, wird in militärischen Institutionen antrainiert und braucht den Druck oder das Vorbild Dritter.[48] Wo Gewalt zur »wichtigsten Handlungsoption« geworden ist, spricht Felix Schnell in Anlehnung an Jörg Baberowski von einem Gewaltraum. Dessen Grenzen sind nicht räumlich bestimmt, sondern v. a. durch die Möglichkeiten, die in ihm bestehen und dafür sorgen, dass sich Gewalt – oftmals, weil der die Gewalt monopolisierende Staat fern ist – als effektiv(st)e Strategie durchsetzt. Es sind »›soziale Räume‹, die den Gebrauch von Gewalt *begünstigen* oder *wahrscheinlich*

---

einer solchen gegenüber: Stander u. a., Gender and Military; Carroll u. a., Rape Myth Acceptance; Williams/Fitzgerald/Drasgow, Organizational Practices.

44 Grundsätzlich zur Neuen Gewaltforschung zusammenfassend: Baberowski, Gewalt verstehen; ausführlich: ders., Räume der Gewalt; siehe auch Schnell, Räume des Schreckens.

45 Oppenheimer, Anerkennung, Mißachtung und Gewalt.

46 Baberowski, Räume der Gewalt, S. 32, 41.

47 Begriff bei: Trotha, Zur Soziologie der Gewalt, S. 18; Popitz, Phänomene der Macht, S. 50.

48 Bourke, An Intimate History of Killing; Collins, Dynamik der Gewalt.

machen« und auf Dauer stellen können.[49] In diesen eignen sich nicht intrinsisch motivierte Gewalttäter Gewalt als Ressource an und interagieren mit den intrinsisch motivierten Gewalttätern, die gemeinhin nur wenige Prozent einer Gruppe ausmachen. Gewalt ist somit wie Sexualität eine soziale Praktik, die wahrgenommen, interpretiert und beantwortet wird. Beides setzt aber am Körper an, kann auch Sprachlosigkeit bedeuten und verändert soziale Beziehungen.[50]

Sexuelle Gewalt beim Einmarsch nach Deutschland

Derlei theoretische oder kontextualisierende Überlegungen fehlen i. d. R. in Arbeiten, die sich explizit mit den Vergewaltigungen deutscher Frauen[51] durch Rotarmisten gegen Kriegsende beschäftigen. Viele basieren auf Dokumenten, die entstanden, als in den 1950er Jahren das Bundesministerium für Vertriebene bzw. die Vertriebenenverbände Arbeitskreise ins Leben riefen, die die Verbrechen der Roten Armee an der deutschen Zivilbevölkerung (m. E. in revanchistischer Absicht) eruieren und dokumentieren sollten[52] und die Phänomene dann als Resultat des Zusammenspiels einer »asiatischen Mentalität« und der sowjetischen »Hasspropaganda« präsentierten.[53]

Mit solchen Begriffen wird das Gewalthandeln der Rotarmisten jedoch (essenzialistisch) kulturalisiert und über die Nationalität der Beteiligten erklärt. Es wird weder erläutert, was eine »asiatische Mentalität«

49 Schnell, Räume des Schreckens, S. 19–26 (Zitat S. 20, Hervorheb. im Original). In Bezug auf Rote Armee und NKVD (sowie Wehrmacht und SS) ist deren Staatsferne zu diskutieren.

50 Siehe zur Sprachlosigkeit insb. Scarry, The Body in Pain. Dazu passen aktuelle Debatten in der neuropsychologischen Forschung, die dem Paradigma der *Fight-or-Flight*-Alternative in Stresssituationen die Optionen *Fright* und *Freeze* hinzufügen. Bracha, Freeze, Flight, Fight, Fright, Faint; Brison, Vergewaltigt, S. 56 ff.

51 »Deutsche Opfer/Frauen« steht hier synonym für »nicht verfolgte deutsche Opfer/Frauen«.

52 Einleitung, in: Spieler, Vertreibung und Vertreibungsverbrechen. Das Gleiche gilt für die umfassendste dieser Quelleneditionen: Die Dokumentation der Vertreibung der Deutschen aus Ost-Mitteleuropa, 1953 (im Folgenden: Dokumentation der Vertreibung).

53 So in der Einleitung der Dokumentation der Vertreibung, Band 1, 1953, S. 60E. Siehe auch: de Zayas, Vertreibung der Deutschen aus dem Osten, S. 72.

ist,[54] noch warum sich »der Hass« ausgerechnet als sexuelle Gewalt gegenüber Frauen ausdrückte und warum er nicht nur deutsche, sondern auch vom Dritten Reich verfolgte Frauen betraf, also z. B. die oftmals slawischen Displaced Women[55] oder Polinnen.[56] Zudem wird ignoriert, dass es gegen Ende des Krieges einen Wechsel in der Propaganda gab, die nun wieder zwischen Faschisten und Wehrmachtssoldaten einerseits und zivilen Deutschen andererseits unterschied und ein entsprechendes Verhalten von den Rotarmisten einforderte.[57] Das Gleiche gilt für die Tatsache, dass die Vergewaltigungen der deutschen Frauen nicht nur brutal und mit Waffengewalt vollzogen wurden, sondern dass es ebenfalls zu Situationen kam, in denen die erzwungene Penetration weitgehend ohne körperliche Gewalt auskam und es keinen Hinweis auf Rachemotive gibt.

Die Gewaltakte der Rotarmisten werden zudem in Monografien behandelt, die sich speziell mit dem Einmarsch in Deutschland und der Besatzung beschäftigen und eine Reihe von scheinbar allgemeingültigen Begründungen anführen: Rache und Hasspropaganda, alkoholisiertes Gruppenverhalten und das Recht bzw. das Bedürfnis der Sieger, durch die Vergewaltigungen ihre männlichen Gegner zu entehren, den »Luststau« der Soldaten aus dörflichen Strukturen, gar deren »Barackensexualität«.[58] An all diesen Argumenten mag – ganz allgemein – etwas dran sein, mehr aber auch nicht.

---

54 Zudem wäre zu erklären, warum es zu keinen vergleichbaren Übergriffen in Finnland oder in Ostpolen gekommen ist. Vgl. Snyder, Bloodlands, S. 135–158; Gross, »Und wehe, du hoffst …«.

55 Der Begriff Displaced Women ist dem der Displaced Person angelehnt und meint augenscheinlich deren weiblichen Teil. Zu Displaced Person: Holleuffer, Zwischen Fremde und Fremde, S. 13.

56 Als Polinnen gelten hier alle Frauen, die sich 1939 bis 1947 als Polinnen verstanden, von den deutschen Behörden 1939 bis 1945 als solche behandelt wurden oder im nach 1945 verschobenen polnischen Staat verblieben.

57 Tischler, Die Vereinfachungen des Genossen Ehrenburg. Die Befehle und Propagandadirektiven sind veröffentlicht in: Scherstjanoi (Hg.), Rotarmisten schreiben aus Deutschland, S. 58 ff., 129, 145 f., 160–167. Siehe auch den anonymisierten Bericht in: Dokumentation der Vertreibung, Band 1, Teil 2, 1953, S. 190.

58 Der Höhepunkt der Allgemeinplätze ist das Geraune über die »dunklen Seiten der männlichen Sexualität«: Beevor, Berlin. The Downfall, S. 30–60, 326–349 (Zitate: S. 32, 327); Peterson, The Many Faces of Defeat, S. 241; Zeidler, Kriegsende im Osten, S. 105–109, 120–167; Naimark, Die Russen in Deutschland, S. 136–148; Merridale, Iwans Krieg, S 334–352.

Die vorwiegend deutschen Studien, die sich in erster Linie mit den deutschen Opfern der Gewalt beschäftigten, beanspruchen für sich, endlich auf das Leiden der deutschen Frauen aufmerksam zu machen, über das viel zu lange geschwiegen worden sei.[59] Dabei kommen v. a. valide Kalkulationen über die Opferzahlen zustande, und es wird auf den sehr ambivalenten Umgang der deutschen Nachkriegsgesellschaft mit den Ereignissen und den Opfern verwiesen.[60] Zu nennen ist insbesondere Barbara Johr, die aufgrund von Fragebögen, die Frauen in Berliner Krankenhäusern ausfüllten, ermittelte, dass ca. 110 000 Frauen und Mädchen der 1,4 Millionen Stadtbewohnerinnen von den in Berlin anwesenden 450 000 Rotarmisten vergewaltigt wurden, also 7,1 Prozent. Und sie gibt eine Opferzahl von 1,9 Millionen deutscher Frauen insgesamt an.[61] (Andere Schätzungen gehen von 30 Prozent betroffener Frauen in Berlin und von 2,5 Millionen Vergewaltigungen insgesamt aus.[62]) Johr macht zudem deutlich, dass es einen Unterschied zwischen der Zahl vergewaltigter Frauen und der an Vergewaltigungen gab: Letztere war um einiges höher als erstere, ist jedoch noch weniger zu eruieren.[63] Miriam Gebhardt hingegen verweist auf die zeitgenössische Definition von Vergewaltigung, setzt als Ausgangspunkt ihrer Berechnung die Zahl der gezeugten Kinder an und verweist auf Angaben, die die Frauen bei den westlichen Besatzungsbehörden machten. Sie kommt auf 860 000 Vergewaltigungen für das gesamte Reichsgebiet, davon 430 000 durch Rotarmisten.[64]

---

59 Sander, Erinnern/Vergessen, S. 13; Gebhardt, Als die Soldaten kamen, S. 7–12; von Münch, »Frau, komm!«, S. 51–65, 79–99. In Bezug auf die deutschen Opfer scheint mehr vom Schweigen geredet worden zu sein, als dass tatsächlich geschwiegen wurde: Mühlhäuser, Vergewaltigungen in Deutschland 1945; Heinemann, Die Stunde der Frauen; Grossmann, A Question of Silence.

60 Für die nicht minder komplexe Lage in Österreich: Stelzl-Marx, Freier und Befreite; Mulley, Die Rote Armee in Niederösterreich.

61 Johr, Die Ereignisse in Zahlen, S. 48–58.

62 Gebhardt, Als die Soldaten kamen, S. 33; Grossmann, Juden, Deutsche, Alliierte, S. 86 f.

63 Johr, Die Ereignisse in Zahlen, S. 55.

64 Gebhardt, Als die Soldaten kamen, S. 30–37. Sie sieht die Vergewaltigungen eher als Gewalt denn als Sexuelles (S. 60–76) und gibt »akute Anlässe« wie Hass, Rache, Ressentiments gegen das reiche und in seiner Sexualmoral bourgeoise Deutschland an (S. 97–107, 110–113). Zudem verweist sie für alle alliierten Armeen auf die »Geschlechterkultur« und »Konsumwirtschaft«, die die »Sexualisierung der

Allerdings sind selbst diese transparenten Kalkulationen, denen meine Arbeit keine anderen entgegenstellen kann, nur Annäherungen: Sie beruhen auf Angaben von Frauen in Krankenhäusern bzw. auf Auskünften der (Frauen bei den) westlichen Besatzungsmächte(n), die dann auf das sowjetische Territorium übertragen wurden. Ein (Groß-)Teil der Vergewaltigungen ereignete sich jedoch beim Vormarsch und betraf Frauen, die sich in kleineren Ortschaften oder auf der Flucht befanden und kein Krankenhaus oder eine Vertretung der Besatzungstruppen aufsuchen konnten.

Diese Abkehr von quantifizierenden Aussagen soll zudem den Blick für die definitorischen Schwierigkeiten öffnen, die dem Sprechen über sexuelle Gewalt zumal in einem Kriegskontext innewohnen. In dieser Arbeit wird unter sexueller Gewalt jede körperlich-intime Handlung verstanden, die gegen den Willen der Betroffenen stattfindet. Im zu behandelnden Kontext ist damit die Penetration von Vagina, Anus oder Mund gemeint, die von männlichen Angehörigen der Roten Armee mit den eigenen Geschlechtsorganen oder körperfremden Objekten vorgenommen wurde. Es spielt keine Rolle, in welcher Weise die Frauen ihren Unwillen kommunizierten. Auch verbale Ablehnung, Weinen, Sich-Abwenden und Ähnliches sollen als kenntlich gemachter Unwille gelten. Zudem sollen Konstellationen als sexuelle Gewalt gedeutet werden, in denen die Frauen die Verletzung ihres Rechts auf sexuelle Selbstbestimmung geschehen ließen, um aus ihrer Sicht größeres Übel, wie z. B. übermäßige physische Gewalt oder die Vergewaltigung einer Tochter, abzuwenden.

Frau« hervorbrachten, während »Männer […] sich in einem gewaltorientierten, kompromisslos heterosexuellen Geschlechtscharakter ein[richteten, kb], der wenig Spielraum für Zuneigung […] und Empathie […] ließ«. Dazu sei die Notwendigkeit gekommen, sich in »die soldatische Gemeinschaft einzufügen und im Kameradenkreis zu beweisen« (S. 145–149). Dem ersten Teil der Argumentation ist für die Rote Armee zu widersprechen.

Zum Aufbau der Arbeit

Neben fruchtbaren Perspektiven hat der Abriss des Forschungsstandes Lücken aufgezeigt, die ich mit meiner Arbeit schließen möchte. Dies betrifft zum einen die massive und höchst unterschiedliche sexuelle Gewalt der Rotarmisten gegen Kriegsende, für die hinreichende Erklärungen fehlen. Zum anderen geht es mir um die Soldaten der Roten Armee, die gegen Ende des Krieges zu Tätern wurden und deren im Krieg kultivierte Männlichkeit bislang nur unzureichend zum Gegenstand historischer Untersuchungen geworden ist.

Im Kontext der bisherigen Forschungen verbindet meine Arbeit bereits bestehende Ansätze und führt diese weiter: Um die sexuelle Gewalt der Roten Armee 1944/45 zu erklären, will ich eine diskursanalytisch inspirierte Alltagsgeschichte der Roten Armee im Zweiten Weltkrieg schreiben, deren Fokus auf Geschlechterverhältnissen, genauer: auf Männlichkeitsdiskursen sowie auf Gewaltdynamiken liegt. Diese Geschichte wird zeigen, dass sich beides überlappte und soll folgende Fragen beantworten: Welchen Einfluss hatte der Kriegsalltag auf die geschlechtlich codierte Selbst- und Fremdwahrnehmung der mehrheitlich männlichen Soldaten, aber auch der Soldatinnen in der Roten Armee? Welches Verhalten, welche Subjektpositionen und welche Vergemeinschaftungsweisen waren möglich? Was für eine Männlichkeit wurde hegemonial, war also effektiv im Sinne der Vergemeinschaftung? Welche Ansprüche erwuchsen aus diesen Gemeinschaften an den einzelnen Rotarmisten, die einzelne Rotarmistin? Welche Bedeutung hatte heterosexueller Geschlechtsverkehr für sie? Wie wurde sowohl militärische als auch sexuelle Gewalt hervorgebracht? Warum griffen die Rotarmisten auch jenseits der Gefechte auf Gewalt als Ressource zurück?

Meine These ist, dass sich im Verlauf des Krieges die Geschlechterverhältnisse in der Roten Armee dynamisierten: Kamen die Rotarmisten noch aus einer Gesellschaft, in der die Geschlechterverhältnisse trotz der unterschiedlichsten Regierungsprogramme keinesfalls vereinheitlicht worden waren, schälte sich im Krieg und im Kosmos der Roten Armee eine chauvinistische und gewaltvolle Männlichkeit heraus, die hegemonial und zum *role model* wurde – und sexuelle Gewalt miteinschloss. Letztere war eine Ressource zur Selbstvergewisserung der Soldaten untereinander, aber auch individuell.

Die Arbeit geht dabei in Analyseschichten vor. Der erste Teil behandelt den Alltag der Rotarmisten, in dem es ihnen kriegsbedingt an allem mangelte und der sich durch ein gesteigertes Maß an äußerer und innerer Gewalt auszeichnete. Der Fokus liegt dabei auf dem Frontraum, den der von den Deutschen geführte Vernichtungskrieg sowie der Kriegsstalinismus mit seinen harschen Sanktionen schufen, sowie auf der Selbstwahrnehmung der Soldaten und den sozialen Beziehungen, die sie innerhalb und außerhalb der Armee eingehen konnten und die immer instabiler wurden. Die These ist, dass an die Stelle von vertrauensvollen und auf Individualität beruhenden Beziehungen kurzfristige Gemeinschaften von Männern traten, die sich durch (den Bezug auf) die eigene Gewalt(-bereitschaft) zusammenfanden und sich zu entsprechenden Handlungen anspornten. Allerdings war diese Gewalt(-bereitschaft) aufgrund der ihr innewohnenden sozialen Dynamik immer weniger einhegbar. Dieser Teil wird abgerundet durch konzeptuelle Überlegungen zum Frontraum.

Der zweite Teil unterscheidet zwischen dem Kriegserleben der Rotarmistinnen und Rotarmisten. Zunächst wird der Weg der vielfach emanzipierten Frauen an die Front beschrieben und v. a. ihre Strategien, um in der Mangel- und Gewaltgesellschaft der Roten Armee ein Auskommen zu haben. Hierbei erschien ihnen eine Beziehung zu einem der höheren Offiziere am erfolgversprechendsten – allerdings waren diese Position und das anhängige Rollenverhalten ebenso prekär und blieben es, wie die Erzählungen der Rotarmistinnen bis heute zeigen. Im Anschluss werden die Männer der Roten Armee in den Blick genommen, und es wird nach deren Reaktionen auf die Kameradinnen sowie nach ihren Frauenbildern allgemein gefragt. Insbesondere untersucht dieses Kapitel die Bedeutung von realen und imaginierten Frauen für die Vergemeinschaftungsprozesse der Rotarmisten. Es zeigt, dass Geschichten über die sexuelle Verfügbarkeit von Frauen einen kleinsten gemeinsamen Nenner für die ansonsten vereinzelten Männer bedeuteten, sie dadurch aber auch die Vorstellung entwickelten, als verdiente Soldaten ein Recht auf Frauen und deren Körper zu haben. Da diese Erwartungshaltung der Männer die Notwendigkeit einer Schutzbeziehung für die Frauen verstärkte, radikalisierten sich die Geschlechterverhältnisse im Frontraum und darin das Männlichkeitsverhalten.

Der dritte Teil der Arbeit schildert das Kriegsende und das Zusammentreffen der brutalisierten Sieger und (selbst erklärten) Befreier mit zivilen Frauen jenseits ihrer Staatsgrenzen, was vielfach in spontaner, höchst mannigfaltiger sexueller Gewalt endete. Er fragt nach den Dynamiken und der Bedeutung, die dieser Gewalt innewohnte. Da die Rotarmisten Deutsche, Polinnen sowie Displaced Women ohne Ansehen der Person vergewaltigten,[65] kann die Begründung der Gewalt nicht in nationalen Zuschreibungen aufseiten der Täter oder Opfer liegen. Sie wird hier vielmehr als Zusammenspiel von gewalttätigen sozialen Praxen unter Männern und ihren sinnstiftenden Bildern von Sexualität und Männlichkeit (sowie Weiblichkeit), die im Frontraum eingeübt worden waren, erklärt. Deutsche, Polinnen und Displaced Women erlebten insofern eine sexuelle Gewalt, die auf demselben Hintergrund basierte. Allerdings unterschieden sich ihre Möglichkeiten, über das Erlebte zu reden, wie das Ende der Arbeit zeigt.

Zu den Quellen

Da ich die Rote Armee im Krieg als eine variable soziale Ordnung beschreiben möchte, die über das Verhalten der Armeeangehörigen entstand und über die Aussagen, Symbole, Praktiken und Sinnstiftungen ihrer Mitglieder interpretiert werden kann, basiert diese Arbeit auf einer breiten und disparaten Quellenbasis. Dies soll auch einen Ausgleich dafür schaffen, dass das mir eigentlich wichtigste Archiv verschlossen war: das CAMO,[66] in dem die Akten der Roten Armee seit 1941 liegen. Da es um die Wahrnehmungsweisen und Handlungsintentionen der Rot-

---

65 Diese Beschränkung auf diese Opfergruppen beruht auf forschungspraktischen Gründen. Grundsätzlich konnten Vergewaltigungen überall da stattfinden, wo Rotarmisten anwesend waren. Studien und Quellendarstellungen für sexuelle Übergriffe in Mittel- und Osteuropa: Hay, Geboren 1900, S. 287; Stransky, East Wind over Prague, S. 27–37; Peterson, The Many Faces of Defeat, S. 182, 274 ff.; Merridale, Iwans Krieg, S. 334 ff. Vojin Majstorović verweist auf 2400 bis 24000 Vergewaltigungsfälle in Jugoslawien und begründet die geringe Zahl mit den Maßnahmen der Führung sowie der forcierten Kameradschaft zwischen Rotarmisten und jugoslawischen Partisanen. Majstorović, The Red Army in Yugoslavia. Andrea Petö spricht von 100 000 Vergewaltigungen jeweils in Wien und Budapest: Petö, Stimmen des Schweigens, S. 893 f.

66 Centralnij Archiv Ministerstva Oborony – Zentrales Archiv des Verteidigungsministeriums, Moskau.

armisten geht, sind insbesondere Ego-Dokumente von Interesse, also Tagebücher, Briefe und im Monolog wie auch im Dialog entstandene Erinnerungen (»Zeitzeugeninterviews«). Erstere finden sich in verschiedenen Moskauer Archiven[67] und in digitalisierter Form über das Internetportal *Prožito* (»Durchlebt«).[68] Die wichtigsten Sammlungen für Letztere sind die digital zugänglichen Projekte *Ja pomnju* (»Ich erinnere mich«), und das etwas ältere und nur auf Frauen bezogene Projekt *Ženščiny-Pamjat'-Vojna* (Frauen-Erinnerung-Krieg).[69] Dazu kommen vier Interviews, die ich 2005/06 selbst mit Veteraninnen geführt habe, und diejenigen der weißrussischen Journalistin Swetlana Alexijewitsch aus den Perestrojka-Jahren.[70] Diesen »Frauen-Interviews« ist gemein, dass sie die Frauen als geschlechtliche Gruppe fokussieren und so zum besonderen Geschlecht machen.[71]

Ein einzigartiger Quellenbestand sind die nachbearbeiteten Transkripte von circa 5000 Interviews mit Rotarmisten und Rotarmistinnen, die die »Kommission für die Geschichte des Großen Vaterländischen Krieges« unter Leitung von Isaak Minc in den 1940er Jahren teilweise in unmittelbarer Nähe zu den Schlachtfeldern sammelte.

---

67 Dies sind das Zentrale Moskauer Stadtarchiv – Museum persönlicher Sammlungen (Centralnij Moskovskij Archiv – Muzej Ličnich Sobranij – CMAMLS) und die Komsomol-Abteilung des Russländischen Staatlichen Archivs für Sozialpolitische Geschichte (Rossijskij Gosudarstvennij Archiv Social'no-Političeskoj Istorii – Molodež – RGASPI-M), Moskau.

68 Prozhito [Durchlebt], prozhito.org [23. 08. 2018]. Ich danke dem Gründer der Seite, Michajl Mel'ničenko, dafür, dass er mir diverse Texte vor der Veröffentlichung zur Verfügung gestellt hat.

69 »Ja Pomnju« – Vospominanie o VOV [»Ich erinnere mich« – Erinnerungen an den Großen Vaterländischen Krieg], https://iremember.ru/ [23. 08. 2018]; Ženščiny-Pamjat'-Vojna [Frauen-Erinnerung-Krieg], http://wmw.gender-ehu.org/ [23. 08. 2018]. Für alle Interviews gilt i. d. R., dass sie in einer überarbeiteten Form, manchmal nur in Fragmenten vorliegen und ohne genaue Angaben zur Interviewsituation auskommen.

70 Alexijewitsch, Der Krieg hat kein weibliches Gesicht.

71 Für die Rotarmisten gilt somit das Rousseau'sche Diktum, dass »der Mann [nur, kb] zu bestimmten Zeiten ein Mann ist [und darüber spricht, kb], die Frau aber ihr ganzes Leben eine Frau ist und ihr Geschlecht niemals vergessen kann«. Rousseau, zit. in: Tosh, What Should Historians Do with Masculinity?, S. 180. Bereits dieser Umstand macht die Rote Armee zu einer Männergemeinschaft: Kühne, Männergeschichte als Geschlechtergeschichte, S. 12; Frevert, Soldaten, Staatsbürger, S. 71.

Ziel war es, die »Helden-Werdung« der Rotarmisten zu dokumentieren.[72] Bereits durch ihre schiere Existenz zeigen diese Transkripte, wie stark der sowjetische Staat in der (Armee-)Gesellschaft verankert war bzw. seinen Bürgerinnen und Bürgern integrative Angebote machte, die diese auch – zu dessen Bedingungen – annahmen.[73] Die Transkripte verschwanden jedoch nach Stalins Reklamierung des Sieges für sich auf Jahrzehnte in Moskauer Kellern und sind erst seit Kurzem wieder zugänglich.[74] Ihr Quellenwert bleibt trotz – oder wegen – der Tatsache, dass die Interviews von Vertretern eines repressiven Staates erhoben wurden, bestehen. Die Soldaten wussten, dass sie vor der Kommission so zu reden hatten, wie sie sich auf dem Schlachtfeld zu verhalten hatten. Insofern zeigen die Interviews, was sie für legitim und gefordert hielten.

Offizielle sowjetische Dokumente wurden vielfach publiziert.[75] Aufgrund des unzugänglichen CAMO beruht diese Arbeit zudem auf Dokumenten der »Inneren Truppen des NKVD[76] zur Sicherung des Hinterlandes der kämpfenden Armee« (im Folgenden: *pogranpolki)*[77] und den Akten der »Ersten Freiwilligen Frauenschützenbrigade«.[78] Dazu kom-

72 Zur Entstehungsgeschichte der Kommission und den Einschätzungen: Hellbeck, Einführung, Die Stalingrad-Protokolle, S. 89–97.

73 Allg. für die ambivalente Haltung der Bolschewiki siehe: Hellbeck, Revolution on My Mind, S. 37–52.

74 Sie liegen im Wissenschaftlichen Archiv des Instituts für Russländische Geschichte der Russländischen Akademie der Wissenschaften, Moskau (Naučnij Archiv Instituta Rossijskoj Istorii Rossijskoj Akademii Nauk – NA IRI RAN).

75 Viele Veröffentlichungen sind unter soldat.ru und VOENNAJA LITERATURA [MILITÄRISCHE LITERATUR], militera.lib.ru [23. 08. 2018] einzusehen.

76 NKVD = Narodnyi Kommissariat Vnutrennych Del – Innenministerium der Sowjetunion, seit 1934 mit der Geheimpolizei vereinigt.

77 Offiziell: Vnutrennie Vojska NKVD po Ochrane Tyla Dejstvujušej Armii. Sie unterstanden dem NKVD, überwachten die reguläre Armee und sicherten den Bereich hinter der Armee. Die Akten liegen im RGVA (Rossiskij Gosudarstvennij Voennij Archiv – Russländisches Staatliches Militärarchiv), Moskau.

78 1. Otdel'naja Ženskaja Dobrovol'českaja Strelkovaja Brigada – OŽDSB. Die Einheit war Ende 1942 in Moskau mit knapp 7000 Frauen und 1000 Männer aufgestellt worden. Im November 1943 ging die Brigade in den Bestand der *pogranpolki* über und wurde am 31. Juli 1944 aufgelöst: RGVA F. 38694, Op. 1, D. 19, L. 1 Bericht an das ZK des Komsomols […]; RGVA F. 38694, Op. 1, Erstes Einlegeblatt im Opis.

men die Dokumente des GKO[79] und andere verstreute sowjetische Materialien[80] sowie deutsche Militärakten.[81]

Für die Dokumentation der sexuellen Gewalt gegenüber befreiten Lagerinsassinnen und anderen Displaced Women haben sich zwei digitale Archive, das VHA[82] sowie das Zwangsarbeiterarchiv der Stiftung Erinnerung, Verantwortung, Zukunft,[83] als ergiebig erwiesen.[84] Das Verhalten der Roten Armee auf polnischem Boden lässt sich über die »Täglichen Berichte« (raporty situacyjne) der seit 1944 eingesetzten Bürgermiliz (Milicja Obywatelska)[85] und die Akten der Verbindungsstelle zwischen der volkspolnischen Regierung und der in Polen stationierten Roten Armee rekonstruieren[86] sowie über die des volkspolnischen Ministeriums für Propaganda und Information, das dem Missfallen der polnischen Bevölkerung am Verhalten der Roten Armee zu begegnen hatte.[87]

Diese Vielfältigkeit der Quellen, aber auch der diskursgeschichtliche Fokus bedingen, dass im Umgang mit den Quellen immer auch die Frage zu stellen ist, welches Sprechen über die Umstände und die Gewalt des Krieges wann möglich war, warum die Verfasser und Verfasserinnen ihre Umwelt so wahrnahmen, wie sie sie in den Quellen beschreiben. Mit Bezug auf den Philosophen Henri Bergson sehe ich Quellen als den sprachlichen (und verschriftlichten) Ausdruck von Wahrnehmungen. Bergson definiert Wahrnehmungen, genauer gesagt Wahrnehmungsbilder, als ein

79 GKO= Gosudarstvennij Komitet Oborony – Staatliches Verteidigungskomitee – Sowjetische Notstandsregierung, deren Akten sich im RGASPI befinden.

80 Z. B. im Archiv der Hoover Institution (Hoover Institution Archive – HIA).

81 Diese liegen im BA/MA(Bundesarchiv/Militärarchiv), Freiburg, sowie im Sonderarchiv, Moskau (SondA), das Akten beherbergt, die nach Kriegsende als Beutegut in die Sowjetunion kamen.

82 VHA – Visual History Archive der US Shoa Foundation, vhaonline.usc.edu [23. 08. 2018].

83 Zwangsarbeit 1939–1945, www.zwangsarbeit-archiv.de [23. 08. 2018].

84 Im Walter-Kempowski-Biographien-Archiv der AdK Berlin liegen unterschiedlichste Egodokumente.

85 Diese liegen im Archiv des IPN (Instytut Pamięci Narodowej – Institut für Nationale Erinnerung), Warschau.

86 Offiziell: Delegatura Rządu RP przy PGWAR. Die Akten liegen im AAN (Archiwum Akt Nowych – Archiv für Neue Akten), Warschau.

87 Die Akten liegen im AAN.

Zusammenspiel von »innerer Verfasstheit« und der »Materialität des Äußeren«, die bereits den Ansatz zu einer Handlung darstellen, da sie an Interessen, Bedürfnissen und Erfahrungen anknüpfen.[88] Allerdings – und damit widerspreche ich Bergson – sind selbst die innere Verfasstheit und die Mittel der Darstellung, also Sprache, nicht losgelöst von der sozialen Umwelt. Das heißt, jede in einer Quelle ausgedrückte Wahrnehmung steht in einem Netz aus anderen, früheren Wahrnehmungen, Deutungen und Intentionen sowie sprachlichen Vorgaben.

Quellen sind zudem Sprechakte. Hatte Bergson bereits Wahrnehmungsbilder als ersten Ansatz zu einer Handlung definiert, gilt dies für Sprechakte erst recht. Mit ihnen wird ein Interesse verfolgt. Dieses Interesse besteht sowohl in der erhofften Reaktion des Angesprochenen als auch darin, wer die sprechende Person im jeweiligen Moment sein bzw. als was sie sich präsentieren will – in den Augen des Angesprochenen wie auch mit Blick auf sich selbst, wie etwa in Tagebüchern.[89]

Neben den Implikationen von Wahrnehmung und Sprechakt ist in Bezug auf Quellen zu beachten, dass sie immer, auch wenn sie zeitgenössisch als Tagebücher oder Briefe verfasst wurden, eine Erinnerung an ein bestimmtes Erlebnis sind, auch wenn dieses nur Minuten zurückliegen mag. Für sie gelten die bisherigen quellenkritischen Anmerkungen erst recht: Auch Erinnerungen präferieren eine (gewünschte) Sichtweise der Ereignisse, und sie passen sich an die Sprechsituation an. Dazu kommt, dass sie von Erfahrungen, die vor oder nach dem eigentlichen Erlebnis gemacht wurden, überlagert werden. Das heißt, je nach Situation werden Erinnerungen anders aktualisiert, obwohl sie immer wie die einzig mögliche Version des Vergangenen erscheinen. Zudem werden Erinnerungen, die wie Wahrnehmungen im Allgemeinen lückenhaft sind, beim Niederschreiben und Erzählen neu angeordnet und ergänzt, damit

88 Bergson, Materie und Gedächtnis, S. 3–22, 50–56.

89 Neben Veränderungen der Wahrnehmung durch die unterschiedlichen Funktionen eines Tagebuches (»Zeitzeugenschaft« in Extremzeiten und »Sorge um sich«) lassen sich auch in Tagebüchern fiktionale Elemente und die Ausrichtung an literarischen Vorbildern, propagierten Sinnstiftungen und Idealvorstellungen finden: Zur Nieden, Alltag im Ausnahmezustand, S. 14–45, 138, 178–185; Hellbeck, Revolution on My Mind, S. 5–13, 107, 256, 356. Für sowjetische Texte zeigt Irina Paperno, dass sie i. d. R. auf eine kollektive Zukunft gerichtet sind und den Autor mit der Geschichte und dem Kollektiv verknüpfen (sollen): Paperno, Personal Accounts; dies., Stories of the Soviet Experience, S. 2–25.

eine sinnhafte, unterhaltsame oder belehrende Geschichte entsteht.[90] Als solche Versatzstücke eignen sich an anderer Stelle gemachte Erlebnisse, Filmsequenzen, Informationen und Schlussfolgerungen von Dritten. Die fremden Quellen werden zu einem Teil der eigenen Erinnerung gemacht, ohne dass man sich des Flickwerks und der »Quellenamnesie« bewusst ist.[91] Je öfter die Geschichte dann erzählt wird, desto fester und unhinterfragbarer wird sie, desto mehr ist sie ein Produkt des Erzählens und nicht des Erlebten. Dies ist umso virulenter, je emotionaler und je stressvoller die erlebte Situation und damit auch die Situation des Wiedererlebens, etwa in Form des Erzählens, ist, was für Kriegserlebnisse inmitten von Chaos, Schlafmangel und Alkohol ganz besonders gilt.[92]

Neben diesen grundsätzlichen Bemerkungen sind bei den Quellen zur Roten Armee noch weitere Probleme zu beachten: Die Quellenlage ermöglicht kein repräsentatives Bild: Die NKVD-Akten stammen von Einheiten, die hinter der Front standen oder mit Zeitverzögerung ihre Arbeit aufnahmen. Die meisten Tagebücher (und die aussagekräftigeren Briefe) wurden von gebildeten, vielfach jüdischen Männern, oftmals mit einem Arbeitsbereich im Stab, geschrieben. Diese Männer sahen einen Sinn in der Kulturtechnik des Schreibens und entzogen sich damit den Gruppenkonstellationen oder kompensierten ihren Ausschluss. Sie waren also genauso weit wie die NKVD-Truppen vom »Kanonenfutter« aus einfachen Soldaten in den ersten Gefechtsreihen entfernt.

Tagebücher, viel stärker aber noch Briefe, wurden zudem in dem Bewusstsein geschrieben, dass sich der sowjetische Staat für diese interes-

---

90 Dies gilt auch für Tagebücher, in denen Gerüchte und Berichte von Dritten als Fakten präsentiert werden.

91 Welzer, Das kommunikative Gedächtnis. S. 42 f. Bei der Verfestigung kommt erschwerend dazu, dass es für Kriegserlebnisse oftmals keine alternativen Narrative zu denen der Veteranenabende und Heldenfilme gibt.

92 Für den Zusammenhang von Stress und gestörter Erinnerung insbesondere bei Traumatisierungen: Welzer, Das kommunikative Gedächtnis, S. 38. Es stellt sich zudem die Frage, ob und wie Gewalt überhaupt erinnert wird, da sie sprachlos ist, Erinnerungen sich aber dann im Gedächtnis verankern, wenn sie versprachlicht und immer wieder aktualisiert, also erzählt werden und Gedächtnisstützen wie Fotos oder Rituale vorliegen. Dazu Fried, Der Schleier der Erinnerung, S. 118–124; Halbwachs, Das Gedächtnis und seine sozialen Bedingungen, S. 200 f.; Welzer, Das kommunikative Gedächtnis.

sierte. Es gibt also guten Grund, davon auszugehen, dass sich die Soldaten in den Briefen ebenso inszenierten wie vor der Historikerkommission.[93] Sie wussten, dass sie auch hier besser den Vorgaben des Systems – oder dem, was sie dafür hielten – folgten. Vergleichbares ist für alle Ego-Dokumente in sowjetisch-russischen Archiven zu bedenken, da das persönliche Material oftmals mithilfe von patriotischen Zeitungsaufrufen gesammelt wurde und dementsprechend selektiert worden sein könnte.[94]

Trotz all dieser Probleme nehme ich meine Quellen als wahrhaftige Aussagen ernst.[95] Die Verfasser und Verfasserinnen glaubten das, was sie niederschrieben oder aussprachen, sie hielten es zumindest für wahrscheinlich – oder sie waren der Meinung, dass sie in diesem Moment besser so sprachen und handelten, sich in dieser Weise inszenierten.[96]

Aufgrund der zufällig gefundenen und willkürlich gesammelten Quellen können sämtliche Aussagen in meiner Arbeit, die die Veränderungen der Rotarmisten im Alltag des Krieges betreffen, allein strukturell und als Tendenz gemeint sein – und werden auch so präsentiert. Dass Soldaten individuell auch immer anders gehandelt oder gedacht haben können, ist mir bewusst. Die geschlossenen Archive, die Vielzahl der Quellengattungen, die unterschiedlichen, schlecht nachvollziehbaren Wege ihrer Autoren und Autorinnen haben zur Folge, dass die Rote Armee nur kollektiv (lies: pauschalisierend) präsentiert werden kann. Meine Darstellungen lassen sich auch nur schlecht nach z. B. militärischen Subeinheiten oder sozialer bzw. ethnischer Herkunft der Soldaten, Alter oder Bildungsgrad differenzieren.[97] Die Konsequenz aus der Vielzahl oftmals problematischer Quellen ist eine Collage soldatischer Stimmen, die ich auf Gewaltdynamiken und Geschlechterdiskurse, also auf

93 Der Einfluss der Zensur geht weiter. Siehe dazu die Episoden bei Schneider-Janessen, Arzt im Krieg, S. 247; sowie in: Fitzpatrick/Slezkine, In the Shadow of Revolution, S. 410.

94 Das gilt v. a. für die Sammlungen im RGASPI-M und im CMAMLS sowie in Abstrichen für das Walter-Kempowski-Biographien-Archiv an der AdK, Berlin.

95 Ich gehe mit ihnen letztlich denselben Pakt ein, den Philippe Lejeune für das Lesen von Autobiografien voraussetzt: Lejeune, Der autobiographische Pakt, S. 13–53.

96 Dies gilt insbesondere für die Interviews der Kommission für die Geschichte des Großen Vaterländischen Krieges.

97 Die von mir recherchierten Quellen geben zudem keinen Hinweis darauf, dass andere Identitätsmarker (Alter, Klasse, ethnische Herkunft, Bildungsgrad etc.) so wichtig waren oder wurden wie Geschlecht.

die Beantwortung meiner Fragen zugeschnitten habe. In der Konsequenz erzählt ein kommentierter mehrstimmiger Chor die Alltagsgeschichte der Roten Armee im Zweiten Weltkrieg – aus Perspektive der Rotarmisten und Rotarmistinnen.

Der Frontraum: Gewalt und Alltag in der Roten Armee

Der Krieg der Rotarmisten begann am 22. Juni 1941. An diesem Tag hatten 3,6 Millionen deutsche und mit ihnen verbündete Soldaten in drei Heeresgruppen samt den dazugehörigen Luftflotten die Sowjetunion überfallen. Für das Land begann damit eine neue Ära. Egal wie despotisch es bis dato regiert worden war – das Ausmaß an Gewalt, Terror und Deportation, das der Krieg mit sich brachte, sollte alles Bisherige in den Schatten stellen. Die Gewalt, zu der nicht nur die Deutschen in den besetzten Gebieten, sondern auch Teile der Roten Armee fähig waren, überstieg vielfach die Grenzen des Vorstellbaren. Im Folgenden soll danach gefragt werden, wie die Männer und Frauen der Roten Armee den gewaltvollen Alltag im Krieg erlebten, welchen Bedingungen sie ausgesetzt und welche sozialen Beziehungen in diesen Strukturen möglich waren. Auch wenn Geschlechterverhältnisse konstitutiver Bestandteil des Alltags sind, werden sie hier (noch) nicht eigens thematisiert, der Fokus wird stattdessen auf den Kontext gerichtet, in dem sich diese artikulierten. Für die sowjetischen Militärangehörigen waren dies der deutsche Vernichtungskrieg, den die Sowjetunion lange Zeit zu verlieren schien, sowie die repressiven Institutionen, mit denen der sowjetische Staat seine Armee durchdrang.

Es liegt auf der Hand, dass sich die Rotarmisten in einem Gewaltraum bewegten: Ihr Lebensraum war durchzogen von Gewalt, die, wie in den bereits angeführten Überlegungen von Felix Schnell ausgeführt wurde, eine Ressource darstellt. Dennoch wirft der Begriff »Gewaltraum« in diesem Kontext neue Fragen auf: Wie grenzt man einen sozialen Raum ab? Wenn er aus Interaktionen besteht, ist er geografisch nicht fassbar, denn diese können mithilfe von Kommunikationsmitteln Tausende von Kilometern überbrücken. Zudem wohnt sozialen Beziehungen und Räumen auch eine vorgestellte Dimension inne. Es stellt sich die Frage, ob Heimatorte und Familienangehörige der Rotarmisten, die weit von der Frontlinie entfernt lagen, Teil des Gewaltraums waren oder nicht. Denn auch diese wirkten auf das Handeln der Soldaten ein, wie noch zu sehen sein wird.

Hinzu kommt, dass in der Definition von Schnell die Abwesenheit staatlicher Ordnungsmacht für die Entstehung der Gewaltspirale eine Rolle spielt. Diese verleite die Akteure dazu, selbst zum Machtmittel der Gewalt zu greifen, was zu einem Perpetuum mobile führe und einen Gewaltmarkt hervorbringe, in dem die einzelnen Gruppen durch die Gewalt ihr (ökonomisches) Auskommen sicherstellen und folglich auf diese angewiesen sind. Dies gilt für die Rote Armee im Großen Vaterländischen Krieg nicht. Denn hier war »der Staat« immer anwesend. Er durchzog den Frontraum, definierte (zusammen mit den deutschen Invasoren) dessen Grenzen und sorgte dafür, dass die Angehörigen der Roten Armee militärische Gewalt ausübten.

Vor diesem Hintergrund soll in Bezug auf die Rote Armee weniger von einem Gewaltraum die Rede sein als von einem Frontraum, der in dieser Arbeit primär räumlich abgegrenzt wird. Er steht synonym für den von Gewalt durchzogenen Abschnitt der Front, an dem sich die Rotarmisten gerade befanden und aktiv Krieg führten oder erlitten. Gleichzeitig sollen die Vorstellungen der Rotarmisten hinsichtlich des Frontraums eruiert werden, denn dieser wurde sozial und kommunikativ hergestellt und war mental wirksam.

Konstituierende Elemente

Es gibt wenige Lebensumstände, in denen Menschen so sehr von außen bestimmt sind wie im Krieg. Dies gilt umso mehr für Menschen, die gleichzeitig Staatsbürger eines totalitären Systems sind. Die Bevölkerung der Sowjetunion musste nicht nur einen der brutalsten Feldzüge der Geschichte erleben, sondern war auch in einem System aufgewachsen, das Anspruch auf ihre Seelen und Körper erhoben hatte[1] und diesen Zugriff mit Kriegsbeginn nicht lockerte – im Gegenteil. Die Analyse des Lebensraums der Sowjetsoldaten beginnt daher zunächst mit den äußerlichen Bedingungen: dem deutschen Krieg und den stalinistischen Repressionen.

1 Baberowski, Der rote Terror, S. 99 f.; Hellbeck, Revolution on my mind.

Im Westen: Der Krieg der Wehrmacht

Kriegsbeginn

Für die meisten sowjetischen Militärangehörigen waren die deutschen Militäroperationen die erste Kriegserfahrung als aktive Soldaten. Den Einmarsch nach Osteuropa seit dem 17. September 1939 sowie den sogenannten Winterkrieg (1939/1940) mit Finnland zur Annexion weiter Teile von Karelien hatten sie, wenn überhaupt, nur über die Zeitung und das Radio miterlebt. Auch der deutsche Überfall 1941 traf sie weitgehend unvermittelt: Für viele zukünftige Rotarmisten war der 22. Juni 1941 ein sommerlicher (Urlaubs-)Tag. Insbesondere die diensthabenden Soldaten an den westlichen Grenzen merkten jedoch nach wenigen Sekunden, wie ernst die Lage war. Unvorbereitet wie sie waren, wurden sie von den deutschen Truppen überrumpelt, hatte ihre Regierung doch alle Warnungen in den Wind geschlagen.[2] Und so mussten sie aussichtslose Rückzugsgefechte organisieren oder die Flucht antreten.

Stalin selbst verzog sich in den ersten Kriegstagen auf seine Datscha. Es oblag Außenminister Wjateschslaw Molotow, der Bevölkerung den Kriegsbeginn mitzuteilen und an deren Rückhalt zu appellieren. Er bat »die Männer und Frauen, Bürger der Sowjetunion [...], sich noch enger um die ruhmreiche Bolschewistische Partei und unseren Führer, Genossen Stalin zu scharen«.[3] Am 3. Juli meldete sich auch Stalin wieder zu Wort und trieb die Einheit suggerierende Rhetorik noch weiter, indem er die sowjetische Bevölkerung mit »liebe Brüder und Schwestern« ansprach.[4] Nach so vielen Jahren und Kampagnen gegen innere Feinde schienen die Menschen in der Sowjetunion nun von den politischen Führern in all ihren Facetten, nicht nur als Kameraden im Sozialismus, angenommen.

Die beschworene Einheit hielt jedoch nicht lange. Die Ersten, die öffentlich aus der neuen sowjetischen Familie wieder verstoßen wurden, waren diejenigen, die sie zu verteidigen versucht hatten. Dmitrij Pavlov und acht andere befehlshabende Offiziere, deren Truppen als Erste von

2 Zum Winterkrieg und den Hinweisen auf den bevorstehenden Angriff: Overy, Russlands Krieg, S. 118–122; Merridale, Iwans Krieg, S. 88–98.

3 Für den gesamten Abschnitt: Merridale, Iwans Krieg, S. 99–106 (Molotow-Zitat S. 106).

4 Stalin, O Velikoj Otečestvennoj Vojne, S. 11.

den Deutschen aufgerieben worden waren, wurden bereits eine Woche nach den Kämpfen von Militärgerichten wegen »Feigheit vor dem Feind« verurteilt und hingerichtet.[5] Andere, die aussichtslose Abwehrgefechte gegen die Deutschen geführt hatten, wurden dagegen als Helden gefeiert.

Aufzuhalten waren die Deutschen in dieser Phase des Krieges nicht. Mit neuen motorisierten Verbänden stießen sie tiefe Keile in das sowjetische Territorium. Eine vernichtende Kesselschlacht jagte die nächste. Ähnlich wie die im Folgenden zitierte Schilderung eines Wehrmachtssoldaten der Einnahme Warschaus zwei Jahre zuvor verlief vermutlich auch die Eroberung der sowjetischen Städte während der ersten Kriegsmonate:[6]

> »Auf der Fahrt dorthin bot sich bereits das erste wunderbare Schauspiel [...]: Die Sturzbomberangriffe [...]. Noch war an diesem Morgen blauer Himmel [...]. Plötzlich sah man, wie die einzelnen Punkte aus dem blauen Himmel senkrecht auf die unbegrenzt grosse Millionenstadt herunterstürzten [...]. Die Erde erdröhnte von den detonierenden Bomben und in kürzester Zeit stiegen die schwarzen Rauchwolken, unter denen besonders die getroffenen Öltanks, Gasanstalten pp. sich zu unheimlich schwarzen Wolkengebilden auftürmten, zum Himmel empor. Von diesem Moment an war der Himmel [...] das sehenswürdigste und unnatürlichste Gebilde. Pechschwarz, dunkelblau, mit gelben und roten Streifen, dann wieder zu gewaltigen, leuchtenden Gebirgsmassiven aufbäumend, in denen am laufenden Bande unsere [...] Sturzbomber verschwanden und immer wieder ihre Spreng- und [...] Brandbomben abwarfen. [...]. [Es war, kb] wohl das gewaltigste Bombardement, welches auf dieser Erde durchgeführt worden ist. [...] Das Bild [...] kann man nur mit den Ausdrücken: märchenhaft, unvorstellbar und fesselnd wiedergeben. [...] Es krachte und dröhnte die Erde und man hatte den Eindruck, als ob hier das Ende der Welt heraufbeschworen würde.«[7]

---

5 RGASPI F. 644, Op. 2, D. 5, L. 136 ff., Anordnung des GKO (ohne Nr.), 16. 07. 1941. Siehe auch ebd., Op. 2, D. 10, L. 67 ff., Anordnung Nr. 295 des GKO, 27. 07. 1941.

6 Der Polenfeldzug gilt als »Auftakt zum Vernichtungskrieg«: Böhler, Auftakt zum Vernichtungskrieg.

7 SondA F. 545, Op. 2, D. 245, Bl. 27, Bericht eines deutschen Panzersoldaten vom 17. 09. 39, am 13. 11. 1939 verteilt.

Manchen Wehrmachtssoldaten bot der Feldzug ein »gewaltiges Schauspiel«, bei dem, sofern es sich um Strafaktionen handelte, auf alles Lebendige, auch auf Kinder geschossen wurde.[8] Sie ergötzten sich an den Bildern brennender Dörfer, dem »wirbelnde[n], sausende[n] Brand, entfacht von unseren Leuten, mit dem Erfolg, dass weitere Schützen aus dem Versteck kamen, als ihnen der Hintern zu rösten anfing«.[9]

Das Unternehmen Barbarossa war der erste deutsche Blitzkrieg, der als solcher geplant worden war, und er schien zunächst erfolgreich.[10] Im ersten halben Jahr gerieten insgesamt drei Millionen sowjetische Militärangehörige in deutsche Gefangenschaft. Doch während es manchen deutschen Soldaten fast schwindlig wurde angesichts des rasanten Tempos des Vormarsches, marschierten andere bereits zu diesem Zeitpunkt durch Staub, Hitze und auf Wegen, die ihnen endlos vorkamen, verschlissen ihr Kriegsgerät und mussten mit den ersten Mangelerscheinungen umgehen, die mit jedem Tag in der Sowjetunion gravierender wurden.[11] Dazu kam, dass die deutsche Taktik der Panzerkeile dafür sorgte, dass sich deutsche und sowjetische Truppen permanent im Rücken des jeweils anderen befanden und sich so alle Regeln militärischer Taktik erübrigten.[12] Dem Wehrmachtsgeneral Gotthard Heinrici kam dieser Krieg deshalb und wegen der Zerstörungen schon bald wie der Dreißigjährige vor, der dreihundert Jahre zurücklag;[13] er entmodernisierte sich.[14]

Für die Rote Armee hingegen bedeutete der Vormarsch der Wehrmacht v. a. eins: Rückzug und Chaos. Den Streitkräften mangelte es an allem, von Karten für die Luftaufklärung[15] bis hin zur Koordination einzelner Frontabteilungen.[16] Es fehlte an Panzern und erfahrenen Stäben,

---

8 AdK Berlin, Walter-Kempowski-Biographien-Archiv Nr. 2856, S. 12, 71, Tagebuch von Alexander C., Einträge vom 26. 6. und 31. 8. 1941.

9 Papst, Der Ruf der äußersten Grenze, S. 25 f.

10 Frieser, Blitzkrieg-Legende, S. 438; siehe auch Bartov, Hitlers Wehrmacht, S. 29.

11 Hartmann, Wehrmacht im Ostkrieg, S. 250–270.

12 Heinrici/Hürter, Ein deutscher General an der Ostfront, S. 116.

13 Ebd., S. 82.

14 Bartov, Hitlers Wehrmacht.

15 Aufzeichnung der Gespräche zwischen Stalin und dem Kommandeur der Streitkräfte der Westfront, 02. 07. 1941, abgedruckt in: Russkij Archiv, Velikaja Otečestvennaja: Stavka VGK. Dokumenty i Materialy. 1941 god, S. 43.

16 Nachricht der Stavka VGK [...], 10. 01. 1942, abgedruckt in: Russkij Archiv, Velikaja Otečestvennaja: Stavka VGK. Dokumenty i Materialy. 1942 god, S. 34; HIA

die motorisierten Einheiten waren kaum manövrierfähig,[17] die Aktionen überhastet,[18] und der Ton, mit dem die Oberbefehlshaber Erfolge anmahnten, wurde immer schriller.[19] Die Berichte der Armeeabteilungen an höhere Stellen zeugen von Panik. Aufgrund fehlender Führung, Unerfahrenheit und Angst stoben die Einheiten oft auseinander.[20] Doch trotz des Rückzugs galt es, die Deutschen am Vorwärtskommen zu hindern. Alles, was man nicht zu evakuieren schaffte oder was sich nicht evakuieren ließ, war anzuzünden oder zu sprengen.[21] Siedlungen waren davon nicht ausgenommen, waren doch die Deutschen insbesondere im Winter auf diese angewiesen.[22]

Vernichtungskrieg

Der sowjetischen Bevölkerung war nicht sofort klar, was ihr mit dem Vormarsch der Deutschen drohte. Insbesondere die Menschen im Westen der Sowjetunion, von denen viele nicht hatten fliehen können, vielleicht auch nicht hatten fliehen wollen, betrachteten die deutsche Besatzung anfangs nicht als besondere Gefahr. Sie hatten noch diejenige im Ersten Weltkrieg in Erinnerung und erwarteten eine ähnlich akzeptable Behandlung. Andere wiederum fühlten sich von der bolschewistischen Diktatur befreit, deren Organe noch kurz vor der Ankunft der Deutschen politische Häftlinge in den Gefängnissen dahingemetzelt hatten,

---

Dmitrii A. Volkogonov-Collection, Box 1, Reel 1, o. P., Befehl der Stavka VGK, 22. 01. 1942.

17 Regularien der Stavka […], 15. 07. 1941, abgedruckt in: Russkij Archiv, Velikaja Otečestvennaja: Stavka VGK. Dokumenty i Materialy. 1941 god, S. 72.

18 Aufzeichnung der Gespräche der Oberbefehlshaber und des Vertreters des Generalstabschefs mit den Kommandeuren der Volchovskij-Front, 10. 01. 1942, abgedruckt in: Russkij Archiv, Velikaja Otečestvennaja: Stavka VGK. Dokumenty i Materialy. 1942 god, S. 36.

19 Regularien der Stavka VGK […], 24. 09. 1941 […], abgedruckt in: Russkij Archiv, Velikaja Otečestvennaja: Stavka VGK. Dokumenty i Materialy. 1941 god, S. 201.

20 HIA Dmitrii A. Volkogonov-Collection, Box 1, Reel 5, o. P., Schreiben von V. Nosov, 20. 07. 1941. Zwei Monate später verband er dann seine Kritik an den operativen Bedingungen mit dem Verweis auf Deserteure. HIA Dmitrii A. Volkogonov-Collection, Box 1, Reel 5, o. P., Schreiben, 24. 09. 1941.

21 Regularien der Stavka VGK […], 12. 08. 1941, abgedruckt in: Russkij Archiv, Velikaja Otečestvennaja: Stavka VGK. Dokumenty i Materialy. 1941 god, S. 114.

22 Befehl der Stavka VGK, 17. 11. 1941 […], abgedruckt in: Russkij Archiv, Velikaja Otečestvennaja: Stavka VGK. Dokumenty i Materialy. 1941 god, S. 299.

und hofften auf nationalstaatliche Unabhängigkeit.[23] Die deutschen Besatzer nutzten die Wut der lokalen Bevölkerung über das bolschewistische Unrecht, die sich oft mit alten antisemitischen Ressentiments vermischte, um in den Städten der westlichen Sowjetunion antisemitische Pogrome zu provozieren. Oder sie entledigten sich gleich selbst der jüdisch-sowjetischen Bevölkerung in Form von Massenerschießungen. Allein in Kiew wurden in den Tagen nach dem Einmarsch mehr als 33 000 Menschen in der Schlucht von Babyn Jar erschossen.

Doch auch die nicht jüdische Bevölkerung wurde bald mit der harten Realität der deutschen Besatzung und Belagerung konfrontiert: Die großen Städte sollten dem Erdboden gleichgemacht oder ausgehungert, Kapitulationen durften nicht angenommen werden. Im Falle Leningrads ging der Hungerplan fast auf: Die Wehrmacht, die die Stadt einkesselte, unterband jegliche Versorgung und hatte auf jeden Zivilisten zu schießen, der sich den deutschen Truppen näherte.[24] Bis zu über eine Million Menschen überlebten die Blockade nicht.[25] Auch außerhalb der großen Städte wurden die Maßnahmen gegen die Zivilbevölkerung immer drastischer. Illustriert wird dies nicht zuletzt durch die Entwicklung der »Ostarbeit«: Hatten sich zu Beginn der Besatzung noch sowjetische Männer und Frauen freiwillig zum Arbeitseinsatz in Deutschland gemeldet, weil sie der deutschen Propaganda geglaubt hatten, wurde ihnen schnell der Zwangscharakter des gesamten Unterfangens klar. Die Rekrutierung von Arbeitskräften für das Deutsche Reich und für Tätigkeiten vor Ort entwickelte sich immer mehr zu einer Verschleppung und Versklavung, die drei bis vier Millionen Menschen betraf. Diese wurden regelrecht gejagt, da mit jedem Jahr, das der Krieg andauerte, und mit jedem deutschen Mann, der in der Wehrmacht diente und fiel, der Bedarf der deutschen Kriegswirtschaft an ausländischen Arbeitskräften wuchs.[26] Das Gleiche galt für die wirtschaftliche Ausbeutung der

23 Hierfür und für den folgenden Absatz siehe bzw. vgl. Baberowski, Verbrannte Erde, S 404–412; Hartmann, Wehrmacht im Ostkrieg, S. 297–304, 676 ff.; Heer, Killing Fields, 1995, S. 57–77. Die Literatur zu den Verbrechen der deutschen Besatzer in der Sowjetunion ist inzwischen unüberschaubar.

24 Schreiben Jodls an den Oberbefehlshaber des Heeres vom 07. 10. 1941, abgedruckt in: Ueberschär/Wette, Der deutsche Überfall auf die Sowjetunion, S. 280 f.

25 Ganzenmüller, Das belagerte Leningrad; Reid, Leningrad.

26 Pohl, Die Herrschaft der Wehrmacht, 305–19; Müller, Menschenjagd.

Sowjetunion, die umso rücksichtsloser wurde, je aussichtsloser der Krieg und je größer die Verluste wurden. Die Deutschen verfuhren auch hier nach der Prämisse, dass die eigene Versorgung allein aus den besetzten Gebieten zu bewerkstelligen sei, und nahmen billigend in Kauf, dass dadurch nichts mehr für die einheimische Bevölkerung blieb.[27]

Die Millionen Kriegsgefangenen waren die Letzten, an die die deutschen Invasoren in der Zeit der rauschhaften Siege dachten. Auch in den Phasen des Verharrens, des Rückzugs und der Gebietssicherung sollte sich deren Situation nicht verbessern, obwohl nun erste Wehrmachtsoffiziere begannen, sich für sie einzusetzen, da sie negative Konsequenzen für die eigene Sache befürchteten.[28] Bis Kriegsende sollten insgesamt 5,5 Millionen sowjetische Militärangehörige in Gefangenschaft geraten, von denen über drei Millionen in deutscher »Obhut« starben. Während sowjetische Soldaten, die die Deutschen als Juden oder Politkommissare identifizierten, gemäß Kommissarbefehl bei der Gefangennahme sofort erschossen wurden,[29] gingen die in den Lagern internierten an Hunger, Kälte oder Seuchen zugrunde.[30] Selbst Überläufern erging es oftmals nicht besser.[31]

---

27 Pohl, Die Herrschaft der Wehrmacht, S. 183–194. Für eindrückliche Schilderungen siehe: Heinrici/Hürter, Ein deutscher General an der Ostfront, S. 103, 112. Siehe auch S. 63, 80; Reese, Mir selber seltsam fremd, S. 62 ff.; Tagebuchaufzeichnungen von Robert R. vom 9.–12. 09. 1941, abgedruckt in: Hammer/zur Nieden, Sehr selten habe ich geweint, S. 250.

28 Heinrici/Hürter, Notizen aus dem Vernichtungskrieg, S. 144.

29 Zum Kommissarbefehl vom 6. Juni 1941 siehe insbesondere Felix Römer, der nachweist, dass bis zur Aufhebung des Befehls 1942 bis zu 4000 Kommissare laut offiziellen Akten erschossen wurden und dass der Befehl in der Wehrmacht weithin bekannt war und umgesetzt wurde: Römer, Der Kommissarbefehl, S. 359, 535, 551–555.

30 Hartmann, Wehrmacht im Ostkrieg, S. 572–630. Siehe auch die Planungen des Krieges, z. B. die Weisung Nr. 21 Fall Barbarossa vom 18. 12. 1940, abgedruckt in: Ueberschär/Wette, Der deutsche Überfall auf die Sowjetunion, S. 244 f. Aufgrund dieser sollte man, wenn man wie Hartmann einem »Mordplan« widerspricht, zumindest von mörderischer institutioneller Ignoranz sprechen, da die Wehrmacht bei der Planung des Feldzugs mit hohen Zahlen an Kriegsgefangenen gerechnet haben muss und deren Versorgung außer Acht ließ. Grundsätzlich: Streit, Keine Kameraden.

31 Hartmann, Wehrmacht im Ostkrieg, S. 549–552. Die Zahlen bezüglich desertierter oder übergelaufener Rotarmisten sind schwer zu rekonstruieren und gehen in die Millionen. Vgl. Baberowski, Verbrannte Erde, S. 412; Edele, Stalin's Defectors,

Ein weiteres der Wehrmacht anzulastendes Verbrechen waren die Geiselerschießungen und das Niederbrennen ganzer Dörfer im Rahmen des Anti-Partisanenkampfes. Diesen begannen die Deutschen bereits 1941 v. a. gegen die Bevölkerung, ab 1942, als sich tatsächlich sowjetische Partisanengruppen organisierten, brutalisierte er sich zunehmend.[32] Vielfach unterschieden sie nicht zwischen Partisanen, Kommunisten und Dorfbewohnern.[33] Oftmals hatten sie nur die Gebiete unmittelbar um ihre Kommandanturen herum unter Kontrolle, da das besetzte Gebiet viel zu groß war.[34] In den weiten Wäldern und Flächen der Sowjetunion konnten die sowjetischen Partisanen deshalb ein teilweise schonungsloses Regiment führen. Diese unerwartete Ohnmachtserfahrung beantworteten die deutschen Truppen mit überbordender Gewalt und kollektiven Strafmaßnahmen, zu der sie durch den Kriegsgerichtsbarkeitserlass vom 13. Mai 1941 schon im Vorfeld des Krieges befugt worden waren.[35] Zudem hatte Hitler bereits am 30. März 1941 gefordert, dass die Generäle gegen die Sowjetunion »von sich das Opfer verlangen, ihre Bedenken zu überwinden«, da es gelte, einen »Vernichtungskampf« zu führen.[36] Dem erfahrenen Teil der Wehrmachtsführung war zwar klar, dass derartige Weisungen in einer »Verwilderung der Truppe« enden

---

S. 21–30, 119; Reese, R., Motivations to Serve, S. 270. Dafür, dass die hohe Zahl an Kriegsgefangenen 1941 vorrangig der deutschen Kriegsführung zuzurechnen ist und diese erbitterten Widerstand leistete, siehe Thurston, Cauldrons of Loyalty and Betrayal, S. 239 ff. Angeblich diente eine Millionen Sowjetbürger in der Wehrmacht, zumeist keine ethnischen Russen. Die Osttruppen, die aus Balten, Kaukasiern und Kosaken bestanden, werden auf 45 000 bis 350 000 Mann geschätzt. Vgl. Baberowski, Der rote Terror, S. 222; Overy, Russlands Krieg, S. 205; Thurston, Cauldrons of Loyalty and Betrayal, S. 242.

32 Zum Partisanenkrieg: Shepherd, War in the Wild East; Musial, Sowjetische Partisanen in Weissrußland. Christian Hartmann spricht von einer »Radikalisierung auf beiden Seiten« im Partisanenkampf: Hartmann, Wehrmacht im Ostkrieg, S. 720. Es stellt sich aber die Frage, inwieweit die deutschen Truppen, die zum Äußersten bereit waren, noch radikalisiert werden mussten.

33 Heinrici/Hürter, Ein deutscher General an der Ostfront, S. 100.

34 Dies war auch ein Grund für das Scheitern des Blitzkrieges: Bartov, Hitlers Wehrmacht, S. 32.

35 Abgedruckt in: Ueberschär/Wette, Der deutsche Überfall auf die Sowjetunion, S. 252 f.

36 Halder, Kriegstagebuch, Band 2, S. 336 f.

konnten[37] – Hitlers Heerführer nahmen sie aber letztlich an und gaben entsprechende Befehle.[38]

In der Folge fielen insgesamt zwischen 15 und 20 Millionen sowjetische Zivilisten und zwischen acht und elf Millionen Rotarmisten dem deutschen Vernichtungskrieg zum Opfer.[39] Mit dem von Anfang an so konzipierten Krieg hatten die deutschen Besatzer dafür gesorgt,[40] dass ein Kapitulationsfrieden mit der Wehrmacht für die Sowjetunion, ein (menschenwürdiges) Leben westlich der Frontlinie für ihre Bevölkerung nicht möglich war. Einen kampflosen Weg aus dem Frontraum heraus Richtung Westen hatten die Deutschen der sowjetischen Bevölkerung nie eröffnet. Er war nach Westen abgeriegelt.

Im Osten: Die Maßnahmen des Regimes

»Kein Schritt zurück« – der Befehl zur Abriegelung

Die Verlautbarungen des sowjetischen Staates machten der sowjetischen Bevölkerung und insbesondere ihren Soldaten mit jedem Tag, den der Krieg andauerte, bewusster, dass sie sich in einem Vernichtungskrieg befanden. Zivile und militärische Zeitungen wie *Pravda, Krasnaja Zvezda* oder *Krasnoarmeec,* aber auch die Propagandahilfen für die Agitatoren in der Armee, die *Bloknoty Agitatora,* veröffentlichten Berichte aus den besetzten Gebieten oder zitierten aus deutschen Befehlen sowie Tagebüchern und Briefen von Wehrmachtssoldaten.[41] Manche Rotarmisten

---

37 Zusätzliche Weisung von Walther von Brauchitsch, abgedruckt in: Ueberschär/Wette, Der deutsche Überfall auf die Sowjetunion, S. 253 f.

38 Hürter, Biographie und Mentalität eines Wehrmachtsgenerals, S. 43. Siehe auch die veröffentlichen Dokumente in: Ueberschär/Wette, Der deutsche Überfall auf die Sowjetunion.

39 Vgl. Overy, Russlands Krieg, S. 435; Hartmann, Unternehmen Barbarossa, S. 115. Manche russischen Stimmen sprechen gar von bis zu 27 Millionen ziviler Opfer: UdSSR hat im Zweiten Weltkrieg rund 37 Millionen Menschen verloren, in: *Sputnik News* (online), 07. 05. 2009, https://de.sputniknews.com/politik/20090507121492894 [23. 08. 2018]. Zum Zynismus, mit dem die sowjetische Regierung unter Stalin mit den Gefallenen des Krieges umging: Zubkova, Russia after the war, S. 364.

40 Siehe dazu auch die Kriegsvorgaben, abgedruckt in: Ueberschär/Wette, Der deutsche Überfall auf die Sowjetunion, S. 244.

41 Siehe für die Spuren der Propaganda die Tagebuchauszüge des Kommandeurs der Roten Armee V. G. AdK Berlin, Walter-Kempowski-Biographien-Archiv Nr 3027, Tagebuchauszüge von V. G. im Januar 1942.

hatten wie Gabriel Temkin die deutschen Lager von innen kennengelernt und konnten – nach geglückter Flucht – aus erster Hand berichten;[42] andere hatten die Bombenangriffe miterlebt oder die von den Deutschen zurückeroberten zerstörten Gebiete samt der überall herumliegenden Leichen mit eigenen Augen gesehen. Wieder andere fanden bei gefangen genommenen oder toten Deutschen Fotos von deren verstümmelten Opfern oder machten die Erfahrung, dass Erstere sie noch in den Sammelstellen als »russische Schweine« beschimpften und keinen Zweifel an ihren Absichten ließen.[43]

Stalin selbst hatte in seiner Rede zum Jahrestag der Revolution am 6. November 1941 klargestellt, dass, wenn »die Deutschen einen Vernichtungskrieg wollen, sie einen bekommen«.[44] Dazu bedurfte es der Modernisierung, Professionalisierung und Remechanisierung der Roten Armee im Zuge des Krieges.[45] Zudem setzte der sowjetische Staat auf repressive Maßnahmen, mit denen die sowjetische Führung ihre Armee überzog, um die Soldaten zur Gewaltausübung anzutreiben. Notorisch für den sowjetischen Staatsterror in Kriegszeiten, der über vergleichbare Sanktionen in anderen Armeen hinausging, ist der Befehl Nr. 227 vom 28. Juli 1942. Sein Name bringt den Inhalt auf den Punkt: »Ni šagu nazad« – Keinen Schritt zurück.[46]

Der Befehl beginnt mit dem Verweis darauf, dass die sowjetische Bevölkerung enttäuscht sei von der sich immer weiter zurückziehenden Roten Armee, die dadurch der Wehrmacht den Vormarsch ermögliche. Um dies zu verhindern, seien alle Mitglieder der Roten Armee angehalten, »strenge Ordnung und eiserne Disziplin« zu halten, »Panikmacher und Feiglinge auf der Stelle zu erschießen«. Jeder »Kommandier, [...] der seine Gefechtsposition ohne höheren Befehl verlässt, gilt als Verräter der Heimat. Mit diesen [...] ist wie mit [anderen, kb] Verrätern der Heimat zu verfahren«, sie seien vor ein Kriegsgericht zu stellen.[47]

---

42 Temkin, My Just War.

43 AdK Berlin, Walter-Kempowski-Biographien-Archiv Nr. 6108-64, Bl. 3, Aufzeichnung des mündlichen Berichts von Georgij Ba., Militärchirurg; AdK Berlin, Walter-Kempowski-Biographien-Archiv Nr. 6108-101, Bl. 2, Kommentar des Übersetzers zum Tagebuch von David O., Chefredakteur der *Krasnaja Zvesda*.

44 Abgedruckt in: Stalin, O Velikoj Otečestvennoj Vojne, hier S. 31.

45 Krylova, Soviet Women in Combat, S. 206; Glantz, Colossus Reborn.

46 Abgedruckt in: Stalin, O Velikoj Otečestvennoj Vojne, S. 51–54.

47 Ebd.

Dementsprechend wurden mit Verweis auf die angeblich von den Deutschen eingesetzten Strafbataillone und Sperrkommandos solche nun auch flächendeckend für die Rote Armee eingeführt: Pro Front (das heißt pro Heeresabschnitt) wurden ein bis drei Strafbataillone für jeweils 800 Offiziere der mittleren und oberen Dienstgrade sowie politische Bevollmächtigte geschaffen, die sich Disziplinverletzungen zuschulden hatten kommen lassen. Sie sollten ihre »Verbrechen an der Heimat mit Blut auswaschen«. Für die einfachen Soldaten und unteren Offiziersgrade wurden für Vergehen dieser Art sogenannte *štrafroty* (Strafeinheiten) eingerichtet, in denen jeweils 150 bis 200 Mann in fünf bis zehn *štrafroty* pro Armee (insgesamt ca. 80 000 Soldaten) dienten.[48] Zudem wurden hinter jeder Armee drei bis fünf »gut bewaffnete« *zagradotrjady* (*zagradnitel'nye otrjady* – Sperrkommandos) mit jeweils 200 Soldaten formiert, die durch »Erschießungen der Feiglinge und Panikmacher den ehrlichen Kämpfern helfen sollen, ihre Pflicht der Heimat gegenüber zu erfüllen«.

Entwicklung und Organe des Stalinismus im Krieg

Alle im Befehl Nr. 227 beschriebenen Instrumente waren bereits vor dem 28. Juli 1942 angebahnt worden. Sie schufen den Frontraum zusammen mit dem deutschen Krieg und durchdrangen ihn tiefer, als aus dem Befehlstext hervorgeht. Teilweise wurden sie schon mit Kriegsbeginn eingesetzt, wie die Todesurteile gegen Dmitrij Pavlov und acht weitere Offiziere belegen. Insgesamt lässt sich der Befehl einer politischen Entwicklung in der Sowjetunion zuordnen, in der Land, Leute und Armee durch den Krieg noch mehr an die Kandare genommen wurden, als es unter Stalin sowieso schon der Fall gewesen war:[49] So dauerte es nach der Einrichtung des Staatlichen Verteidigungskomitees, des GKO, am 30. Juni 1941 beispielsweise nur zwei Wochen, bis Lavrentij Berija, der

48 Ebd. Zu den Strafeinheiten sei an dieser Stelle noch angemerkt, dass Soldaten nicht nur für Disziplinverletzungen, sondern für jede Art von Vergehen von Befehlsverweigerung und Disziplinarvergehen unter Kameraden über Übergriffe auf Zivilisten bis hin zu Betrug und Unterschlagung mit ein bis drei Monaten in diesen zu dienen hatten, wie eine Auswertung der Akten der *pogranpolki* zeigt.

49 Laut Stephen Lovell »vergrößerte die deutsche Invasion nur die existierende sowjetische Tendenz zur Zentralisierung und zur diktatorischen Herrschaft«, Lovell, The Shadow of War, S. 23.

Chef des NKVD, anordnete, dass auf den Straßen Moskaus, wo das Kriegsrecht verhängt worden war,[50] 35 Bataillone mit je 500 Mann zu patrouillieren hatten.[51] Für die Straflager forderten die Staatsanwaltschaften die Einrichtung von Kriegstribunalen, um schneller erschießen zu können.[52]

In der Roten Armee besann man sich, neben den Militärstaatsanwaltschaften und Militärtribunalen, die den unterschiedlichen Armee-Einheiten zugeteilt waren, zunächst einmal auf verschiedene, z. T. schon ältere, sich überlappende Institutionen. Diese sollten die Rotarmisten in stalinistischer Manier politisch überwachen, von ihnen die Erfüllung ihrer militärischen Pflichten einfordern und bei »Vergehen« die Fälle an die Militärjustiz übergeben, die innerhalb von 24 Stunden zu urteilen hatten.[53] Im Juli 1941 wurde der Status der politischen Kommissare in der Roten Armee wieder angehoben. Diese waren bereits im Bürgerkrieg von Bedeutung gewesen und 1937, zur Zeit des Großen Terrors, als *politruki* (*političeskie rukovoditeli* – »politische Mentoren«, »Leiter«) wiedereingeführt worden. Vor Kriegsbeginn waren sie noch den militärischen Befehlshabern unterstellt und hatten allein diesen zu berichten; ab Juli 1941 konnten sie dann unabhängig von ihnen als Kommissare agieren.[54] Sie unterstanden nur den eigenen Vorgesetzten der politischen Abteilung der Roten Armee, die wie ein Staat im Staat war. Nominell waren sie nur für die Moral in der Truppe zuständig, tatsächlich überwachten sie jedoch

50 Befehl des Kommandanten der Garnison in Moskau, 25. 06. 1941, abgedruckt in: Organy gosudarstvennoj bezopasnosti SSSR v Velikoj Otečestvennoj Vojne, Band 2, Buch 1, S. 79.

51 RGASPI F. 644, Op. 2, D. 2, L. 205–8, Anordnung Nr. 76 des GKO und der dazugehörige Schriftverkehr, 09. 07. 1941. Ironischerweise schrieben die Sicherheitsbehörden aber auch, dass sich die Lage dort normalisierte, wo die Mobilisierung zufriedenstellend verlief. Vgl. Vortragsnotiz des Vertreters des Volkskommissars für Innere Angelegenheiten [...], 24. 06. 1941, abgedruckt in: Organy gosudarstvennoj bezopasnosti SSSR v Velikoj Otečestvennoj Vojne, Band 2, Buch 1, S. 68–73.

52 RGASPI F. 644, Op. 2, D. 1, L. 198–201, Schriftverkehr der Staatsanwaltschaften, 04. 07. 1941.

53 Zur Militärjustiz, die in der Regel gemäß § 58 »Konterrevolution« urteilte: Birstein, SMERSH. Stalin's Secret Weapon, S. 52–63; Delagrammatik, Voennye tribunaly za rabotoj.

54 Birstein, SMERSH. Stalin's Secret Weapon, S. 118; die Anordnung Nr. 463 des GKO, mit der diese eingeführt werden, ist auf den 12. 08. 1941 datiert, RGASPI, F. 644, Op. 2, D. 12, L. 148.

oftmals die Arbeit der militärischen Kommandeure und versuchten, Repressionen gegen Rotarmisten zu initiieren. Teilweise arbeitete ihnen dabei auch das Personal der *OO* (*Osobye Otdely* – NKVD-Sonderabteilungen) zu. Im Oktober 1942 wurden die Kommissare dann als *zampolity*[55] wieder den Kommandeuren als deren Stellvertreter für die politische Aufklärungsarbeit unterstellt. Folgt man der Darstellung von Vadim J. Birstein, können die Kommissare trotz allem als verlängerter Arm der Partei in der Armee angesehen werden, da sie, je nach Armee-Einheit, Unterstützung durch Vertreter der Partei und des Komsomols (Jugendorganisation der KPdSU) in der Armee sowie einen Agitator hatten.[56] Ob sich die Kommissare im Alltag den Kommandeuren unterordneten, bzw. wie Kompetenzstreitigkeiten geklärt wurden, lässt sich an dieser Stelle nicht klären. Aufschluss könnten die Akten im CAMO geben.

Die eigentlichen Überwachungs- und Repressionsorgane innerhalb der Armee waren seit Kriegsbeginn die OO, die in ihrer zeitgenössischen Form dadurch entstanden, dass die für Gegenspionage zuständige Dritte Abteilung des Verteidigungskommissariats an den NKVD überstellt worden war und somit zentral organisiert die Armee-Einheiten überwachte.[57] Jede Armeefront bekam ein OO-Direktorat und jede Division (ca. 10000 Soldaten) eine OO-Einheit, die aus 25 Mann bestand: sechs Offizieren und 15 bis 20 Gefreiten, die schon im ersten Kriegsjahr ein Netz aus Spitzeln auswarfen und standrechtliche Todesurteile vollzogen.[58] Die erste Anfrage Berijas an das GKO, den OO zu gestatten, Selbstverstümmler »ebenso wie Deserteure« zu erschießen, ist auf den 2. August 1941 datiert, also wenige Wochen nach Kriegsbeginn.[59] In der Regel brauchten die OO jedoch für die Inhaftierung von Armeeangehörigen je

55 Die Abkürzung steht für Zamestitel' Komandira po politiko-prosvetitel'skoj i vospitatel'noj rabote – Vertreter des Kommandeurs für politisch-aufklärerische und erzieherische Arbeit. Im Folgenden werden, wie im zeitgenössischen Sprachgebrauch, auch die *zampolity* als Kommissare bezeichnet.

56 Birstein, SMERSH. Stalin's Secret Weapon, S. 118 ff.

57 Instruktionen für die Dritte Abteilung und ihre Organe [...], 27. 07. 1941, abgedruckt in: Organy gosudarstvennoj bezopasnosti SSSR v Velikoj Otečestvennoj Vojne, Band 2, Buch 1, S. 37 f.

58 Birstein, SMERSH. Stalin's Secret Weapon, S. 101 ff.

59 RGASPI F. 644, Op. 2, D. 10, L. 67, Anfrage von Berija vom 02. 08. 1941. Auch Nikolaj Nikulin erinnert sich, dass es die ersten Todesurteile an der Leningrader Front sehr schnell gab, Nikulin, Vospominanija o vojne, S. 14.

nach Dienstgrad das Einverständnis des Militärstaatsanwalts und der befehlshabenden Institutionen.[60]

1943 wurden die OO wieder an das NKO, die Flotte sowie das NKVD zurücküberstellt. Alle drei neu entstandenen Abteilungen fungierten nun unter dem berühmt-berüchtigten Akronym *SmerŠ* (*Smert' Špionam* – Tod den Spionen).[61] Sie waren zentral organisiert und unterstanden nur den jeweiligen Hauptquartieren in Moskau. Einem Schützenregiment (maximal 200 Soldaten) waren jeweils drei *SmerŠ*-Offiziere zugeordnet.

Laut Vadim J. Birsteins Studie bestand die Hauptaufgabe der *SmerŠ* im Ausfindigmachen von Spionen.[62] Andere Quellen attestieren ihr hingegen dieselben Aufgaben wie ihren Vorgängerinstitutionen: die Abschreckung von sogenannten Panikmachern, als welche bereits Soldaten gelten konnten, die Zweifel an der Kampfkraft oder Kritik an der Roten Armee aussprachen oder nicht an den finalen Sieg glaubten, die »Motivierung« von Feiglingen, die Suche und Demaskierung von Verrätern sowie die Überwachung und Sicherstellung von adäquatem Verhalten der Soldaten auf dem Schlachtfeld. Nicht zuletzt gehörte zu den Aufgaben aller genannten Organisationen die sogenannte Filtration, das heißt die Loyalitätsprüfung derjenigen Soldaten, die sich in den Händen oder auf dem Territorium des Gegners befunden hatten, sowie die Prüfung, ob Wunden eventuell auf Selbstverstümmelungen zurückgingen.[63]

---

60 Anordnung Nr. 460 des GKO, 11. 08. 1941, www.soldat.ru/doc/gko/text/0460.html [23. 08. 2018].

61 In der Regel werden die Abteilungen sprachlich unterschieden: SmerŠ (NKO), OKR SmerŠ (NKVD), UKR SmerŠ (Flotte).

62 Birstein, SMERSH. Stalin's Secret Weapon, S. 177–193. In den Quellen und in dieser Arbeit werden die Bezeichnungen *SmerŠ* und OO in der Regel synonym verwendet.

63 Instruktionen für die Dritte Abteilung und ihre Organe [...], 27. 07. 1941, abgedruckt in: Organy gosudarstvennoj bezopasnosti SSSR v Velikoj Otečestvennoj Vojne, Band 2, Buch 1, S. 37 f.; Regularien des Rates der Volkskommissare [...], 19. 04. 1943, Anordnung des GKO Nr. 3222 mit Bestätigung des Status der *SmerŠ*, 21. 04. 1943, jeweils abgedruckt in: Organy gosudarstvennoj bezopasnosti SSSR v Velikoj Otečestvennoj Vojne, Band 4, Buch 1, S. 387, 405–8. Siehe auch die Einschätzungen von Quellen des US-Geheimdienstes. HIA Wiliam Philp-Collection, Box 4, Folder 22, Bl. 6., CI Special Report 42: The Counterintelligence Organisation »SMERSH«, Military Intelligence Service Center US Army. Inoffizielle Quellen verweisen darauf, dass die *SmerŠ* z. B. Militärärzte anhielt, Wunden auf Anzei-

Das Netz der *SmerŠ* wird als noch enger eingeschätzt als das der anderen Organisationen. Berichte, nicht zuletzt von ausländischen Geheimdiensten, sprechen von 1,5 bis 3,4 Millionen Informanten, das heißt, ca. einer von zehn bis zwanzig Soldaten verfasste freiwillig oder gezwungenermaßen Berichte über die eigenen Kameraden.[64] Ob dieser Zahlen witzelten Angehörige der Roten Armee untereinander, dass, wenn sich drei Offiziere unterhielten, zwei hinterher der *SmerŠ* Bericht erstatten würden.[65] Andere schildern in ihren Erinnerungen, dass *SmerŠ*-Informanten in den Gefechtspausen hinter den Soldaten standen und deren Gespräche in einem Notizheft festhielten, das man ihnen dann zu späterer Stunde wieder entwenden musste.[66]

Noch perfider ist die Geschichte, die der Versorgungssoldat Leonid Rabičev in seinen Erinnerungen erzählt: Eines Abends habe er Besuch von einem Offizier bekommen, der seine Einheit verloren hatte und um Quartier bat. Sie hätten den Abend damit verbracht, Wodka zu trinken, auf den Sieg anzustoßen und sich über Gott und die Welt zu unterhalten. Dabei habe er ihm auch aus dem Evangelium vorgelesen. Am nächsten Tag habe sich der Offizier als *SmerŠ*-Beamter zu erkennen gegeben und ihn darauf hingewiesen, dass es nicht angehe, dass er »religiöse Propaganda« betreibe. Aufgrund des netten Abends habe es der Beamte aber bei der Warnung belassen – unter der Voraussetzung, dass er das Buch ins Feuer werfe.[67]

Nach den Erinnerungen der Artilleristen Andrej Žarikov und Petr Jurčenko war es für die Offiziere schwer, die ständigen Verdächtigungen zu verstehen, die Kreuzverhöre und Verfolgungen, die Anzeigen nicht nur aufgrund von Taten, sondern auch aufgrund geäußerter Gedanken. All dies hätte die Kameradschaft im Kollektiv der Offiziere nicht gerade verbessert, sondern die Niedertracht genährt, da eine Konkurrenz um die Unschuld entstanden sei. Denn ihrer Meinung nach musste man nur

---

chen von Selbstverstümmelung zu untersuchen. Malakhova, Four Years as a Frontline Physician, S. 297.

64 HIA Boris I. Nikolaevskij-Collection, Reel 289, Bericht von A. Veresov, Bl. 11 der internen Paginierung. Stephan, Stalin's Secret War, S. 59.

65 Rubinštejn, Ispoved' sčastlivogo al'pinista. Glavy iz trilogii, S. 50.

66 Skorodenok Petr Filipovič. Interview auf: http://iremember.ru/memoirs/drugie-voyska/skorodenok-petr-filippovich/ [23. 08. 2018].

67 Rabičev, Vojna vse spišet, S. 148.

»beweise[n], dass, wenn dein Freund schon kein Spion ist, er wenigstens fähig ist, zum Verräter der Heimat zu werden. Dann wirst du nie im Verdacht der ›SmerŠ‹ stehen.«[68]

Diese Paranoia brachten manche Soldaten wohl schon aus der Vorkriegszeit mit: Der Kommissar einer Schützendivision Petr Vasil'čikov schrieb am 27. Juli 1941 in einem Brief an seine Frau:

»Ich muss viel Leid und Leiden der Menschen sehen. Wie ist es grausam, das anzusehen. [...] Aufgrund unserer russischen Sorglosigkeit und Leichtgläubigkeit ist den Dreckskerlen, den Verrätern, so viel gelungen, was zu den bekannten Zerstörungen und dem Verlust großer Territorien geführt hat. Die Spione und Diversanten sind dreist geworden und leben sogar in den höchsten Reihen.«[69]

Eine Institution, die hinter der regulären Armee in ca. 25 bis 45 km Entfernung von der Frontlinie Überwachungsaufgaben wahrnahm, waren die ebenfalls bereits 1941 eingerichteten *pogranpolki*, die inneren Truppen des NKVD zur Sicherung des Hinterlandes der kämpfenden Armee. Zwar konnte es passieren, dass sie zusammen mit den regulären Truppen militärische Aufgaben übernahmen; sie waren aber v. a. dafür zuständig, den Frontstreifen zu sichern. Dies konnte bedeuteten, die lokale Bevölkerung in den dortigen Ortschaften zu registrieren und oftmals komplett von dort zu evakuieren, sei es zu deren eigener Sicherheit, sei es aufgrund von Misstrauen im Hinblick auf deren Loyalität.[70] Zu den Aufgaben der *pogranpolki* gehörte zudem – wenn sich die Front bei Gebietsgewinnen weiter nach vorne, also Richtung Westen schob –, in den befreiten Gebieten für Ruhe und Ordnung zu sorgen und Garnisonen einzurichten. Mit »Ruhe und Ordnung« war nicht zuletzt auch der Kampf gegen verdeckte, irreguläre Einheiten und die Suche nach flüchtigen Rotarmisten, Überläufern und allgemein nach »kriminellen Elementen« gemeint. Verdächtige galt es zu filtrieren, also zu durchleuch-

68 Žarikov/Jurčenko, ...v polk pribyli sibirjaki, S. 147. An dieser Stelle stellt sich Frage, inwieweit die *SmerŠ* tatsächlich vorrangig unter den Offizieren agierte und das hier Beschriebene v. a. für diese gilt.

69 Brief abgedruckt in: Poslednie pis'ma s fronta 1941, S. 95 f. Siehe auch Barabaš, V borjach za žisn', S. 17.

70 Regularien der Stavka VGK [...], 14. 10. 1942; Regularien der Stavka VGK an die Militärräte [...], 28. 10. 1942, jeweils abgedruckt in: Russkij Archiv, Velikaja Otečestvennaja: Stavka VGK. Dokumenty i Materialy. 1942 god, S. 430, 445.

ten und zu überprüfen, und im gegebenen Fall zu verurteilen und zu bestrafen. Dafür entstanden ab dem 27. Dezember 1941 die ersten *sporno-peresyl'nye punkty*, die »Sammelstellen«, sowie Lager zur Filtration im Hinterland der Armee.[71] Dazu kamen Maßnahmen, um die Disziplinarvergehen von Rotarmisten zu ahnden.

Angesichts der Fülle der Aufgaben ist es nicht überraschend, dass das Personal dieser Truppen beständig anwuchs: Bestanden sie 1941 noch aus 161000 NKVD-Soldaten, waren es 1942 schon 420000 und 1945 bis zu 800000.[72] Die Kontrolle der *pogranpolki* über den Aufenthaltsort der Armeeangehörigen ging zudem über den Frontraum inklusive Frontstreifen hinaus: Ab Januar 1942 sollten sie verhindern, dass Wehrpflichtige vor dem Armee-Eintritt (unbemerkt) ihren Aufenthaltsort änderten oder sich dem Militärdienst auf andere Weise entzogen.[73]

Eine letzte zu nennende, besonders berüchtigte Organisation im Repressionsinstrumentarium der Sowjetunion im Krieg sind die im Befehl Nr. 227 angesprochenen *zagradotrjady*, die Sperrkommandos. Diese Einheiten begrenzten wohl am konkretesten den Frontraum der Rotarmisten mittels Gewalt und »unterstützten« die Gewalt- und Kampfbereitschaft der Rotarmisten. Sie waren Schritt für Schritt aus den bereits aufgeführten Institutionen entstanden: So existierten die ers-

71 Anordnung des GKO Nr. 1069, 27. 12. 1941, www.soldat.ru/doc/gko/text/1069.html [23. 08. 2018]; RGASPI, F. 644, Op. 2, D. 128, L. 111, Anordnung des GKO Nr. 2779 vom 21. 01. 1943.

72 Insgesamt zu den Aufgaben der *pogranpolki:* Regularien des Stellvertreters des NKVD der UdSSR […], 26. 06. 1941; Instruktionen des NKVD der UdSSR […], 26. 06. 1941; Instruktionen des NKVD der UdSSR und vom NKGB der UdSSR […], 04. 07. 1941, alle abgedruckt in: Organy gosudarstvennoj bezopasnosti SSSR v Velikoj Otečestvennoj Vojne, Band 2, Buch 1, S. 84, 85 f., 176–177; Anordnung Nr. 1320 des GKO, 21. 02. 1942, www.soldat.ru/doc/gko/scans/1320-1.jpg [23. 08. 2018]; Anordnung Nr. 1099 des GKO, 04. 01. 1942, www.soldat.ru/doc/gko/text/1099.html [23. 08. 2018]; RGASPI F. 644, Op. 2, D. 18, Ll. 50–54; Anordnung Nr. 676 des GKO, 15. 09. 1941; RGASPI, F. 644, Op. 2, D. 29, L. 20, Anordnung Nr. 1024 des GKO, 14. 12. 1941; Anweisungen des NKVD der UdSSR […], 18. 02. 1942; Vortragsnotiz des Stabschefs der Truppen des NKVD der UdSSR und des Stellvertreters der Grenztruppen des NKVD […], 27. 02. 1942, beide abgedruckt in: Organy gosudarstvennoj bezopasnosti SSSR v Velikoj Otečestvennoj Vojne, Band 3, Buch 1, S. 128–134, 167 ff.

73 Anordnung Nr. 1159 des GKO, 16. 02. 1942, www.soldat.ru/doc/gko/text/1159.html [23. 08. 2018].

ten Einheiten seit September 1941 als Teil der OO, um diese in ihrem Kampf gegen sogenannte Panikmacher und Feiglinge zu unterstützen. Sie wurden hinter bestimmten Frontabschnitten eingesetzt, um auf Transportwegen und Verkehrsknotenpunkten nach Deserteuren, Verrätern und Spionen zu suchen. Dann ordnete man sie einzelnen Frontabschnitten zu, um mit Waffengewalt ein Zurückweichen der Rotarmisten zu verhindern bzw. deren Angriff voranzutreiben.[74] Ein letzter Schritt war dann der im Befehl Nr. 227 angeordnete flächendeckende Einsatz.

Insofern stellt der Befehl trotz seiner markigen Worte nur den Kulminationspunkt einer Entwicklung dar. Alle darin genannten Maßnahmen wurden bereits im ersten Jahr des Krieges praktiziert. Dies gilt für die Todesstrafe für Panikmacher, Verräter, Spione und erfolglose Befehlshaber ebenso wie für die Praxis, Armeeangehörige mit Waffengewalt ins Gefecht zu treiben.[75]

Umsetzung der Befehle

Die Umsetzung all dieser Maßnahmen blieb ambivalent – um es euphemistisch zu formulieren. Bereits im Oktober 1941 wurde die Order erlassen, die willkürlichen Repressionen und die Selbstjustiz innerhalb der

---

74 Zur Entwicklung der Sperreinheiten: Regularien des NKVD der UdSSR [...], 18. 07. 1941; Instruktionen für die Sondereinheiten des NKVD [...], 19. 07. 1941, beide in: Organy gosudarstvennoj bezopasnosti SSSR v Velikoj Otečestvennoj Vojne, Band 2, Buch 1, S. 346 f., 371 f.; Regularien des Generalstabschefs für die Kommandeure der Brjansk-Front [...], 05. 09. 1941; Regularien des Generalstabschefs für die Kommandeure [...], 12. 09. 1941, beide abgedruckt in: Organy gosudarstvennoj bezopasnosti SSSR v Velikoj Otečestvennoj Vojne, Band 2, Buch 2, S. 20, 85 ff. Laut Vadim J. Birstein existierten die Sperrkommandos bereits im Winterkrieg: Birstein, SMERSH. Stalin's Secret Weapon, S. 133. Zur Umsetzung: RGVA F. 32925, O. 1, D. 66 passim, Anweisungen der Führung der Inneren Truppen des NKVD der UdSSR und der Führung der Grenztruppen des NKVD zur Sicherung des Hinterlandes [...], 01. 01. 1942–31. 12. 1942. Dafür, dass der Begriff schon 1941 verwendet wurde, siehe RGVA F. 32925, O. 1, D. 274, L. 27, Befehl an die NKVD-Truppen der Südwestfront, 15. 12. 1941.

75 Siehe auch Erläuterungen des höchsten Militärstaatsanwaltes [...], 08. 09. 1941; Memorandum des Kommandeurs der NKVD-Truppen [...] für den 02.–20. 09. 1941, 26. 09. 1941, beide abgedruckt in: Organy gosudarstvennoy bezopasnosti SSSR Band 2, Buch 2, S. 35 f., 141.

Roten Armee einzustellen.[76] Zugleich wurden Richtlinien für Exekutionen durch die OO erstellt:[77] Einzelne Befehlshaber der verschiedenen Fronten hatten bemängelt, dass der Befehl als Freibrief gewertet würde und die Exekutionen die Moral der Truppe und die Autorität der Kommandeure untergrabe. Offenbar waren die Maßnahmen außer Kontrolle geraten.[78] Die Kommandeure sollten auf ihrer Autorität bestehen und Soldaten nur dann erschießen, wenn es die Kriegssituation erforderte.[79] Zudem realisierte Stalin wohl, dass die menschlichen Reserven nicht unerschöpflich waren: Im Gespräch mit dem Kommandeur der Südwestfront am 20. Juni 1942 ließ er verlauten, dass Divisionen »nicht auf dem Markt verkauft werden«.[80] Folglich sollte nun auch eingeschlossenen Frontverbänden mehr Unterstützung zukommen.[81]

Das führte jedoch nicht dazu, dass sich die Repressionsmaßnahmen verringerten – im Gegenteil: Sie wurden sogar ausgeweitet.[82] Insbesondere von der Schlacht um Stalingrad gibt es haarsträubende Berichte, wonach einzelne Offiziere die Reihen ihrer Einheiten abliefen und jedem Zehnten ins Gesicht schossen; insgesamt wurden 13500 Rotarmisten im Rahmen vermeintlicher Disziplinarmaßnahmen erschossen.[83] Manche

---

76 Anweisung des Volkskommissars für Innere Angelegenheiten [...], 04. 10. 1941, abgedruckt in: Organy gosudarstvennoy bezopasnosti SSSR Band 2, Buch 2, S. 165 f.

77 Anordung des GKO Nr. 903 [...], 17. 11. 1941, abgedruckt in: Organy gosudarstvennoy bezopasnosti SSSR Band 2, Buch 2, S. 311.

78 RGVA F. 32905, Op. 1. D. 238, L. 77, Befehl an die NKVD-Truppen [...], 03. 09. 1943.

79 RGVA F. 32925, Op. 1, D. 66, Bl. 655, Ausführungen des Befehlshabenden der Donfront, 04. 11. 1942.

80 Mitschrift der Gespräche zwischen dem Oberbefehlshaber und dem Generalstabschef mit dem Kommandeur der Südwestfront, 20. 06. 1942, abgedruckt in: Russkij Archiv, Velikaja Otečestvennaja: Stavka VGK. Dokumenty i Materialy. 1942 god, S. 258.

81 HIA Dmitrii A. Volkogonov-Collection, Box 1, Reel 4, o. P., Schreiben der Stavka VGK an den Kommandeur der Südost- und der Stalingrader Front, 15. 02. 1942.

82 Die ersten *zagradotrjady* (im Gegensatz zu denen des NKVD) wurden im Oktober 1944 abgeschafft. Befehl über die Auflösung einzelner Sperrkommandos, 29. 10. 1944(!), abgedruckt in: Russkij Archiv, Velikaja Otečestvennaja: Prikazy narodnogo kommissara oborony SSSR 1943–1945 gg., S. 326; vgl. Overy, Russlands Krieg, S. 250.

83 Merridale, Iwans Krieg, S. 178; Baberowski, Der rote Terror, S. 229.

Offiziere wiederum forderten ihren Soldaten eigenwillige Bewährungsproben ab, um disziplinarische Verfehlungen wieder wettzumachen.[84]

Die Präsentation des Befehls in der sowjetischen Presse war ebenfalls von Ambivalenzen geprägt: So schrieb die *Pravda* am 30. Juli 1942, also wenige Tage nach der Anordnung, um keinen Zweifel an ihrer Loyalität sowie ihrer Haltung hinsichtlich der Disziplin der Rotarmisten zuzulassen: »Wer der Roten Armee nicht von ganzem Herzen hilft, wer ihre Gesetze und eiserne Disziplin nicht achtet, ist ein Verräter«[85] – und was das für die Betroffenen bedeutete, war klar. Doch zehn Tage später ruderte sie schon wieder ein wenig zurück. Nun forderte ein Artikel, dass zwischen Verrätern und denjenigen Soldaten, die nur kurz die Nerven verloren hatten, unterschieden werden müsse, Letztere also keineswegs mit dem Tode zu bestrafen seien.[86]

Wie viele von diesen Repressionen betroffen waren, ist schwer zu ermitteln. Die Literatur verweist auf bis zu 158000 Todesurteile wegen Panikmacherei, Feigheit oder Selbstverstümmelung im Heer.[87] Wie diese Zahl zustande kommt, ist wiederum nicht ganz klar, da wohl nicht jedes Todesurteil aktenkundig wurde. Verwiesen sei in diesem Zusammenhang auf eine Anordnung der *pogranpolki:* Die Sperrkommandos sollten von der bis dato üblichen Praxis, Warnschüsse abzugeben, keinen weiteren Gebrauch machen, da dies zu viel Zeit koste.[88] Es konnte aber auch passieren, dass Urteile der Militärtribunale nicht umgesetzt wurden.[89] Auch die Anzahl der Rotarmisten, die in den Strafbataillonen dienten bzw. starben, ist nicht genau zu eruieren; sie changiert zwischen einer halben und anderthalb Millionen Menschen.[90]

Die Zahl der Soldaten, die von den unterschiedlichen Organen festgesetzt und überprüft wurden, geht in die Millionen. Um einen Eindruck

---

84 Yakushin, On the Roads of War, S. 91–94.

85 Zit. in: Werth, Russland im Krieg, S. 300.

86 Ebd., S. 300.

87 Merridale, Iwans Krieg, S. 178 ff.; Birstein, SMERSH. Stalin's Secret Weapon, S. 59.

88 RGVA F. 32925, Op. 1, D. 66, Ll. 336 f., Anweisungen der Befehlshabenden der Süd-Westfront vom Juni 1942, exaktes Datum nicht lesbar; Ll. 304 f. Anweisungen der Befehlshabenden der Süd-Westfront, 20. 06. 1942.

89 Vgl. RGVA F. 32925, Op. 1, D. 274, Ll. 29 bzw. 31, Befehle für die NKVD-Truppen [...], 18. bzw. 20. 12. 1941.

90 Vgl. Beevor, Ein Schriftsteller im Krieg, S. 106 sowie S. 444, FN 4; Overy, Russlands Krieg; S. 250; Baberowski, Der rote Terror, S. 232.

von den möglichen Größenordnungen zu vermitteln, sei an dieser Stelle auf einen Bericht Berijas vom 10. Oktober 1942 verwiesen, der besagt, dass allein im ersten Jahr des Krieges und noch vor der Schlacht um Stalingrad 1187747 Soldaten durch die Truppen des NKVD verhaftet worden seien. Davon hätten 63012 ein Todesurteil erhalten und 28285 eine Freiheitsstrafe. Die restlichen seien wieder an die Front geschickt worden.[91]

Wenn es darum ging, die Soldaten im Frontraum zu halten und zur Gewaltbereitschaft zu motivieren, setzte die sowjetische Führung nicht nur die Peitsche, sondern auch Zuckerbrot ein: Erfüllten sie ihr Soll an der Front mit besonderer Tapferkeit, warteten Orden und Auszeichnungen (z.T. mit deutlicher Anlehnung ans Zarenreich), von Stalin unterschriebene Danksagungen,[92] monetäre Belohnungen und öffentliche Anerkennung in Form von Artikeln sowohl in den Armeezeitungen als auch in heimatlichen Blättern auf sie.[93] Wer kämpfte, konnte also durchaus zum Helden oder zumindest zum heldenhaft Gefallenen werden, wie die *Pravda* von Kriegsbeginn an in Aussicht gestellt hatte.[94] Dementsprechend sollten die Soldaten, allen voran die Scharfschützen, über ihre Erfolge Buch führen, was zuweilen zu einer Konkurrenz darüber führte, wem ein toter Deutscher »gutgeschrieben« wurde.[95] Dazu kam, dass zwischen den Fronten und ihren Subeinheiten, wie bereits vor dem Krieg in der Produktion erprobt, »sozialistische Wettbewerbe« eingeführt wurden, die aber z.T. schnell wieder eingestellt wurden.[96]

91 RGASPI F. 644, Op. 2, D. 101, Ll. 156f., Anhang zur Anordnung Nr. 2401 des GKO, 11. 10. 1942. Für eine genauere Aufschlüsselung aller Militärgerichtsverfahren siehe Birstein, SMERSH. Stalin's Secret Weapon, S. 59.

92 Laut Georgij Barabaš wurden diese auch von den Soldaten aufbewahrt: Barabaš, V borjach za žisn', S. 238.

93 Für die Prämien: Befehl (des NKO) über die Prämierung der Mannschaften der Reparatureinheiten […], o. D.; Befehl (des NKO) über die Tätigkeiten der Jagdflieger […], 17. 06. 1942, jeweils abgedruckt in: Russkij Archiv, Velikaja Otečestvennaja: Prikazy narodnogo kommissara oborony SSSR 22 ijunja 1941 g.–1942 g., S. 159ff., 255ff.; Lesin, Byla vojna, S. 119f.

94 Brooks, Pravda Goes to War.

95 NA IRI RAN F. 2, R. 10, O. 7, D. 7a, L. 3 v., Interview mit der Scharfschützin Nina Lobkovskaja.

96 Befehl (des NKO) über die Aussetzung der sozialistischen Wettbewerbe der Nachrichteneinheiten […], 10. 11. 1942, abgedruckt in: Russkij Archiv, Velikaja Otečestvennaja: Prikazy narodnogo kommissara oborony SSSR 22 ijunja 1941 g.–1942 g., S. 359.

Maßnahmen über den Frontraum hinaus

Um die Rotarmisten im Frontraum zu halten, sah der stalinistische Maßnahmenapparat aber auch vor, deren Familienangehörige gleichsam in Geiselhaft zu nehmen, was sich sukzessive entwickelte.[97] Bereits am 16. August 1941 hatte der Befehl Nr. 270 des Oberkommandos der Roten Armee die Inhaftierung von Überläufern und Deserteuren verfügt.[98] Im Dezember 1941 befahl dann das GKO dem NKVD, die Angehörigen von sowjetischen Staatsbürgern, die die deutschen Besatzer administrativ oder bei Strafmaßnahmen unterstützt hatten oder mit ihnen geflohen waren, in die Randgebiete der Sowjetunion zu deportieren.[99] Im Juni 1942 ordnete es überdies eine Haftstrafe oder die Verbannung für die Familien derjenigen Armeeangehörigen an, die wegen Verrats, Spionage, Überlaufens oder der Zusammenarbeit mit den Besatzungstruppen zum Tode verurteilt worden waren. Diese Anweisung betraf Eltern, Ehepartner, Geschwister und Kinder, sofern sie mit den Delinquenten zusammengelebt hatten.[100] Hinzu kam die öffentliche Schande, da die Verfehlungen der Angehörigen über die Parteiorgane im Heimatdorf publik gemacht wurden. Laut eigenen Aussagen versuchten manche Befehlshabende, die Vergehen der Repressierten in den Briefen an deren Angehörige zu kaschieren und ihnen stattdessen einen Heldentod zu bescheinigen.[101]

Diese Ausweitung der Kampfzone betraf darüber hinaus Familienangehörige, die in frontnahen Gebieten wohnten. Ihnen wurde pauschal

---

97 Bereits am 28. Juni 1941 hatte der NKVD zusammen mit dem NKGB und der Staatsanwaltschaft beschlossen, dass Familienmitglieder von Verrätern zu bestrafen waren, ließ aber explizit Angehörige der Roten Armee außen vor. Der Befehl nahm zudem Bezug auf einem entsprechenden vom 07. 12. 1940. Befehl des NKGB, NKVD und der Staatsanwaltschaft der UdSSR […], 28. 06. 1941, abgedruckt in: Organy gosudarstvennoj bezopasnosti SSSR v Velikoj Otečestvennoj Vojne, Band 2, Buch 1, S. 114 f.

98 Befehl Nr. 270 der Stavka VGK […] vom 16. 08. 1941, https://ru.wikisource.org/wiki%D0%9F%D1%80%D0%B8%D0%BA%D0%B0%D0%B7_%D0%A1%D0%92%D0%93%D0%9A_%D0%A1%D0%A1%D0%A1%D0%A0_%D0%BE%D1%82_16.08.1941_%E2%84%96_270 [23. 08. 2018].

99 Anordnung des GKO Nr. 1074, 27. 12. 1941, www.soldat.ru/doc/gko/text/1074.html [23. 08. 2018].

100 Anordnung des GKO Nr. 1926, 24. 06. 1942, www.soldat.ru/doc/gko/text/1926.html [23. 08. 2018].

101 Kukuev, Polevaja sumka, S. 39.

unterstellt, fahnenflüchtige Angehörige zu verstecken.[102] Dem Misstrauen des Staates konnte man sich nicht einmal dadurch entziehen, dass man in vorauseilendem Gehorsam Angehörige meldete, die mit den Deutschen kollaboriert hatten.[103]

Doch auch für die Angehörigen war Zuckerbrot vorgesehen: Die Prämien, die den Soldaten für Heldentaten ausgezahlt wurden, nutzten ihnen an der Front in der Regel nichts, konnten aber an die Familie in der Heimat überwiesen werden und waren dort, wie auch die Vergünstigungen für Frontkämpferfamilien, eine große Hilfe.[104] Zudem schützten Heldentaten die Familien vor Repressionen, sollte ein anderes Familienmitglied als Feigling, Kollaborateur oder Verräter verurteilt werden: Die oben genannten Maßnahmen kamen nämlich nicht zur Anwendung, wenn es unter den Mitgliedern der betroffenen Familien auch Armeeangehörige mit Orden und Medaillen gab.[105] Außerdem hatten Soldaten, die es zu Heldentaten an der Front brachten, als Einzige die Chance auf einen Heimaturlaub, also auf Dokumente und genügend freie Zeit, um den oft tagelangen Weg in die Heimatstadt anzutreten und dort ihre Angehörigen zu treffen.[106] Die reguläre Auszeit von wenigen Tagen war in den meisten Fällen zu kurz, um die Familien in den entlegenen Regionen, insbesondere in der Evakuation zu erreichen, sodass die Soldaten im Zweifelsfall den Fronturlaub zusammen mit den Kameraden in Frontnähe verbringen mussten.[107]

Insgesamt grenzten also diverse Befehle und Institutionen den Frontraum der Roten Armee nach Osten hin ab und durchdrangen ihn in totalitärer Weise. Mit einem engmaschigen Netz aus Überwachung, Repression und Sinnstiftungsangeboten war die Staatsgewalt immer präsent, selbst jenseits der Front – selbst in den Familien der Armeean-

---

102 RGVA F. 32925, Op. 1, D. 292, L. 32, Befehl an die NKVD-Truppen [...], 30. 01. 1944.

103 RGVA F. 32925, Op. 1, D. 515, L. 2, Vorträge und Berichte über die politisch-moralische Stimmung in den Einheiten, Dossier vom 27. 12. 1944.

104 Brief von Vasilij Frjancev an seine Mutter vom März 1944, abgedruckt in: Poslednie pis'ma s fronta 1944, S. 237; Kustov, Cena pobedy.

105 Anordnung des GKO Nr. 1926, 24. 06. 1942, www.soldat.ru/doc/gko/text/1926.html [23. 08. 2018].

106 Rubinštejn, Ispoved' sčastlivogo al'pinista, S. 30 f.

107 Instruktionen des Generalstabschefs der West- und Südwestfront über regelmäßigen Fronturlaub der Truppen, 09. 04. 1942, abgedruckt in: Russkij Archiv, Velikaja Otečestvennaja: Stavka VGK. Dokumenty i Materialy. 1942 god, S. 151.

gehörigen. In der Roten Armee wurde folglich das Herrschaftssystem der Vorkriegssowjetunion fortgesetzt. Nur forderten die Befehlshaber und Verordnungen jetzt keine Stoßarbeit mehr, sondern die Gewalt- und Kampfbereitschaft gegen die deutschen Angreifer. Von der Entstehung eines Gewaltraums aufgrund der Abwesenheit des Staates kann insofern im Falle der Roten Armee keine Rede sein. Es stellt sich jedoch die Frage, wie die Rotarmisten im Frontraum mit den staatlichen Repressionen umgingen.

Im Frontraum: Befehlsanerkennung und Komplizenschaft mit dem Regime

Zwischen Widerstand und Akzeptanz

Wer in den Erinnerungen der Angehörigen der Roten Armee eine Antwort auf diese Frage sucht, sollte den Entstehungskontext der Quellen im Blick behalten, da man hier unterschiedliche Narrative findet. Insbesondere Veteranen, die in den letzten Jahren für das im Internet zugängliche *ja-pomnju*-Erinnerungsprojekt befragt wurden, zeigten sich in den Interviews eher kurz angebunden. Sie hätten von den Sperrkommandos oder der *SmerŠ* nur gehört, meinten einige, schließlich seien sie selbst »ohne Sünden gewesen«, oder sie bezeichneten sich als »disziplinierter Mensch, der nichts Unnötiges geredet hat, sodass alles in Ordnung war«.[108] Andere erzählten, dass es nicht so extrem gewesen sei, wie im heutigen Kino behauptet würde.[109] Wenn es Repressionen gegeben habe, seien diese als vereinzelte Fälle zu werten, und die Maßnahmen seien notwendig gewesen, weil es sich hierbei tatsächlich um Spione gehandelt habe und Disziplin im Krieg nun einmal vonnöten sei.[110]

---

108 Mjasnikov, Vladimir Vladimirovič, Interview auf: Ja Pomnju, https://iremember.ru/memoirs/drugie-voyska/myasnikov-vladimir-vladimirovich/ [23. 08. 2018]; Puškarev, Ivan Konstantinovič, Interview auf: Ja Pomnju, https://iremember.ru/memoirs/voditeli/pushkarev-ivan-konstantinovich/ [23. 08. 2018]; Naumov, Pavel Markovič, Interview auf: Ja Pomnju, https://iremember.ru/memoirs/svyazisti/naumov-pavel-markovich/ [23. 08. 2018].

109 Galanin, Georgij Vasil'evič, Interview auf: Ja Pomnju, https://iremember.ru/memoirs/pulemetchiki/galanin-georgiy-vasilevich/ [23. 08. 2018].

110 Rassolov, Ivan Zacharovič, Interview auf: Ja Pomnju, https://iremember.ru/memoirs/svyazisti/rassolov-ivan-zakharovich/ [23. 08. 2018]; Bistriskij, Leonid

Auf eine etwaige eigene Beteiligung ging kaum jemand ein. Der ehemalige Panzerfahrer Ivan Maslov, der im Frühjahr 1942 den Sperrkommandos zugeteilt wurde, obwohl er lieber bei den Panzern geblieben wäre, wich der Frage aus:

> »Und das, was ich in diesen Tagen ansehen und erleben musste, will ich Ihnen sogar jetzt, 65 Jahre nach diesem furchtbaren Mai 1942, nicht erzählen. Ich habe keine Kraft weiterzutragen, was da passierte. Ich finde keine Worte.«[111]

Wer detaillierte Berichte sucht und nicht auf die Einzelfunde im *ja-pomnju*-Projekt angewiesen sein möchte, muss auf von Rotarmisten eigens verfasste Erinnerungen aus den Jahren des Systemwechsels zurückgreifen, die im Zuge der historischen Aufarbeitung des Stalinismus seit der Perestroika entstanden und teilweise bilderstürmerische Züge tragen. Es ist geradezu von einem Krieg der Repressionsorgane gegen die einfachen Militärangehörigen die Rede, sodass die deutschen Belagerer fast zur Kulisse verkommen. Die Sperrkommandos, die *SmerŠ* und die hartherzigen, willkürlich agierenden und ständig betrunkenen Kommandierenden hätten den einfachen sowjetischen Soldaten entgegen aller Vernunft zugesetzt und sie mit Gewalt in die Gefechte getrieben, um so die eigene Inkompetenz zu verbergen.

In seinen Erinnerungen am deutlichsten wird der ehemalige Schütze Nikolaj Nikulin, der lange in der eingeschlossenen Leningrader Region kämpfte:

> »Die Mannschaften gingen in die Gefechte, vorangetrieben durch den Schrecken [...]. Nicht weniger Schrecken [als die Deutschen, kb] rief die gnadenlose Androhung der Erschießung hervor. Um die amorphe Masse der schlecht ausgebildeten Soldaten in der Gefolgschaft zu halten, wurden die Erschießungen vor dem Gefecht durchgeführt. Es genügten irgendwelche schwächlichen Skelette oder diejenigen, die irgendwas getratscht hatten, oder zufällige Deserteure [...]. Die Einheit wurde in Form des Buchstaben ›П‹ aufgestellt, und ohne Gespräche beendete man [das Leben, kb] dieser Unglücklichen. Diese vorsorgliche Politarbeit sorgte für Angst vor dem NKVD

Grigor'evič, Interview auf: Ja Pomnju, https://iremember.ru/memoirs/artilleristi/bistritskiy-leonid-grigorevich/ [23. 08. 2018].

111 Maslov, Ivan Vladimirovič, Interview auf: Ja Pomnju, https://iremember.ru/memoirs/tankisti/maslov-ivan-vladimirovich/ [23. 08. 2018].

und den Kommissaren – mehr als vor den Deutschen. Während des Angriffs, wenn du dich nach hinten drehst, bekommst du eine Kugel von den Sperrkommandos. Die Angst hat die Soldaten gezwungen, in den Tod zu gehen. Darauf hat unsere weise Partei vertraut, unser Mentor und der Organisator unserer Siege. Erschossen wurde, natürlich, auch nach erfolglosen Kämpfen.«[112]

Erzählungen dieser Art untermauern die Bedeutung des Faktors Angst innerhalb der Roten Armee. Sie machen überdies klar, dass die militärische und politische Führung sich keinen Deut um eigene personelle Verluste scherte. Nach dem Historiker Vadim J. Birstein bestand innerhalb der Armee eine Gegnerschaft zwischen den mit militärischen Aufgaben betrauten Teilen und den Repressionsorganen. Seiner Meinung nach haben selbst »die meisten Kommandeure die *zampolity* [=Kommissare, kb] gehasst« und »mit tiefem Hass würde buchstäblich jeder Veteran« sich an die Sperrkommandos erinnern.[113]

Veteranen wie Nikulin gehen auf (narrative) Distanz zum Geschilderten, indem sie sich apathisch und zynisch, teilweise geschockt von der Brutalität und Willkür der Repressionsmaßnahmen geben. Aus ihren Berichten scheint neben der Ablehnung der drakonischen Disziplinarmaßnahmen oft die implizite Vergewisserung auf, selbst freiwillig gekämpft zu haben, während die Angst der anderen v. a. aus deren Unerfahrenheit resultiert hätte. Bei besserer Ausbildung wären die Repressionsmaßnahmen gar nicht nötig gewesen.[114] Gegebenenfalls unterscheiden sie noch wie A. Korablev zwischen »echten« Verrätern, deren Tod gerechtfertigt gewesen sei, und Menschen, deren »Verrat« allein darin bestanden habe, sich aus nachvollziehbaren menschlichen Gründen kurz von der Front entfernt oder einfach nur Witze erzählt zu haben. Deren Tod sei zu bedauern.[115]

Nach den Erinnerungsberichten steht es außer Zweifel, dass die Repressionsmaßnahmen Angst und Hass hervorriefen. Andere Quellen zeigen jedoch, dass die Gegnerschaft zwischen militärischen und politi-

112 Nikulin, Vospominanija o vojne, S. 46.

113 Birstein, SMERSH. Stalin's Secret Weapon, S. 119. Siehe auch Baberowski, Verbrannte Erde, S. 430–436.

114 Siehe auch Caslav, Semen Iosifovič, Interview auf: Ja Pomnju, https://iremember.ru/memoirs/razvedchiki/zaslav-semen-iosifovich/ [23. 08. 2018].

115 Der Brief von A. Korablev ist abgedruckt in: Maksimova, Ja eto videl, S. 250.

schen Befehlshabern einerseits und einfachen Militärangehörigen andererseits nicht so eindeutig strukturiert war, wie es hier anklingt.[116] So vermittelte mir die ehemalige Sanitäterin Bronja B. im Gespräch, dass ihr Mitleid mit den Repressionsopfern eine Haltung der Nachkriegszeit sei. Während des Krieges habe sie die Repressionsmaßnahmen mit umgesetzt. Sie erzählte:

> »Es gab diese, nicht viele, die sich in Gefangenschaft begaben, ich habe gesehen, wie einer von diesen [Pause] [der zu ihr ins Lazarett kam, kb] – seine Exkremente waren die ganze Zeit voller Blut. Er hatte sich Knoblauch in den Anus eingeführt, um nicht an der vordersten Linie zu landen. Andere haben sich versteckt, wenn wir uns zum Angriff erhoben haben. Die meisten haben sich erhoben, aber einer hat sich versteckt – das kann man nicht verurteilen –, aber einen haben sie bei uns erschossen, für Desertion. [...] Er hatte Angst und sich im Gebüsch versteckt. [...] Damit die anderen seinem Beispiel nicht folgten, haben sie ihn vor allen anderen erschossen. In dem Moment, als sie den Befehl verlesen haben, habe ich ihn nicht bedauert, ich war wütend, weil er sich im Gebüsch versteckt hatte. Viele Jahre später [...] tat er mir leid. [...] Damals war ich vollständig einverstanden. Wenn wir alle angefangen hätten, uns zu verstecken, dann hätte Deutschland uns besetzt und die halbe Bevölkerung vernichtet. [...] Den [mit dem Knoblauch, kb] haben wir gezwungen, damit aufzuhören.«

Bronja B. erläuterte nicht, auf welche Weise sie ihn zwangen, kam aber auf den Delinquenten zurück, als sie berichtete, wie ihre Einheit in eine Umzingelung geriet und aus dieser wieder befreit wurde. Sie habe die Verletzten begleitet, die auf Fuhrwerken und zu Fuß in die Etappe gebracht wurden, und dabei bemerkt, dass

> »unter den Verletzten, die noch selbst laufen konnten, [der mit dem Knoblauch, kb] war. Er hatte eine Wunde an der Hand [...]. Ich habe ihn angetrieben. Was mit ihm weiter geschehen ist, weiß ich nicht.«[117]

---

116 Roger Reese führt ebenfalls aus, dass die Angst nicht der größte mobilisierende Faktor für die Rotarmisten war; zudem sei die Vorstellung, die Rotarmisten wären von Maschinengewehren »niedergemäht« worden, ein »Mythos«: Reese, Why Stalin's Soldiers Fought, S. 175.

117 Bronja B. im Gespräch mit der Verfasserin am 06. 06. 2006 in Berlin.

Vermutlich wollte sie es aber auch gar nicht (mehr so genau) wissen, denn ihr war zweifelsohne klar, dass auf Selbstverstümmelung ebenso die Exekution folgen konnte wie auf Verstecken beim Angriff. Handverletzungen waren prädestiniert dazu, von der in der Etappe wartenden *SmerŠ* als solche gedeutet zu werden. Und eben dahin trieb B. den Soldaten.

Die Weigerung von Bronja B., sich genau zu erinnern bzw. zuzugeben, dass sie damals schon wusste, was mit dem Soldaten letztlich passieren würde, verweist auf ihren Sinneswandel. Dass sie vor Jahrzehnten Dinge guthieß und mittrug, die sie nun verurteilt, scheint ihr Gewissen zu quälen. Doch in den Jahren des Krieges war sie gewiss nicht die einzige Armeeangehörige, die mit den harschen Weisungen Stalins und der übrigen sowjetischen Führung einverstanden war.

Auch andere Soldaten reagierten mit Verständnis für die geschilderten Maßnahmen, an deren Umsetzung etwa der Übersetzer und Aufklärer Vladimir Steženskij und sowie Vladimir Gelfand, Unteroffizier einer Minenwerfereinheit, beteiligt waren. Beide beschimpften in ihren Tagebüchern die Verräter und Feiglinge u. a. als »widerlich« und »schlimmer als die Deutschen«.[118] Sie hießen die Todesurteile gut, bewachten die Delinquenten und waren bereit, diese eigenständig zu erschießen.[119] Die Sanitäterin Olga Olmečenko führte ein solches Urteil tatsächlich aus. In einem Gespräch mit der Journalistin Swetlana Alexijewitsch berichtete sie von einem Tribunal gegen zwei Soldaten, die durch ihre Panik den Tod mehrerer Verwundeter verursacht hätten. Sie selbst sei in dieser Situation aus der Reihe der versammelten Soldaten hervorgetreten, um das Urteil zu vollstrecken. Vor ihr hätten schon drei andere Soldaten ihre Bereitschaft dazu bekundet, und nach ihr auch alle anderen.[120]

Danil Granin liefert in seinem autobiografisch anmutenden Roman eine mögliche Begründung für diese rigorose Haltung:

> »Man muss persönliche und kollektive Angst unterscheiden. Letztere führt zur Panik. [...] Sie entsteht im Augenblick. Das Krachen der deutschen Maschinenpistolen im Hinterland, ein Schrei [...], schon begann man zu fliehen. Man floh zurück, rannte, ohne auf den Weg zu achten [...]. Es war unmöglich, sich dem zu entziehen, und es war

118 Gelfand, Tagebuch, S. 222, 228 f.; Steženskij, Soldatskij dnevnik, S. 83, 92.
119 Ebenso äußert sich: Atabek, Ožidanije sčast'ja, S. 122 f.
120 Zit. in: Alexijewitsch, Der Krieg hat kein weibliches Gesicht, S. 157.

> unmöglich, die Fliehenden aufzuhalten. Massenhysterie paralysiert das Denken. Während des Kampfes, wenn die Nerven äußerst angespannt sind, reichen ein Schrei und ein Feigling aus, um eine Massenpanik auszulösen.«[121]

Genau diese auf kollektiver Angst basierende Massenpanik galt es zu verhindern.

Am ausführlichsten äußerten sich die Soldaten in Bezug auf die Umsetzung der Repressionsmaßnahmen in den Interviews, die die Historikerkommission für die *Geschichte des Großen Vaterländischen Krieges* sammelte. Dies verwundert v. a. bei den Politarbeitern und Angehörigen der Militärtribunale nicht, da diese letztlich nur glaubhaft machen wollten, dass sie die ihnen erteilten Befehle, also ihre Aufgaben erfüllten. So beschrieb z. B. Petr Vasilev, der Sekretär eines solchen Tribunals, seine »Arbeit« folgendermaßen:

> »In den meisten Fällen war es Präventivarbeit, wir erklärten die Regeln des Krieges in den Einheiten den Agitatoren, [...] sodass diese die Soldaten informieren konnten. Es gab immer besondere Themen: wie das sowjetische Gesetz Verrat bestraft, Desertion, Feigheit. [...] Die Mitarbeiter der Kriegstribunale haben sich mit ihnen getroffen, sodass da keinerlei Zweifel bestanden, wenn sie ihren Eid nicht erfüllen würden oder so, und so weiter, was ein sowjetischer Soldat eben zu tun hat.«[122]

In ähnlicher Weise versicherten seine Kollegen den Interviewern, dass sie die Befehle umsetzen und die Soldaten »keinen Schritt zurück« weichen lassen würden.[123] Auch einfache Soldaten berichteten, dass angebliche Verräter und Feiglinge an die Militärtribunale ausgeliefert oder standrechtlich erschossen wurden.[124]

Interessant werden die Interviews aber v. a. an Stellen, wo deutlich wird, dass der Übergang vom professionellen Tun der politischen Kom-

---

121 Granin, Mein Leutnant, S. 19 f.

122 NA IRI RAN F. 2, R. 1, Op. 16, D. 6, Ll. 85 f., Interview mit dem Sekretär eines Kriegstribunals Petr Vasil'ev.

123 NA IRI RAN F. 2, R. 1, Op. 16, D. 10, L. 25, Interview mit dem stellvertretenden Kommandeur einer politischen Einheit Aleksandr Dunt.

124 NA IRI RAN F. 2, R. 1, Op. 13, D. 1, Ll. 3, 9, Interview mit mit dem Panzerfahrer Ivan Ermakov, siehe auch Ll. 17, 18, Interview mit dem Panzerfahrer Sergej Volkov; NA IRI RAN F. 2, R. 1, O. 13, D. 5, Ll. 2 ff., Interview mit dem Aufklärer Maksim Dandjuk.

missare und Angehörigen der Militärtribunale einerseits zum spontanen Eingreifen einfacher Soldaten andererseits fließend war. So erzählte der *politruk* Petr Molčanov von einem, wie er sagt,

> »interessanten Fall. [...] Unser stellvertretender Kommandeur hat den befehlshabenden erschossen. [...] Als die Deutschen uns angriffen, hatte [dieser, kb] die Hände gehoben [...]. Kurvantavev [der Stellvertreter, kb], der sah, dass er die Hände hob, hat eine Salve mit seinem Maschinengewehr auf ihn und die Deutschen abgegeben. Er hat das Kommando übernommen, und er hat die Deutschen zurückgeschlagen.«[125]

Der hier beschriebene aktivierende Effekt, den die sowjetische Führung mit den drakonischen Disziplinarmaßnahmen anstrebte, war also gegeben.

Dies artikuliert insbesondere die Scharfschützin Aleksandra Šljachova: Als junge Frau musste sie ganz besonders unter Beweis stellen, dass sie den Anforderungen des Soldatenlebens und Fronteinsatzes gerecht wurde. Dementsprechend unterstrich sie im Interview mit der Historikerkommission auch ihre Bereitschaft, das umzusetzen, wofür der Befehl Nr. 227 (stellvertretend) stand, obwohl sie gemäß ihrer Position in der Armee dazu gar nicht verpflichtet war. Sie erzählte:

> »Ich sah, [...] wie sich einige Soldaten absichtlich zurückfallen ließen. Das war Feigheit. In diesem Moment habe ich meine Pistole genommen, bin zu diesen Soldaten gekrochen und habe sie nach vorne gebracht.«[126]

Vielleicht dachte Šljachova ähnlich wie der Minenwerferschütze Mansur Abdulin. Für ihn war der Befehl Nr. 227

> »eine Befreiung von der Unentschlossenheit, sodass wir dem Tod gegenüber zusammenblieben, man wusste, dass niemand aufgab. Der Befehl war eine starke Waffe der Soldaten – psychologisch. Auch wenn es nicht leicht war, den Fakt anzuerkennen, dass ›hinter mir die Sperrkommandos‹ standen.«

---

125 NA IRI RAN F. 2, R. 1, Op. 58, D. 2, L. 14f., Interview mit dem stellvertretenden Kommandeur einer politischen Abteilung Petr Molčanov.

126 NA IRI RAN F. 2, R. 10, Op. 7, D. 8, L. 13, Interview mit der Scharfschützin Aleksandra Šljachova.

Aus Sicht Abdulins gründete der Todesmut der Roten Armee auf diesem Befehl, den man laut einem seiner Kameraden schon viel früher hätte erteilen sollen.[127]

Rotarmistische Selbstinszenierung
Natürlich ließe sich bei diesen und ähnlichen Aussagen in den Interviews der staatlichen Historikerkommission oder in Publikationen staatlicher Verlage wie dem Tagebuch von Mansur Abdulin argumentieren, dass sie v. a. der Sprechsituation geschuldet waren und sich die Betreffenden vor den Repräsentanten des Systems beweisen und sich als willige Vollstrecker der repressiven Befehle inszenierten wollten, was nichts über ihr tatsächliches Verhalten und ihr Denken aussagt. Allerdings ist es durchaus wahrscheinlich, dass sie im Frontalltag auch wirklich so agierten. Denn die Augen und Ohren des Systems waren dort ebenfalls allgegenwärtig – Überwachung und Sanktionierung lagen auf vielen Schultern. Angesichts der zirkulierenden Geschichten gab es gute Gründe zu glauben, dass der Kamerad neben einem ein Repräsentant des Systems war, sodass man besser vorauseilenden Gehorsam demonstrierte – und zwar durch die Umsetzung der repressiven Befehle. Auf diese Weise pflanzte sich der Druck »von oben« auch horizontal unter den einfachen Soldaten fort, die zum Teil des repressiven Systems wurden.[128]

Eine solche Deutung legt auch eine Auswertung der Feldpost nahe, in der oft eine ähnliche Selbstinszenierung stattfand. Die Briefe an die Liebsten in der Heimat hätten eigentlich das Kriegsthema völlig aussparen können. Aber die Soldaten trugen die Anforderungen des Frontraums auch in ihre private Kommunikation hinein. Sie verwiesen auf ihr Durchhaltevermögen, ihre Opferbereitschaft, ihr Rachebedürfnis und

127 Abdulin, Stranicy soldatskogo dnevnika, S. 30. Ebenso sieht es auch Vladimir Gelfand: Gelfand, Tagebuch, S. 44.

128 Es fällt an dieser Stelle schwer, nicht werten zu wollen. Denn das Argument, dass der deutsche Vernichtungskrieg den Rotarmisten keine andere Wahl als ein bedingungsloses Zusammenstehen ließ, lässt sich nicht leugnen. Es mag zynisch klingen, aber Abdulins und Granins Begründungen, dass ohne derlei Befehle Massenpaniken die Folge gewesen wären, sind keine reinen Beschönigungen. Sie hatten wohl recht, da der deutsche Krieg unerbittlich war. Das Eingeständnis und die (vermuteten) Gewissensbisse von Bronja B. verweisen auf diese Unmöglichkeit, im Krieg »richtig« zu handeln.

verabschiedeten sich mit »rotarmistischem Gruß«.[129] Und implizit forderten sie auch die Anerkennung der Adressaten ein, indem sie Formulierungen verwendeten wie: »Du kannst stolz auf mich sein« – »Wegen mir musst du nicht rot [vor Scham, kb] werden« – »Denk immer daran: Lieber die Witwe eines Helden als die Ehefrau eines Feiglings«.[130] Um ihre Einsatzbereitschaft zu demonstrieren, präsentierten sie, wie Jakov Kobzar am 22. Juni 1943 in einem Brief an seine Mutter, zuweilen ihre persönlichen »Rachekonten«: »218 getötete Fritzen, 7 Panzer und 34 Autos«.[131] Die Anforderungen des Krieges bemächtigten sich also auch jenes sozialen Raums, den die Militärangehörigen mit ihren Angehörigen teilten.

Der Wortlaut eines undatierten Briefes der Sanitäterin Nataša Kačuevskaja an ihre Mutter entspricht der sowjetischen Kriegspropaganda:

> »[Wir] beißen [...] jetzt die Zähne zusammen und ertragen das Getrenntsein. Mamachen, wir bewahren uns unsere Liebe füreinander, und am Tag des Sieges, am Tag der allgemeinen Freude, sehen wir uns wieder und werden für immer zusammen sein. Und diesen Sieg werden wir Hitler zusammen mit seinem Hals entreißen, mit Blut. Es ist schwer, den Sieg zu erlangen, aber wir erlangen ihn, egal was auch werden mag. Der Hass entflammt unsere Herzen, [...] er erfüllt mich, wegen allem, wegen dir, wegen unseres zerschlagenen jugendlichen Lebens, wegen des GITIS [des Moskauer Theaterinstituts, das hatte evakuiert werden müssen, kb], wegen aller unserer geliebten Verwandten, deren Leben ebenfalls zerstört wurde, wegen dieser Kinder [Waisenkinder, über die sie vorher berichtet hat, kb].«[132]

Andere, etwa Valentin Ščelokov in einem Brief an seine Eltern und Geschwister vom 24. Juli 1942, hoben ihr Heldentum hervor:

> »Wir erfüllen Stalins Befehl [...]. Ich versichere euch, dass ich nur als Held sterben werde, niemand wird euch sagen, dass euer Sohn voller Schande das Schlachtfeld verlassen hat. Nein, das wird nicht sein,

---

129 Exemplarisch sind die Briefe von Boris Granatov, einem Aufklärer, abgedruckt in: Schindel', Po obe storony fronta, S. 59–69.

130 So z. B. Ivan Bokov, Vasilij Gusev, Ivan Stacev und Vasilij Michajlov stellvertretend für das Gros der Briefe. Briefe abgedruckt in: Poslednie pis'ma s fronta 1941, S. 58, 244; Poslednie pis'ma s fronta 1942, S. 72; Poslednie pis'ma s fronta 1944, S. 554.

131 Brief abgedruckt in: Poslednie pis'ma s fronta 1943, S. 251.

132 NA IRI RAN F. 2, R. 10, Op. 7, D. 21b, L. 3, Brief an die Mutter.

solche Bolschewiki gibt es nicht. Wir schauen dem Tod ins Auge, wir haben keine Angst vor ihm.«[133]

Konkreter in Bezug auf Stalins Befehle war der Bataillonskommandeur Petr Sebelev. Bereits am 15. Juli 1941 versicherte er in einem Brief an seine Familie, dass er diese kraft seines Amtes durchsetze: Er habe seiner Einheit befohlen, zum Feind überlaufende Verräter unter Feuer zu nehmen, und einzelne Soldaten hätten die Delinquenten mit den Fäusten zurück in die Aufstellung geprügelt.[134]

Ähnliche Muster der Selbstinszenierung finden sich auch bei einigen, die gar nicht mit der Waffe in der Hand kämpften. Der Arzt Anatolij Gl.[135] schrieb seiner Mutter und Schwester am 29. Mai 1942:

»Wir machen weiter und schlagen den Feind wie eine Gardeeinheit. Der Feind hat aus unseren Reihen meinen Kriegsfreund und den allgemein beliebten Zahnarzt K. gerissen. Das ihm von mir und dem Befehlshaber L. gespendete Blut hat ihm nicht das Leben gerettet. Aufgrund des Todes des Freundes haben wir geschworen, den Feind noch deutlicher zu schlagen – den hinterhältigen Fritz.«[136]

Am 27. April 1942 hatte er bereits bekundet: »Ich will in die Reihen der Kämpfer.«[137] Dann, im Dezember 1942:

»Die Situation ist folgende: Es kann jede Minute sein, dass mir befohlen wird, anstelle des Skalpells das Gewehr in die Hand zu nehmen. Und wenn man mir dies befiehlt, werde ich den Befehl mit Ehre ausfüllen.«[138]

Für solche Selbstdarstellungen kommunizierten Rotarmisten manchmal sogar mit entfernteren Bekannten, schrieben beispielsweise an ehemalige Lehrerinnen.[139] Und wer selbst über keine solchen Kontakte verfügte, für den organisierte sie der Staat: Ganze Fabrikkollektive und Schulklassen wurden dazu angehalten, den Soldaten per Feldpost einen Gruß zu übermitteln, sie zu motivieren und an ihr Heldentum und ihr

133 Brief abgedruckt in: Poslednie pis'ma s fronta 1942, S. 315.
134 Brief abgedruckt in: Schindel', Po obe storony fronta, S. 154.
135 Die Verfasserinnen und Verfasser von privat gesammelten Egodokumenten wurden anonymisiert.
136 CMAMLS, F. 172, Op. 2, D. 74, L. 5.
137 CMAMLS, F. 172, Op. 2, D. 96, L. 10.
138 CMAMLS, F. 172, Op. 2, D. 76, L. 17.
139 CMAMLS, F. 140, Op. 1, D. 134, L. 1f. Briefe aus dem August 1944 an die Lehrerin eines Moskauer Tanzstudios.

Durchhaltevermögen zu appellieren.[140] Aus diesen organisierten Briefwechseln entstanden zum Teil sogar intime Kontakte.[141]

Die Quellenausschnitte machen deutlich, dass die Demonstration der Gewaltbereitschaft im Schlachtgeschehen nicht nur vor den Vertretern des Staates stattfand. Auch vor den Liebsten in der Heimat wollten die Rotarmisten ein entsprechendes Bild von sich zeichnen. Die soldatische Identität reichte also über das professionelle Verhältnis zur gestellten Aufgabe bis ins Privatleben hinein und sogar über den Tod hinaus.

Letzteres deuten bereits zitierte Briefeschreiber an, wenn sie, wie Valtentin Ščelokov, versicherten, dass der Tod keine Rolle für sie spiele; oder wenn sie ihren Ehefrauen klarzumachen versuchten, dass es besser sei, die Witwe eines gefallen Helden zu sein, als mit einem Feigling zusammenzuleben. Der Gebirgsschütze Levka Rubinštejn schildert in seinen Erinnerungen die Angst, bei einem Einsatz hinter den Kameraden zurückzubleiben, sich zu verirren und nicht mehr zurückzufinden. Er war sich nicht sicher, ob man seine Abwesenheit (oder das spätere Auffinden seiner Leiche) »richtig« interpretieren würde, und wollte nicht als »verschwunden ohne Nachricht« gelten, was seiner Meinung nach als Selbstmord, gar als Flucht und Verrat hätte gedeutet werden und seine Ehefrau die Pension hätte kosten können.[142]

Andere Soldaten schlugen sich mit ähnlichen Fragen herum: Wie sollten sie sicherstellen, dass, sollte ihnen etwas passieren, niemand auf die Idee käme, ihnen Feigheit oder Selbstmord zu unterstellen, sondern ihr Tod eindeutig dem chaotischen Schlachtgeschehen zuzuordnen sein würde, in dem niemand wusste, in welche Richtung man besser stürmte, wo die Deutschen standen und ob die tödliche Kugel vom Feind oder von den Sperrkommandos kam? Oftmals hatten selbst die Befehls- und Wachhabenden einzelner Einheiten keine Ahnung, wo sich der eigene

140 Abdulin, Stranicy soldatskogo dnevnika, S. 56.

141 Brief von Bjačeslav Šanin an seine Tante vom 29. 03. 1943, abgedruckt in: Poslednie pis'ma s fronta 1943, S. 416.

142 Rubinštejn, Ispoved' sčastlivogo al'pinista. Glavy iz trilogii, S. 45. In den Anordnungen des Volkskommissariats für Verteidigung wurden jedoch regulär getötete Soldaten und diejenigen, die im Kampf »verschwunden-ohne-Nachricht waren«, als eine Kategorie gesehen. Befehl (des NKO) [...], 14. 01. 1942, siehe auch die veränderte Fassung vom 14. 07. 1942, abgedruckt jeweils in: Russkij Archiv, Velikaja Otečestvennaja: Prikazy narodnogo kommissara oborony SSSR 22 ijunja 1941 g.–1942 g., S. 138, 214.

Stab befand, in wie viel Kilometer Entfernung die Deutschen lagen und in welcher Richtung – an manchen Tagen konnte die Angriffsrichtung dreimal wechseln.[143]

Für Irina Dunaevskaja und andere bot der Parteieintritt in diesem durch Willkür und Chaos geprägten Rahmen eine gewisse Sicherheit, wie Erstere in einem Interview Jahrzehnte nach dem Kriegseinsatz eingestand.[144] Damit verweist sie explizit darauf, dass Leben und Sterben im Frontraum politisch aufgeladen waren und dass man allein mit solchen Loyalitätsbekundungen deutlich machen konnte, dass man tapfer kämpfen wollte und keinesfalls ein Feigling war.[145] Andere Soldaten gestanden (auch in der Rückschau) einen solchen Pragmatismus in Sachen parteipolitische Zugehörigkeit nicht ein.[146]

Eine weitere Möglichkeit, sich als strebsamer Soldat zu präsentieren, bestand beim Zusammensitzen mit den Kameraden, indem man von den eigenen Heldentaten erzählte.[147] Laut Boris Suris waren die berichteten Ereignisse zu 75 Prozent erlogen.[148] Alternativ konnte man sich auch verbal aufplustern, wie etwa der bereits zitierte Arzt Gl., oder indem man die Läuse, die man mit sich herumschleppte, als »kleine Faschisten« bezeichnete und ihnen einen »Großen Vaterländischen Krieg« bereitete, sie also unter Aufbietung aller verfügbarer Fluch- und Schimpfworte »knackte«.[149]

Überraschenderweise ist es der sowjetische Propagandist und Kriegsberichterstatter Konstantin Simonov, der darauf hinweist, wie kontra-

---

143 Simonov, Sto sutok vojny, S. 14, 40, 43 f., 255 f.; Rubinštejn, Ispoved' sčastlivogo al'pinista. Glavy iz trilogii, S. 14; AdK Berlin, Walter-Kempowski-Biographien-Archiv Nr. 3027, Bl. 1, Tagebuchauszüge von V. G., Eintrag vom 01. 01. 1942.

144 Dunaevskaja, zit. in: Drabkin/Irinčeev, »A zori zdes' gromkie«, S. 167. Andere Aussagen von Rotarmisten lassen sich ebenso deuten: Abdulin, Stranicy soldatskogo dnevnika, S. 80; Belov, Frontovoj dnevnik, S. 436.

145 Die Terminologie geht auf Giorgio Agamben zurück, der wiederum an Heidegger anschließt.

146 Der große Mitgliederzuwachs während des Krieges ist ein Indiz dafür, dass auch andere Soldaten so dachten. Insgesamt wuchs die Partei zwischen 1941 und 1945 um 8,5 Millionen Mitglieder an, Ende 1944 waren 25 Prozent der Soldaten Mitglied: Rigby, Communist Party Membership in the U.S.S.R., S. 239–256; Kaplan, The Impact of World War II on the Party, S. 160–167.

147 Simonov, Sto sutok vojny, S. 80.

148 Suris, Frontovoj dnevnik, S. 142.

149 Gelfand, Tagebuch, S. 143; Yakushin, On the Roads of War, S. 77.

produktiv diese allgemein geteilte Inszenierung war. In seinen Erinnerungen beschreibt er zum Beispiel, dass »alles um uns herum voller Gerüchte über Diversanten [Saboteure, kb] und Fallschirmspringer war, die Autos unter dem Vorwand einer Kontrolle anhalten würden. Und kontrolliert wurde so ziemlich jeder.« Sein nervöser Fahrer habe ihn deshalb auch ziemlich bald gefragt, ob er eine Waffe hätte. Als es dann dunkel geworden sei, habe er sie herausgeholt und auf seine Knie gelegt.[150] Während des Krieges und auch noch Jahrzehnte später war er von der Richtigkeit dieser Vorsichtsmaßnahmen überzeugt, auch wenn die Gerüchte um die Diversanten ihn irgendwann genervt hätten. »Die Bereitschaft, gegebenenfalls als Erster zu schießen, war in dieser Situation, leider, vernünftig«, kommentiert er seine eigenen Aufzeichnungen und verweist auf verschiedene Übergriffe mit Todesfolge durch Spione.[151] Das Problem aber war, dass andere Soldaten derselben Überzeugung wie Simonov waren: Auch diese sahen sich von Verrätern und Spionen umgeben, reagierten daher auf unbekannte Kameraden nervös und mit der Waffe in der Hand und verlangten nahezu hysterisch Auskunft darüber, wer diese seien. Simonov, der solche Szenen selbst erlebte, blieb in der geschilderten Situation zum Glück ruhig und konnte sein Gegenüber davon überzeugen, dass sie auf derselben Seite stünden – dies allerdings ebenfalls nur mit dem Verweis auf die eigene Waffe.[152] Die Möglichkeit, dass solche Begegnungen eskalierten, war aufgrund des gestreuten Misstrauens und der Anspannung, aber auch durch den Rekurs auf die eigene Gewaltfähigkeit also immer gegeben.

Insgesamt betrachtet führte die Gewalt(-androhung) durch die Repressionsmaßnahmen zum gewünschten Effekt. Sie brachte Soldaten hervor, die sich in allen möglichen Situationen als tapfere, gewaltbereite Rotarmisten zu inszenieren versuchten. Manche von ihnen mussten nachfragen, wie das ging, z. B. der Minenwerferschütze Mansur Abdulin. Er wollte von seinem Vorgesetzten wissen, was er tun könne, damit er genauso furchtlos und unerschrocken wirke wie die Kameraden um ihn herum. Dieser riet ihm, den Griff seiner Pistolen beständig festzuhalten.[153] Ob Abdulin diesem Rat folgte und wie überlegt er seine Waffe in

150 Simonov, Sto sutok vojny, S. 31.
151 Ebd., S. 321, siehe auch S. 51, 87.
152 Ebd., S. 43.
153 Abdulin, Stranicy soldatskogo dnevnika, S. 8.

der chaotischen Frontsituation einsetzte, wird aus seinen Aufzeichnungen nicht klar. Aber auch bei ihm deutet sich die Möglichkeit an, dass Situationen aus dem Ruder liefen.

Alltag im Frontraum

Nach Amir Weiner ist nicht davon auszugehen, dass die sowjetische Bevölkerung der Vorkriegsjahre unter Stalin die drakonischen Maßnahmen der staatlichen Organe als Anomalien in ihrer Welt sahen.[154] Sie hatten sie vielmehr – und besonders im Krieg – in ihr Leben integriert. Dennoch kann nicht jede Handlung der Rotarmisten und jede Entwicklung an der Front als direkte Reaktion auf die und im Sinne der Repressionsmaßnahmen verstanden werden, wie es bislang anklang. Die Soldaten brachten ihre Erfahrungen aus dem Vorkriegsstalinismus und den militärischen Ausbildungsstätten mit, und sie erlebten einen Kriegsalltag, der nicht allein auf den politischen Vorgaben der Regierung beruhte. Diese erweiterte Perspektive auf das Kriegserleben der Rotarmisten soll im Folgenden eingenommen werden. Denn die Erwartungen, mit denen die Soldaten in den Krieg zogen, und ihre auf den ersten Blick unpolitischen Lebensumstände gehörten zu ihrem Kriegserleben, wirkten auf ihre Vergemeinschaftungsprozesse und ihre Handlungsoptionen, damit auf die auszuübende Gewalt. Diese wurde durch den genuinen Kriegsalltag wie auch den Umgang der Soldaten untereinander weitergehend dynamisiert und war kaum noch einhegbar, allenfalls durch weitere Repressionen.

Der Weg an die Front

Kriegseuphorie und Einberufung

Viele Rotarmisten hatten schon vor ihrer Einberufung das Bedürfnis verspürt, sich durch einen Kriegseinsatz zu beweisen. Folglich warteten sie sehnsüchtig auf den Mobilisierungsbefehl, die *povestka,* wie der damalige Philologiestudent Imanuil Levin in seinen während der Perestroika erschienenen Erinnerungen schreibt: Alle hätten damals an die Front gewollt. Jeden Tag seien er und seine Freunde zum *voenkomat* (eigentlich

154 Weiner, Something to Die for, S. 102, 107.

das Volkskommissariat für militärische Angelegenheiten, hier die Vertretung vor Ort) gegangen. Dort habe man aber den Mobilisierungsbefehl vorweisen müssen. Wer ohne ihn vorstellig wurde, sei wieder weggeschickt worden, und wenn er noch so oft kam.[155] Dann habe ihn seine Komsomolsekretärin gefragt, ob er mit seinen Deutschkenntnissen nicht Armeeübersetzer werden wolle. Er sei entsetzt gewesen und habe gedacht:

> »Als Übersetzer? Was für ein Unsinn. Der Vorschlag kam mir fast wie eine Beleidigung vor. Unsere Schuldigkeit war es, in den Reihen derer zu sein, die mit Seitengewehr und Granate attackieren, und nicht mit der Zunge zu wedeln. Und dann auch noch auf Deutsch.«[156]

Für Levin gehörten Übersetzungstätigkeiten ins *tyl,* ins Hinterland. Nach einigen Tagen wurden er und die anderen Neuen dann mit Uniformen ausgestattet, was er wohl als sehr erhebend empfand, als er damit zum ersten Mal auf die Straße trat.

> »Die Passanten lächelten und musterten mich [...]. Wer weiß, vielleicht hielt man mich ja nicht für einen Neuling, sondern für einen gestandenen Kämpfer, der schon Pulver gerochen hatte? Und ich versuchte, einen kräftigen Schritt zu halten, nahm den Kopf höher. [...] Allerdings kam ich mit diesem Kopf nicht weit. [...] Ein alter Mann holte mich auf den Boden der Tatsachen zurück, er rief mich zu sich und sagte mir leise: ›Enkelchen, mach doch wenigsten das Etikett vom Mantel ab, du wirkst wie ein Mannequin.‹ Ich schaute runter und erschauderte: Ein riesiges Stoffetikett schleifte beinahe auf der Erde.«[157]

Als Levin schließlich an die Front geschickt wurde, war er stolz, endlich ein »richtiger Krieger« geworden zu sein.[158]

Andere, die an die Front wollten, aber nicht einberufen wurden, schrieben sich erst einmal bei den *opolčennie,* der Bürgerwehr, ein. Diese sollte v. a. Schützengräben ausheben und die Luftabwehr organisieren. Von dort war es dann aber oft ein fließender Übergang in die regulären Truppen der Roten Armee. So wie bei dem Artilleristen Vasilij Čurkin

---

155 Levin, Zapiski voennogo perevodčika, S. 19.
156 Ebd., S. 21.
157 Ebd., S. 23.
158 Ebd., S. 40 f.; siehe auch Šumeliškij, Dnevnik soldata, S. 1–30. Auch er grenzte sich hier bereits von den *tyloviki* (den Männern des Hinterlandes) ab.

aus Leningrad, der die Veröffentlichung seines Tagebuchs mit folgenden Worten einleitet:

> »Ab dem 7. Juli [1941, kb] gab es jeden Tag mehrmals Luftalarm [...]. Auf dem Marsfeld und auf allen anderen Flächen waren Flakgeschosse aufgebaut. Waghalsig schossen die Flakschützen auf die feindlichen Flugzeuge, die Splitter der in der Luft explodierenden Geschosse fielen knisternd auf die Erde, auf den Asphalt. Das Lied ›Steh auf, großes Land‹ hatte mich ergriffen, ich schrieb mich in die Reihen der Bürgerwehr ein und ging am 9. Juli freiwillig an die Front.«[159]

Die Aufzeichnungen von Levin und Čurkin spiegeln die Stimmung wider, die nach dem 22. Juni 1941 weite Teile des Landes, insbesondere die großen Städte, ergriffen hatte bzw. dort inszeniert wurde: Im Radio liefen nach der Rede Molotows den ganzen Tag über patriotische Lieder und Marschmusik. Nina Kosterina, eine junge Tagebuchschreiberin aus Moskau und spätere Partisanin, fühlte sich an diesem Tag zum ersten Mal als Erwachsene. In ihrem Tagebuch spricht sie sich selbst mit Vor- und Vatersnamen an, der russischen Höflichkeitsformel gegenüber Volljährigen:

> »Denken Sie noch daran, Nina Alexejevna, wie Sie Bewegung und Sturm herbeisehnten? Nun haben Sie Ihren Sturm – den Krieg! Das Gespenst des Krieges zieht durch unser Land ... Ich bin bereit ... Ich will an die Front!«[160]

Das Jaroslavler Theaterkollektiv probte indes den (Volks-)Aufstand gegen die Besatzer: Auf einer Versammlung stand ein Mitglied nach dem anderen auf und erklärte seine Bereitschaft, die Heimat verteidigen zu wollen.[161]

Vielleicht erhofften sich die Kriegsbegeisterten, in der Armee ein Gefühl von Stärke zu erleben – so wie der Philologiestudent Nikolaj Glaškin, der im Sommer 1943 in die Armee kam. Als er im Dezember 1942 von seiner Mobilisierung erfuhr, war er laut seinem Tagebuch noch unsicher, was das bedeutete. Auf der einen Seite erschien ihm die Armee als einzige Rettung vor moralischer Zersetzung. Auf der anderen Seite befürchtete

---

159 Čurkin, Tagebuch; siehe auch Granin, Mein Leutnant, S. 22–29, 245.

160 Kosterina, Das Tagebuch, S. 109 (Auslassungen im Orig.).

161 Sof'ja Avičeva, Tagebucheintrag vom 22. 07. 1941, Prozito, http://prozhito.org/persons/268 [23. 08. 2018].

er, dass der rechtlose Status des Soldaten aus ihm einen untertänigen Diener mit schwachem Willen machen würde, wenn man ihn dort nicht gleich umbrächte. Insgesamt musste er sich aber eingestehen, dass ihm zu Hause langweilig war, seine Altersgenossen sich jede Nacht betranken und in den Kolchosen und Fabriken die Knechtschaft herrschte. Dementsprechend empfand er dann die Stimmung an der Front, als er dort ankam, weitaus »besser«: Er war »berauscht von der Kraft des russischen Volkes«, seiner »geistigen Stärken und Möglichkeiten« und meinte nun »Tolstoj und seine Verehrung des russischen Bauern besser« zu verstehen.[162] Andere wiederum hofften, durch ihre Einsätze an etwas Größerem teilzuhaben und zum Mythos zu werden, so wie dies in den Filmen über den Bürgerkrieg anklang.[163]

In der Kriegseuphorie, die auch die sowjetischen Behörden bezeugten,[164] kam also Unterschiedliches zusammen: das Gefühl der Ohnmacht angesichts der deutschen Luftangriffe und des beständigen Vorrückens der Wehrmacht, die gehobene patriotische Stimmung, aber auch der Druck, den die Peers, Klassenkameraden, Kollegen etc. ausübten, damit man sich mobilisieren ließ.

Zudem entsprach die Kriegseuphorie dem Lebensgefühl der Jugend in den Vorkriegsjahren, die laut den Studien Gabor Rittersporns die bedingungslosen Befürworter des Regimes stellte[165] – und als Erstes in die Reihen der Roten Armee gezogen wurde: Aufgrund ihrer oftmals ärmlichen, gewalttätigen und instabilen Lebensverhältnisse waren die sowjetischen Versprechen von Fortschritt, (gesellschaftlicher) Modernisierung und einem besseren Leben für junge Menschen besonders attraktiv. Kollektivierung, sozialer Aufbruch, Großbaustellen, Euphorie und Re-

---

162 Glaškin, Dnevnik, Tagebucheinträge vom 30. 12. 1942 und 22. 08. 1943.

163 NA IRI RAN F. 2, R. 10, Op. 7, D. 13b, Ll.12 f., Interview mit der Aufklärerin Galina Golofeevskaja (1947).

164 Anweisung des UNKGD der Kursker Region […], 05. 07. 1941, abgedruckt in: Organy gosudarstvennoj bezopasnosti SSSR v Velikoj Otečestvennoj Vojne, Band 2, Buch 1, S. 198. Siehe auch Thurston, Cauldrons of Loyalty and Betrayal, S. 239 ff.; Reese, R., Why Stalin's Soldiers Fought, S. 103–121; Reid, Leningrad, S. 24–50; Gorinov, Muscovites' Moods, S. 110–132. Vgl. Baberowski, Der rote Terror, S. 219 ff., 232–237; ders., Verbrannte Erde, S. 410 ff.; Bordiugov, The Popular Mood.

165 Rittersporn, Between Revolution and Daily Routine; siehe auch Gorsuch, Youth in Revolutionary Russia.

pression versprachen Besserung.[166] Auch waren sie in den Schulen den Erziehungsversuchen des Systems am stärksten ausgesetzt gewesen und hatten eingeschärft bekommen, dass ihre »Jugend durch Stalin fröhlicher« geworden sei.[167] All das wollten sie beim Überfall durch die Deutschen verteidigen.

Nicht zuletzt waren die Adoleszenten mit einer medial zur Schau gestellten Revolutionsromantik aufgewachsen, der ihr trister Alltag nicht entsprach, nach der sie sich aber sehnten. So heißt es im Tagebuch von Nina Kosterina: »Ich höre so gerne von jener Zeit sprechen – das waren noch Zeiten! Unsere Zeit ist auch interessant, aber doch irgendwie schon sehr verspießert.«[168] In der Folge waren viele junge Menschen verzweifelt auf der Suche nach Helden, die sie eben nur in den Bürgerkriegsfiguren fanden.[169] Das Gefühl der Unzufriedenheit mündete in Umtriebigkeit, Kampf- und Gewaltbereitschaft, deren Ausleben der Krieg in Aussicht stellte.

Für die Ausprägung solcher Einstellungen und Verhaltensmuster war insbesondere der Komsomol, die Jugendorganisation der KPdSU, verantwortlich, der einerseits als langweilig empfunden wurde, durch dessen Angebote und z. T. auch gewaltförmige Praxen sich die Jugendlichen aber andererseits stetig radikalisierten. Hier betätigten sie sich in Wehrsportkursen, nahmen an Kampagnen im Sinne angeblicher Fortschrittlichkeit gegen Religiosität, Analphabetismus und Faulheit teil, und den Mitgliedern wurde eine Art Elitebewusstsein vermittelt, wie Galina Golofeevskaja, eine spätere Rotarmistin, im Interview mit der Historikerkommission berichtete: »Man hat uns das Gefühl anerzogen, dass wir, wenn wir in den Komsomol eintreten, etwas Besseres sein sollten als die anderen, die nicht im Komsomol sind.«[170]

Über derlei Deutungsangebote wurde den Adoleszenten einerseits das Versprechen der Zugehörigkeit zur sowjetischen Großfamilie ge-

---

166 Zu den Aufstiegsmöglichkeiten und Aufsteigern sowie den Versprechungen: Figes, Die Flüsterer, S. 148–192.

167 Figes, Die Flüsterer, S. 237–295. Zur Indoktrination bereits im Kindergarten: Kirschenbaum, Small Comrades, S. 147–161.

168 Kosterina, Das Tagebuch, S. 14.

169 Sartorti, On the Making of Heroes.

170 NA IRI RAN F. 2, R. 10, Op. 7, D. 13b, Ll. 5 f., Interview mit der Aufklärerin Galina Golofeevskaja (1947).

macht, andererseits standen sie wie alle unter Generalverdacht und waren ständig von Ausschluss bedroht, da der Komsomol gleichermaßen unter seinen Mitgliedern, deren Angehörigen und Außenstehenden nach Abweichlern und Verrätern suchte.[171] Diesem Vertrauensvorbehalt versuchten viele dadurch zu begegnen, dass sie zu umso überzeugteren Verfechtern des kommunistischen Systems wurden – oder einfach schwiegen und zur Gewalt gegen sich selbst neigten.[172]

Vor diesem Hintergrund ist es keineswegs abwegig, dass viele Adoleszente auf den deutschen Überfall tatsächlich mit Enthusiasmus reagierten und sich im Kampf beweisen wollten.[173] Der Krieg bedeutete für sie nicht nur eine Gefahr, sondern auch die Chance, ihren Abenteuerhunger zu befriedigen, ihre immer wieder beschworene Wehrfähigkeit unter Beweis zu stellen oder gar dem sowjetischen Staat zu zeigen, dass er sie brauchte und dass sie ihm freiwillig geben wollten, was er bislang immer mit Repressionen eingefordert hatte. Über die Kriegs- und Gewaltbereitschaft konnte man sich endlich einreihen – konkret in die Rote Armee, aber darüber hinaus auch in die sowjetische Großfamilie. Und nicht zuletzt war es für viele auch die vielleicht einzige Chance, repressierte Familienmitglieder oder gleich die ganze Familienbiografie reinzuwaschen.

Nina Kosterina, die am 14. November 1941 beschloss, sich einer Partisaneneinheit bei Moskau anzuschließen, sprach dies direkt an. In ihrem Testament, das sie vor ihrem Abmarsch am 16. November auf die letzte Seite ihres Tagebuchs schrieb, heißt es dazu: »Ich habe nur einen Gedanken: Vielleicht rette ich meinen Vater durch mein Handeln.« Ihr Vater, ein Partisan und Bolschewik der ersten Stunde, war 1938 als Volksfeind verhaftet worden. Kosterina glaubte nie daran, dass dieser Vorwurf berechtigt war. Als Partisanin konnte sie da »beginne[n], wo das Leben meines Vaters seinen Anfang nahm«.[174] Andere wollten mit ihren Vätern

---

171 Figes, Die Flüsterer, S. 405 ff. Rittersporn, Between Revolution and Daily Routine; Gorsuch, Youth in Revolutionary Russia; Isaev, Die Militarisierung der Jugend; Tirado, The Komsomol. Zum Komsomol: Malakhova, Four Years as a Frontline Physician, S. 185; Šicheeva-Gaister, in: Fitzpatrick/Slezkine, In the Shadow of Revolution, S. 378–390. Ein ähnliches Narrativ findet sich bei Stepan Podlubnij, dessen Vater entkulakisiert worden war: Podlubnij, Tagebuch aus Moskau.

172 Figes, Die Flüsterer, S. 377–383.

173 Ähnlich argumentiert: Stites, Soviet Russian Wartime Culture.

174 Kosterina, Das Tagebuch, S. 120 f.

nicht das Schicksal teilen: Die Fliegerin Inna Rasportnikova erzählte in einem Interview von einer Kameradin, deren Vater repressiert worden war, dass diese deshalb tapfer ihre Einsätze flog, weil sie nicht, wie ihr Vater, »ohne Spur« verschwinden wollte.[175]

Ausbildung

Zu Kriegsbeginn bedurfte es also kaum (direkter) Repression, um die jüngeren Sowjetbürger zum Kriegsdienst zu motivieren. Viele gingen auch davon aus, dass der Krieg in einem halben Jahr beendet wäre und nur noch auf fremdem Territorium geführt würde. Doch ihre Hoffnungen wurden sehr schnell und in mehrfacher Hinsicht enttäuscht. Der Krieg sollte nicht nur weitaus länger dauern. Er wurde auch lange Zeit auf dem eigenen Territorium geführt, bis die Rote Armee in langwierigen Kämpfen endlich das Blatt wenden konnte. Zudem vermochte die Motivation der Bevölkerung nicht darüber hinwegzutäuschen, dass sich die Rote Armee bei Kriegsausbruch in einem Tief befand: Die militärische Führung hatte nicht nur jeglichen Hinweis auf den bevorstehenden Angriff ignoriert, sondern überschätzte überdies gewaltig das Können ihrer Soldaten, wie diese auch sich selbst. Nach dem Armeeübersetzer P. G. Pustovojt mussten auch die Rekruten erkennen,

> »wie naiv unsere Vorstellungen über den Krieg gewesen waren […] durch die hurrapatriotischen Filme und Zeitungen, da sie uns beigebracht hatten, dass wir den Feind allein auf seinem Territorium schlagen werden, und wie unheilvoll erschien uns in der ersten Kriegsphase die idyllische Großmäuligkeit der Vorkriegszeit«.[176]

Fraglich ist dabei freilich, ob die »idyllische« Zeit, von der Pustovojt spricht, seine militärische Erziehung in Schule und Komsomol, v. a. aber die Ausbildungslager der Roten Armee miteinschloss. Für grundsätzliche Aussagen über die Ausbildungslager fehlen leider weitestgehend die Quellen.[177] Die wenigen verfügbaren zeigen jedoch, dass die Rekruten

---

175 Zit. in: Noggle, A Dance with Death, S. 199.

176 Pustovojt, Pestrye liki vojny, S. 6. Auch Konstantin Simonov kommt in der Rückschau zu dem Ergebnis, dass er in diesen Tagen naiv wie ein Junge gewesen sei. Simonov, Sto sutok vojny, S. 7.

177 Die folgenden Aussagen gelten v. a. für die Männer der Roten Armee. Frauen wurden entweder in Abendkursen vorbereitet oder in den wenigen Ausbildungsstätten, die nur für sie konzipiert waren.

hier bereits einen Vorgeschmack auf den Mangel, die Willkür und die Verzweiflung bekamen, die sie an der Front verstärkt erleben sollten.[178] Es begann mit fehlendem Übungsmaterial. Den Kampf mit dem Bajonett trainierten die zukünftigen Frontsoldaten auch mal mit Besenstielen, da die Mittel für richtige Waffen nicht reichten.[179] Der spätere Gebirgsschütze Levka Rubinštejn hatte noch keinen Schuss abgefeuert, als er an die Front kam;[180] Boris Gorbačevskij, der für ein Minenwerfer-Bataillon ausgebildet wurde, machte ähnliche Erfahrungen.[181] Zudem sprachen die Soldaten ihren Ausbildern die Kompetenz ab: Diese hätten sich v. a. aus Karrieristen und Parteigängern rekrutiert und sich nicht selten als Sadisten erwiesen.[182] Laut Gorbačevskij zeigte sich die fehlende Professionalität der Ausbilder zudem daran, dass es keinerlei Konzept zur Ausbildung gab. Als inspirierendes Beispiel habe allein der Bürgerkrieg der Jahre 1918 bis 1922 gedient, Kenntnisse über die modernisierte Wehrmacht hätten hingegen gefehlt.[183]

Auch dem Kasachen Muchamet Šajachmetov, der später Aufklärer wurde, fehlten nach der Ausbildung die elementarsten Kenntnisse. In seinen Erinnerungen berichtet er, wie nach dem Ausbildungskurs, kurz vor der Abfahrt an die Front, die verantwortlichen Offiziere vor die Soldaten traten und die Namen derjenigen Bataillone ausriefen, für die sich die Neulinge melden sollten. Er und seine Kameraden hätten keine Vorstellung von deren jeweiligen Aufgaben gehabt, geschweige denn von der Todesrate in diesen. Wenn man Glück hatte, sei einem kurz vor knapp zugeflüstert worden, für welches Bataillon man sich am besten meldete. Alle anderen hätte es in Einheiten verschlagen, in die niemand mit besserem Wissen wollte.[184]

---

178 Für einen Überblick über den täglichen Ablauf: CMAMLS F. 172, Op. 2, D. 142, Ll. 1 f., Brief von Viktor Sk. vom 01. 02. 1943 an seine Mutter.

179 Jahn (Hg.), Mascha + Nina + Katjuscha, S. 98.

180 Rubinštejn, Ispoved' sčastlivogo al'pinista. Glavy iz trilogii, S. 7.

181 Gorbačevskij, Rževskaja mjasorubka, S. 54.

182 Ebd., S. 27 ff., 33, 47.

183 Ebd., S. 15 f., 20, 29. Zu den Gründen für diese Mängel vgl. Baberowski, Verbrannte Erde, S. 294–304; Reese, Stalin's Reluctant Soldiers, S. 61–69, 130–166; Glantz, Stumbling Colossus, S. 26–41; von Hagen, Soviet Soldiers; Zeidler, »Eine moderne Armee ist eine offensive Armee«. Insgesamt fehlten der Roten Armee eine Woche vor Kriegsbeginn fast 70 000 Offiziere: Reese, Red Commanders, S. 163.

184 Shayakhmetov, The Silent Steppe, S. 266.

Wenn die Rekruten in den Ausbildungslagern auf etwas vorbereitet wurden, dann war es das Überleben im Mangelzustand. Denn einen großen Teil dieser Zeit sowie auf dem Weg an die Front verbrachten sie mit »Selbstversorgung«. Wie auch später an der Front mussten sie sich um das Material für ihre Unterstände kümmern, Holz hacken, Fische fangen und Beeren sammeln.[185] Manche verkauften ihre Ausstattung oder plünderten.[186] Dazu kam die Vetternwirtschaft. Manche Rekruten erklärten ihr Nicht-Vorankommen in der Armee damit, dass sie »keinen General zum Vater« hätten. Das beklagt jedenfalls Boris Dm. in einem Brief an seine Mutter. Aber, so fährt er fort:

> »Was soll man machen. [...] Mir geht es [...] gut. Sehr gut sogar für einen Kursanten. Ich habe jetzt gute Stiefel, einen Mantel, und so weiter. Ja, Mama, manchmal war es sehr schwer. Es gab den Fall, dass wir zwei Tage lang nichts zu essen bekommen haben, aber nachts noch 35 km vor uns hatten [...] mit den Rädern im Schnee. [...] Im Moment entspanne ich mich, da es momentan überhaupt nichts zu tun gibt. Natürlich haben wir noch Übungen, aber danach ist mir nicht. [...] Ich bin vollständig bereit für den Fleischwolf. Du hast in einem Brief geschrieben, dass du als Mutter nicht möchtest, dass ich an die Front komme, ich verstehe dich, Mamachen. Aber ich will von ganzem Herzen an die Front, mit aller Kraft.«[187]

Zumindest seiner Motivation konnten weder die Aussicht auf den »Fleischwolf« noch die Einsatzzeiten von 14 bis 16 Stunden täglich, das Essen, das nicht der Erwähnung wert war, oder der nicht enden wollende Regen etwas anhaben.[188]

Einen weiteren Vorgeschmack auf die Situation an der Front bekamen die Rekruten hinsichtlich des Umgangs der Befehlshabenden mit

---

185 Für das Verbot einer solchen Praxis: RGASPI F. 644, Op. 2, D. 303, L. 14, Anordnung Nr. 5530 der GKO vom 03. 04. 1944; Befehl (des NKO) [...], 19. 03. 1942, abgedruckt in: Russkij Archiv, Velikaja Otečestvennaja: Prikazy narodnogo kommissara oborony SSSR 22 ijunja 1941 g.–1942 g., S. 177.

186 Gorbačevskij, Rževskaja mjasorubka, S. 73 f.; CMAMLS F. 172, Op. 2, D. 142, L. 9 f., Briefe von Viktor Sk. an seine Mutter und Schwester vom 20. und 21. 08. 1943.

187 CMAMLS F. 289, Op. 1, D. 7, L. 5, Brief vom 27. 01. 1943 an seine Mutter. Dafür, dass es bereits in den 1930er Jahren schwerwiegende Probleme bei der Versorgung gab, siehe Reese, Stalin's Reluctant Soldiers, S. 41–70.

188 CMAMLS F. 289, Op. 1, D. 8, L. 5, Brief von Boris Dm. vom 05. 04. 1943 an seine Mutter sowie L. 8, Brief vom 28. 05. 1943.

den einfachen Soldaten sowie der Kameraden untereinander. So heißt es bei Jurij K. in einem Brief an seine Mutter, dass die Ausbilder blöd, ungebildet, gar holzköpfig seien und z. T. nur die siebte Klasse beendet hätten.[189] Besser sei es geworden, als ein neuer Kommandeur Ordnung eingeführt habe. Essen und Stimmung seien aber schlecht geblieben,[190] es gebe nur »eitle Idioten« um ihn herum.[191] Auch der Minenwerferschütze Vladimir Gelfand berichtet in seinem Tagebuch von Schikanen und Beleidigungen durch die Ausbilder. Und ein späteres, 1944 verfasstes Dokument für die *pogranpolki* macht deutlich, dass Gewalt in der Ausbildung nicht völlig unintendiert war. Es gehe darum, »im handgreiflichen Kampf die Unverfrorenheit, Kraft und Genauigkeit des Schlages und des Treffers zu entwickeln, Fahrigkeit im Ausführen von Befehlen [...] abzulegen«.[192] Dementsprechend waren einzelne Befehlshabende der Meinung, dass man Rekruten, die als ängstliche Muttersöhnchen galten, traktieren musste, bis echte Soldaten aus ihnen wurden.[193]

Genauere Beschreibungen der unangenehmen Stimmung finden sich in den Erinnerungen von Boris Gorbačevskij und Nikolaj Nikulin. Sie berichten, dass man sie in der Ausbildung neben den beständigen Schikanen und Prügeln regelmäßig mit derben Witzen und Obszönitäten behelligt habe, die entweder ihre Männlichkeit infrage stellten oder sie reichlich unsanft auf diese zurückwarfen. Als Nikulin und seine Kameraden dem politischen Kommissar vorschriftsmäßig Meldung machten, dass sich die Abteilung zur Unterrichtsstunde aufgemacht hätte, bekamen sie von ihm zur Antwort: »›Nicht aufgemacht, sondern die Eier am Boden entlanggeschleift.‹«[194] Und wer sich, wie ein Kamerad Gorbačevskijs, gegen die unter den Kameraden permanent erzählten obszönen Witze verwahrte, wurde als »Weib in Hosen« beschimpft, das »die Fresse halten« solle.[195]

---

189 CMAMLS F. 172, Op. 2, D. 117, Ll. 8 f., Brief von Jurij K. vom 04. 06. 1942.

190 CMAMLS F. 172, Op. 2, D. 117, L. 10, Brief von Jurij K. an seine Mutter, ohne Datum, vermutlich Juni 1942.

191 CMAMLS F. 172, Op. 2, D. 118, L. 1, Brief von Jurij K. an seine Mutter vom 04. 07. 1942, siehe auch L. 8, ohne Datum.

192 RGVA F. 32925, Op. 1, D. 240, Ll. 22 f., Befehl an die NKVD-Truppen [...], 14. 01. 1944.

193 Ermolenko, Voennyj dnevnik, S. 20; siehe auch Lesin, Byla vojna, S. 35.

194 Nikulin, Vospominanija o vojne, S. 13.

195 Gorbačevskij, Rževskaja mjasorubka, S. 24.

Dazu kam für Rekruten wie Valdimir Gelfand als besondere Schikane noch der Antisemitismus von allen Seiten: Juden seien Diebe und feige, habe es immer wieder geheißen. Insgesamt sei die Ausbildung für ihn »schlimmer als die Hölle« gewesen. Für die Demütigungen machte er in seiner wenig differenzierenden Wahrnehmung vorrangig Armeeangehörige mit zentralasiatischem Hintergrund verantwortlich.[196]

Besonders harsch wurden Kameraden angegangen, die sich als Verräter an der Gruppe erwiesen: Einen Soldaten, der für Zuschläge an Marmelade dem Vorgesetzten über leichte Vergehen der Kameraden Meldung erstattet hatte, hätten er und andere, so Gorbačevskij, in die Toilette gestoßen, damit er die Marmelade wieder erbrach. Das sei zweimal geschehen, dann hätten sie ihn noch in eine Decke gewickelt und grün und blau geschlagen.[197]

Dieser rüde Umgang zwischen den Rekruten beruhte wohl nicht zuletzt auch darauf, dass die Sanktionsmaßnahmen der Befehlshabenden und Ausbilder doch beschränkt waren. Zwar kam es in den Ausbildungsstätten zu Schikanen, allerdings war manchen Soldaten – vermutlich denjenigen, die tough, unauffällig und nicht allgemeines Mobbingopfer waren – auch klar, dass diese nicht flächendeckend eingesetzt werden konnten. Denn – so zumindest erinnern es Julia Žukova, eine der wenigen Soldatinnen, die tatsächlich eine militärische Ausbildung unter Kasernenbedingungen zur Schützin durchlaufen hatte, und der Veteran Gennadij Tokarev – in den Ausbildungslagern herrschte sozusagen das Prinzip: »Weiter als an die Front kann man dich nicht schicken.« Dies besagte, dass die schlimmste Strafandrohung eine sofortige Abkommandierung an die Front war, und dahin hätte man eh gewollt.[198] Ergo schikanierten die weniger kompetenten Befehlshabenden und Ausbilder wohl nicht nur, sondern ließen so manches auch schleifen, und die Soldaten regelten Konflikte untereinander.

Mit diesen Stimmen im Hintergrund kann man davon ausgehen, dass sich die Euphorie bei Kriegsbeginn schon während der Ausbildung in bittere Enttäuschung wandeln konnte. Denn dort erlebten die Rekru-

---

196 Gelfand, Tagebuch, S. 7–11. Für weitere Schikanen siehe Gorbačevskij, Rževskaja mjasorubka, S. 28 f., 37, 44 f.

197 Gorbačevskij, Rževskaja mjasorubka, S. 18.

198 Žukova, Devuška so snajperskoj vintovkoj, S. 91, 110; Tokarev, Vesti dnevnik, S. 72.

ten Mangel, Gewalt und Willkür. Der Krieg aber, so die Erinnerungen an den Moment, als sie ihm dann endlich begegneten, traf die Rotarmisten dennoch mit ungeheurer Wucht.

Ankunft an der Front

Alles in allem sorgten die Armseligkeit der Ausbildung in Bezug auf Ausstattung und Vermittlung soldatischer Kompetenz sowie der harsche Ton dafür, dass die sowjetischen Rekruten einen recht traurigen Eindruck machten, als sie endlich die Front erreichten und dort, wie Pustovojt, ihre Naivität erkannten. Teilweise auf Wagen, teilweise zu Fuß hatten sie bis dahin schon Hunderte von Kilometern zurückgelegt.[199] Der ehemalige Angehörige eines Arbeitsbataillons und Übersetzer Gabriel Temkin nahm die Soldaten in den ersten Kriegsmonaten folgendermaßen wahr:

> »Einige auf Lastwagen, viele zu Fuß, die unmodernen Gewehre baumelten über ihren Schultern. Ihre Uniformen waren abgetragen, von Staub bedeckt, nirgends ein Lächeln auf den ausgemergelten, verzagten Gesichtern mit den eingefallenen Wangen. Genauso miserabel sahen die kleinen Pferde aus, die die Wagen mit Munition, Verpflegung und persönlichen Habseligkeiten zogen. In meinem Kopf verglich ich diese armseligen Soldaten der Roten Armee mit denen der Wehrmacht – gesund, arrogant, in Reih und Glied marschierend –, so wie ich sie 1939 [in Polen, kb] gesehen hatte und sie in den Zeitungen abgebildet wurden, als sie 1940 ein Land nach dem anderen eroberten. War die Rote Armee ein Gegner für sie?«[200]

Diese Einschätzung teilten auch einige der Verantwortlichen und konstatierten überdies einen Mangel an Disziplin, in diesem Fall der *pogranpolki:*

> »Eine ganze Reihe von Abteilungen unserer Truppen befindet sich auf einem niedrigen Level sowjetisch-militärischer Disziplin, was die Kampffähigkeit der Einheiten, die Qualität des Dienstes herabsetzt und zu unmoralischen Erscheinungen führt. Die äußere Erscheinung der Mannschaften inklusive der Offiziere ist teilweise weit ent-

---

199 Poljakov, Zapiski malen'kogo soldata, S. 113 ff.; siehe auch Broekmeyer, Stalin, the Russians, and their War, S. 287.

200 Temkin, My Just War, S. 38.

fernt von den elementaren Anforderungen. [...] Die Schuhe sind dreckig, zerrissen; Waffen und Gasmasken tragen sie nicht.«[201]

Die Soldaten hingegen schauten bei der Ankunft an der Front weniger auf sich, sondern waren vom Antlitz des Krieges überwältigt, der sie als Inferno von Zerstörung, Bombenkratern, Staub, ohrenbetäubendem Lärm und gleißenden Blitzen am Himmel, Explosionen und Schüssen begrüßte. Die Situation im Gefecht war für sie in keiner Weise überschaubar: Insbesondere

> »im nächtlichen Wahnsinn des Kampfes war es unmöglich zu unterscheiden, wer die eigenen und wer die fremden [Truppen, kb] waren. Es schoss von links und rechts, von vorne und hinten, von oben, aus den Fenstern, aus den Hecken, den Gräben, von den Dachböden, mit Maschinengewehren, [...] Gewehren, Minenwerfern, Granatwerfern und Pistolen.«[202]

Nicht alle Soldaten gestanden sich in diesen Momenten ein, wie viel Angst sie vor den ersten Bomben, den ersten Schüssen und dem lauten Knallen hatten. In Danil Granins Roman nässt sich der Ich-Erzähler in dieser Situation ein und lässt den Leser wissen, dass so »für immer der Gestank meiner Feigheit [blieb, kb]. Krieg riecht nach Urin.«[203] Er schlottert, stopft sich den Ärmel in den Mund, würgt und heult, sodass ihm der Kompaniechef schreiend eine Ohrfeige verpasst, um ihn wieder zur Besinnung zu bringen.[204]

Manche der Bilder, mit denen der Krieg aufwartete, ließen sogar alte Kämpfer erschaudern: Der Artillerist Vasilij Čurkin, der auf dem Gebiet des eingeschlossenen Leningrads kämpfte, schrieb am 9. März 1942 über die heftig umkämpfte Station Pogost'e in sein Tagebuch:

> »Diese hatte vermutlich eine große strategische Bedeutung. Man sagte, dass hier sogar Faustkämpfe geführt worden waren: Sie war sieben Mal von einer Hand in die andere übergegangen. [...] Tausende von Leichen waren von der Erde begraben, die die Geschosse aufgewühlt hatte. Leichen, überall Leichen. Wohin du auch gehst, überall lagen Tote. Ich war kein Neuling, ich hatte bereits die schrecklichen Bilder des Krieges anschauen müssen. Aber hier, als ich die mit

---

201 RGVA F. 32925, Op. 1, D. 274. L. 17, Befehl an die NKVD-Truppen [...], 25. 11. 1941.
202 Davydov, Zdes' moja ostanovka, S. 38 f.
203 Granin, Mein Leutnant, S. 38.
204 Ebd., S. 39.

dieser Masse an Leichen übersäte Erde sah, war ich verstört bis in die Tiefe meiner Seele. Zwischen den Toten lagen auch viele feindliche Soldaten. Weder mit Worten noch auf dem Papier kann ich wiedergeben, wie ich diese furchtbaren Bilder gesehen und erlebt habe.«[205]

Zermürbende Bedingungen

Mangelversorgung und Eigeninitiative

Tod und der Anblick von Leichen gehörten bald zum Alltag der Rotarmisten an der Front. Noch drängender waren jedoch die Versorgungsprobleme und der andauernde Hunger. Eigentlich sollte die Versorgung an der Front besser als dahinter sein, in der Praxis war das jedoch nicht unbedingt der Fall, wie der Gefreite Mitrofan Zlobin am 28. August 1941 in einem Brief an seine Eltern berichtete: »Man ernährt uns schlecht, wir sind einfach nur hungrig unterwegs, und kaufen kann man nirgends etwas. Wir leben im Wald, bauen Unterstände. [...] Es ist einfach nur ein Unglück. So kann man nicht leben.«[206]

Unter den Kameraden war es häufig üblich, all das mit (Galgen-)Humor zu nehmen: Nikulin erinnert sich an die Stimmung, die herrschte, als er und seine Kameraden Anfang Oktober 1941 nach der Ausbildung für sogenannte Feldpraktik an die Front kamen:

> »Richtigen Hunger hatten wir nicht mehr. Von 300 Gramm Brot am Tag kann man leben. Aber wir suchten Eicheln und Wurzeln. Träumten davon, eine Schicht in der Küche zu ergattern. Und eines Tages hatte der erste Zug Glück. Als sie abends zurückkehrten, haben sie auf uns, den zweiten Zug, der auf den unteren Betten schlief, gekotzt. Aufgrund der Ungewohntheit hatten sich die Jungs überfressen und sich die Mägen verdorben. Die Stimmung war dennoch munter. Man machte wie früher Witze, selbst über das mangelnde und schlechte Essen.«[207]

Als der Krieg für ihn begann, konnte aber auch Nikulin nicht mehr lachen. Ausgerechnet am Tag seiner Ankunft an der Front seien die Essensnormen gesenkt worden, da der Nachschub nicht kam. Dabei war er sowieso schon

---

205 Čurkin, Tagebuch.
206 Brief abgedruckt in: Poslednie pis'ma s fronta 1941, S. 88.
207 Nikulin, Vospominanija o vojne, S. 15.

»Dystrophiker, und [ich, kb] stach aus den Soldaten aufgrund meines armseligen Äußeren hervor. Alles war für mich ungewohnt, alles war schwer: bei 30 Grad Frost jede Nacht vier bis sechs Stunden Wache zu stehen, die gefrorene Erde auszuheben, schwere Gegenstände zu schleppen: Holz und Geschosse (eine Kiste war 46 Kilogramm schwer). Alles ohne Gewöhnung, sofort. Ich hatte keine Kraft und eine tödliche Schwermut. Um mich herum nur Fremde [...]. Mitgefühl war nicht möglich. Um mich herum sattes Mat [Flüche, kb], Grausamkeit und Engherzigkeit. Ich war sofort unendlich verlaust. Und die Läuse waren überall.«[208]

Demnach galt vieles, was schon die Ausbildung unerträglich gemacht hatte, für die Front offenbar erst recht. Hier waren, wie auch die offiziellen Berichte bemängelten, der Umgangston noch rauer und die Unterstände noch provisorischer, noch enger, noch verlauster. Die Zuständigen (zumindest in den *pogranpolki*) wurden immer wieder auf die unhaltbaren, krankmachenden Zustände und den Dreck, die fehlende militärische Ausstattung wie etwa mit Uniformen oder Karten sowie die mangelnde militärische Disziplin hingewiesen.[209] Das Essen, das die Soldaten anstelle der regulären Normen von 3450 Kalorien pro Tag für Fronttruppen bzw. von 2659 Kalorien für Truppen im Hinterland bekamen,[210] war über lange Zeiträume hinweg ein Hauch von Nichts: Perlgraupen, Brei, dünne Suppe, getrocknetes Brot, das sich die Soldaten in Form von *suchariki* (kleinen Brotwürfeln) selbst einteilen konnten. Manchmal erhielten sie auf den tagelangen Märschen oder bei Gefechten nur wenige Hundert Gramm pro Tag davon.[211] Neben Schwächeerschei-

---

208 Ebd., S. 19.

209 RGVA F. 32905, Op. 1, D. 238, L. 130, Befehl an die NKVD-Truppen [...], 22. 10. 1943; RGVA F. 32905, Op. 1, D. 241, Ll. 2 ff., Befehl an die NKVD-Truppen [...], 30. 07. 1944; RGVA F. 32925, Op. 1, D. 287, Ll. 1, 20, Befehl für NKVD-Truppen [...], 07. 01. und 29. 03. 1943. RGVA F. 32925, Op. 1, D. 297, L. 3, Bericht einer Untersuchungskommission der NKVD-Truppen [...], 20. 03. 1945.

210 Glantz, Colossus Reborn, S. 555. Befehle und Versorgungstabellen abgedruckt in: Russkij Archiv, Velikaja Otečestvennaja: Prikazy narodnogo kommissara oborony SSSR 22 ijunja 1941 g.–1942 g., S. 94–102.

211 RGVA F. 32925, Op. 1, D. 285, Ll. 2 ff., Befehl für die NKVD-Truppen [...], 08. 02. 1943; Steženskij, Soldatskij dnevnik, S. 28 f.; BA/MA RH 26–296/93, passim, Vernehmungsprotokolle sowjetischer Kriegsgefangener bei der 296. Infanteriedivision im Januar und Februar 1942.

nungen war eine Konsequenz die weitverbreitete »Hühnerblindheit«, eine Sehschwäche, die sich v. a. nachts bemerkbar machte und auf den Vitaminmangel zurückzuführen war.[212]

Wer sich von den Soldaten mit der regulären Versorgung nicht abfinden wollte, war auf Eigeninitiative und Kreativität angewiesen: So war es vorteilhaft, Aufgaben in der Feldküche zu ergattern, da man hier eine bessere Chance auf einen Nachschlag hatte.[213] Andere Rotarmisten sammelten Beeren[214] und nutzten ihre Handgranaten regelwidrig, um damit Fische zu fangen, was aber auch zu Todesfällen und Verletzungen führte.[215] Alternativ konnte man sich auch an Nahrungsmitteln und Vieh bedienen, das man in den zerbombten Dörfern und Kolchosen fand. Oder man stieg auf Pferdefleisch um, das aber den Soldaten eigentlich verboten war, da es angeblich zu Vergiftungen führte.[216] Dazu kamen halsbrecherische Aktionen, um an Lebensmittel im Niemandsland, also zwischen der deutschen und sowjetischen Frontlinie, oder bei den Deutschen heranzukommen.[217]

Manchmal sicherten sich die Armeeangehörigen ihre Versorgung auch über die Zivilbevölkerung,[218] indem sie mit dieser handelten (sprich: Armee-Eigentum verkauften) oder Auftragsarbeiten übernahmen.[219] Kam es zu keinen einvernehmlichen Abmachungen oder war einem das Verhandeln zu langwierig, konnte man stehlen oder die He-

212 Maria Kaliberda, zit. in: Alexijewitsch, Der Krieg hat kein weibliches Gesicht, S. 61; Rabičev, Vojna vse spišet, S. 149; Elancev, Tagebucheintrag vom 20. 03. 1943.

213 Nikulin, Vospominanija o vojne, S. 15.

214 Elancev, Frontvoj dnevnik, Tagebucheintrag vom 13. 10. 1942.

215 RGVA F. 32925, Op. 1, D. 66, Ll. 362 f., Befehl für die NKVD-Truppen [...], 06. 07. 1942; RGVA F. 32925, Op. 1, D. 283, L. 44, Befehl für die NKVD-Truppen o. D.

216 Elancev, Frontovoj dnevnik, Tagebucheintrag vom 02. 12. 1942.

217 Tartakovskij, Iz dnevnikov, S. 111; Nikulin, Vospominanija o vojne, S. 30 f.; AdK Berlin, Walter-Kempowski-Biographien-Archiv Nr. 6108-108, Bl. 2 f. Erinnerungsbericht des Rotarmisten Maxim K., Infanterieoffizier; CMAMLS F. 172, Op. 1, D. 3, Ll. 17 ff., Tagebuch von Aleksandr E., Teil 2.

218 CMAMLS F. 172, Op. 4, D. 4, L. 14, Brief von Valentin Š. an seine Ehefrau vom 04. 10. 1941, allerdings war dieser auch Politoffizier.

219 RGVA F. 32905, Op. 1, D. 277, L. 27, Protokoll Nr. 13 der Parteiversammlung an der 2. Ukrainischen Front, 16. 08. 1944; RGVA F. 32905, Op. 1, D. 241, L. 9, Befehl für die NKVD-Truppen [...], 02. 07. 1944.

rausgabe von Lebensmitteln mit vorgehaltener Waffe fordern.[220] Darauf standen laut den Akten der *proganpolki* harte und willkürliche Strafen – wenn man entdeckt oder gemeldet wurde. Rechtskonforme Urteile variierten zwischen einigen Tagen Arrest, ein bis drei Monaten Dienst im Strafbataillon und bis zu zehn Jahren »korrektiver Arbeit« im Lager, die in der Regel nach dem Krieg abzuleisten waren, wenn man nicht doch noch durch einen heldenhaften Einsatz oder eine Verletzung Strafmilderung erwirkte.[221] Übten die Offiziere Selbstjustiz aus, konnte auf den Diebstahl eines Stückes Speck auch eine Scheinhinrichtung erfolgen, das Schaufeln des eigenen Grabes oder aber Schläge und zehnstündiges Strafstehen.[222]

Insbesondere in den vorderen Truppen konnten regelkonforme Disziplinarmaßnahmen aber zur Makulatur werden. Laut Konstantin Simonov wurden hier analog zur Situation in den Ausbildungslagern nur zwei Möglichkeiten praktiziert, mit Verfehlungen aufseiten der Untergebenen umzugehen: erschießen oder ignorieren bzw. vergeben.[223] Insbesondere Kameradendiebstahl wurde härter geahndet als an der Bevölkerung begangene Diebstähle, hierfür fürchteten einige Soldaten den Tod.[224] Ein Offizier von Levka Rubinštejn entschied sich anders: Er ließ den Delinquenten eine Minute lang in einer Feldbluse im Feuer der Deutschen ausharren. Diese waren offenbar so perplex, dass sie es einstellten.[225]

Unter Kameradendiebstahl fiel allerdings nicht nur Mundraub unter hungernden Soldaten. Dokumentiert sind auch der Diebstahl von Geld

220 RGVA F. 32925, Op. 1, D. 515, L. 144, Schriftverkehr der Befehlshabenden der Politischen Abteilungen [...], 16. 03. 1944; RGVA F. 32925, Op. 1, D. 285, L. 60, Befehl über die Ausrichtung der NKVD-Truppen [...], 31. 10. 1943; RGVA F. 32925, Op. 1, D. 293, L. 29, Befehl für die NKVD-Truppen [...], 16. 02. 1944; RGVA F. 32925, Op. 1, D. 66, L. 507, Schreiben aus dem Stab der NKVD-Truppen [...], 22. 08. 1942.

221 RGVA F. 32925, Op. 1, D. 507, L. 53, Schriftverkehr des Stabes der NKVD-Truppen [...], 17. 01. 1944; RGVA F. 32925, Op. 1, D. 285, L. 60, Befehl über die Ausrichtung der NKVD-Truppen [...], 31. 10. 1943.

222 RGVA F. 32925, Op. 1, D. 507, L. 12 f., Direktive des Stabes der Weißrussischen Front, 23. 08. 1943.

223 Simonov, Sto sutok vojny, S. 23, 48. Siehe auch Rubinštejn, Ispoved' sčastlivogo al'pinista, S. 62.

224 Abdulin, Stranicy soldatskogo dnevnika, S. 22; Poljakov, Zapiski malen'kogo soldata, S. 110, 122.

225 Rubinštejn, Ispoved' sčastlivogo al'pinista, S. 74.

und Beutegegenständen sowie der organisierte Abtransport von Lebensmitteln und Verkauf von Armee-Eigentum. Teilweise waren die Delinquenten einfache Soldaten, die so (angeblich) ihren Sold aufbessern oder Angehörigen helfen wollten.[226] Manchmal versuchten aber auch Befehlshabende, auf diese Weise die mangelnde Unterstützung durch höhere Stellen auszugleichen oder Alkohol für sich und ihre Untergebenen zu organisieren.[227] Zuweilen erreichten derlei Aktionen das Ausmaß organisierten Verbrechens, wenn etwa ganze Armee-Einheiten dazu eingesetzt wurden, illegal Brot abzutransportieren, das Soldaten zustand, oder die Befehlshabenden den Inhalt der Vorratsspeicher an die, vermutlich ebenso hungernde, Zivilbevölkerung verkauften.[228] Der Verlust, der dem sowjetischen Staat dabei entstand und als Gewinn in private Taschen floss, erreichte bei einzelnen Unterschlagungen oder Diebstählen einen Gegenwert von bis zu 165201 Rubeln.[229] Um der Situation Herr zu werden, appellierten die Befehlshaber, Kommandeure und *politruki* an die Moral der Delinquenten, stahlen sie doch »staatliches Eigentum und Eigentum derjenigen Väter, Söhne und Töchter, die an der Front kämpften«.[230]

Bei der Ausstattung mit Uniformen sah es für die Rotarmisten in der Regel nicht besser aus als bei der Verpflegung. In ihren Briefen finden sich Klagen, dass sie selbst im tiefsten Winter noch in Sommeruniformen unterwegs waren.[231] Glücklich konnten sich daher diejenigen schätzen, die von ihren Eltern oder anderen Verwandten für die langen, harten

226 Čurkin, Tagebucheintrag vom 21. 11. 1941; Anordnung Nr. 2413 des GKO, 14. 10. 1942, www.soldat.ru/doc/gko/text/2413.html [23. 08. 2018].

227 RGVA F. 32925, Op. 1, D. 756, L. 95, Protokoll der Parteiversammlung bei der Politischen Abteilung der Don- und der Zentralen Front, 19. 10. 1943; RGVA F. 32925, Op. 1, D. 293, L. 91, Befehl an die NKVD-Truppen [...], 29. 05. 1944; RGVA F. 32905, Op. 1, D. 240, L. 80, Befehl an die NKVD-Truppen [...], 06. 03. 1944.

228 RGASPI F. 644, Op. 2, D. 69, L. 48–51; Anordnung Nr. 1875 des GKO, 05. 06. 1942; RGVA F. 32925, Op. 1, D. 759, L. 65 f., Protokoll der Parteiversammlung bei der Politischen Abteilung der Weißrussischen Front, 04. 05. 1944.

229 RGVA F. 32905, Op. 1, D. 282, L. 115, Vortrag über den politisch-moralischen Zustand der NKVD-Truppen [...], 31. 03. 1944.

230 RGVA F. 38694, Op. 1, D. 56, L. 188, Befehl an die 1. Frauenschützenbrigade, 17. 11. 1943.

231 Nikolaj Makarov schreibt am 21. 02. 1942, dass er immer noch in Sommerausrüstung unterwegs ist. Brief abgedruckt in: Poslednie pis'ma s fronta 1942, S. 234.

Wintermonate mit warmer Kleidung ausgestattet worden waren.[232] Ansonsten mussten sich die Kameraden nachts aneinanderschmiegen, um sich gegenseitig warmzuhalten.[233] Wer konnte, bat bei seinen Angehörigen um Kleidung, die dann per Feldpost bei den Soldaten ankam oder auch nicht.[234] Das Gleiche galt für Papier fürs Briefeschreiben.[235] Armselig war auch die Unterbringung: Vielfach fehlten sanitäre Anlagen und eine Banja zum Waschen und Entlausen, die Soldaten waren teilweise zusammen mit den Pferden und dem Vieh untergebracht oder mussten zusammengequetscht auf der feuchten Erde schlafen.[236]

Um ihre Situation zu verbessern, setzten die Rotarmisten ihre Kreativität und Eigeninitiative ein und gingen zum Teil rücksichtslos vor. Von den Kommandeuren wurde dies in Kauf genommen, wenn nicht sogar gefordert. So gehörte es zum Alltag, gefallenen Kameraden und Feinden die Kleidung bis zum buchstäblich letzten Hemd auszuziehen, sodass herumliegende Leichen, ob deutsche oder sowjetische, von Tag zu Tag mehr entblößt wurden. Insbesondere im Winter nahm dies teilweise surreale Züge an. Denn nun mussten die Soldaten, wollten sie z. B. an die Stiefel der Gefallenen gelangen, nicht nur mit der Leichenstarre, sondern auch mit dem Frost fertig werden. Das konnte so weit gehen, dass man den Fuß von der gefrorenen Leiche abhackte, um diesen dann samt Stiefel im Unterstand aufzutauen, wenn nicht anders möglich am selben Feuer, an dem die Mahlzeiten zubereitet wurden. Erst dann ließ sich der Stiefel vom Fuß des vorigen Besitzers lösen.[237]

Die Soldaten mussten sich so oder so daran gewöhnen, dass man allen Bedürfnissen nur noch in direkter Nähe zu Leichen nachkommen konnte: Hatte man auf die erste Leiche, die man sah, noch voller Grauen und Faszination gestarrt, wurde es bald normal, zwischen ihnen

---

232 Steženskij, Soldatskij dnevnik, S. 37.

233 Nikulin, Vospominanija o vojne, S. 17.

234 Brief von Vladimir Zubrev an seine Frau am 16. 09. 1941, abgedruckt in: Poslednie Pis'ma s fronta 1941, S. 334, sowie von Andrej Bakurov vom 20. 02. 1944, abgedruckt in: Schindel', Po obe storony fronta, S. 69.

235 Gelfand, Tagebuch, S. 219.

236 RGVA F. 32925, Op. 1., D. 297, L. 15, Befehl an die NKVD-Truppen, 20. 03. 1945.

237 Poljakov, Zapiski malen'kogo soldata, S. 115, 117; Rabičev, Vojna vse spišet, S. 149; Temkin, My Just War, S. 157. Die Deutschen zeigten ähnliche Verhaltensmuster: Reese, Mir selber seltsam fremd, S. 86.

zu schlafen und *bliny* (Pfannkuchen) zuzubereiten.[238] Manche Soldaten machten sich gar einen Spaß daraus, die Leichen in obskurer Weise zu gruppieren[239] – was auf psychische Verrohung verweist.

Die Ausrüstung mit Waffen und anderen Einsatzmaterialien war ebenfalls dürftig: So bekam der Übersetzer Pustovojt ein blindes Pferd, auf dem das Reiten nicht dadurch besser wurde, dass erst dessen Sattel verschwand und dann das gesamte Pferd. Auch sein Revolver schoss nicht immer, wenn er es wollte.[240] Teilweise wurden die Soldaten mit uralten Waffen ausgestattet; es oblag dann den Agitatoren, den Glauben in deren Funktionstüchtigkeit zu stärken.[241] Leonid Rabičev, der in einer Versorgungseinheit diente, schildert in seinen Erinnerungen einen Dialog, aus dem die Ruchlosigkeit der Kommandeure im Umgang mit dem eklatanten Materialmangel spricht: Als er eines Tages eine Telefonverbindung zu dem benachbarten Regiment legen sollte, sei es seinem Hauptmann schlichtweg egal gewesen, wie er an die dazu nötigen 40 Kilometer Telefondraht kommen sollte, und dieser habe ihm sogar noch eine Frist von 48 Stunden gesetzt. Jegliches Argumentieren sei sinnlos gewesen, sodass er und seine Kameraden bei der Sicherstellung des Drahts, der in Reichweite der Deutschen lag, ihr Leben riskierten.[242]

Der Infanterist Petr Kuz'menko wiederum hatte zum Zeitpunkt des ersten Angriffs nicht einmal eine Waffe.

> »Schon vorher hatte ich meinem Kommandeur gesagt: ›Warum schicken Sie Unbewaffnete in den Angriff?‹ ›Ach‹, sagte er mir, ›irgendeinen bringen die um, dann nimmst du sein Gewehr.‹ Aber während der Angriffe gab es kein Gefühl der Angst. Da war irgendein Gefühl der Besinnungslosigkeit. Nüchtern haben wir in dem Moment nicht gedacht.«[243]

---

238 Lesin, Byla vojna, S. 88; Gurvic, Vospominanija frontovogo radista, S. 93; Suris, Frontovoj dnevnik, S. 35.

239 Beevor, Ein Schriftsteller im Krieg, S. 121.

240 Pustovojt, Pestrye liki vojny, S. 10 ff.

241 CMAMLS F. 88, Op. 1. D. 81, L. 5, Berichte des *politruk* Ivan K.

242 Rabičev, Vojna vse spišet, S. 145 f.

243 Kuz'menko, Petr Nikitovič, Interview auf: Ja Pomnju, https://iremember.ru/memoirs/pekhotintsi/kuzmenko-petr-nikitovich/ [23. 08. 2018].

Folglich konnte es auch sein, dass an den aufgefundenen oder erbeuteten Waffen – kamen sie von den Deutschen, galten sie als Trophäen – noch das Blut oder die Haare der vorherigen Besitzer klebten.[244]

Die sowjetische Führung versuchte schon bald, diese Tendenzen zur Selbstversorgung einzuschränken und zu kanalisieren. Denn die individuellen Beschaffungsmaßnahmen bei den Deutschen oder auf dem Schlachtfeld produzierten oftmals Chaos und Unruhe, wenn nicht gar Tote, zudem gefährdeten sie Operationen. Auch die Trophäensuche in sowjetischen Dörfern konnte in Alkoholexzessen, gewalttätigen Konflikten mit den Dorfbewohnern und unter den Soldaten oder in (tödlichen) Unfällen enden.[245] Zudem gingen die Güter dann in private Hände über. Um all das zu verhindern, aber auch um sicherzustellen, dass die Trophäen nicht in den Händen der Dorfbevölkerung verblieben, befahl die GKO bereits im ersten Kriegsjahr, diese bei den zu schaffenden Stellen abzugeben, und richtete sogenannte Trophäenbrigaden ein.[246]

Ansonsten behalfen sich die Befehlshabenden und politisch Verantwortlichen auch hinsichtlich dieser Zustände mit Moralappellen. Immer wieder kritisierten sie die »gedankenverloren-bürokratische Beziehung vieler Politorgane, Kommandeure und Politarbeiter zur alltäglichen materiellen Ausstattung der Kämpfer«. Teilweise zeigten diese gar eine »kriminelle Gleichgültigkeit gegenüber den alltäglichen Bedürfnissen der Kämpfer, kümmern sich nicht um deren Ernährung, Uniformen, die Beheizung der Erdlöcher und Unterstände, die medizinische […] oder sanitär-hygienische Versorgung«. Dies führe zu »unmoralischen Erscheinungen«.[247] Doch Taten, die die Situation v. a. der einfachen Armeeangehörigen erleichtert hätten, folgten diesen Vorwürfen nicht unbedingt.

Die »unmoralischen Erscheinungen« waren aber auch noch auf einer anderen Ebene ein Problem. Denn sie trugen mit zum Chaos und zur Unberechenbarkeit bei, die den Kriegsalltag ohnehin begleiteten. Mit ih-

244 Petr Krjukov, zit. in: Berdinskich, Rjadovie fronta i tyla, S. 11.

245 CMAMLS F. 88, Op. 1, D. 81, Ll. 15 f., Bericht von Ivan K. vom 20.–29. 06. 1944.

246 Anordnung des GKO Nr. 1156, 16. 01. 1941, www.soldat.ru/doc/gko/text/1156.html [23. 08. 2018]; Befehl (des NKO) über das Einsammeln und die Ausfuhr von Beutegut […], 23. 02. 1942, abgedruckt in: Ruskij Archiv: Velikaja Otečestvennaja Vojna: Prikazy Narodnogo Komissara oborony SSSR 1943–1945 gg., 1999, S. 402.

247 RGVA F. 32925, Op. 1, D. 285, L. 1, Befehl an die NKVD-Truppen […], 08. 02. 1943.

ren oft halsbrecherischen Aktionen gefährdeten die Soldaten nicht nur sich selbst und andere, oftmals »sabotierten« sie auch die diejenigen, deren Material sie entwendeten. Und sie entwickelten eine mit Spontanität durchsetzte Gleichgültigkeit dem Material, wenn nicht gar der gesamten Armeeorganisation gegenüber, die vielleicht während der ganzen Dauer des Sowjetsystems latent wirkmächtig war: Das, was man nicht hatte, besorgte man sich kurzerhand, egal woher, und man ging dementsprechend wenig pfleglich und ohne Rücksicht auf Konsequenzen damit um: Falls man es für nötig hielt, entzündete man nachts ein Lagerfeuer, das die eigene Position den Deutschen verriet,[248] oder verfeuerte Telefondrähte.[249]

An diesem unbekümmerten, um nicht zu sagen risikobehafteten Verhalten änderte sich auch nicht zwangsläufig etwas, als sich die Versorgung der Roten Armee in der zweiten Hälfte des Krieges verbesserte. Die Gründe für diese Verbesserungen waren vielfältig: Zum einen befand sich die Rote Armee nun nicht mehr auf ständigem Rückzug, und die Kriegsproduktion war in den evakuierten Betrieben angekurbelt worden. Zum anderen war über das Leih- und Pachtgesetz (Lend-Lease Act), das der US-Kongress bereits am 18. Februar 1941 verabschiedet hatte, Unterstützung ins Land gekommen.[250] All das änderte aber nichts daran, dass die Requirierungen bei der Bevölkerung fortgesetzt wurden.[251]

Konflikte und Depressionen

Nicht minder gravierend als die Versorgungslage waren die Konflikte zwischen den einfachen Soldaten und den Offizieren. Der Ton, in dem die Frontsoldaten über die Offiziere und übereinander schimpften, war noch um einiges schriller als während der Ausbildung. Vladimir Stežens-kij äußerte in seinem Tagebuch die Befürchtung, den »Verstand zu verlieren« wegen der »Blender«, der »selbstverliebten« und »völligen Idio-

248 Befehl (des NKO) über die Maßnahmen der Flugabwehr bei Neuformierungen, 09. 04. 1943, abgedruckt in: Russkij Archiv: Velikaja Otečestvennaja Vojna: Prikazy Narodnogo Komissara Oborony SSSR 1943–1945 gg., S. 113.

249 Nikulin, Vospominanija o vojne, S. 35.

250 Für die genauen Zahlen: Overy, Die Wurzeln des Sieges, S. 276; Harrison, Soviet Planning in Peace and War, S. 256–266.

251 RGVA F. 32905, Op. 1, D. 277, L. 12, Protokoll der Parteiversammlung an der 2. Ukrainischen Front, 28. 05. 1944.

ten« um sich herum. Das »Tollhaus« an der Front und das »Fehlen einer klaren und bis zum Ende durchdachten Organisation« führten seiner Meinung nach zu großen Verlusten.[252] Vladimir Gelfand erlebte die Willkür am eigenen Leib. Glaubt man seinem Tagebuch, wurde er selbst noch zu einem Zeitpunkt, als die Rote Armee längst die deutschen Grenzen überschritten hatte, von seinem Kommandanten ständig bedroht, beschimpft und verprügelt, wenn dieser ihm nicht gar auf die Beine schoss.[253]

In puncto Machtmissbrauch sticht der Fall des Militärstaatsanwalts Blaubert hervor, der für die Nordwestfront zuständig war. Laut Untersuchungsbericht wurden ihm »Disziplinlosigkeit, Vetternwirtschaft und Speichelleckerei« vorgeworfen. Zudem hatte er es versäumt, den (militärstaatsanwaltlichen) Apparat für den Kampf gegen die Verräter und Deserteure, die Trinker und Panikmacher zu mobilisieren. Von seinen zwölf Mitarbeitern

> »stirbt fast die Hälfte vor Untätigkeit, [...] liest tagelang, schreibt Briefe, spielt auf der Gitarre und der Mandoline. Die Gruppe nennt die Mitarbeiter [der Militärstaatsanwaltschaft, kb] unter sich das ›Ensemble‹ der Staatsanwaltschaft der Nordwestfront.«[254]

Ähnliches wurde den Befehlshabenden der Staatsanwaltschaft vorgeworfen, die »von abends bis morgens trinken« würden.[255]

Vergleichbare Vergehen finden sich auch in den Akten der *pogranpolki*. Demnach war eine Konsequenz des Alkoholkonsums auf Offiziersebene, dass viele Kommandeure die militärische Situation nicht richtig einschätzen konnten, insbesondere wenn keine Gefährdungssituation vorlag. In Kombination mit ihrem Übereifer schossen sie dann oft über das Ziel hinaus, sorgten für eine permanente Alarmstimmung und setzten ihre Untergebenen so buchstäblich unter Dauerfeuer. Laut der Akten kam einem betrunkenen Unterleutnant eines Tages die Idee,

252 Steženskij, Soldatskij dnevnik, S. 44 f.

253 Gelfand, Tagebuch, S. 227–235. Eine ähnliche Szene bei Poljakov, Zapiski malen'kogo soldata, S. 115.

254 RGASPI F. 644, Op. 2, D. 36, Ll. 1–16, Briefwechsel in der Angelegenheit Blaubert gegen Ende Januar 1942. Siehe für einen ähnlichen Fall RGASPI F. 644, Op. 2, D. 53, L. 112, Anordnung Nr. 1629 des GKO, 19. 04. 1942.

255 RGASPI F. 644, Op. 2, D. 36, Ll. 1–16, Briefwechsel in der Angelegenheit Blaubert gegen Ende Januar 1942.

die Gefechtsbereitschaft seiner Truppen zu überprüfen. Er ging zum Wachhabenden und fragte, was bei Erscheinen des Feindes zu passieren habe. Nach der Antwort, das Feuer eröffnen, eröffnete er selbst das Feuer und befahl das auch dem Wachhabenden, der drei Schüsse abgab. Dann begann er, die Fähigkeiten seiner Untergebenen im Umgang mit Waffen zu kontrollieren, sodass drei Granaten geworfen wurden und explodierten. Auf dem Rückweg löste er endgültig Gefechtsalarm aus und gab mehrere Schüsse aus seinem Revolver ab.[256]

Andere Befehlshaber forderten mit Faustschlägen Informationen darüber ein, wo sich der Alkohol befinde,[257] oder schlugen ohne Angabe von Gründen.[258] Einer wollte seinen Übereifer zuerst an den Kriegsgefangenen ausleben und forderte deren Herausgabe, um sie zu erschießen. Als andere Offiziere versuchten, ihn zu entwaffnen, fing er an, die Umstehenden zu verletzen, und wurde im Verlauf der Auseinandersetzung selbst getötet.[259] In allen geschilderten Fällen und vielen weiteren waren die Strafen für die Verantwortlichen willkürlich. Manchmal beliefen sie sich lediglich auf einige Tage Arrest.[260]

Angesichts solcher Vorkommnisse sowie der Korruption und der Veruntreuung schimpften die Rotarmisten wohl zu Recht über ihre Vorgesetzten, auch wenn sich die meisten von ihnen deren Weisungen und Befehlen dennoch fügten oder sogar zu ihren Komplizen wurden. Ob Vorfälle wie derjenige, den Vasilij Bušin am 13. März 1944 in seinem Tagebuch notierte, verbreitet waren, ist deshalb fraglich. Nichtsdestoweniger sei er hier zitiert, da er pointiert auf die Spannung verweist, die zwischen Befehlsempfängern und Befehlshabenden herrschte:

> »Eine schlimme Geschichte. Im Zug von Pavlov haben die Soldaten während der Verlegung versucht, den Kommandeur des Postens, den Feldwebel Polikarpov, zu erschießen. [...] Man sagt, Polikarpov sei schon Unteroffizier in der zarischen Armee und sehr streng gewesen,

256 RGVA F. 32925, Op. 1, D. 274, L. 17, Befehl für die NKVD-Truppen [...], 25. 11. 1941.
257 RGVA F. 32905, Op. 1, D. 241, L. 77, Befehl für die NKVD-Truppen [...], 24./27. 09. 1944.
258 RGVA F. 32925, Op. 1, D. 292, L. 24, Befehl für die NKVD-Truppen [...], 10. 02. 1944.
259 RGVA F. 32925, Op. 1, D. 283, L. 94, Befehl für die NKVD-Truppen [...], 23. 12. 1943.
260 RGVA F. 32905, Op. 1, D. 264, L. 337, Vortrag über die parteipolitische Arbeit, den politisch-moralischen Zustand und die Disziplin der NKVD-Truppen [...] für den Zeitraum Okt.-Dez. 1944.

anspruchsvoll, und vielleicht sogar maßlos. Als Anlass hat gedient, dass er nicht erlaubt hätte, den Wäschesack auf das Fuhrwerk zu legen. Von hinten hat Šunik geschossen. Er hat die Schulter getroffen, der Zweite hat auf den Kopf geschossen.«[261]

Allerdings bedeuteten diese Konflikte zwischen Befehlshabern und Subalternen nicht, dass sich Letztere als solidarische Schicksalsgemeinschaft zusammenfanden. Ein Indiz dafür sind die bereits erwähnten Diebstähle unter den Kameraden sowie das Misstrauen aufgrund der gegenseitigen Überwachung. So spricht etwa Vladimir Gelfand in seinem Tagebuch wie schon für die Ausbildung auch für die Front von ständigen Konflikten[262] sowie Antisemitismus. Auch der Aufklärer Vladimir Steženskij schimpfte permanent über seine Kameraden. Zwar erlebte er keinen Antisemitismus, aber auch er war von der Frontsituation entnervt und wünschte sich »in der Einsamkeit wenigstens eine verwandte Seele«.[263] Der Schütze Nikolaj Belov berichtet in kurzen Worten in seinem Tagebuch über die ständigen Auseinandersetzungen mit den Kameraden.[264] Grigorij Pomeranc hatte sich so sehr an die Gewalt untereinander gewöhnt, dass seine erste Frage in der neuen Einheit war, ob man dort schlage.[265] Und der Mechaniker Andrej Kovalevskij konstatiert in seinem Tagebuch, dass die Konflikte meist dann überkochten, wenn die Einheit gerade nicht in Gefechte verwickelt war und die Soldaten untätig herumhingen. Dann sei die Stimmung »ungesund«, unter den Soldaten bilde-

261 Bušin, Ja posetil, Tagebucheintrag vom 13. 03. 1944. In den Akten der *pogranpolki* findet sich ein Hinweis auf Gerüchte, dass derartige Aktionen geplant waren. RGVA F. 32925, Op. 1, D. 515, L. 522 v., Vortrag über die politisch-moralische Stimmung bei den NKVD-Truppen […], 17. 05. 1944; Beevor, Ein Schriftsteller im Krieg, S. 106 f. In den Vernehmungsprotokollen von gefangenen Rotarmisten durch die Abteilung Ic. der 296. Division der Wehrmacht finden sich vereinzelt ebenfalls derlei Berichte. RH 26–296/93, Protokolle vom 14. 02. und 29. 03. 1942.

262 Gelfand, Tagebuch, S. 41, 54–59 f., 64 ff., 74, 77, 86 ff., 158, 194, 219, 224, 233 ff. Der grassierende Antisemitismus war auch Thema auf den Parteiversammlungen an der Front: RGVA F. 32905, Op. 1, D. 264, L. 149, Vortrag über die parteipolitische Arbeit, den politisch-moralischen Zustand und die Disziplin in den NKVD-Truppen […] für das dritte Quartal 1944; RGVA F. 32925, Op. 1., D. 515, L. 277, Schriftverkehr der Politabteilungen der 1. Weißrussischen Front, 25. 04. 1944.

263 Steženskij, Soldatskij dnevnik, S. 45.

264 Belov, Frontovoj dnevnik, S. 444–447; 460 ff., 473 ff.

265 Pomeranc, Zapiski gadkogo utenka, Teil 2, S. 129.

ten sich Gruppen und die Führung sei oftmals »wütend, und das nicht im Sinne von mäkelig«.[266]

Die Gründe für diese Reibereien untereinander resultierten aber auch aus der Organisation der Roten Armee. So sahen deren Rekrutierungsstrukturen nicht vor, dass Jahrgänge oder Rekruten derselben Regionen auch in dieselben Einheiten kamen, wie es in der Wehrmacht Usus war – zumindest so lange, wie es die Kriegssituation erlaubte.[267] In der Roten Armee war der Kriegsdienst zusammen mit Freunden und Angehörigen eine Seltenheit. Ob bei der Aushebung der Rekruten, in der Ausbildung, bei der Überstellung an die Front sowie nach Krankenhausaufenthalten und den seltenen Heimaturlauben – die Militärbehörden würfelten in der Regel Unbekannte zusammen. Das machte es ungleich schwerer, die Folgen von Mangelversorgung, Überwachung und gesätem Misstrauen sowie erlittenen Traumata untereinander zu bewältigen.[268]

Freundschaft oder Kameradschaft waren zudem keine kulturellen Werte in der Sowjetunion der Kriegsjahre, wie es in den 1920er und 1930er Jahren in Deutschland der Fall gewesen sein mag.[269] Dies unterminierte der Stalinismus nach wie vor durch permanente Überwachung und das Misstrauen, das er beständig säte. Dazu kam, dass es an der Front kaum möglich war, sich besser kennenzulernen. Die Historikerin Catherine Merridale beziffert die Zeit, die ein einfacher Infanterist an der Front von der Einberufung bis zur Gefangennahme oder dem Tod

---

266 Kovalevskij, Nynče u nas peredyška, S. 72; Gelfand, Tagebuch, S. 228–235.

267 Van Creveld, Kampfkraft, S. 51–55; 89 ff.; 93 ff.; Shils/Janowitz, Cohesion and Disintegration; siehe auch Bartov, Hitlers Wehrmacht, S. 51–60. Durch das Regionalprinzip waren einzelne Teile der Wehrmacht nicht nur miteinander, sondern auch mit der deutschen Gesellschaft verzahnt. Im Allgemeinen wird durch eine solche Verzahnung die Belastung für die einzelnen Soldaten herabgesetzt: Thomassen u. a., Hardiness and Cohesion; Wood u. a., The Impact of Benefit Finding; Mitchell u. a., Combat Stressors; Griffith, Multilevel Analysis; Griffith/Vaitkus, Relating Cohesion.

268 Einzige Ausnahme waren ab April 1943 die Gardeeinheiten. Regularien der Stavka VGK für die Kommandeure über die operative Nutzung von Gardearmeen und Korpussen, 18. 04. 1943, abgedruckt in: Russkij Archiv, Velikaja Otečestvennaja: Stavka VGK. Dokumenty i Materialy. 1943 god, S. 122.

269 Kühne, Kameradschaft, insbesondere S. 213–224. Er verweist darauf, dass es bei den Wehrmachtssoldaten noch die Vorstellung einer unpolitischen Kameradschaft gab, die über politische Zugehörigkeiten erhaben war und bei der man sich im Zweifelsfall auch gegenseitig decken würde.

verbrachte, auf durchschnittlich wenige Wochen. Das gilt wohl insbesondere für die ersten Kriegsjahre.[270] Das heißt, selbst wenn man alle widrigen Umstände an der Front überwand und sich anfreundete, was in den Ego-Dokumenten nur sehr selten erwähnt wird, rissen solche Bekanntschaften aller Wahrscheinlichkeit innerhalb kurzer Zeit wieder ab. In der Konsequenz war die Rote Armee letztlich eine anonyme Masse einander fremder Menschen.

Darüber hinaus brachte der Frontalltag eine Auflösung von Raum und Zeit mit sich. Manchmal marschierten die Soldaten tagelang oder »hingen« untätig »herum«.[271] Auch während der Schlachten ließen sich Tage und Stunden nicht zählen. Kein Wunder, dass die Tagebuchschreiber jedes Jubiläum vermerkten. Was ihre räumliche Umgebung anbelangte, saßen die Rotarmisten zumeist in einer Art Niemandsland. Manchmal konnten sie sich nur noch an zerstörten Dörfern, Leichen oder den aufgestellten, reichlich allgemeinen Wegweisern (»nach Berlin«) orientieren.

Dazu kam, dass die Soldaten eine massive räumliche Enge erlebten. Untergebracht waren sie in Mannschaftsquartieren oder -erdlöchern. Das Essen wurde kollektiv ausgegeben, und die Waschgelegenheiten waren ebenfalls kollektiv organisiert.[272] Wie bereits dargestellt aß, schlief und marschierte man in unmittelbarer Nähe der vielen Kameraden (und Leichen). Sich von der Gruppe zu entfernen, war kaum möglich, da es entweder als Fernbleiben vom Dienst gedeutet und sanktioniert werden konnte oder weil es inmitten von Minen und feindlichen Scharfschützen einfach zu gefährlich war. Ganz abgesehen davon, dass die Soldaten wohl nirgends hätten hingehen können – mitten im zerbombten Territorium. Manchem Soldaten verschafften nicht einmal die (organisierten) Feiern Ablenkung, wie der Arzt Gl. im Brief an seine Mutter bekundet:

> »Gestern Abend bin ich auf einer kleinen Feier gelandet, es hat eine Harmonika gespielt, wir haben gesungen und getanzt. Aber mich hat die Harmonika nicht erfreut und die Mädchen haben mich nicht interessiert. Das alles hat mich traurig gemacht. Denn mit diesen Fei-

270 Merridale, Iwans Krieg, S. 27, vgl. 224. Die Angabe dient hier allein als grobe Illustration.

271 Kovalevskij, Nynče u nas peredyška, S. 72.

272 AdK Berlin, Walter-Kempowski-Biographien-Archiv Nr. 3027, Bl. 1, Tagebuchauszüge von V. G., Eintrag vom 01. 01. 1942.

ern ist viel verbunden, und das zu erinnern, was war, ist bis in die Tiefe der Seele beleidigend und schal.«[273]

Fronturlaub gab es für die Angehörigen der Roten Armee nicht oder allenfalls nur für wenige Tage – und dann meist mit der gesamten Kompanie in Frontnähe.[274] Der Krieg bedeutete daher nicht nur eine physische, sondern auch eine extreme soziale und psychische Belastung.

Zu den geschilderten Konflikten, die oftmals in Schlägereien oder Schlimmerem endeten, kamen Langeweile, Einsamkeit und Depression, wie etwa bei Vladimir Steženskij. Am 26. Januar 1944 schrieb er: »Die Stimmung ist miserabel. Eine vollständige Depression. Ich will nichts machen, nichts sehen. Könnte ich nur einschlafen und bis zum Ende des Krieges nicht aufwachen.«[275] Die Depressionen des Aufklärers und Übersetzers Nikolaj Inozemcev in den Jahren 1942 bis 1944 äußerten sich als moralische Krise, vermischt mit Panik: »Hier ist nicht nur der Stillstand, das hier ist eine moralische Beleidigung, [hier herrscht, kb] Bedrücktheit, das Bewusstsein der vollständigen, eigenen Nichtigkeit, eine tierische Angst um das eigene Leben.«[276] Für Dmitrij L. waren alle Tage an der Front gleich – und zum Heulen,[277] während Nikolaj Belov seine schlechte Laune regelmäßig an Dritten ausließ, mit denen er unnötigerweise stritt.[278] Allerdings wird aus seinen Tagebuchaufzeichnungen nicht deutlich, was dabei Henne und was Ei war: Führten die permanenten Konflikte zu der Apathie, von der er schreibt, oder war es seine schlechte Stimmung, die seine ständigen Streitereien heraufbeschwor?[279]

---

273 CMAMLS F. 172, Op. 2, D. 77. L. 17, Anatolij Gl. an seine Mutter, Brief vom 08. 02. 1943.

274 Instruktionen des Generalstabschefs der West- und Südwestfront über regelmäßigen Fronturlaub der Truppen, 09. 04. 1942, in: Russkij Archiv, Velikaja Otečestvennaja: Stavka VGK. Dokumenty i Materialy. 1942 god, S. 151.

275 Steženskij, Soldatskij dnevnik, S. 154.

276 Inozemcev, Frontovoj dnevnik, S. 132, 138, 140, 286 (Zitat).

277 CMAMLS F. 172, Op. 2, D. 206, L. 5, Brief von Dmitri L. am 08. 12. 1244; bei Aleksandr Jašin klingen ebenfalls Depressionen an. Jašin, Dnevniki 1941–1945, S. 36 ff., 46.

278 Belov, Frontovoj dnevnik, S. 460 ff., 473 ff.

279 Die zeitgenössische Militärpsychologie hat über standardisierte Untersuchungen gezeigt, dass Langeweile und individuelles Selbstvertrauen in einem negativen Korrelationsverhältnis stehen, da gerade gut ausgebildete und motivierte Soldaten davon gestresst sind, wenn sie ihr Können nicht unter Beweis stellen können.

Besonders schlimm war der seelische Zustand der Soldaten, wenn die »tierische Angst« nicht nur dem eigenen Leben galt, sondern auch den Familienmitgliedern, die der Krieg (noch nicht) dahingerafft hatte. So lebte der bereits erwähnte Vasilij Čurkin in ständiger Sorge um seinen Sohn Tolja, der im umzingelten Leningrader Gebiet kämpfte und das letzte noch lebende Familienmitglied war, nachdem seine Frau und sein anderer Sohn bei der Blockade umgekommen waren. Am 21. April 1943 notierte er in seinem Tagebuch:

> »Heute brachte man einen ganzen Sack Briefe ins Regiment – mir, warum auch immer – nichts. Ich warte auf einen Brief von Tolja, auf [meiner, kb] Seele liegt eine unerträgliche Sehnsucht. Im Kopf habe ich furchtbare Gedanken, und so zieht es mich, zum Ufer zu gehen und mich [...] zu ertränken [...]. Vielleicht ist er schon tot. Den Verlust meines zweiten Sohnes, das fühle ich, halte ich einfach nicht aus.«[280]

Als die Briefe letztlich ganz ausblieben, machte er sich zum Frontabschnitt von Toljas Einheit auf:

> »Mein Herz schlug Alarm. Ich habe es nicht mehr ausgehalten, ich begann, ihn zwischen den Toten zu suchen. [...] Einer der Toten lag oben, mit dem Gesicht im Gras. Dem Nacken nach, den Haaren und Ohren nach habe ich geschlussfolgert, dass das mein Sohn ist. Mein Herz ist eingefroren, ich blieb stehen, kniete nieder, und begann ihn zu begutachten [...]. Ich stand über der Leiche in Schreckstarre für ein oder zwei Minuten und beschloss dann, komme, was kommen muss – ich ergriff mit den Händen seine Schultern und drehte den Toten mit einer schnellen Bewegung auf den Rücken. [...] Aber der Soldat hatte kein Gesicht mehr. Stirn, Nase und Kinn waren durch einen Geschosssplitter abgetrennt. Die unebene Fläche, zu der der halbe Kopf geworden war, war durch Blut verklebt. Vielleicht war das mein Sohn, vielleicht auch nicht, aber dieses Gesicht des Toten hat sich mir für mein ganzes Leben eingebrannt. [...] Ich suchte weiter hartnäckig nach meinem Sohn zwischen den Toten. Ich hatte mir schon viele angesehen, Köpfe umgedreht, in

---

Bei schlecht ausgebildeten und unmotivierten Soldaten sind es hingegen die anspruchsvollen, gefahrvollen Situationen, die zu Stress führen. Delahaij/Kamphuis/van der Berg, Keeping Engaged.

280 Čurkin, Tagebuch.

die Gesichter der Toten geschaut. [...] Schlussendlich habe ich verstanden, dass man, um jeden Toten [...] zu begutachten, viele Monate braucht.«[281]

Čurkin zeichnet hier ein Bild, das den Tod seines Sohnes und das Gefühl der Einsamkeit inmitten des Krieges verknüpft. Es ist zudem zu vermuten, dass er mit diesem Bild auch die Vorahnung auf das eigene, recht wahrscheinliche Ableben und auf den unwürdigen Verbleib der eigenen Leiche verarbeitet. Verunstaltet, der Kleidung beraubt und verwesend würde auch er selbst den anderen allenfalls noch als Hinweis auf Jahreszeiten und Kampftaktiken dienen, oder, zeitnaher, als Orientierungsmarker im Niemandsland, in dem sich die Soldaten aufhielten.[282] Čurkins verzweifelte Suche inmitten von anonymen Leichen steht somit dafür, dass das individuelle Leben der Soldaten im Mangel-, Gewalt- und Konfliktgeschehen des Krieges keine wirkliche Bedeutung hatte.

Momente der Ablenkung: Familie, Tagebuch, Alkohol

Angesichts dieser existenziellen Bedrängnisse ist es umso verständlicher, dass sich die Soldaten an ihre Familien klammerten. Es war ihnen wichtig, ihre Pflicht zu erfüllen und die Angehörigen zu Hause nicht in Schwierigkeiten zu bringen. Diese waren oft die einzige Verbindung zu ihrer biografischen Individualität aus der Vorkriegszeit und damit zu einer scheinbar normalen Welt. Die Familien vermittelten das Gefühl einer Existenz über den Krieg hinaus, auch indem sie eine individuelle Erinnerung an die Gefallenen bewahren würden.

Um diese Verbindung aufrechtzuerhalten, präsentierten sich die Soldaten in den Briefen an ihre Liebsten oft als treu sorgende Söhne, Väter und Ehemänner. Sie machten klar, dass sie weiterhin die Verantwortung für ihre Familien trugen – so, wie es in Friedenszeiten gewesen sein mochte, und so, wie es weiterhin sein sollte, falls sie lebend von der Front zurückkämen. Viele überließen ihren Familien nicht nur die Prämien für ihre Leistungen im Feld, sondern auch den regelmäßigen Sold; sie gaben Tipps und erteilten Lob und Tadel. In der Rückschau mutet dies zuwei-

281 Ebd., Tagebucheintrag vom 04. 04. 1944.

282 Poljakov, Zapiski malen'kogo soldata, S. 114–121; Nikulin, Vospominanija o vojne, S. 56, 60.

len unfreiwillig komisch an, wenn man z. B. liest, wie Vladimir A. in einem Brief an seine Tochter vom 29. September 1942 deren Rechtschreibfehler im vorausgegangenen Brief korrigiert.[283]

Andere Rotarmisten versuchten, ihre Kinder zu guten Kommunisten zu erziehen. In seinem Brief vom 28. April 1942 ermahnte Valentin A. seinen Sohn:

> »Vergiss nicht, [...] in der Schule zu lernen, lies mehr gute Bücher und wachse zu einem guten und schlauen Menschen heran. Lerne, die deutschen Gewalttäter zu hassen, die sich wie Bestien auf unser Land geworfen und uns alle in Sklaven verwandelt haben. Jetzt schlägt unsere Rote Armee diese Bestien ganz großartig, und ich damit auch.«[284]

Auch der Verweis auf »Onkel Stalin« durfte in manchen Briefen an die Kinder nicht fehlen.[285]

Das Bedürfnis der Soldaten, die Bindung an ihre Familien nicht zu verlieren, wurde sogar von Vertretern des sowjetischen Staates ernst genommen:[286] So wurden die Offiziere der *pogranpolki* angewiesen, Beschwerden und Anfragen von Soldaten ernster zu nehmen, wenn diese ihren sterbenden und verwaisten Kindern Unterstützung zukommen lassen wollten oder dafür Urlaub beantragten. Die Nichtbeachtung dieser Sorgen fördere eine ungesunde Stimmung.[287]

Die militärischen Verantwortlichen wussten um die engen Familienbeziehungen und wollten diese sogar nutzen, um über die Angehörigen Druck auf Soldaten auszuüben. Insbesondere im Fall von Soldaten, die sich gehen ließen, schlecht gelaunt waren, sich nicht um ihr Äußeres und ihre Waffen kümmerten und über die kommunistischen Organisationen schimpften, versprachen sie sich vom Kontakt und Austausch mit der

---

283 RGASPI-M F. 33, Op. 1, D. 515, L. 1; siehe auch den Brief von Viktor B. vom 13. 01. 1943 sowie die Briefe von Ivan P. im September und Oktober 1944, jeweils ebd., Bl. 46 f., 103 f.

284 CMAMLS F. 172, Op. 3, D. 1, L. 1.

285 RGASPI-M F. 33, Op. 1, D. 569, L. 1, Brief von Vasilij A. an seinen Sohn vom 19. 10. 1942.

286 Die US-amerikanische Militärpsychologie hat den positiven Einfluss der Familie unlängst über standardisierte Untersuchungen bestätigt: Delahaij/Kamphuis/van der Berg, Keeping Engaged.

287 RGVA F. 32925, Op. 1, D. 507, L. 135, Befehl für die NKVD-Truppen, 03. 07. 1944.

Familie eine disziplinierende Wirkung.[288] Deshalb sei dieser zu ermöglichen.

Der Arzt Anatolij Gl. versuchte gar, seine Mutter zur Motivation der Kameraden einzuspannen: In seinen Briefen bat er sie nicht nur wiederholt darum, ihm zu schreiben, sondern auch darüber zu berichten, wie

> »das Kernland arbeitet und Hilfe für die Familien der Frontoviki [Frontkämpfer, kb] und die Invaliden des Großen Vaterländischen Krieges organisiert. Mögen diese deine Zeilen unsere Krieger zu noch mehr Heldentaten im Namen der Heimat, im Namen des Sieges mobilisieren.«[289]

Die Familien auf diese Weise einzubinden, mochte verständlich sein und der zeitgenössischen Definition dessen, was Familie sein sollte, entsprechen[290] – langfristige und effektive Abhilfe von den Nöten an der Front schuf das aber nicht. Die Feldpost brauchte teilweise Wochen oder Monate, manche Briefe gingen ganz verloren. Zudem setzte es die Familien unter Druck zu schreiben und förderte eine ungesunde Erwartungshaltung bei den Soldaten, für die diese Briefe oft den einzigen Halt darstellten. Manche sprachen davon, durch diese zu »atmen«.[291] Folglich wartete man nicht nur sehnsüchtig auf Post, sondern beneidete auch diejenigen, die welche erhielten.[292] Und mancher reagierte sehr sensibel, wenn keine Feldpost für ihn selbst kam,[293] wie etwa der Rotarmist Nikolaj K. Er schrieb seiner Frau und Tochter:

> »Ich bekomme von euch keine Briefe, obwohl ihr meiner Meinung nach sehr oft schreiben könntet. Schließlich seid ihr gebildete Leute. Vermutlich zu faul dazu. Bei mir und den Bedingungen, unter denen ich lebe, ist es eine andere Sache, es stören, um es mit einfachen Worten zu sagen, die Salven. Bei euch gibt es so was nicht, dafür gibt es Neuigkeiten zur Genüge. […] Und überhaupt ist das Leben jetzt vol-

---

288 RGVA F. 32925, Op. 1, D. 264, L. 22, Vortrag über die politisch-moralische Stimmung, die Disziplin und die parteipolitische Arbeit in den NKVD-Truppen vom 01. 07.–30. 09. 1944.

289 CMAMLS F. 172, Op. 2, D. 74, L. 20, Brief von Anatolij Gl. vom 20. 08. 1942.

290 An diese Definition schloss auch die Propaganda an: Kirschenbaum, »Our City, Our Hearths, Our Families«.

291 Dunaevskaja, Ot Leningrada do Kenigsberga, S. 287.

292 Indžiev, Frontovoj dnevnik, S. 23.

293 CMAMLS F. 172, Op. 2, D. 74, L. 10, Brief von Anatolij Gl. an seine Mutter vom 11. 06. 1942.

ler Abenteuer, da muss man schreiben. Ich an eurer Stelle würde jeden Tag schreiben, aber ihr schreibt in zwei Monaten einmal. Aber es ist eure Sache.«[294]

Seelische Erleichterung durch Briefe oder gar ein kurzes Wiedersehen mit der Familie waren also eher eine Flucht und ein Hoffnungsschimmer, der allzu oft enttäuscht wurde, zumal nicht alle Soldaten Familien hatten – noch nicht oder nicht mehr.

Andere Soldaten nutzten die Möglichkeitsräume ihres Tagebuchs. Wie so viele Tagebücher aus anderen historischen Epochen sind auch die Aufzeichnungen der Rotarmisten nicht als reine Chroniken anzusehen. Vielmehr erfüllten sie für ihre Autoren die Funktion der »Sorge um sich selbst«. Sie waren ein »seelischer Mülleimer«, eine pädagogische Instanz, ein Mittel der Selbsttherapie oder ein Anker der Stabilität,[295] wie zum Beispiel für den gemobbten Minenwerferschützen Vladimir Gelfand. Er bezeichnet sein Tagebuch als »treuen Freund«, den einzigen, den er an der Front zu haben schien.[296] Und es bot ihm offenbar auch die Möglichkeit, seine soldatische Identität zu stärken, wie ein Eintrag vom 28. Juni 1942 nahelegt:

> »Ich verbeuge mich vor Dir, mein Tagebuch, ich werde kein durchschnittlicher Kämpfer sein, der sich in der Masse der Soldaten versteckt, sondern ich werde ein ruhmreicher, tapferer, wenn nicht sogar ein berühmter Held des Vaterlandes.«[297]

Für Gelfand scheint das Tagebuch nach all den unerfreulichen Erlebnissen an der Front als letzter Ort für eine solche Selbstvergewisserung verblieben zu sein. Seine Bemühungen zur Selbstabrichtung gingen so weit, dass er Passagen Kameraden vorlas und mit Vorgesetzten diskutierte.[298]

---

294 CMAMLS F. 172, Op. 2, D. 205, L. 9 v., Brief vom 06. 11. 1942.

295 Hellbeck, Revolution on My Mind, S. 4–8, 12 f., 73–78, 107–112; zur Nieden, Alltag im Ausnahmezustand, S. 14–45, 138, 178–185. Insbesondere die selbsterzieherische Handhabung von Tagebüchern war, wie Hellbeck schreibt, bereits in der Vorkriegssowjetunion, wenn auch nicht widerspruchsfrei, öffentlich forciert worden.

296 Gelfand, Tagebuch, S. 47.

297 Ebd., S. 31.

298 Spätestens hieran wird dann auch deutlich, dass es an der Front keineswegs per se verboten war, ein Tagebuch zu führen, wie vielfach behauptet wird: Gelfand, Tagebuch, S. 29 f., 37, 51, 53, 173. Siehe auch Dunaevskaja, Ot Leningrada do Kenigsberga, S. 267, 277. Vorbildliche Tagebücher aus dem Krieg wurden gar in einer Ausstellung präsentiert, die der Komsomol bereits während des Krieges organi-

Auch Vladimir Steženskij und Nikolaj Inozemcev nutzten ihre Tagebücher immer wieder dazu, darin ihre negativen Gefühle abzuladen. Zusammen mit Gelfand repräsentieren die beiden Autoren das Gros der Tagebuchschreiber: männlich, gebildet, in der Regel als Aufklärer oder Übersetzer in der Armee tätig, russisch, vielfach jüdisch. In ihrer Jugend hatten sie vermutlich den Sinn dieser Kulturtechnik zur Selbsterziehung internalisiert und an der Front als »Stabsratten« den nötigen Freiraum wie auch den Zugang zu Papier, der ihnen das Schreiben ermöglichte. Daher ist es fraglich, dass der Fluchtweg Tagebuch wirklich allen Soldaten offenstand. Über das Erleben der einfachen Soldaten, des »Kanonenfutters«, und ihre Wege durch die Hölle des Frontraums geben die Tagebücher daher nur wenig Auskunft – allenfalls in der Abgrenzung, in der Andeutung oder Übernahme ihrer Perspektiven und in der Selbstinszenierung.

Eine abgrenzende Perspektive auf das Kriegserleben derer, die an vorderster Front kämpften, findet sich bei Steženskij; sie verweist auf eine weitere Fluchtmöglichkeit: Am 23. Juli 1942 beschreibt er in seinem Tagebuch, wie viele – allerdings im Gegensatz zu ihm – durch die Flucht in den Alkohol den Gräueln des Krieges zu entfliehen versuchten.[299]

> »Überall die Leichen von Pferden, von Menschen, die einen unerträglichen Gestank von sich geben. Und dazu die Mehrheit der Betrunkenen. Es scheint, als hätten sie irgendwo eine Winzerei ausgeraubt. In den Leichengeruch mischt sich Gestank überreifen Weins. Prügeleien, Schreie [...]. Ich habe mich etwas gestärkt, Wein habe ich fast nicht getrunken, obwohl es jetzt besser wäre, sich bis zur Besinnungslosigkeit zu betrinken, um diesen Albtraum nicht zu sehen. Aber das ist Schwäche, und ich habe noch Kräfte.«[300]

---

sierte. Sie lagern im RGASPI-M als Fond 7 ein. Auf diese Weise wurden die Parameter der Erinnerung an den Großen Vaterländischen Krieg schon während des Krieges etabliert. Siehe auch Befehl (des NKO) über die Sammlung von Andenken und Reliquien des vaterländischen Krieges durch das Historische Artillerie-Museum der Roten Armee, 27. 03. 1943, abgedruckt in: Russkij Archiv, Velikaja Otečestvennaja: Prikazy narodnogo kommissara oborony SSSR 1943–1945 gg., S. 97 ff., sowie Kirschenbaum, The Legacy of the Siege of Leningrad, S. 77–112.

299 Neben den anderen beiden Momenten der Ablenkung war der Alkohol kein spezifisches Element der Roten Armee: Keegan, Das Antlitz des Krieges, S. 131 ff., 390.

300 Steženskij, Soldatskij dnevnik, S. 71.

Das war jedoch nicht immer der Fall: Auch Steženskij hatte Momente, in denen er trank.[301]

Damit war er nicht allein. Der Aufklärer Nikolaj Inozemcev, der seine Depressionen immer wieder schriftlich verarbeitete, betrachtete den Alkoholkonsum weniger als Schwäche; er verspürte kein Abgrenzungsbedürfnis. Für ihn waren die Unmengen an Alkohol, die er in den Jahren an der Front in sich hineinschüttete, eine Lösung, die er wie selbstverständlich annahm.[302] Vergleichbares gilt für den Mechaniker Andrej Kovalevskij. Sein Tagebuch erweckt streckenweise den Eindruck, als wäre das Leben an der Front ein einziges Gelage gewesen.[303] Es ist zu vermuten, dass beide Männer den Krieg als Alkoholiker beendeten, ebenso wie der Gebirgsschütze Levka Rubinštejn[304] – und viele andere.[305]

Die Bedeutung des Trinkens im Frontalltag beruhte offenbar auf einer Mischung aus Gruppenzwang und (freilich kontraproduktiver) Angst- und Verzweiflungstherapie. Sergej Poljakov beschreibt in seinem Tagebuch eine Situation, in der ihm Kameraden Wodka anboten, er jedoch dankend ablehnte. »›Was soll das, Sergej, trink‹«, habe er zu hören bekommen, »›sofort wird dir wärmer sein und leichter auf der Seele.‹« Er habe sich überreden lassen und »tatsächlich war es sofort wärmer, und die Seele wurde von einem Stein befreit«.[306] Alkohol half zudem, Gespräche zu »glätten«,[307] also das Zusammensein einfacher und geselliger zu machen. Für Pustovojt gehörte es gar zum Aufnahmeritus in die Gemeinschaft der Roten Armee, reinen Sprit zu trinken.[308]

Auf der Suche nach Entlastung war vermutlich auch der Gefreite Jakov Aronov. Bei ihm hatten sich die Zumutungen des Krieges bereits

---

301 Ebd., S. 137 ff., 161.

302 Inozemcev, Frontovoj dnevnik, S. 47, 56, 68, 70 ff., 95 f., 98, 117, 131, 138, 145, 150, 155, 159.

303 Kovalevskij, Nynče u nas peredyška, insb. S. 73–77.

304 Rubinštejn, Ispoved' sčastlivogo al'pinista. Glavy iz trilogii, S. 52.

305 Tagebücher, die ebenfalls auf den Wodkakonsum verweisen: Gelfand, Tagebuch, S. 15, 45, 55, 128, 135, 142, 163 f., 176 f., 192, 201, 212, 221, 224 f.; Dunaevskaja, Ot Leningrada do Kenigsberga, S. 120, 132, 159, 305, 325, 330.

306 Poljakov, Zapiski malen'kogo soldata o bol'šoj Vojne, S. 117 f.

307 Safonov, Soldatskie Memuary, S. 419.

308 Pustovojt, Pestrye liki vojny. S. 9. Für den Gruppenzwang beim Alkohol siehe auch den Brief von Boris Baj. vom 22. 02. 1944 an seine Frau, CMAMLS F. 172, Op. 2, D. 31, L. 2.

in körperlichen Symptomen niedergeschlagen. In einem Brief an die Schwester, verfasst im November 1944, heißt es, dass er gerade eigentlich nicht fähig sei, an sie zu schreiben: »Im Kopf klopft irgendwas. Könnte ich nur trinken, damit das aufhört.« Dann bricht der Text ab. Weiter geht es, wie es sich für einen Rotarmisten im Brief an die Schwester gehört: »Ich bin am Leben und gesund, habe den 7. 11. mit dem Fernglas in der Hand gefeiert …«[309] Allerdings konnte der Alkoholkonsum im Dienst auch dazu führen, dass man sich betrunken auf die eigene Ausrüstung erbrach[310] – und sich wohl überhaupt nicht mehr im an sich schon unübersichtlichen Frontgeschehen orientieren konnte. Die Unübersichtlichkeit und damit die Notwendigkeit sich den Kameraden anzuschließen und ohne Sinn und Verstand mitzulaufen, intensivierte sich.

Der Alkoholkonsum war aber mehr als ein Geselligkeits- und Fluchtmittel. In der Roten Armee war Wodka symbolisch aufgeladen, insbesondere diejenigen 100 Gramm, die den Rotarmisten zeitweise täglich ausgeschenkt werden sollten. Der Brief des Garde-Sergeanten Nikolaj Judin vom 7. November 1944 macht deutlich, wie stark sich im Wodka Kampf, Sieg und Überleben zur (imaginierten) soldatischen Identität verbanden: »Wir trinken die 100 Gramm der Frontoviki [Frontkämpfer, kb] auf den Sieg, auf den Kampf, in dem wir am Leben bleiben.«[311] Alkohol wurde so zu einem Symbol, das den Sieg repräsentierte und Selbstbewusstsein gab. Es gab sogar das Ritual, Orden und Medaillen »abzuwaschen«, sie also in ein Wodkaglas zu legen, es in einem Zug auszutrinken und die Auszeichnung mit dem Mund aufzufangen.[312] Im Alltag der Roten Armee war Wodka so wichtig, dass er, wenn man der Aufklärerin Zoja Alexandrova glauben darf, neben Tabakwaren das Einzige war, womit die nach Polen vorgerückten Einheiten administrativ versorgt wurden.[313]

---

309 Brief abgedruckt in: Schindel', Po obe storony fronta, S. 127 f. Die Auslassung stammt aus der Publikation. Hier wie im Folgenden ist nicht zu klären, zu welchem Zwecke sie die Heraussgabe gemacht haben. Bei transkribierten Interviews zeigen sie i. d. R. eine Pause an.

310 AdK Berlin, Walter-Kempowski-Biographien-Archiv Nr. 6108-86, Bl. 1, Erinnerungsbericht des Rotarmisten Boris T.

311 Der Brief ist abgedruckt in: Poslednie pis'ma s fronta 1945, S. 408.

312 Beevor, Ein Schriftsteller im Krieg, S. 116 f.

313 Aleksandrova, Ženskoe eto delo, S. 13; Angaben über die Mengen bei Glantz, Colossus Reborn, S. 557–560.

Die Folgen des gesteigerten Alkoholkonsums waren vielfältig und besorgniserregend. Viele Rotarmisten wurden alkoholabhängig und tranken in Ermangelung »richtigen« Alkohols alles, was sie an alkoholhaltigen Flüssigkeiten finden konnten. Das konnten reiner Sprit oder alkoholhaltige Desinfektions- oder Lösungsmittel sein, die dann an anderer Stelle fehlten, z. B. in den Hospitälern und Lazaretten bei der Behandlung der Verletzten und Verwundeten, und bei den Trinkenden zu starken toxischen Reaktionen, teilweise mit Todesfolge, führten.[314] Andere holten die hochprozentigen Flüssigkeiten aus den Gasmasken – und machten diese damit unbrauchbar.[315] Die Soldaten »organisierten« sich Alkohol zudem in den Dörfern, die sie passierten oder befreiten, indem sie mit den dort lebenden Menschen handelten, sie erpressten oder ausraubten.[316]

Vielfach führten der Alkoholkonsum oder die Unternehmungen, solchen zu beschaffen, zu tödlichen Unfällen.[317] Alkoholbedingte Dienstunfähigkeit war ein Dauerproblem, wie bereits in Bezug auf die willkürlich agierenden Offiziere zu lesen war, die betrunken zu übersteigertem Arbeits- und Gefechtseifer neigten. Der Offizier V. G. berichtet in seinen Tagebucheinträgen Mitte Januar 1942, dass sich ganze Einheiten nach der Einnahme eines Dorfes betranken, wobei sich einmal der erbeutete Wodka als Benzin entpuppt und die unzurechnungsfähigen Soldaten dann die eigenen Kameraden unter »friendly fire« genommen hätten.[318]

Dazu kam, dass durch Alkohol die aufgrund der Anspannung und Misstrauen vorprogrammierten Konflikte aus dem Ruder laufen konnten, sei es mit Zivilisten oder untereinander oder auch mit denjenigen, die die Konflikte entschärfen und die Akteure entwaffnen wollten. Die Sanitäterin Tat'jana Atabek beschreibt den psychologischen und sozialen Sprengstoff, den der Alkoholkonsum barg, noch recht romantisierend,

---

314 Beevor, Ein Schriftsteller im Krieg, S. 107; Bogomolov, »Žizn' moja ili ty prisnilas' mne ...«, S. 41, 42.

315 Čuchraj, Moja vojna, S. 123.

316 Kovalevskij, Nynče u nas peredyška; S. 75 ff.; Inozemcev, Frontovoj dnevnik, S. 57.

317 RGVA F. 32925, Op. 1. D. 283, L. 72, Befehl über die Ausrichtung der NKVD-Truppen [...], 14. 11. 1943; RGVA F. 32905, Op. 1, D. 241, L. 82, Befehl an die NKVD-Truppen, 16. 12. 1844; CMAMLS F. 88, Op. 1, D. 81, Ll. 15 f., Bericht von Ivan K. vom 20.–29. 06. 1944.

318 AdK Berlin, Walter-Kempowski-Biographien-Archiv Nr. 3027, Bl. 6 f., Tagebuchauszüge von V. G. vom Januar 1942.

wenn es bei ihr anlässlich der Feier zum 1. Mai 1944 im Tagebuch heißt: »Ein Feiertag an der Front [...], das heißt Wodka und noch mal Wodka. Alle sind betrunken bis zur ›Benebeltheit‹. Um mich herum Lieder, Tränen, Flüche, und noch mehr Flüche, Tränen und Lieder.«[319] Andrej Kovalevskij kommentiert das Resultat eines Besäufnisses anlässlich eines Feiertags etwas kaltschnäuziger:

> »Und außerdem, wie immer, gab es einige unerwünschte Exzesse vonseiten derer, die ihre Kampfleidenschaft nicht kontrollieren konnten. Etwas besonders Schlimmes ist im Großen und Ganzen nicht passiert, niemand wurde umgebracht und niemand vergewaltigt. Das ist o. k.«[320]

Man kann sich leicht ausmalen, dass die Katerstimmung, die auf solch ein Besäufnis folgte, die soldatische Existenz an der Front nur noch schlimmer und unerträglicher machte. Alkohol bot wie die Flucht ins Tagebuch oder der Kontakt mit der Familie nur kurzfristige Erleichterung und Ablenkung von den Anspannungen und Konflikten des Frontlebens, dafür aber eine mit umso schwerwiegenderen Folgen.

Als Konsequenz daraus wurde die seit dem 22. August 1941 bestehende Anordnung, dass Frontkämpfer täglich 100 Gramm Wodka erhielten,[321] regelmäßig abgeändert: Ab dem 15. Mai 1942 sollten allein die erfolgreichen Einheiten der vorgeschobenen Linien täglich Wodka bekommen, dafür aber die doppelte Menge. Allen anderen standen die 100 Gramm nur noch an revolutionären Feiertagen zu.[322] Ab dem 6. Juni 1942 waren es dann auch für die vorgeschobenen Einheiten nur noch 100 Gramm täglich. Manche Soldaten bekamen den Wodka nach dem Gefecht und tranken, um wieder auf die Beine zu kommen oder um sich zu beruhigen, andere, um nicht vor Müdigkeit von den Füßen zu fallen[323] oder um nicht zu frieren.[324] Wieder andere tranken zum Frühstück.[325]

---

319 Atabek, Ožidanije sčast'ja, S. 7.

320 Kovalevskij, Nynče u nas peredyška, S. 102.

321 Anordnung des GKO Nr. 0562, 22. 08. 1941, www.soldat.ru/doc/gko/scans/0562-1.jpg [28. 08. 2018].

322 Anordnung des GKO Nr. 1727, 11. 05. 1942, www.soldat.ru/doc/gko/scans/1727-1.jpg [28. 08. 2018].

323 Barabaš, V borjach za žisn', S. 213; Mindlin, Poslednij boj, Teil 1, S. 96.

324 Markova-Kadnevskaja, Idut po vojne devčata, S. 28.

325 Ermolenko, Voennyj dnevnik, S. 85.

Es bleibt daher fraglich, ob die Anordnungen dem Massenkonsum ein Ende setzen konnten, mussten sie doch ständig erneuert werden.[326] Außerdem ist davon auszugehen, dass die Soldaten umso weniger auf die staatliche Wodkaversorgung angewiesen waren, je weiter sie vorrückten, da sie sich nun verstärkt in den Dörfern und über die Zivilbevölkerung damit eindecken konnten. Samogon (Selbstgebrannter) wurde »buchstäblich in jedem Haus angesetzt. Und unser Geld wird lieber genommen als polnische Zloty«, heißt es bei Vasilij Čurkin in einem Tagebucheintrag vom 25. Dezember 1944.[327] Vasilij Bušin wiederum berichtet, dass sich die Rotarmisten beim Überschreiten der Grenzen der deutschen Alkoholvorräte bemächtigt hätten. Daher seien »besoffene [Rotarmisten, kb] auch keine Seltenheit in der Stadt« gewesen, in der er kurzfristig stationiert war. Da alle tranken und die Kameraden ihn dazu animierten, hätte er mittrinken oder zumindest den Eindruck erwecken müssen.[328] Alkohol wurde somit auch zu einer Kriegstrophäe.

Das Zwischenfazit an dieser Stelle mag banal klingen und in seinen Grundzügen nicht allzu sehr von einer Beschreibung anderer Kriegsschauplätze abweichen. Dennoch es ist wichtig, sich noch einmal zu verdeutlichen, dass der Krieg für die Beteiligten die Hölle war, insbesondere für die schlecht ausgestatteten Rotarmisten, die dazu noch mit einem korrupten Offiziersstab umgehen mussten. Die Folge waren Depressionen und Konflikte zwischen Offizieren und Subalternen, aber auch zwischen Gleichrangigen, insbesondere, wenn diese nichts zu tun hatten. Die Momente der Ablenkung durch Briefkontakt zur Familie, das Tagebuch oder den Alkoholkonsum waren bestenfalls kurzfristiger Natur, wenn sie nicht alles noch schlimmer machten.

---

326 Anordnung des GKO Nr. 1889, 06. 06. 1942, www.soldat.ru/doc/gko/scans/1889-1.jpg [28. 08. 2018]. Die Abstufungen wurden weiter verfeinert, die Anordnung mehrfach wiederholt: Anordnung des GKO Nr. 2507, 12. 11. 1942, www.soldat.ru/doc/gko/text/2507.html [28. 08. 2018]; Anordnung des GKO Nr. 3272, 30. 04. 1943, www.soldat.ru/doc/gko/text/3272.html [28. 08. 2018].

327 Čurkin, Tagebucheintrag vom 25. Dezember 1944.

328 Bušin, Ja posetil, Tagebucheintrag vom 28. 01. 1945.

Kollektive Gewalt

Unter den beschriebenen Bedingungen des Frontraums erfüllten die Rotarmisten ihre eigentliche Aufgabe. Diese bestand darin – das unterstrichen die staatlichen Verlautbarungen und Maßnahmen, und der deutsche Krieg ließ keine andere Wahl –, die deutschen Invasoren zurückzuschlagen. Das heißt, ihr Dasein im Frontraum hatte als einzigen Zweck die kollektive Ausübung von (militärischer) Gewalt. Diese konnte alles bisher Beschriebene überlagern und ihre eigenen Dynamiken entwickeln. Und die Soldaten suchen sie.

Die Hoffnung auf das Gefecht

Nikolaj Inozemcev, der depressionsgeplagte und trinkende Aufklärer, sah inmitten des Grauens nur eine einzige Perspektive – das Gefecht: »Die großen Verluste, das Ausbleiben der Briefe, all das, was den Alltag des Krieges ausmacht, wird durch einen Lichtblick erhellt, durch die Erwartung des Angriffs.«[329] Und der Schriftsteller Konstantin Simonov ließ es den Protagonisten einer Erzählung noch poetischer ausdrücken: »Das Leben nach dem Krieg erschien als Fest, für das zunächst nur eines erforderlich war – der letzte Schuss.«[330] Die Gründe für diese Sichtweise, die sich nicht nur bei Inozemcev und Simonov und anderen findet,[331] liegen auf der Hand und wurden immer wieder von der Propaganda und den Repressionsorganen unterstrichen: Allein der Angriff, das Gefecht, der Kampf waren es, die den Rotarmisten die Perspektive boten, aus dem zermürbenden Alltag an der Front herauszukommen, den Krieg siegreich zu beenden und wieder heimkehren zu können. Oder sie starben eben den Heldentod, der ein ebenso dauerhaftes Ende des Leidens und der Entbehrungen bedeutete.

Dabei war das Gefecht – von außen betrachtet – die Hölle in Reinform.[332] Selbst im mechanisierten Kriegsgeschehen des deutsch-sowjetischen Krieges war das Töten oftmals Handarbeit, auch wenn es in den

---

329 Inozemcev, Frontovoj dnevnik, S. 140.

330 Simonov, Dym Otečestva, S. 124.

331 Suris, Frontovoj dnevnik, S. 48; Dunaevskaja, Ot Leningrada do Kenigsberga, S. 122, 129, 324; Belov, Frontovoj dnevnik, S. 460 ff., 473 ff.

332 Dafür, dass das Folgende nicht allein für die Rote Armee im Zweiten Weltkrieg gilt: Keegan, Das Antlitz des Krieges, S. 51, 149.

Quellen selten so detailliert beschrieben wird wie im Brief von Evgenij Pr. an seinen Vater: »Der handgreifliche Kampf dauerte mehrere Tage an. Auf beiden Seiten wurden alle Mittel des Nahkampfes genutzt: Messer, Seitengewehre, Pionier-Spaten, vielleicht sogar Fäuste und Zähne.«[333] Oder von Olga Olmečenko, die im Gespräch mit Swetlana Alexijewitsch meinte, dass das Gefecht

> »nichts für Menschen [ist, kb]... Sie schlagen, stechen einander das Bajonett in den Bauch, ins Auge, würgen sich gegenseitig. Brechen sich die Knochen ... Ein einziges Heulen und Schreien ... Stöhnen ... Und dieses Knirschen! Das ist selbst im Krieg ein Albtraum, das Allerschlimmste.«[334]

Die Erfahrung des Gefechts konnte bedeuten, dass man über Tote und Verletzte hinweg lief,[335] mit Hirnmasse bespritzt wurde[336] oder seine Kameraden und Familienangehörigen unter den Leichen ohne Gesicht vermutete. Dazu kamen der Geruch von verbranntem Menschenfleisch und die von den Kettenrädern der Raupenfahrzeuge aufgerissenen Leichen.[337] Manche der Kämpfenden trieben derlei Erfahrungen in den Wahnsinn.[338]

Die Erwartung dieser Situation konnte lähmen, dann aber auch wieder euphorisieren. Der Veteran Venjamin Mindlin beschreibt in seinen Erinnerungen, wie schwer es manchmal in der konkreten Situation war, die Soldaten zu mobilisieren. Dann aber, wenn sich die Soldaten in die Schlacht erhoben hätten, war sie seinen Worten zufolge ein »Erbeben«, eine »mächtige Welle«, die alle mitriss und hinterher keine Erinnerung an das Erlebte zuließ, die Beteiligten seien wie »im Nebel« versunken.[339]

---

333 CMAMLS F. 172, Op. 1, D. 15, Bl. 2, Brief von Evgenij Pr. an seinen Vater vom 18. 02. 1944.

334 Zit. in: Alexijewitsch, Der Krieg hat kein weibliches Gesicht S. 155.

335 Aleksandrova, Ženskoe eto delo, S. 11.

336 AdK Berlin, Walter-Kempowski-Biographien-Archiv Nr. 6108-64, Bl. 8, aufgezeichneter mündlicher Bericht des Militärarztes Georgij Ba.; siehe auch Barabaš, V borjach za žisn', S. 268.

337 Čuchraj, Moja vojna, S. 100.

338 Laut John Keegan brach der durchschnittliche Infanterist im Zweiten Weltkrieg binnen weniger als einem Jahr an einem Nervenkollaps zusammen: Keegan, Das Antlitz des Krieges, S. 393.

339 Mindlin, Poslednij boj, Teil 1, S. 105. Siehe auch Keegan, Das Antlitz des Krieges, S. 389.

So stand das Gefecht in eklatantem Gegensatz zur Anspannung im Frontalltag, zum Gefühl der Unsicherheit und Nichtigkeit sowie zu der gegenseitigen Genervtheit und den ständigen Konflikten unter den Kameraden.

Soldaten wie der Panzerfahrer Viktor Gladkov legten wohl ein authentisches Zeugnis ab (und folgten nicht nur den Vorgaben der Propaganda bzw. dem Narrativ der Selbstinszenierung), wenn sie ihren Angehörigen per Feldpost berichteten, dass,

> »als sie uns eine Aufgabe gegeben haben und klar war, was wir machen sollen, alles irgendwie leicht und einfach wurde [...]. Ich wollte umso schneller angreifen und die Aufgabe erfüllen. In den Kampf sind wir singend, lachend und scherzend gefahren. Niemand hat an den Tod gedacht. Als wir unter Beschuss waren [...] und die Geschosse wie Hammer auf die Panzerung schlugen, hat mich so ein Übermut und so eine Erbitterung erfasst, dass ich völlig vergessen habe, an mich zu denken. Es war nur ein Gefühl, abzudrücken, zu zerstören, zu schießen und [die Deutschen] ohne Ende zu jagen.«[340]

Danil Granin bringt diesen Gemütszustand, der Agieren gegenüber dem Verharren präferierte, in seinem autobiografisch anmutenden Roman folgendermaßen auf den Punkt:

> »Ich begann, an meine Unverwundbarkeit zu glauben. [...] Das ist ein besonderes Soldatengefühl, welches es möglich macht, in Ruhe Deckung zu suchen [...]. [Es ist, kb] nicht das Warten eines Verurteilten auf den Tod, sondern Kampf. Wir überwanden die Angst, indem wir uns wehrten, schossen, dem Gegner gefährlich wurden.«[341]

Olga Olmečenko bestätigt in ihren Erinnerungen diesen Eindruck. Die Minuten vor Beginn der Schlacht seien am Schlimmsten gewesen. Bevor es losging,

> »fängst du an zu zittern ... Wie Schüttelfrost ... Aber das dauert nur bis zum ersten Schuss. Wenn der Befehl kommt, dann ist alles vergessen, dann erhebst du dich mit deinen Leuten und rennst los. Und du denkst nicht mehr an die Angst.«[342]

---

340 Brief geschrieben im März 1942, abgedruckt in: Poslednie Pis'ma s fronta 1942, S. 332.

341 Granin, Mein Leutnant, S. 18.

342 Zit. in: Alexijewitsch, Der Krieg hat kein weibliches Gesicht, S. 155 f. Der Wehrmachtsangehörige Willy Peter Reese schrieb entsprechend: »Wir Überlebenden

Das Gefecht und die damit verbundene Gewalt, so einige Rotarmisten, sei wie ein kollektiver Rausch gewesen, der das Blut kochen und einen nicht mehr still sitzen ließ.[343] Dadurch habe der Angriff den Charakter eines Spiels bekommen, das umso mehr Spaß bereitete, je weniger Angst sie gehabt hätten.[344] Er schien sogar süchtig zu machen, wollten doch die Soldaten, die verletzt im Lazarett oder Hospital lagen, an die Front (zurück). Dort sei es lustiger, wie Grigorij Nepomnjaščich in einem Brief am 28. Juni 1943 nach Hause schrieb.[345] Wenn er das wirklich ernst meinte und keine Selbstinszenierung betrieb, versprach das Gefecht Ablenkung, hatte den Effekt einer emotionalen Befriedigung, die den Soldaten zudem ein wenn auch kurzfristiges Gefühl von Gemeinschaft und sinnhaftem Tun vermittelte, wie es bereits bei Viktor Gladkov anklang.[346] Die Soldaten hatten also gute Gründe, das Gefecht, genauer: den Angriff und die damit einhergehende Gewalt, herbeizusehnen. Ihre Gewaltbereitschaft war also nicht nur von außen gefordert, sie wurde auch durch intrinsische Dynamiken forciert.

Doch nach dem Gefecht kehrten die Depressionen wieder. So zumindest lässt sich ein Brief von Valentin A. deuten. Am 2. April 1945, also als der Krieg schon mehr oder weniger siegreich beendet war, schrieb er an seine Frau:

> »Vermutlich bist du wegen der Kürze und der Lakonie meiner Briefe beleidigt. Ich merke selbst, dass aus ihnen nichts anderes hervorgeht, als dass ich am Leben und gesund bin. Doch auch das Letzte kann man in Abrede stellen – ich bin im Krankenhaus. Warum das so ist, versuche ich mir selbst zu erklären. Ich kann nur sagen, dass meine Gedanken kreisen, und so etwas wie Apathie mein Hirn einfängt, sobald ich nur den Bleistift oder die Feder in die Hand nehme […].

---

aber liebten die Gefahr, die das mörderische Warten vertrieb«: Reese, Mir selber seltsam fremd, S. 130.

343 Dies schreib etwa Nikolaj Romanov am 02. 07. 1943 an seine Mutter, Brief abgedruckt in: Poslednie pis'ma s fronta 1943, S. 59.

344 So Grigorij Pomeranc in seinen Erinnerungen: Pomeranc, Zapiski gatkogo utenka, Teil 1, S. 170.

345 Brief abgedruckt in: Poslednie pis'ma s fronta 1943, S. 132.

346 Ähnlich sah dies auch die zeitgenössische sowjetische Militärpsychologie: Shelyag/Glotochkin/Platonov, Military Psychology, S. 28–32. Und die Ausführungen von Alf Lüdtke, dass Töten letztlich eine zu verrichtende Arbeit sei, stehen dem nicht entgegen: Lüdtke, War as Work.

Mein Herz ist leer und meine Seele ist leer. Und in meinem Kopf ist wohl auch nicht weniger Leere. Ich bin müde, Klavdjuša, sehr müde. Alle meine Glieder sind müde, mein Herz, meine Seele und mein Kopf. Ich jage mich durch diese Müdigkeit, versuche nicht daran zu denken, aber sie ruft sich ständig selbst ins Gedächtnis, v.a. dann, wenn du sie nicht erwartest und wünschst.«[347]

Auch der Artillerist Mark Šumeliškij machte in seinem Tagebuch deutlich, dass Depressionen an der Front unvermeidlich seien. Sie würden auf jede Phase von Aktivitäten folgen. Weder neue Bekanntschaften, also Neuzugänge in der eigenen Einheit, oder eine Veränderung der Lebensumstände würden daran etwas verändern.[348] Die Sehnsucht nach dem Gefecht und damit die Notwendigkeit der Gewaltbereitschaft blieben.

Kurzfristige Gemeinschaften durch kollektive Gewalt

Der bereits erwähnte Aufklärer und Übersetzer Nikolaj Inozemcev hat in seinem Tagebuch eine treffende Metapher gefunden, um den Zusammenhang zwischen Anspannung und Unerträglichkeit des frontnahen Nichtstuns einerseits und der Entlastung durch das Gefecht andererseits zu beschreiben. Das Nichtstun während der gefechtsfreien Zeit führe zu einem Zustand, der dem eines Koffers ähnele, den die Anspannung der Soldaten bis zum Bersten ausfülle. Sie warteten darauf, endlich in den Angriff zu explodieren, sodass die von außen indizierte innere Anspannung sich wieder nach außen entladen könne.[349]

Inozemcev schildert damit eine Dynamik, wie sie auch der Soziologie Ulrich Bröckling mit Blick auf die Gehorsamkeitsproduktion und Befehlsausführung bei Soldaten im Allgemeinen beschreibt und die sich für die Rotarmisten für den erweiterten Fall der kollektiven Gewaltausübung übernehmen lässt. Er bemüht hierfür mit Rückgriff auf Elias Canetti die Metapher des Stachels: Beim Militär und v.a. in der Ausbildung seien die Soldaten ihrer Aktionsmacht und Handlungsfähigkeit fast vollständig beraubt. Befehle würden sich wie Stacheln in sie hineinbohren und sich in ihnen ansammeln bis zu dem Moment, in dem der Soldat sie im Krieg oder im Gefecht nach außen richte, sodass die Erfahrung der

347 CMAMLS F. 172, Op. 3, D. 3, L. 16 v., Brief von Valentin A. an seine Frau vom 02.04.1945. Siehe auch Boris Suris, Frontovoj dnevnik, S. 130–133, 141 ff.

348 Šumeliškij, Dnevnik soldata, S. 101.

349 Inozemcev, Frontovoj dnevnik, S. 182, 194.

Ohnmacht durch eine der Allmacht abgelöst werde.[350] Im Fall der Rotarmisten gab es jedoch nicht nur den Stachel der Befehle, die für Ohnmachtserfahrungen sorgten. Dazu kamen die deutschen Bomben, Enge und Hunger, die sowjetischen Repressionsmaßnahmen, das Nichtstun in einer Art Niemandsland und die beständigen Konflikte mit den Kameraden, was vermutlich denselben Effekt hatte.[351]

Nach Bröckling speist sich die Allmachtserfahrung in der Befehlsausführung zudem daraus, dass sie im Kollektiv stattfindet. Ähnlich wie beim gemeinsamen Tanzen, in der rhythmischen Bewegung zu zweit, gingen die Ausführenden gemeinsam in etwas Größerem und Machtvollerem auf. Auch diese Entäußerung lässt sich in den Gefechtsbeschreibungen der Rotarmisten wiederfinden. Denn wenn sie sich, wie Viktor Gladkov schrieb, gemeinsam lachend, singend und scherzend ins Gefecht aufmachten, erlebten sie tatsächlich einen seltenen Moment der Gemeinschaft an der Front[352] oder, wie Mansur Abdulin es seinem Tagebuch ausdrückte, verwandelte sich die Rote Armee in ein »großes, lebendiges Wesen«.[353] Der Philologiestudent Nikolaj Glaškin meinte gar, wie bereits erwähnt, in solchen Momenten die Kraft des ganzen russischen Volkes bis hin zu Tolstoi zu spüren. Für alle diese Soldaten war das gemeinsame Gefecht eine Entäußerung in etwas Größeres – in dem weder Klasse noch Parteizugehörigkeit noch Bildung oder Alter eine Rolle spielten.[354]

---

350 Bröckling, Der Stachel des Befehls, S. 222 ff.; siehe auch Canetti, Masse und Macht, Band 2, S. 29–45.

351 Die Militärpsychologie spricht hingegen von post-traumatischen Belastungsstörungen und Aufmerksamkeitsdefiziten/Hyperaktivitätsstörungen, die die Fronterfahrung mit sich bringt: Shura u. a., Informing Evidence-Based Assessment.

352 Die Bedeutung des Lachens in angstvollen Momenten geht wohl über die Erfahrung der Gemeinsamkeit hinaus. Es scheint ein Gegengift zur Angst zu sein, wie Danil Granin ausführt: »Gegen Angst hilft seltsamerweise Lachen. Wer Angst hat, lacht nicht. Doch wenn man lacht, vergeht die Angst, sie verträgt kein Lachen, Lachen tötet sie, negiert sie, verjagt sie, jedenfalls für eine gewisse Zeit«: Granin, Mein Leutnant, S. 20.

353 Abdulin, Stranicy soldatskogo dnevnika, S. 48, 134. Er dachte, dass, wenn er stirbt, mit ihm die Heimat stirbt.

354 Dazu kommt, was die Rotarmisten aber nicht anmerken, dass die Erfahrung der kollektiven Macht wohl umso größer war, wenn man als Sieger aus dem Gefecht hervorging und überlebte: Kühne, Kameradschaft, S. 145.

Laut Mansur Abdulin konnte die im Gefecht erlebte Gemeinsamkeit sogar über dieses hinausstrahlen: Wie vielen anderen auch war es ihm während seines gesamten Kriegsdienstes sehr wichtig, von den anderen als ebenbürtiger Kamerad angenommen zu werden. Aller Wahrscheinlichkeit nach empfand auch er die soziale Unsicherheit, die bei anderen Soldaten zu Einsamkeit und Depressionen geführt hatte. Um sie zu überwinden und um Freunde unter den Kameraden zu finden, meinte er, besser keinen Zweifel an seiner Wehrfähigkeit und Gewaltbereitschaft aufkommen zu lassen. Dies wird deutlich an den harschen Worten, mit denen er sich selbst anprangert, als er einmal während des Dienstes einschlief, also nicht gefechtsbereit war:

> »Ich hasse mich dafür. Wenn nur ich selbst deswegen leiden müsste, dann wäre es mir nicht so peinlich. Suvorov [sein Vorgesetzter, kb] tut mir leid. Er schimpft nicht mit mir, aber mir ist es dennoch unangenehm. Vermutlich denkt er jetzt: ›Selbst schuld. Warum habe ich Abdulin auch den Posten anvertraut. Was mache ich bloß mit ihm? Der unseriöse, verantwortungslose Mansur ist doch noch eine Rotznase. Wenn ich heil aus dieser Situation herauskomme, werde ich nicht weiter mit Abdulin befreundet sein. […]‹ Ich sitze und denke darüber nach: ›[…] Ja, Surovorov braucht keinen Freund wie mich. Und erst recht, warum bin ich so leichtfertig? Wenn wir hier heil ’rauskommen […], dann wird auch das Bataillon nicht ›Danke‹ sagen. Sie werden mir die Medaille […] wieder wegnehmen, mich aus der Partei ausschließen‹.«[355]

Dementsprechend sagte er sich in einer konkreten Gefechtssituation auch: »Jetzt heißt es losrennen, oder an mir klebt das Etikett ›Feigling‹.«[356]

Ähnlich lässt sich das Verhalten des Ich-Erzählers in Danil Granins Roman deuten, der mit der Tasche seines Nagans, seines Revolvers, angab. Zwar war diese leer, was aber niemandem auffiel, da er sie mit Zeitungspapier ausgestopft hatte.[357] Auch er schien der Meinung zu sein, dass seine Gewaltbereitschaft – nichts anderes ist die Zurschaustellung einer angeblichen Bewaffnung – ihm Respekt einbringe. Sie war

---

355 Abdulin, Stranicy soldatskogo dnevnika, S. 45.
356 Ebd., S. 51.
357 Granin, Mein Leutnant, S. 225.

also nötig, um sich in der Roten Armee soziale Anerkennung zu verschaffen.

Zusammen mit den Passagen aus dem vorherigen Kapitel lässt sich damit schlussfolgern, dass der gemeinschaftlich ausgeübten Gewalt verschiedene, doch zusammengehörende Momente innewohnten. Dies waren der soziale Druck, der die Soldaten vorantrieb und losrennen ließ, sowie das positiv konnotierte Gemeinschaftserlebnis, das sich einstellte, wenn tatsächlich alle losliefen, zumal diejenigen mit körperlicher Gewalt und sozialem Ausschluss zu rechnen hatten, die sich verweigerten.[358] Die forcierte und zu demonstrierende Gewaltbereitschaft hatte für die Rotarmisten also auch eine soziale Bedeutung: Sie war eine Voraussetzung für die Gemeinschaftserfahrung mit den Kameraden – sei es im konkreten Gefecht oder am Lagerfeuer, wenn man zusammensaß und sich von (übertriebenen) Heldentaten erzählte.

Allerdings war auch die Gemeinschaftserfahrung während des Gefechts letztlich nicht lange von Bestand und machte die Situation an der Front nicht besser. Denn schon bald danach zerbrach das Wir wie nach dem Alkoholgelage wieder in viele vereinzelte, missgelaunte Individuen, die unter der Frontsituation litten und ihr ausgesetzt blieben.

Vom Soldaten zum *frontovik*

Während Gladkov und Abdulin ihre Motivation zur Gewaltbereitschaft auf äußere Faktoren zurückführten, war sie für andere Rotarmisten etwas Essenzielles. Sie erschien ihnen als eine Kraft, die sie aus sich heraus mobilisierten und die sie sich als neue Identität zu eigen machten. Im Großen Vaterländischen Krieg zu dienen, hieß für sie, zum *frontovik*, zum Frontkämpfer zu werden.[359]

---

358 Jochen Hellbeck hat bereits für die Vorkriegssowjetunion aufgezeigt, dass hier gesellschaftliche Kontrolle durch ein Prinzip ähnlich dem Ostrakismus ausgeübt wurde: Hellbeck, Revolution on My Mind, S. 360 f.

359 Im Rahmen seiner Dissertation an der University of Toronto und in Anlehnung an Amir Weiner geht Vojin Majstorović der Frage nach, inwieweit der Krieg den Katalysator für eine Übernahme einer »sowjetischen Identität« durch die sowjetische Bevölkerung darstellte, also »Klasse« als Kategorie ablöste. Siehe auch Baberowski, Der rote Terror, S. 242; Zubkova, Russia after the War, S. 16–26.

Boris Baj., der als Leutnant in einem motorisierten Bataillon diente, schrieb schon zwei Monate nach Kriegsbeginn, am 23. August 1941 seiner Frau, dass er sich an der Front verändere.

> »Ich vergesse mehr oder weniger nicht, mich regelmäßig zu rasieren, die Zähne zu putzen. Aber schlafen muss man in den Stiefeln, in den Kleidern, ohne die Waffen abzulegen, sogar mit den Granaten in den Taschen. So ist die Situation an der Front.«[360]

Ein knappes Jahr später konnte er dann im Brief an sie vermelden, dass er zum *frontovik* geworden sei.[361] Nikolaj Nikulin war gar der Meinung, den Moment, an dem der »Umschlag« kam, genau benennen zu können, ihn sogar selbst bestimmt zu haben:

> »Gegen Ende November [1941, kb] begann [dann, kb] unser Angriff. Erst jetzt verstand ich, was das ist, Krieg, obwohl ich selbst jetzt nicht an den Attacken teilnahm. Hunderte von Verwundeten, Tote, Kälte, Hunger, Anspannung, Wochen ohne Schlaf … In einer relativ ruhigen Nacht, ich saß in einem verschneiten Loch, hatte ich keine Kraft mehr, bei der Kälte einzuschlafen. Ich kratzte meine verlauste Körperseite und heulte aus Schwermut und Schwäche. [Doch, kb] irgendwoher kamen Kräfte, am nächsten Morgen kroch ich aus meinem Loch, begann durch die deutschen Unterstände zu streifen und fand eine gefrorene Kartoffel, fast ein Stein, ich entfachte ein Feuer, kochte die Kartoffel im Helm im Sud, schlug mir auf den Bauch, fühlte Selbstsicherheit in mir.«[362]

Dieser Moment war für Nikulin offenbar eine Art Erweckungserlebnis. Von da an sei er voller Energie gewesen und habe es geschafft, wo auch immer Essen aufzuspüren.[363] Vermutlich hatte von ihm derselbe Fatalismus Besitz ergriffen, von dem auch seine Kameraden immer wieder schrieben, wie etwa Innokentij Pocel'skij am 9. August 1942 im Brief an seine Angehörigen:

> »Hier, außer dem Pfeifen der Kugeln und der Panzergeschosse, gibt es keine […] Neuigkeiten. Manchmal denkst du, das Ende ist gekom-

360 CMAMLS F. 172, Op. 2, D. 27, L. 10, Brief von Boris Baj. an seine Ehefrau vom 23. 08. 1941.
361 CMAMLS F. 172, Op. 2, D. 29, L. 3, Brief von Boris Baj. an seine Ehefrau vom 13. 07. 1942.
362 Nikulin, Vospominanija o vojne, S. 30.
363 Ebd., S. 30.

men, aber du bleibst doch unter den Lebenden, der Kamerad jedoch, der neben dir lag und der mit dir sprach, ist schon tot. Du kannst jede Minute an die Reihe kommen.«[364]

Andere Soldaten verwiesen in diesem Zusammenhang sogar darauf, dass der Krieg ihr Äußeres verändert habe.[365] Da für sie das Soldatendasein zu ihrer Identität geworden war, grenzten sie sich auch von denjenigen ab, die in ihren Augen keine richtigen Soldaten waren, etwa von den *tyloviki,* also den Männern, die zu Hause, bestenfalls in der Etappe zu finden waren. Laut Valentin A. hatten diese keine rechte Ahnung vom Kriegsgeschehen. Gegen Kriegsende schrieb er an seine Frau:

»Ich nehme an dem großen Angriff teil [...] mit großem Interesse, da ich an einer Operation mit ähnlichem Maßstab noch nicht teilgenommen habe. [...] Das ist eine große und komplizierte Kunst, ja sogar eine Wissenschaft. Während des Kampfes habe ich mich überraschenderweise sehr ruhig und kaltblütig gefühlt. Dadurch habe ich mich ein weiteres Mal davon überzeugt, dass die Leute im tyl [Hinterland, kb] sehr viel mehr über die Gefahren an der Front nachdenken, als wir hier vorne.«[366]

Und der Aufklärer Boris Tartakovskij kommentierte ein Wiedersehen mit einem alten Bekannten an der Front:

»Er ist verschreckt, panisch. Offensichtlich ein bekannter Teil der Hinterland-Intelligenzia. Er war im Volksaufgebot – in unserer Division –, wurde aber ›rechtzeitig‹ abberufen. Im Großen und Ganzen, ein typischer tylovik.«[367]

Aus dieser Negativdefinition ergibt sich im Umkehrschluss das Selbstbild Tartakovskijs, der selbstverständlich nicht verschreckt, sondern mu-

---

364 Brief abgedruckt in: Poslednie pis'ma s fronta 1943, S. 95.

365 CMAMLS F. 140. Op. 1, D. 134, L. 1, Brief der Soldatin Ženja an ihre Tanzlehrerin vom 11. 08. 1944. Siehe auch Ermolenko, Voennyj dnevnik, S. 37.

366 CMAMLS F. 172, Op. 3, D. 3, Ll. 12 f., Brief von Valentin A. an seine Frau vom 17. 03. 1945.

367 Tartakovskij, Iz dnevnikov, S. 35; siehe auch die Briefe von Vjačeslav Vinokurov, abgedruckt in: Poslednie pis'ma s fronta 1942, S. 19 f., sowie von Boris Granatov, abgedruckt in: Schindel' Po obe storony fronta, S. 86. Für Mansur Abdulin waren sogar diejenigen, die im Hospital landeten, feige. Ein richtiger Soldat, so lässt sich daraus folgern, kennt keinen Schmerz und bleibt unter allen Umständen an der Front: Abdulin, Stranicy soldatskogo dnevnika, S. 61.

tig war und nicht lange »fackelte«.[368] Der Veteran David Samojlov war sogar der Meinung, dass die Verwandlung in einen *frontovik* nicht mehr rückgängig zu machen sei.[369]

Für den Panzerfahrer Isoif Ceškovskij war die geforderte Gewaltbereitschaft ein selbstverständliches Verhaltensmuster, das ihm das Überleben sicherte. Am 17. September 1942 schrieb er in einem Brief an seine Frau, dass er in der Heimat vorsichtig gewesen sei, sich weggeduckt habe. Im Kampf aber habe er

> »feste Prinzipien, die ich niemals ablege: nur nach vorne, alles machen, nur um die gestellte Aufgabe zu erfüllen. Hier hält mich niemand auf. ... Ein Feigling stirbt nur schneller – dessen bin ich nicht nur einmal Zeuge geworden. Angst schwächt die Gedanken, tötet die Energie ab, und der Mensch kriecht dahin, wo es am gefährlichsten ist, ohne das zu wissen.«[370]

Natürlich könnte man argumentieren, dass all diese Beschreibungen erst einmal Selbstdarstellungen der Rotarmisten waren und nichts darüber aussagen, wie sie sich im Frontalltag konkret verhielten – ob sie nicht doch einmal vor Angst zitterten und der Mut sie verließ. Festhalten lässt sich jedoch, dass der *frontovik* zumindest eine Wunschvorstellung war, die in bestimmten Situationen mobilisiert wurde oder mobilisierend wirken konnte. Dazu trug die spezielle Situation des Frontraums bei, insbesondere die Repression, der soziale Druck sowie der Umstand, dass das Gefecht die einzige legitime Fluchtmöglichkeit aus diesen zermürbenden Verhältnissen war. Nur auf diese Weise konnte man zumindest kurzfristig im Kollektiv der Roten Armee aufge-

---

368 Die Abgrenzung von den *tyloviki* hatte oftmals einen national-chauvinistischen Unterton. Genauso wie man Juden vorwarf, nicht zu kämpfen, und entsprechende antisemitische Witze erzählte (Merridale, Iwans Krieg, S. 317 ff.), verhielt man sich gegenüber nichtrussischen Soldaten, sogenannten *nacmen*, den Angehörigen einer ethnischen Minderheit. Siehe dafür Temkin, My Just War, S. 123.

369 Samojlov, Pamjatnye Zapiski, S. 299.

370 Brief abgedruckt in: Poslednie pis'ma s fronta 1944, S. 40. Auch Mansur Abdulin war dieser Meinung. Er meinte sogar, voraussehen zu können, wann jemand sterbe, der feige sei und sich verstecke: Abdulin, Stranicy soldatskogo dnevnika, S. 61. Siehe auch Davydov, Zdes' moja ostanovka, S. 40.

hen und zu einem Teil der Gewaltgemeinschaften werden, die für die Rotarmisten identitätsstiftende Elemente bargen.[371]

Dynamisierende Momente

Deboš – oder: die unkontrollierbare Gewalt

Die Gewaltbereitschaft der Rotarmisten, die von oben angemahnt und von Soldaten herbeigesehnt wurde, ging jedoch keineswegs immer in die Richtung, die sich die Befehlshabenden wünschten.[372] Jenseits der Gefechte neigten die Soldaten zur sogenannten *deboš*. Unter diesem Sammelbegriff verzeichnen die Akten der *pogranpolki* jede Form von Randale, Ruhestörung und Übergriffen, die von Rotarmisten, egal ob aus den Reserve- oder Fronteinheiten, ausgingen und während des gesamten Krieges – selbst über das offizielle Kriegsende hinaus – stattfanden.[373] Zu den schwerwiegendsten Fällen gehören Eskapaden von Soldaten und Offizieren, die sich zumeist betrunken in die gerade befreiten sowjetischen Dörfer und Siedlungen aufmachten und später dann in die besetzten deutschen. Ziele dieser eigenmächtigen Aktionen waren außerdem die Sammelstellen für Repatriierte, also für befreite Zwangsarbeiter und andere nach Deutschland verschleppte Sowjetbürger.[374] Die Motivationen der Beteiligten waren unterschiedlich: Manchmal ging es vorgeblich darum, Deserteure und Verräter zu finden, sich an den Deutschen zu »rächen« oder sich Essen, Alkohol oder Trophäen anzueignen. Oftmals brachen die Delinquenten bar jeder Logik in bewohnte oder unbewohnte Häuser ein, krakeelten herum, schossen um sich, zerstörten

---

371 Bereits Carl von Clausewitz hat darauf hingewiesen, dass der »Mut [...] keinesfalls ein Akt des Verstandes, sondern ebenfalls ein Gefühl wie die Furcht« ist: Clausewitz, Vom Kriege, S. 97

372 Auch die Militärpsychologie kommt über standardisierte Untersuchungen zu dem Ergebnis, dass es einen Zusammenhang zwischen Gefechtserfahrungen und Risikoverhalten gibt: Parmak/Euwema/Mylle, Changes in Sensation Seeking and Need for Structure; Börjesson/Österberg/Enander, Risk and Safety Attitudes.

373 Siehe zur Verteilung über die Jahre auch die Daten auf den zitierten Akten in den Fußnoten sowie für eine offizielle Einschätzung RGVA F. 32925, Op. 1, D. 528, L. 2, Vortrag über den politisch-moralischen Zustand und die Disziplin der NKVD-Truppen [...], 30. 06. 1945.

374 RGVA F. 32925, Op. 1, D. 529, L. 66, Vortrag über den politisch-moralischen Zustand in Teilen der 1. Weißrussischen Front vom 30. 09. 1945.

wahllos Dinge oder verletzten unbeteiligte Personen, zumeist Deutsche, aber auch Polen oder Sowjetbürger. Erstere, selbst wenn sie bereits von der sowjetischen Sache überzeugt waren,[375] wurden als »Faschisten« beschimpft, und auf alle konnten Hunde gehetzt werden.[376] Die geschilderten Handlungen verfolgten objektiv in keinerlei Hinsicht einen militärischen Sinn oder Zweck: Sie richteten sich wahllos gegen Menschen und teures Gut. Teilweise wurden ganze Häuser und sogar Dörfer in Brand gesetzt.[377] *Deboš* konnte aber auch einfach Ruhestörung meinen, die nicht unbedingt mit disziplinarischen Mitteln verfolgt werden musste. Dazu gehörte, wenn Soldaten in den unnötigsten Momenten ihre Waffen benutzten. Sei es, dass sie aus Langeweile auf Spatzen schossen[378] oder Hetzjagden auf Kühe veranstalteten.[379]

In der Regel waren es die nüchtern gebliebenen Kameraden, die die *deboš* bezeugten und über deren Sinnlosigkeit den Kopf schüttelten – wenn sie nicht selbst in Mitleidenschaft gezogen wurden, weil sie schlichten wollten oder als Wachhabende und Angehörige der *pogranpolki* die Aktionen unterbinden und die Delinquenten festsetzen mussten. Die Disziplinarmaßnahmen für diese Vergehen variierten stark: Sie konnten mit Arrest, Strafbataillon oder Besserungslager geahndet werden.[380]

---

375 RGVA F. 32095, Op. 1, D. 247, L. 67, Befehl für die NKVD-Truppen [...], 25. 10. 1945.

376 RGVA F. 32925, Op. 1, D. 274, Ll. 12, 17ff., Befehle an die NKVD-Truppen vom 20. und 25. 11. 1941; RGVA F. 32925, Op. 1, D. 285, L. 87, Befehl zur Ausrichtung der NKVD-Truppen [...], 25. 12. 1943; RGVA F. 32925, Op. 1, D. 515, Ll. 47, 85, 145, Schriftverkehr des *politotdel* der NKVD-Truppen [...] im Januar, Februar und März 1944; RGVA F. 32925, Op. 1, D. 292, L. 87, Befehl an die NKVD-Truppen [...], 22. 03. 1944; RGVA F. 32925, Op. 1, D. 77, Ll. 207f., 452, Anmerkungen zum Bericht über die NKVD-Truppen[...] Juni/Oktober 1944; RGVA F. 32925, Op. 1, D. 100, Ll. 427ff., Befehle an die Kommandeure der sowjetischen Truppen, die Deutschland besetzen, 12. und 15. 06. 1945; RGVA F. 32925, Op. 1, D. 528, L. 37, Vortrag über den politisch-moralischen Zustand der NKVD-Truppen [...], 06. 07. 1945.

377 Ein epischer Bericht bei Kopelew, Aufbewahren für alle Zeit, S. 95ff.

378 Elancev, Frontvoj dnevnik, Tagebucheintrag vom 09. 11. 1942.

379 Kopelew, Aufbewahren für alle Zeit, S. 97.

380 Siehe dazu die bereits gemachten Verweise. Bei manchen Soldaten herrschte die Einschätzung vor, dass die *pogranpolki* harscher bei Disziplinarverstößen vorgingen als die regulären Truppen: RGVA F. 32925, O. 1, D. 282, L. 86, Vortrag über den

Hinweise auf die Ursache der *deboš* geben die Akten nicht. In der Regel ist von »eklatanten Missständen in der Erziehung [der Soldaten, kb], der geringen Disziplin und der Unorganisiertheit […] der Mannschaft« der Rede.[381] Die verantwortlichen Soldaten selbst waren oftmals nicht willens oder in der Lage, den Sinn ihres Tuns zu artikulieren – wie etwa Lew Kopelew in Ostpreußen erfahren musste.[382] V. G., ein Kommandeur der Roten Armee, kommentierte die ständigen Ausschreitungen in seinem Tagebuch am 20. Januar 1942 eher zynisch:

> »Der Vertreter des Spieß […] schoß aus ihr [einer herumliegenden Leuchtpistole, kb], dabei traf er die Hauswirtin am Bein. Das haben wir dann alles dem Gegner in die Schuhe geschoben. Ich bin der Meinung, wenn wir jetzt unter Friedensbedingungen leben würden, säßen alle Rotarmisten in den Gefängnissen, aber z. Zt. geht das eben alles auf Kosten des Krieges.«[383]

Das heißt, dass Gewalt für die Rotarmisten zu einer Praxis geworden war, die sie internalisiert hatten und nicht nur dann anwandten, wenn es ihnen konkret befohlen worden oder militärisch sinnvoll war. Im Gewaltgeschehen muss es also aktivierende Momente gegeben haben, die sich verselbstständigten.

Der Historiker Omer Bartov begründet die Übergriffe der Wehrmacht auf die sowjetische Zivilbevölkerung mit ihrer zunehmenden Frustration. Die Disziplinierung der Wehrmachtssoldaten sei mit den andauernden Misserfolgen immer harscher geworden, was diese wiederum an Zivilisten ausgelassen hätten, zumal die sowjetische Bevölkerung in der nationalsozialistischen Propaganda immer stärker herabgesetzt und entmenschlicht wurde.[384] Auf die Rote Armee lässt sich diese Erklärung nur bedingt anwenden. Zwar richteten sich die Übergriffe gegen Kriegsende massiv gegen die Bevölkerung des Kriegsgegners, aber auch gegen die der verbündeten Staaten und sogar gegen sowjetische Zi-

---

politisch-moralischen Zustand und den Zustand der militärischen Disziplin und der partei-politischen Arbeit der NKVD-Truppen […] für das 1. Quartal 1944.

381 RGVA F. 32905, Op. 1, D. 240, Ll. 74, 80, Befehle an die NKVD-Truppen […], 02. und 06. 03. 1944.

382 Kopelew, Aufbewahren für alle Zeit, S. 95 ff.

383 AdK Berlin, Walter-Kempowski-Biographien-Archiv Nr. 3027, Bl. 7, Tagebuchauszüge von V. G. vom 20. 01. 1942.

384 Bartov, Hitlers Wehrmacht, S. 92–161.

vilisten und Armeeangehörige. Um den Ursachen, besser: den inhärenten Dynamiken der *deboš* auf die Spur zu kommen, soll daher im Folgenden noch einmal der Blick auf die dynamisierenden Faktoren in der kollektiven Gewalt gerichtet werden.

Vorwärtspanik

Wer in den Texten der neuen Gewaltforschung nach Analysewerkzeugen für Gewaltgeschehen sucht, trifft auf die Methode der dichten Beschreibung.[385] Damit kann die Frage beantwortet werden, was mit und bei Individuen passiert, wenn sie in ein Gewaltgeschehen geraten und tendenziell auf der Seite stehen, von der aus die Gewalt ausgeübt wird. Durch die genaue Beschreibung wird deutlich, dass Menschen auch in Gewaltprozessen aufeinander reagieren, denn diese haben einen sozialen und interaktiven Charakter.

Leider blieben manche Stichwortgeber der Neuen Gewaltforschung bei der Beschreibung dieser Gewaltgemeinschaften etwas vage. Die von ihnen verwendeten Metaphern von der »Masse« oder »Meute« vermitteln die Vorstellung von einer amorphen, aber auch in sich ununterscheidbaren Gruppe von Gewalttätern.[386] Dazu passt dann auch das Postulat, dass das Ausüben von körperlicher Gewalt eine »Jedermannsressource« sei. Dies impliziert, dass jeder Mensch unabhängig von seiner Sozialisation spontan in der Lage ist, Gewalt auszuüben.[387]

Dagegen sprechen angelsächsische Studien, die gezeigt haben, dass selbst in professionellen Gewaltgemeinschaften wie dem Militär bis zu 80 Prozent derjenigen, die tödliche Gewalt ausüben müssen, im Ernstfall davor zurückschrecken und den entsprechenden Befehl, wenn möglich, stillschweigend verweigern und danebenschießen – aus welchen Gründen auch immer. Die militärischen Verantwortlichen zogen daraus den Schluss, dass Soldaten ein solches Verhalten sowohl durch die entsprechende Ausbildung als auch durch die soziale Ordnung im Kriegseinsatz,

---

385 Für diesen und den folgenden Absatz: Trotha, Zur Soziologie der Gewalt, S. 9–58; Sofsky, Traktat über die Gewalt. Für eine Kritik an Trothas Kontextlosigkeit (sowie für den behaupten Zusammenhang zwischen »der Moderne« und Gewalt): Baberowski, Gewalt verstehen, S. 5–7.

386 Canetti, Masse und Macht, Band 1, S. 101–113.

387 Trotha, Zur Sozologie der Gewalt, S. 18; Popitz, Phänomene der Macht, S. 50. Vgl. Baberowski, Räume der Gewalt, S. 28–33.

also durch die Verzahnung aller Truppenteile miteinander und den emotionalen Zusammenhalt der Soldaten, verunmöglicht, dass also Gewaltverhalten herbeigeführt, wenn nicht gar erzwungen werden muss.[388] Individuen, bei denen dies nicht nötig war, da sie bereits als Gewalttäter in die zukünftigen Gewaltgemeinschaften kamen und vielleicht sogar Spaß an Gewalt hatten, machen einen Bruchteil der jeweiligen Gruppe aus.[389] Die Studien zeigen insofern, dass Gewalt mitnichten eine Jedermannsressource ist. Für alle Gewaltgemeinschaften gilt, dass Institutionen eingeführt werden müssen, die (anerzogene) Hemmschwellen (wieder) abbauen und die Gewalt (an-)trainieren.

Wie wurden nun im Fall der Roten Armee diejenigen Soldaten an die auszuübende Gewalt herangeführt, die eigentlich vor Gewalt zurückschreckten? Über ihre Ausbildung, wenn sie denn eine solche erhielten, wissen wir v. a., dass sie ihrem Namen nicht gerecht wurde und dass die Rekruten dort vieles machten, jedoch nicht an der Waffe ausgebildet wurden. Die bisher analysierten Quellen verweisen hingegen in erster Linie auf den äußeren Druck, die Konflikte und Depressionen hin, die die Rotarmisten im Frontraum erlebten, sowie auf den gemeinschaftsstiftenden Moment der Gewaltausübung. Aufschlussreich im Blick auf eine Heranführung an die Gewalt und deren Erzwingung sind die ausführlichen Schilderungen von Galina Golofeevskaja vor der Historikerkommission.

Golofeevskaja, eine Russin aus Moskau, war wie so viele andere junge und motivierte Frauen trotz naiven Patriotismus, Bürgerkriegsromantik und Mobilisierung durch den Komsomol nur auf sehr verschlungenen, teils steinigen Wegen in die Rote Armee gekommen. Zu Beginn als Funkerin eingesetzt, sollte sie schließlich als militärische Aufklärerin dienen. Im Gegensatz zu den meisten anderen Soldaten der Ro-

---

388 Bourke, An Intimate History of Killing, S. 64–90; siehe auch van Creveld, Kampfkraft; Stouffer/Suchman, The Armerican Soldier. Das Anerziehen der Gewalt schließt i. Ü. auch die Gewöhnung des Körpers und der Psyche an Stress und Bedrohung mit ein, auf die (im richtigen Moment) mit Aktivität zu reagieren ist. Zum anderen gilt es, die vegetativen Körperfunktionen zu konditionieren: Eitler, Einführung: Gewaltverhältnisse.

389 Bourke, An Intimate History of Killing, S. 60–64; Collins, Dynamik der Gewalt, S. 558–566; 624–637. Vasilij Grossman zitiert die Überlegungen von einem Hauptmann Kozlov, der zu ähnlichen Befunden für die Rote Armee kam: Grossman zit. in: Beevor, Ein Schriftsteller im Krieg, S. 148.

ten Armee erzählte Golofeevskaja der Historikerkommission sehr offen (und in einem Entwicklungsnarrativ, das der sowjetischen Propaganda nicht ganz fremd ist[390]), wie schwer es ihr gefallen sei, Menschen zu töten – und das, obwohl es in den entsprechenden Situationen keinen anderen Ausweg gegeben habe. Ihr erstes Opfer sei ein Deutscher gewesen, der kurz davor war, ihren Kommandeur zu töten. Letzterer hätte ihr noch den Befehl dafür geben müssen, so sehr habe sie gezögert. Golofeevskaja konnte also zunächst nicht einmal in dieser Situation der Notwehr initiativ töten. Sie erinnerte sich immer noch an das Blut und an die aufgerissenen Augen des Deutschen, der Schrecken über das Getane schien sie weiter zu verfolgen.[391]

Auch in der zweiten Situation, die ihr das Töten von Menschen abverlangte, hatte sie offenbar Hemmungen: Sie sollte zwei deutsche Kriegsgefangene befragen, die sich jedoch geweigert hätten, ihr zu antworten. Irgendwann sei ihrem Kommandeur der Geduldsfaden gerissen. Vielleicht weil er ein Exempel statuieren wollte, vielleicht weil er nutzlose Kriegsgefangene nicht versorgen wollte (oder konnte) oder weil er von Golofeevskajas Unentschlossenheit im Umgang mit den Deutschen schlichtweg genervt war, befahl er ihr, die beiden zu erschießen. Sie sei verunsichert gewesen und habe sich in diesem Moment gefragt:

> »Welchen soll ich erschießen? Es ist nicht schön, jemanden zu erschießen. Es ist etwas anderes, wenn man während eines Kampfes in Rage kommt, aber einen Kriegsgefangenen töten – das konnte ich in dem Moment nicht. [...] [Dann mischte sich ein Rotarmist, ein, der bis dato nur dabeigestanden hatte, kb.] ›Ich erschieße einen von ihnen‹, sagte ein Typ aus Kronstadt, ›aber der andere ist für dich.‹ Ok, denke ich. Früher oder später muss ich mich daran gewöhnen [...], und ich sage zu ihm: ›Die einzige Sache ist, du schießt zuerst.‹ Sie stellten die Deutschen vor uns auf, mit dem Rücken in unsere Richtung. Dieser Typ [der Kamerad aus Kronstadt, kb] schießt [...], und das war es. Der andere Deutsche steht ganz ruhig da. Ich hatte eine Pistole. ›Gib mir das Maschinengewehr‹, befehle ich. Er gibt es mir, und ich leere ein ganzes Magazin auf ihn. [...] Ich erzähle das, weil ich danach die Deutschen ohne Probleme getötet habe, ruhig, ich

---

390 So z. B. im *Krasnoarmeec*: Heft 20, 1942, S. 6.

391 NA IRI RAN F. 2, R. 10, Op. 7, D. 13b, Ll. 47 f., Interview mit der Aufklärerin Galina Golofeevskaja.

habe weniger über sie nachgedacht, sie waren nur noch Feinde für mich.«[392]

Doch laut Golofeevskaja war dieser Initiationsritus nicht der einzige, den sie brauchte, um sich an die Gewalt der Kameraden zu gewöhnen und sie zu ihrer eigenen zu machen, um also Teil der Gewaltgemeinschaft Rote Armee zu werden. Etwas später beschrieb sie der Kommission eine Szene, die ebenfalls in überbordender, auf den ersten Blick unnötiger Gewalt endete. In einem Dorf hatten Kameraden einen Deutschen gefangen.

»Sie brachten ihn auf die Straße und fingen an, ihn zusammenzuschlagen. Ich hatte nie zuvor gesehen, dass man jemanden so schlagen kann. Als er sich kaum noch auf den Füßen halten konnte, hat einer von den ganz Mutigen geschrien: ›Das ist für die Frauen von Stalingrad‹, und ihn vom Kopf bis zu den Füßen mit Maschinengewehrsalven belegt. [...] Ich habe mich gezwungen zuzuschauen. [...] Das Bild war nicht wirklich nett. Danach hatte ich nur noch Brutalität für die Deutschen übrig, insbesondere für die von Stalingrad, da war kein Quäntchen Mitleid, ich habe sie behandelt wie Tiere, selbst diejenigen, die wir gefangen genommen hatten.«[393]

Aus Golofeevskajas Schilderungen wird deutlich, dass sie die Handlungsressource Gewalt nicht ad hoc parat hatte. Sowohl in der Notwehrsituation als auch – und hier erst recht – bei der Erschießung der Kriegsgefangenen brauchte sie für die Ausübung tödlicher Gewalt den Druck von außen sowie ein Vorbild, sodass sie kaum noch die Möglichkeit hatte, sich dem geforderten Handeln zu entziehen – was wohl ihr Gewissen von ihr verlangte. Spaß an der Gewalt hatte sie in diesem Moment sicherlich nicht. Es war vielmehr ein Lern- und Aneignungsprozess, der, wie bereits für den Minenwerferschützen Mansur Abdulin beschrieben, den sozialen Druck der anderen, der Peers, brauchte, um dann durch die Gewaltausübung auch Teil der Gemeinschaft zu werden.

Allerdings schoss Golofeevskaja in der zweiten Situation nicht nur einfach, sondern ließ sich ein Maschinengewehr geben und entleerte in einer Art Übersprunghandlung ein ganzes Magazin auf den Gefangenen. Sie übererfüllte das Plansoll und verschwendete sogar Ressourcen. Der Grund dafür liegt vermutlich in den Umständen der Gewaltsituation.

---

392 Ebd., L. 58.
393 Ebd., L. 67 f.

Nach Randall Collins bedeutet eine Situation, in der ein Individuum Gewalt ausüben muss, für dieses in der Regel zuerst einmal »Angst und Anspannung«. Sei es, weil es die Grenzüberschreitung erkennt und moralische Bedenken hat oder weil es Strafe und Sanktionen befürchtet. Da in solchen Situationen oft kein Ausweg außer dem Ausüben der Gewalt gesehen wird, so wie bei Golofeevskaja, begeben sich die Individuen in einen »emotionalen Tunnel«, um sich von der Angst und Anspannung zu befreien.[394] Dieser Tunnel, so ist wohl Collins' Metapher zu verstehen, bedeutet, von nun an jeglichen Blick nach rechts oder links zu vermeiden und allein auf das vermeintliche Ziel zuzustürmen. Collins spricht von einer »Vorwärtspanik«. Die Konsequenz ist ein Overkill, ein »Über-das-Ziel-Hinausschießen«, da jegliche Kontemplation, jeglicher moralische Einwand, jegliche Vorsicht ausgeblendet und aktiv überwunden werden muss.[395] Dazu kommt, dass die Gemeinschaft der Gewalttätigen eine der Konkurrenz ist, wie Sofsky und Elias Canetti an der jagenden Meute explizieren:[396] Es gewinnt derjenige, der zuerst bei der Beute oder der am gewalttätigsten ist. Die einzelnen Mitglieder treiben sich so gegenseitig an, wie es bei Golofeevskaja über den Kameraden mit dem Maschinengewehr geschah.

Es ist unwahrscheinlich, dass Golofeevskaja an ihrem eigenen »Vorwärts-Stürmen« etwas Negatives sah, sonst hätte sie diese Situation den staatlichen Historikern nicht so ausführlich geschildert. Für sie war es, ebenso wie in der dritten Situation, als sie ihren Kameraden bei ihrer Gewaltaktion zuschaute, eine Möglichkeit, um sich die Ressource Gewalt anzueignen, Gewalthandeln also bewusst zu lernen. Das Überschreiten des rationalen Maßes, in diesem Fall das Verschwenden von Munition, war für sie weder im konkreten Moment noch im Gespräch mit der Historikerkommission ein Problem, da es dem Zweck diente.

Golofeevskajas Schilderungen verweisen darauf, dass die »Vorwärtspanik« ein integraler Bestandteil von Gewalthandlungen ist, die in der Konstellation von Anspannung, Unsicherheit und sozialem Druck stattfinden, zu einem gewissen Grad eine Selbstdarstellung vor den Kamera-

394 Collins, Dynamik der Gewalt, S. 136. Wie bewusst dieser Prozess immer ist, bleibt fraglich, ist aber an dieser Stelle irrelevant.

395 Ebd., S. 130–153.

396 Sofsky, Traktat über die Gewalt, S. 161; Canetti, Masse und Macht, Band 1, S. 101–113.

den sind, vor deren Augen man bestehen will, und Gemeinschaft mit diesen herstellen sollen. Alle diese Elemente sowie das Gefühl der Todesgefahr waren im Frontraum permanent vorhanden. Sie sorgten dafür, dass immer wieder einzelne Soldaten nach vorne preschten und ein Rollenvorbild für andere boten. Das motivierte die anderen, ihre Hemmungen zu überwinden, gar die Vorbilder zu übertreffen. Diesen Druck, der die Rotarmisten vorwärts stürmen ließ, übten sie aufeinander aus. Wie die Überwachung, die bereits Thema war, lag er auf vielen Schultern. Die »Masse multipliziert[e]«, wie Collins schreibt.[397]

Ohne diese Masse, die Peers, ging es im Frontalltag nicht. Insbesondere in der Schlacht, in die die Soldaten teilweise angetrunken gingen und in der sie kaum Überblick hatten, wo die anderen Einheiten geschweige denn die Deutschen waren, mussten sie die Befehle der Kommandierenden ausführen und losstürmen. Oftmals bedeutete das wohl, dass sie sich auf die Kameraden verlassen mussten und diesen folgten. Sie hatten gelernt, dass es besser war, sich denen anzuschließen, die man im Blickfeld hatte. Denn wer sich umdrehte, gar liegen blieb, konnte als Verräter gelten. Für Verifikationen, Abstimmungen und Diskussionen untereinander war weder Zeit noch Raum.

Das bedeutete aber auch, dass die Soldaten im Gefecht dem Zufall bzw. der Spontaneität viel Raum lassen und an die Richtigkeit ihrer Handlungen glauben mussten – was ihnen mit entsprechendem Gruppendruck, Gemeinschaftsbedürfnis, Selbstvergewisserung als *frontovik*, Wodka und Adrenalin vermutlich umso leichter fiel. Richtig war das, was im jeweiligen Moment für das Überleben notwendig schien, und viel Zeit zum Nachdenken gab es nicht. Allerdings erhöhten die Unübersichtlichkeit und das Adrenalin, die Spontanität und die Wichtigkeit, vor den Kameraden das richtige Bild abzugeben, die Wahrscheinlichkeit, Situationen falsch einzuschätzen und die überbordende Gewalt auf »falsche« Ziele zu richten. Das Gleiche passierte, wenn man in halsbrecherischen Aktionen Material oder Lebensmittel zu ergattern versuchte, sei es auf Befehl oder auf eigene Faust. Immer wieder bildeten sich größere oder kleinere Gruppen von Soldaten, die sich schreiend und um sich schießend in Richtung irgendwelcher Dörfer aufmachten und nicht zu

397 Collins, Dynamik der Gewalt, S. 194.

stoppen waren, da sie sich vorrangig im Modus des Gefechts, der Gemeinschaft und der Selbstdarstellung befanden.

Wie schnell eine solche fehlgeleitete »Meute« entstehen konnte, zeigen nicht zuletzt die Aufzeichnungen von Vasilij Čurkin: Als er mit seinem Zug in eines der befreiten sowjetischen Dörfer kam,

> »hatten die Speerspitzen unserer Einheiten, die als Erste nach Wyriza gekommen waren, vier unserer [d. h. sowjetischen, kb] Jugendlichen getroffen, die deutsche Uniformen trugen, und sie sofort erschossen. Es gab einen großen Hass allem Deutschen gegenüber. Aber die Jungs waren nicht schuldig gewesen. Die Deutschen hatten Reiter aus ihnen gemacht, sie hatten irgendwas mit Pferden ins Hinterland transportiert. Sie hatten ihnen Mäntel gegeben und sie gezwungen, diese anzuziehen.«[398]

In der Zusammenschau heißt das, dass die kurzfristigen Gewaltgemeinschaften, die in der Rote Armee entstanden, immer einen Referenzpunkt brauchten, auf den hin sie ihr Gewalthandeln ausrichten konnten. Auf diesen hin potenzierten sie die Gewalt. Diese Referenzpunkte konnten die deutschen Stellungen sein, aber auch sowjetische Dörfer. Die Rotarmisten artikulierten sich zuweilen aber auch spontan, eruptiv und ohne vorgeblichen Sinn gewalttätig. Gegebenenfalls fanden sie sich durch Gespräche über Gewalt zusammen oder äußerten sich in den Briefen in die Heimat darüber, um sicherzustellen, dass alle zur Kenntnis nahmen, wie sehr man im Kampf gegen die Deutschen zum Äußersten bereit war. Die Gewaltbereitschaft hatte sich weitestgehend kontextunabhängig in die Identität der Rotarmisten eingeschrieben und konnte daher immer hervorbrechen.

Konzeptionelle Überlegungen zum Frontraum

In der Auseinandersetzung mit dem Quellenmaterial zeigte sich, dass das ursprünglich vorgesehene Konzept des Gewaltraums nicht ausreichte, um die Strukturen des Frontraums und die Gewaltdynamiken zu erfassen. Deshalb wurden weitere Konzepte herangezogen, die im Folgenden transparent gemacht werden sollen.

---

398 Čurkin, Tagebucheintrag vom 08. 11. 1944.

Abriegelung und kollabierende Strukturen

Zentral bei der Darstellung des unberechenbaren und zermürbenden Frontalltags war dessen gewalttätige Abriegelung. Von Westen aus hatten die deutschen Besatzungstruppen eine Schlinge um die Rote Armee gelegt, von Osten wirkten die unterschiedlichen Repressionsorgane des stalinistischen Staates. Sie verhinderten ein Verlassen des Frontraums, ob tot oder lebendig, und erzeugten zusammen mit den Demütigungen durch Ausbilder, Offiziere oder Kameraden einen massiven Druck auf die Rotarmisten. Der Mangel an Material, Privatsphäre und Entspannung sowie die Anonymität und das gestreute Misstrauen sorgten des Weiteren dafür, dass die Soldaten in z. T. gewalttätige Konflikte untereinander gerieten oder in Depressionen verfielen.

All diese Aspekte standen nicht isoliert nebeneinander, sondern vermengten sich in ihrer Dysfunktionalität und dynamisierten sich strukturell: War die Front durch eine chaotische Mangelsituation gekennzeichnet, in der sich die Soldaten manches Mal auf illegitime Weise ihre Rationen sicherten, hatte jeder dieser Diebstähle wiederum einen erhöhten Mangel zur Folge. Ebenso zog jede Ausübung von Gewalt unter den Soldaten ein größeres Chaos und noch mehr Unberechenbarkeit nach sich. Dies provozierte wiederum Antworten in derselben Sprache, sprich: (Selbst-)Verteidigung mit Gewalt, Diebstahl an Dritten oder gewalttätige Sanktionen von oben und verschärfte so die Anspannung, unter der die Soldaten standen. Das »Blankliegen« der Nerven erhöhte wiederum die Wahrscheinlichkeit, gereizt und aggressiv zu reagieren, nicht zuletzt in Kombination mit Alkohol. Kurz: Die Rotarmisten waren im Frontalltag mit kollabierenden sozialen Strukturen konfrontiert und mussten sich in Eigeninitiative oder in kleineren Gruppen ein Auskommen darin organisieren.

Um aus dem Quellenmaterial diese kollabierenden Strukturen herauszuarbeiten, waren die Überlegungen von Ulrich Herbert zum *Lager* in seiner idealtypischen Ausprägung hilfreich. Sie basieren auf dem Konzept der *totalen Institution* des Soziologen Erving Goffman.[399] Charakteristisch für die totale Institution, unter die auch Kasernen, Arbeits- und Konzentrationslager zu fassen sind, ist, dass die dort befindlichen Men-

399 Herbert, Das »Jahrhundert der Lager«, insbesondere S. 12 f.; Goffman, Asyle, S. 11, 15 f.

schen über standardisierte Abläufe in ihrem Zusammenleben und -arbeiten reglementiert und organisiert werden, da »alle Angelegenheiten des Lebens [...] an ein und derselben Stelle, unter ein und derselben Autorität statt[finden, kb], [...] in unmittelbarer Gesellschaft einer großen Gruppe von Schicksalsgenossen [...], und [...] [alles, kb] wird [...] durch ein System expliziter formaler Regeln [...] vorgeschrieben.«[400] Dabei erschwert jede menschliche Besonderheit die logistische Versorgung, das Recht auf Selbstbestimmung wird eingeschränkt, wenn nicht negiert.[401] Zweck der Institution ist es, die vielen Menschen zu isolieren und auf eine Aufgabe hin zu organisieren.[402]

Der damit verbundene Mangel an Privatsphäre, die Enge und der Mangel an Ressourcen, was insbesondere für die Situation des Lagers gilt, verursachen permanent Konflikte der Insassen untereinander: Neben der Konkurrenz um die Ressourcen stauen sich Bedürfnisse auf, was für Frustration sorgt; und die ständige Präsenz der anderen, selbst in privaten Momenten, verhindert Erholung, schränkt Mechanismen der Selbstregulation ein, und bestehende Konflikte können sich kaum entschärfen.[403] Letztendlich etablieren sich laut Herbert im *Lager* zwei gegenläufige Entwicklungen: Unter den Betroffenen werden interpersonelle und auf Individualität und Vertrauen beruhende Beziehungen verunmöglicht, und es etabliert sich eine konfliktbeladene, konkurrenz- und oftmals gewaltförmige Hierarchie, die auch die Regelungen und Direktiven der Befehlshabenden unterhöhlt. Diese wiederum versuchen durch weitere Regelungen und Sanktionen, die Hierarchie aufrechtzuerhalten. In der Konsequenz entsteht eine Dynamik gegenseitiger Radikalisierung: Je mehr Reglementierungen existieren, desto mehr Verstöße werden möglich und wahrscheinlich, und je mehr Verstöße es gibt, desto mehr Reglementierungen werden nötig, um diese zu unterbinden[404] – inklusive der Möglichkeit zum Missbrauch.

---

400 Goffman, Asyle, S. 17.

401 Ebd., S. 45.

402 Ebd., S. 15. Siehe auch Doßmann/Wenzel/Wenzel, Barackenlager, S. 231 ff.

403 Für den vorangegangenen wie auch die folgenden Abschnitte: Herbert, Das »Jahrhundert der Lager«, S. 22–25; Goffman, Asyle, S. 64 f. Einzig die Passagen über die aufgestaute Aktionsmacht gehen über Herbert hinaus. Die von mir behauptete Analogie findet sich auch bei Anton Oleynik: Dedovshchina as an Element of the »Small Society«, S. 86–90.

404 Herbert, Das »Jahrhundert der Lager«, S. 22–25. Goffman, Asyle, S. 20, 64.

Diese allgemeinen Überlegungen lassen sich auf den Frontraum der Roten Armee übertragen. Die Umstände des zwischenstaatlichen Angriffskrieges, in dem das nationalsozialistische Deutschland die stalinistisch organisierte Sowjetunion zu vernichten suchte, erzeugte für die Rotarmisten den abgeriegelten Frontraum. Er beherbergte eine Mangelgesellschaft auf engstem Raum. Die Soldaten waren als eine Masse an Menschen an einem Ort, den sie nicht freiwillig verlassen durften, der weder Erholung noch eine individuelle Versorgung mit (Konsum-)Gütern erlaubte. Sie konnten keine individuellen Entscheidungen treffen, sondern wurden entindividualisiert und in der Masse befehligt.

Im Gegensatz zur Kaserne war im Großen Vaterländischen Krieg die Versorgung mit Essen und Material zudem nicht nur rationiert, sondern vielfach fehlte beides. Darüber hinaus mussten die Befehlshabenden im Kriegsgeschehen auch noch jede Panik und jedes Chaos verhindern, was unter Beschuss wohl grundsätzlich schwierig ist, aufgrund der Unerfahrenheit und der mangelnden Kriegstauglichkeit der Roten Armee aber zur Unmöglichkeit wurde.

Das heißt, die beschriebenen dissoziierenden Elemente, die kollabierenden Strukturen, wurden durch das Kriegsgeschehen erst recht intensiviert, während Ordnung und Effizienz allein durch brutale Reglementierungsmaßnahmen, wie den Befehl Nr. 227 und die angedrohte Todesstrafe für Brotdiebstahl, geschaffen werden konnten. Das »Lager« der Rotarmisten bestand also, bildlich gesprochen, v. a. in seinen Außenmauern in Gestalt der Offiziere und NKVD-Beamten und der stalinistischen Befehle inmitten des deutschen Krieges – und der eigenen Ansprüche an sich selbst. Im Inneren fanden sich die Rotarmisten traumatisiert wieder und waren gemäß dem Armee-eigenen *hurry and wait* entweder unter Beschuss oder langweilten sich. Ablenkung jenseits der Gefechte gab es kaum, genauso wenig wie Privatsphäre oder ausreichende Versorgung. Dazu kamen die permanenten Neuzugänge und die Spitzeltätigkeiten des NKVD. In der Konsequenz waren die Umgangsformen »ungesund« – um mit den Worten von Andrej Kovalevskij zu sprechen. Es herrschte Misstrauen, das Recht des Stärkeren – sprich: die vorrangige Anerkennung des Gewaltbereiten –, und die permanent möglichen Konflikte um die wenigen Ressourcen liefen aufgrund von Anspannung und Misstrauen immer Gefahr, zu eskalieren.

Eine anekdotische Beschreibung des russischen Soldaten und seiner »Zustände« durch den Veteranen David Samojlov bringt auf den

Punkt, wie die kollabierenden sozialen Strukturen des Lagerlebens, der Rekurs auf das Recht des Stärkeren und die notwendige Anwesenheit der Reglementierungsmacht die Umgangskultur der Rotarmisten prägten:

> »Der Erste [Zustand, kb]: Ohne Vorgesetzte. Dann ist er [der Rotarmist, kb] ein Nörgler und Grobian, droht und lügt. Er ist immer bereit, etwas kaputt zu machen und sich jemanden zur Brust zu nehmen wegen nichts. In dieser Reizbarkeit wird deutlich, dass das Soldatenleben ihn belastet.
>
> Der Zweite: Der Soldat unter den Vorgesetzten. Demütig, stammelnd. Stimmt schnell zu und verspricht schnell etwas. Er blüht auf durch das Lob und ist bereit, sogar die Strenge der Vorgesetzten zu bewundern, vor deren Augen er Mut beweist.«[405]

Wie wenig unter den Soldaten Strukturen der Verständigung und damit der Ordnung herrschten, deutet zudem der Veteran und Schriftsteller Viktor Astaf'ev an, wenn er verlauten lässt, dass »alle ihre Worte ersetzt waren durch Befehle, sie benutzten das absolute Minimum an Wörtern für die Kommunikation untereinander und mit den Offizieren; die Luft war voller Flüche, Grobheiten und inadäquater Ausdrücke«.[406]

Die Soldaten waren sich dieser Situation bewusst. Die einen verzweifelten an ihr, die anderen riefen nach Ordnung. Und andere wie Inozemcev wussten, dass der Ausweg aus der Unerträglichkeit nur über das Gefecht führte. Die Tore des »Lagers« waren nicht komplett verriegelt.

Sinnstiftung im Frontraum

Die Bedingungen des Frontraums erklären, warum die Soldaten die repressiven Urteile gegen Kameraden guthießen, schufen diese doch eine gewisse Ordnung und sorgten dafür, dass die Kameraden neben einem in der Gefechtsreihe blieben.[407] Warum aber sehnten sich die Rotarmisten nach dem Gefecht und stellten noch im Wodkarausch und in ihren Briefen an die Liebsten zu Hause ihre Kampfleidenschaft unter Beweis? Warum hatten sie trotz aller Konfrontationen, trotz aller Wut auf die Of-

---

405 Samojlov, Ljudi odnogo varianta, Teil 2, S. 50 f.

406 Viktor Astaf'ev, zit. in: Broekmeyer, Stalin, the Russians, and their War, S. 192.

407 Bereits Goffman (Asyle, S. 66) hat darauf verwiesen, dass Insassen totaler Institutionen zur Kollaboration neigen können.

fiziere und *politruki* die Sinnstiftung des Krieges so weit übernommen, dass sie zum *frontovik* werden wollten?[408]

Eine mögliche Erklärung liefern die Arbeiten von Wolfgang Sofsky. Er beschreibt, wie sich in den nationalsozialistischen Konzentrationslagern die Macht der Lagerbetreiber vollständig entgrenzte, zur organisierten Entrechtung und permanenten Terrorisierung führte und in der Vernichtung der Häftlinge kulminierte.[409] Die KZ-Bedingungen beraubten das Leben der Häftlinge in mehrfacher Hinsicht ihres Sinns. Zu Vernichtung und Terror kam, dass sie die Häftlinge in eine amorphe Masse verwandelten, die im Kampf ums Überleben in Konkurrenz zueinander standen, und eine berechenbare soziale Ordnung verhinderten. Individualität, Freundschaften und damit die Möglichkeit, ein interpersonales Wir zu formen, waren nicht möglich.[410] Dazu kam das Fehlen einer evolutiven, berechenbaren Zeit mit der Perspektive auf eine Zukunft. Erst ein solches Eingebunden-Sein in berechenbare Strukturen aber lässt Menschen handlungsfähig werden, ermöglicht Sinn und bindet sie an die Welt.[411]

Ein solcher Sinn ist aber gerade an so sinnlosen, todesnahen Orten wie den KZ überlebenswichtig. Aus diesem Grund vermochten es laut Sofsky insbesondere die politischen und religiös gläubigen Häftlinge, die ihre Inhaftierung in ihre Weltsicht einordnen konnten, sich der Dissoziation zu widersetzen. Ihre Überzeugungen stärkten den Überlebenswillen und ermöglichten Gemeinschaften mit Gleichgesinnten, die handfeste Vorteile in Form von lebenswichtigen Ressourcen mit sich brachten.[412] Sinn und darüber gestiftete Gemeinschaften sind – so kann man mit Sofsky folgern – Überlebensstrategien.

---

408 Auch dies findet sich bei Samojlov, der als dritten Zustand das Gefecht benennt: »Dort ist [der Rotarmist, kb] ein Held. Er stirbt ruhig und konzentriert. Ohne Gehabe. Er lässt seinen Kameraden nicht allein. Er stirbt geschäftig und tapfer.« Spätestens hier zeigt sich dann die literarische Überformung durch Samojlov: Samojlov, Ljudi odnogo varianta, Teil 2, S. 50 f.

409 Sofsky, Die Ordnung des Terrors, S. 33–38, 93 f. Sofskys essayistische Studie ignoriert bewusst, dass die KZ in unterschiedlichen historischen Phasen unterschiedliche Funktionen hatten, nicht nur der Vernichtung dienten. Ebd., S. 21 ff., 194–199.

410 Ebd., S. 147, 178–190.

411 Ebd., S. 88–111.

412 Ebd., S. 110 f., 145.

Auch diese Beschreibungen lassen sich ansatzweise auf die Situation der Rotarmisten übertragen. Sie lebten ebenfalls in Strukturen, die permanent vor dem Kollaps standen, in denen Individualität und Freundschaft kaum möglich waren und angesichts des Grauens an der Front ein Denken an die Zukunft fast obsolet geworden war. Daher benötigten sie ein sinnstiftendes Moment, über das vermittelt sie ihre Verbindung zur Welt aufrechterhalten und sich der Sinnhaftigkeit ihres Daseins sowie der Bindung an die anderen Rotarmisten und ihre Familien versichern konnten. Solche Momente der Sinnhaftigkeit boten allein die Identität als *frontovik* und das gemeinsame Gefecht. Die Identität als *frontovik,* der sich furchtlos ins Gefecht warf und alles gab, ermöglichte eine (wenn auch kurzfristige) Gemeinschaft mit den Kameraden und soziale Anerkennung, innerhalb wie außerhalb der Armee.

Daher ging es für viele Rotarmisten im Großen Vaterländischen Krieg auch nicht allein um ihr körperliches Überleben. Leben und Sterben im Frontraum waren von politischen Sinnstiftungen und entsprechenden Konsequenzen überformt, diese zeichneten Leben aus und transzendierten es: Hier gab es nur noch die Unterscheidung zwischen denjenigen, die sich »von ganzem Herzen« für den Sieg einsetzten, und denjenigen, die Verräter waren, wie die Pravda am 30. Juli 1942 dekretiert hatte.[413] Das Leben Letzterer hatte innerhalb der stalinistischen Bedeutungsmatrix keinerlei Bedeutung, höchstens negative Konsequenzen für ihre Familien und Angehörigen. Alle anderen aber machte der Tod zu Helden, derer ihre Familien wenigstens gedenken konnten.[414]

Gewalt, Anerkennung und die notwendige Wiederholung der Gewalt

Auch die Entgrenzung der Gewalt im Gefecht und in der *deboš* lässt sich durch theoretische Überlegungen und den Blick auf die Umgangskultur der Soldaten genauer begreifen. Dazu ist es notwendig, Gewaltakte ide-

---

413 Zit. in: Werth, Russland im Krieg, S. 300.

414 Das sowjetische System bewies so, dass es nicht nur als staatliche Macht im Frontraum anwesend war, sondern dort als *souveräne Macht* wirkte, da es zwischen einem heiligen Leben, das nicht getötet, höchstens geopfert werden darf, und einem nackten, das getötet werden darf, unterschied. Laut Giorgio Agamben scheint eine solche Macht insbesondere im (politisch deklarierten) Ausnahmezustand auf und materialisiert sich im Lager: Agamben, Homo sacer, S. 127–189, insb. S. 183 f.

altypisch als Kommunikationsprozess zu begreifen, also als etwas, das eine Nachricht, einen Inhalt von einer Person zu einer zweiten transportiert und Anerkennungsprozesse impliziert.

Gewalt ist dann nicht nur eine Ressource, mit der man in der Auseinandersetzung »Mann gegen Mann« seine Forderungen und Bedürfnisse erfolgreich einfordert, sie also mithilfe von »Aktionsmacht«, in diesem Fall »Verletzungsmacht«,[415] durchsetzt. Sie kommuniziert auch demjenigen, der sie erleidet, unterlegen zu sein; sie schafft und repräsentiert Hierarchien. Ist Gewalt als ein solches Medium etabliert, kann sich das Opfer aus seiner Position nur dann wieder befreien, wenn es selbst Gewalt ausübt: entweder als Gegengewalt oder an einem Dritten.

Gewalt kommuniziert aber nicht nur, sie macht auch stumm, da das Opfer durch den Schmerz auf seinen empfindsamen Körper, seinen »Leib«, reduziert wird und abgesehen vom Ausdruck des erlittenen Schmerzes dem Täter nicht antwortet.[416] Da sich Menschen aber, wie Hannah Arendt gezeigt hat, allein über das Sprechen (und Handeln) in die Welt, die auf Sinnstiftung beruht, einfügen,[417] wird das Opfer durch diese Reduzierung aus der sozialen und sinnhaften Welt gestoßen. Da Menschsein auf In-der-Welt-Sein und Anerkennung beruht, wird ihm so die Anerkennung als Mensch verweigert.[418]

Dieses Moment lässt aber auch den Täter nicht unberührt. Er erlebt in der Gewaltausübung zwar seinen Triumph und die Macht über sein

---

415 Begriff bei Popitz, Phänomene der Macht, S. 43.

416 Trotha, Zur Sozologie der Gewalt, S. 29 ff. Mit der Rede vom Körper (Leib) bewege ich mich am Rande eines Widerspruchs zu den in der Einleitung stark gemachten kulturgeschichtlichen Prämissen. Auflösbar ist er, wenn man Menschsein überhaupt erst durch die Teilhabe an sinnstiftenden, kulturell geschaffenen Strukturen definiert. Die Reduzierung auf den *Leib* (den physischen Körper, den wir nicht Kultur-vermittelt wahrnehmen, der letztlich also nicht beschreibbar ist) ist dann bereits Entmenschlichung: Plessner, Conditio humana, S. 291 ff.

417 Für Arendt ist das Sprechen letztlich synonym mit dem Handeln, da Menschen erst durch das Miteinander-Sprechen eine soziale Welt ausbilden: Arendt, Vita activa, S. 215–226. Siehe auch Honneth, Kampf um Anerkennung, S. 214.

418 Oppenheimer, Anerkennung, Mißachtung und Gewalt, S. 58–119; Honneth, Kampf um Anerkennung, S. 174–212; Sofsky, Traktat über die Gewalt, S. 74–80; Scarry, The Body in Pain, S. 3–60. Susan Brison würde als Conditio humana mit Verweis auf John Locke noch die Erzählung oder besser »das Selbst als Erzählung« hinzufügen: Brison, Vergewaltigt, S. 58–76. Siehe auch Butler, Hass spricht, S. 9–71; Plessner, Conditio humana, S. 170–180.

verstummtes Opfer. Allerdings ist dieser Triumph nicht von Dauer.[419] Denn auch der Täter erfährt seine Anerkennung nur durch Interaktion mit der (Um-)Welt. Als deren Teil kann das Opfer nun nicht mehr fungieren, da es stumm gemacht wurde. Folglich braucht der Gewalttätige die Wiederholung seiner Tat oder Zeugen, die ihm Anerkennung zollen. Sie sind damit die eigentlichen Adressaten der Gewalt, sie geben dem Schlagenden die Anerkennung, die er braucht. Und damit kommuniziert Gewalt doch und kann eine laut Christa Oppenheimer nicht reziproke und kurzzeitige Anerkennung ermöglichen: Diese besteht aber nicht (in der Interaktion) zwischen Opfer und Täter, sondern (in derjenigen) zwischen Täter und Zeugen. Diese bilden so eine kurzfristige Gemeinschaft vermittelt über einen Dritten, das Opfer. Da diese nicht von Bestand ist, braucht sie die Wiederholung der Tat.[420]

Mit dem Rekurs auf diese Form der Anerkennung im Gewalthandeln lässt sich erklären, warum es den Rotarmisten in ihren Briefen und Gesprächen untereinander ein Bedürfnis war, kundzutun, wie sehr sie sich rächten, wie viele Deutsche sie schon im Kampfe besiegt hatten und warum sie sich nach weiteren Gefechten sehnten. Gewalt(-ausübung) war nicht nur eine Arbeit, die sie zu verrichten hatten, oder etwas, an das sie sich wie an den Tod gewöhnt hatten, sondern vielmehr ein Verhalten, über das sich die Soldaten ihrer Gemeinschaft versicherten und sinnstiftende Anerkennung erfahren konnten. Letztere war nur über die Wahrnehmung der Kameraden, mit denen man letztlich konkurrierte, und durch die indirekte Zeugenschaft der Heimat möglich und fand in der Selbstbeschreibung als *frontovik* ihren Ausdruck. Jedwede eventuell vorgängigen Sinnstiftungsangebote waren den Rotarmisten wenn nicht durch die Gewalt der Wehrmacht, dann spätestens durch den Frontalltag entzogen. Denn dort waren sie entmenschlichte Opfer ohne Anerkennung; nur als *frontovik* hatten sie Bedeutung.

---

419 Sofsky, Traktat über die Gewalt, S. 98. Sofsky beschreibt dies für die Folter, den m. E. Extremfall des Macht-Ohmacht-Verhältnisses von Täter und Opfer im Gewaltgeschehen.

420 Oppenheimer, Anerkennung, Mißachtung und Gewalt, S. 159. Es ist diese Gemeinschaft, die den Zuschauer zum Mittäter werden lässt, da er dem Täter Anerkennung zollt und nun selbst über Gewalt nach Anerkennung sucht und in ein Konkurrenzverhältnis zum Täter gerät: Sofsky, Traktat über die Gewalt, S. 109–116; Collins, Dynamik der Gewalt, S. 624–650.

Das heißt, dass nicht nur die Kommandeure, Militärtribunale und Sperrkommandos die Soldaten unerbittlich in den Kampf trieben. Die Rotarmisten waren vielmehr intrinsisch motiviert, wieder und wieder in das Gefecht mit den Deutschen zu gehen. Das Kollektiv Rote Armee – oder alle, die sich ihm situativ verschrieben – wurde im Angriff zu einer Gemeinschaft, deren Mitglieder sich gegenseitig durch die Gewalt an einem Dritten anerkannten – und sich folglich nach deren Wiederholung sehnten. Personale Identität und Gruppenidentität überlappten sich im Frontraum, sie wurden so gar erst möglich.[421] Oder, um mit Ulrich Bielefeld zu sprechen, die »wirklichen Opfer [machen, kb] aus imaginierten Gemeinschaften existentielle«.[422]

Allerdings sind diese, wie Bielefeld weiterschreibt, »kaum lebensfähig ohne den Zyklus von Gewalt«.[423] Die Gefechte waren zeitlich beschränkt, danach zerfiel die rotarmistische Gewaltgemeinschaft wieder in die Masse genervter, depressiver und konfliktbelasteter Individuen, die sich gegenseitig drangsalierten und demütigten. Einzige Hoffnung und ertragbarer Moment war das Gefecht – die erneute Gewalthandlung.

421 Auch Ruth Seifert verweist, wenn auch etwas apodiktisch, darauf, dass Identitätsprozesse umso intensiver sind, je mehr sie mit dem Körper verwoben sind. Seifert, Identität, Militär und Geschlecht, S. 62.

422 Bielefeld, Ethnizität und Gewalt, S. 14.

423 Ebd.

Geschlechterverhältnisse in der Roten Armee

Das *theatre of war* der sowjetischen Westfront war keine reine Männerdomäne. Zwar galt die dreijährige Wehrpflicht nur für Männer zwischen 17 und 45 Jahren. Doch spätestens seit Frühling 1942 waren auch Frauen in den Reihen der Roten Armee zu finden. Zu diesem Zeitpunkt hatte die sowjetische Führung angefangen, wenn auch nur semi-öffentlich, Frauen zu mobilisieren bzw. ihren diesbezüglichen Wünschen stattzugeben.[1]

Alles, was bislang über den soldatischen Alltag geschrieben wurde, trifft auf die Männer und Frauen der Roten Armee gleichermaßen zu: der Hunger, die Einsamkeit und die Depressionen, die Repressionsmaßnahmen und das Gefecht als einziger Fluchtpunkt aus dem zermürbenden Frontalltag. Dennoch erlebten Frauen und Männer den Alltag an der Front anders. Geschlechtliche Identitäten spielten sowohl in der Selbst- als auch in der Fremdwahrnehmung eine Rolle. Die Rollenvorstellungen und -vorgaben ermöglichten bestimmte Erfahrungen, Subjektpositionen und soziale Beziehungen, während sie andere ausschlossen. Wenn im Folgenden das *doing gender* und die geschlechtlichen Identitäten der Rotarmisten und Rotarmistinnen analysiert werden, wird sich zeigen, dass sich neben der Gewalt auch die Geschlechterverhältnisse dynamisierten, was letztendlich ein wesentlicher Grund für die überbordende sexuelle Gewalt der Rotarmisten gegen Kriegsende war.

Um die Diskrepanz zwischen den Vorstellungen der Rotarmisten über ihre Kameradinnen einerseits und dem Erleben der Frauen andererseits aufzuzeigen, wird das Erleben des Krieges für beide Geschlechter jeweils in separaten Kapiteln beschrieben. Für beide Gruppen soll nach dem *doing gender* an der Front gefragt werden, danach, wie sie ihre geschlechtliche Identität an diesem Ort wahrnahmen und inszenierten und welche Aushandlungsprozesse mit Dritten daran geknüpft waren. Neben der Analyseschärfe, die ein solches Vorgehen ermöglicht, ist ein

1 Die gesamten Mobilisierungsdokumente finden sich bei Ivanova, Chrabrejšie iz prekrasnych, im Anhang. Zur ambivalenten Mobilisierung siehe auch Krylova, Soviet Women in Combat, S. 101–140.

weiteres Argument dafür, dass für die Frauen kaum Ego-Dokumente aus den Kriegsjahren vorliegen, sondern v.a. Interviews aus der Nachkriegszeit. Die Inszenierung der Weiblichkeit variiert in den Berichten stark und ist vom jeweiligen Entstehungskontext der Interviews abhängig. Im Kapitel über die Erfahrungen der Frauen ist daher auch nach den Gründen und der Bedeutung für die andauernde Verhandlung von Weiblichkeit in der russischen Öffentlichkeit zu fragen. Da für die Männer in einem ausgewogeneren Verhältnis auch zeitgenössische Ego-Dokumente vorhanden sind, konzentriert sich das Kapitel zu den Diskursen der Rotarmisten darauf, wie diese sich selbst und Frauen, Kameradinnen und Zivilistinnen sahen, wie sich hegemoniale Männlichkeit an der Front artikulierte, welche Vergemeinschaftungsprozesse darüber möglich wurden, welches Frauenbild in diesen verfertigt wurde und welche Vorstellungen von Sexualität dadurch entstanden.

Die Erfahrungen der Rotarmistinnen

Die maximal eine Million Frauen, die sich im Großen Vaterländischen Krieg unter den bis zu 35 Millionen Rotarmisten wiederfanden, stellen im chronologischen und diachronischen Vergleich eine Besonderheit dar, da ihr Einsatz ein historisches Novum und ein Tabubruch nicht nur für die Sowjetunion, sondern für das moderne Europa insgesamt war und die Sowjetunion ihrer Zeit voraus schien. Zwar waren an den Kriegen der Frühen Neuzeit in hohem Maße Frauen beteiligt gewesen, diese aber verschwanden mit der Herausbildung von Nationalstaaten und modernen Armeen sowie mit der verstärkten Differenzierung der Geschlechter wieder aus den Heeren. Erst mit der Wende zum 21. Jahrhundert wurde ihnen langsam der Weg in alle Truppenteile und an alle Waffen geöffnet.[2]

2 Carreiras, Gender and the Military, S. 7f.; Hämmerle, Von den Geschlechtern, S. 231–241. Für einen Überblick zur Frauenquote in Armeen in Demokratien »westlichen« Typs: Seifert, Gender und Militär, S. 24–39. Heutzutage gilt allein in Israel, Norwegen und Eritrea eine wenn auch ungleiche Wehrpflicht für beide Geschlechter. Hier und in mancher für Frauen geöffneten Berufsarmee gibt es weiterhin »weibliche« Aufgabenfelder: Levy, Die paradoxe Geschlechterpolitik, S. 53–64; Frühstück, »Nur nicht kampflos aufgeben!«, S. 170ff.

Die Rotarmistinnen, die 1941 bis 1945 insgesamt 2 bis 3 Prozent der sowjetischen Truppen, zwischenzeitlich sogar bis zu 12 Prozent stellten, hatten einen Soldatenstatus, waren bewaffnet und in allen Truppenteilen zu finden.[3] Nicht wenige kämpften an vorderster Front. Die meisten von ihnen teilten ihren Alltag mit den männlichen Kameraden. Dies gilt insbesondere für die Sanitäterinnen, Funkerinnen und Aufklärerinnen, die sich während ihres Einsatzes oftmals allein oder in geringer Zahl unter Hunderten Männern jedweden Ranges wiederfanden, sowie für die Belegschaften der Krankenhäuser und Lazarette, für die Sekretärinnen, Übersetzerinnen und zivilen Helferinnen in der Etappe. Allein die Pilotinnen und manche Scharfschützin absolvierten ihre Einsätze (meistens) in separaten Fraueneinheiten.

Diese Soldatinnen unterschieden sich damit stark von ihren Vorgängerinnen im Ersten Weltkrieg und im Bürgerkrieg, wo einige Zehntausend Russinnen insbesondere als Sanitäterinnen gedient hatten.[4] Auch die ca. 400 000 Frauen der britischen und der US-amerikanischen Armee sowie die 500 000 Wehrmachtshelferinnen, deren prozentualer Anteil an der Gesamtstärke den der Rotarmistinnen überstieg, dienten in erster Linie in den Hilfstruppen, als Krankenschwestern, Funkerinnen und Flakhelferinnen oder in der Frontunterhaltung. In der Regel hatten sie keinen Soldatenstatus, waren unbewaffnet, bedienten kein Kriegsgerät und waren v. a. in der Etappe zu finden.[5]

Der Einsatz der sowjetischen Frauen im Großen Vaterländischen Krieg 1941 bis 1945 sollte eine Ausnahme bleiben. Da er von den sowjetischen Behörden angeblich weder geplant noch gewollt war, wurden sie

---

3 Ivanova, Chrabrejšie iz prekrasnych, S. 155.

4 Im Krim-Krieg (1853–1856) und im Russisch-Japanischen Krieg (1904–1905) hatte es eine geringe Anzahl an Krankenschwestern gegeben. Bereits vor der Revolution 1917 konnten sich die ersten Frauen zu Pilotinnen ausbilden lassen. Im Ersten Weltkrieg (1914–1918) sowie im Bürgerkrieg (1917–1921) dienten ca. 25 000 bzw. 60 000 Frauen größtenteils als Sanitäterinnen, dazu kamen kurzfristig reine Frauenregimenter. Bis 1923 hatten alle Frauen das Militär wieder verlassen. Siehe Stoff, They fought for the Motherland; Stockdale, »My Death for the Motherland Is Happiness«; Ivanova, Chrabrejšie iz prekrasnych.

5 Die Wehrmachtshelferinnen erhielten den Soldatenstatus erst gegen Kriegsende. Maubach, Die Stellung halten, S. 271; für alliierte Weltkriegsteilnehmerinnen: Schwarzkopf, Britische Frauen in Luftabwehrbatterien; Hampf, Demarkationslinien; Weatherford, American women and World War II, S. 27–114.

bei Kriegsende schnell wieder demobilisiert.[6] Auch im Afghanistankrieg (1979–1989) sollte sich ihr Einsatz nicht wiederholen.[7]

Insbesondere die deutschen Zeitgenossen reagierten auf den russisch-sowjetischen Tabubruch: Für sie widersprach der Einsatz von Frauen ihrer »von der Natur bestimmten Aufgabe, Mutter und Erhalterin des Volkes zu sein, und [führe, kb] zu einer solchen sittl. Verrohung und zu Greueltaten, wie sie früher bei Kulturvölkern für unmöglich gehalten wurden«.[8] Schon vor ihrem Waffengang wurden die Rotarmistinnen mithin argwöhnisch vom späteren militärischen Gegner beäugt und skandalisiert[9] – was ihrer Behandlung durch die Wehrmacht während des Krieges nicht zuträglich war.[10]

Dieser Auffassung stand die öffentliche Darstellung der Rotarmistinnen in der Sowjetunion, wenn auch mit manchen Abstrichen, diametral entgegen: Die sowjetischen Autoritäten interpretierten den militärischen Einsatz von Frauen als Vollendung ihrer Emanzipation durch den Kommunismus. So hieß es in einer Rede zum Internationalen Frauentag am 8. März 1943 vor weiblichen Angehörigen der Roten Armee, dass kein anderes Land den Frauen die vollständige Gleichberechtigung gegeben habe, wie dies in der Sowjetunion mit der Verfassung von 1936 geschehen war. Diese Errungenschaft spiegle sich insbesondere durch diejenigen Frauen wider, die in der Roten Armee ihren Beitrag zur Verteidigung der Heimat leisteten.[11] Dementsprechend sollten die Rotarmistinnen und ihr Einsatz ursprünglich auch in der Hagiografie der Sowjetunion verewigt werden: Unter den Arbeiten der bereits erwähnten Historikerkommission um Isaak Minc, die 1942 auszog, um Interviews mit Rotarmisten und Rotarmistinnen für eine *Geschichte des Großen Vaterländischen Krie-*

---

6 Moll-Sawatzki, Freiwillige an die Front?, S. 21–25; Conze/Fieseler, Soviet Women as Comrades, S. 227; Eifler, Bewaffnet und geschminkt, S. 84.

7 Hier dienten Frauen allein in den Hilfstruppen: Senjavskaja, Čelovek na vojne, S. 95. Erst in der Russischen Föderation wurden Frauen, jedoch auf freiwilliger Basis wieder in die ansonsten Wehrpflichtigen-Armee aufgenommen.

8 Meyers Lexikon aus dem Jahre 1938, zit. in: Jahn (Hg.), Mascha + Nina + Katjuscha, S. 53.

9 BA/MA RH 26–296/102, passim, Vernehmungsprotokolle der 296. Division vom Januar 1943; Jahn (Hg.), Mascha + Nina + Katjuscha, S. 53.

10 Römer, Gewaltsame Geschlechterordnung.

11 RGVA F. 38694, Op. 1, D. 15, L. 50, vorgedrucktes und verteiltes Redemanuskript in der 1. OŽDSB zum Internationalen Frauentag 1943.

ges zu führen, findet sich auch ein aufgrund der späteren stalinistischen Gedenkpolitik nicht fertiggestellter Sammelband mit Selbstzeugnissen und Berichten von einfachen Soldatinnen.[12]

Wer nach zeitgenössischen Dokumenten von Rotarmistinnen sucht, um deren Motivation und ihr in den Vorkriegsjahren geprägtes Selbstverständnis zu eruieren, ist auf diese Interviews angewiesen. Sie boten den Soldatinnen eine Möglichkeit, sich selbst darzustellen und gemäß den Vorgaben des Systems zu präsentieren. Jedoch sind diese Interviews aufgrund des staatlichen Settings anderen Quellengenres gegenüberzustellen, insbesondere den Interviews, die Dekaden später, mit Beginn der Perestrojka, entstanden oder noch später, nämlich im zeitgenössischen Russland. Die Aussagen darüber, was die (ehemaligen) Rotarmistinnen für (adäquates) weibliches Verhalten an der Front hielten, variieren dabei stark und verweisen darauf, wie prekär ihre Position bis heute ist.[13]

Aus dem Stalinismus an die Front

Geschlechterpolitische Aufbruchsstimmung

Insgesamt zeichneten die Rotarmistinnen im Gespräch mit den Historikern des Regimes ein ziemlich einhelliges Bild: Sie bemühten sich darum, ihren Kriegseinsatz als logische Folge ihrer sowjetischen Jugend, quasi als Höhepunkt einer Entwicklungsgeschichte, und sich selbst als perfekte sowjetische Staatsbürgerinnen zu präsentieren. Dem sowjetischen Narrativ entsprechend berichteten sie von den harten Lebensbedingungen ihrer Familien, denen sie mit Leistungsbereitschaft und politischer Entschlossenheit begegnet waren, ihren von Sturm und Drang geprägten Jugendjahren, inspiriert durch die medial präsente Erfahrung anderer sowjetischer Kriege, von Selbstüberwindung, ihrem Engagement in Sport und in den schönen Künsten, ihrem sozialen Aufstieg und schließlich ihrer Kriegsbegeisterung.[14] Kurzum, die inter-

---

12 NA IRI RAN F. 2, R. 10, Op. 7, D. 71. Der Titel des Bandes: »Die sowjetische Frau an den Fronten des Großen Vaterländischen Krieges – Eine Sammlung von Erinnerungen und Berichten«.

13 Teile des Kapitels wurden bereits veröffentlicht: Bischl, Female Red Army Soldiers in World War II.

14 Dafür, dass dies ein forciertes Narrativ war: Sartorti, »Weben ist das Glück fürs ganze Land«.

viewten Rotarmistinnen stellten sich vor der Kommission in einer Weise dar, die wohl deren Idealbild entsprach, wie etwa Klavdija Fomičeva, eine 1917 in Moskau geborene Russin, die später Garde-Hauptmann war:

> »Ich wurde in Moskau geboren. Mein Vater hat als Kellner in einem Hotel gearbeitet [...]. Meine Mutter war Hausfrau. Mein Vater starb 1919, als ich zwei Monate alt war. [...] Mama hat nicht gearbeitet, daher haben meine Brüder und Schwestern für meinen Unterhalt gesorgt. Meine Brüder waren Arbeiter, und meine Schwestern haben gearbeitet. 1933 habe ich mein siebtes Schuljahr beendet. In der Schule war ich eine aktive und passionierte Sportlerin gewesen. Ich wollte weiter zur Schule gehen, aber dafür gab es nicht die Mittel. [...] 1935 war ich Pionierführerin.«[15]

Danach trat sie in den Flugklub ein und wurde zur Pilotin ausgebildet.[16] Ein ähnliches Narrativ findet sich bei der sechs Jahre jüngeren Armenierin Asja Kekedžan:

> »Ich wurde 1925 in Kasan geboren. Mein Vater war Arbeiter [...]. Mama [...] war bis 1936 Hausfrau. [...] In meinen ersten drei Schuljahren war ich [unter den, kb] Klassenbeste[n]. [...] In der siebten und achten Klasse habe ich gesellschaftliche Arbeit verrichtet. [...] Sie [Mama, kb] hat sich bemüht, dass wir kultiviert aufwachsen, damit wir uns wie sie und Großmutter für Politik interessieren. [...] 1936 hat sich mein Vater von meiner Mutter getrennt. [...] In unserem Hof erinnern sich alle immer noch an mich. Ich habe alle geschlagen, sodass sich alle über mich beschwert haben. Damit niemand mein Schwesterchen anfasst, weil sie alle Angst vor mir haben. [...] Ich bin mit niemandem ausgekommen, ich war ein Streithahn. Seit der Kindheit habe ich den Krieg geliebt. Als der Finnische Krieg war, haben wir den Film *Frontovye Podrugi*[17] ge-

---

15 NA IRI RAN F. 2, R. 1, Op. 233, D. 2, Ll. 1 f., Interview mit der Fliegerin Klavdija Fomičeva.

16 In der Autobiografie der Fliegerin Marina Tschetschnewa ist es die Mutter, die die Ansicht, dass Frauen nicht zu Piloten ausgebildet gehören, vertritt, während ihr Vater ihre Ambitionen – nicht zuletzt weil er sich eigentlich einen Sohn gewünscht hatte – unterstützt. Hier wie in der Schule traf sie sowohl auf Unterstützer wie auch auf Zeitgenossen, die ihr Steine in den Weg legten: Tschetschnewa, S. 7–15.

17 Deutsche Übersetzung: Freundinnen an der Front. Sowjetischer Film über den Winterkrieg, der im Mai 1941 ausgestrahlt worden war.

schaut, und danach haben alle Mädchen in unserer Wohnung [...] entschieden, dass wir auf jeden Fall an die Front gehen. [...] Wir [...] haben uns die Finger aufgeschnitten und mit dem Blut unterschrieben.«[18]

Mit Kriegsbeginn besuchte Kekedžan dann Erste-Hilfe-Kurse und ging zur lokalen Einberufungsstelle, um sich mobilisieren zu lassen. Was ihr Alter betraf, log sie die Beamten einfach an und behauptete, ihren Pass verloren und auch keine Geburtsurkunde dabei zu haben. Sie wurde genommen.[19]

Dass manches Mal der Anspruch der Frauen an sich selbst und die Realität auseinanderklafften, zeigt das Interview mit Galina Golofeevskaja, die später als Aufklärerin eingesetzt wurde. In den verschiedenen Interviews, die 1944 und 1947 mit ihr geführt wurden, baut sie zunächst ein ganz ähnliches Narrativ auf wie die bereits zitierten Frauen. Sie wurde 1922 in Moskau als Tochter alter russischer Kommunisten geboren. Der Vater arbeitete bis 1937 bei der Partei – mehr Informationen gab Golofeevskaja über ihn nicht preis[20] –, die Mutter als Angestellte bei der Moskauer Stadtverwaltung. Während ihrer Schulzeit habe sie sich sowohl für die Luftfahrt als auch das Theater interessiert, Sport getrieben, Tagebuch geschrieben und sei Komsomolzin gewesen. Als ihre bevorzugten Literaten gibt sie Jules Verne und Jack London an, deren Hauptfiguren sie wegen ihres starken Willens geliebt habe. Sie habe lieber mit

18 NA IRI RAN F. 2, R. 10, Op. 7, D. 5, Ll. 1f., Interview mit der Sanitäterin Asja Kekedžan. Zur Inszenierung als weiblicher »Hooligan« siehe auch NA IRI RAN F. 2, R. 10, Op. 7, D. 7a, L. 1, Interview mit der Scharfschützin Nina Lobkovskaja.

19 NA IRI RAN F. 2, R. 10, Op. 7, D. 5, Ll. 1f., Interview mit der Sanitäterin Asja Kekedžan.

20 In den Jahren 1936/37, also in der Phase des Großen Terrors, änderte sich das Leben vieler der zitierten Rotarmistinnen einschneidend: Die Eltern trennten sich, die Mütter nahmen weite Reisen ohne Papiere auf sich etc. Ob dies tatsächlich mit den Repressionen zusammenhing, bleibt unklar. Nichtsdestoweniger untermauert dies die These von Sarah Ashwin und Marina Kiblitskaya, die meinen, dass viele Frauen im Vorkriegsstalinismus mehr mit dem Staat bzw. mit Stalin verbunden waren als mit ihren realen Vätern oder Ehemännern: Ashwin, Introduction: Gender, State and Society, S. 13; Kiblitskaya, Russia's Female Breadwinner, S. 56–61. Auch Kinder wurden in dieser Vorstellung für den Staat geboren: Issupova, From Duty to Pleasure?, S. 37f. Siehe auch Fitzpatrick, Everyday Stalinism, S. 143–147. Und für den Staat, wenn nicht gar Stalin, wollten die jungen Frauen dann auch kämpfen.

Jungen gespielt, bei den Spielen im Hof sei sie immer die Anführerin gewesen und habe sich mit allen geprügelt.

Aufgrund ihrer Arbeit in der Moskauer Staatsbibliothek wurde sie zu Kriegsbeginn erst einmal zum Brandschutz beordert. Dort bekam sie dann auch ihre »Feuertaufe«, auf dem Dach der Bibliothek. Mobilisiert wurde sie im Spätsommer 1941: Über die Einberufung habe

> »der Komsomol auch in der Bibliothek informiert. Alle Komsomolzinnen haben eine Erklärung abgegeben, ungefähr 75 Leute. Das war eine große Begeisterung, alle wollten wie verrückt an die Front, alle versammelten sich und sprachen darüber, wie man kämpfen werde. Ungefähr einen Monat haben wir auf die Antwort gewartet. Und nach einem Monat wurde klar, dass man nur zwei nehmen würde. Mich und eine Krankenschwester. Nie vergesse ich das Gefühl.«[21]

Es war das Gefühl einer von allen beneideten Heldin, über die auch in der sowjetischen Frauenzeitschrift *Rabotnica* berichtet wurde. Ihre Naivität bezüglich des heiß ersehnten Fronteinsatzes gestand sie sich im Nachhinein wie viele der bereits zitierten Soldaten ein:

> »Wir haben uns das Beispiel des Bürgerkrieges vor Augen geführt, als alle mit dem Gewehr die Heimat verteidigt haben. […] Wir haben viel über *Anka* aus *Čapaev*[22] geredet, und überhaupt, wir wussten, dass im Bürgerkrieg viele Frauen an der Front gewesen waren. […] Eine genaue Vorstellung von der Armee hatten wir nicht. Da war eine unglaublich blinde Romantik, aber Patrioten, das waren wir. Wie haben wir uns den Krieg vorgestellt? Man gibt uns Gewehre, vielleicht sogar Maschinengewehre, wir werden in den Schützengräben liegen, dann geht es in den Angriff, und wir werden schießen. Daran, dass die Deutschen sich wehren könnten, haben wir nicht gedacht.[23]

Ihre Mutter, die bereits Bürgerkriegserfahrungen gesammelt hatte, kümmerte sich um Golofeevskajas Ausstattung. Im Einberufungsbefehl stand zwar, was sie mitnehmen solle: Wäsche, Pass, Essen für einen Tag.

---

21 NA IRI RAN F. 2, R. 10, Op. 7, D. 13a, L. 1, Interview mit der Aufklärerin Galina Golofeevskaja (1944).

22 *Čapaev*, ein sowjetischer Film, der 1935 mit rekordverdächtigen Besucherzahlen in die Kinos gekommen war, erzählt die Geschichte des Bürgerkriegshelden Vasilij I. Čapaev und seiner Crew, der auch die MG-Schützin Anka angehört.

23 NA IRI RAN F. 2, R. 10, Op. 7, D. 13b, Ll. 12 f., Interview mit der Aufklärerin Galina Golofeevskaja (1947).

Aber »Mama hat alle Kleinigkeiten berücksichtigt. Sie hat Tücher vorbereitet, Socken gestrickt, alle möglichen Lappen, Watte, Binden, eine Gabel, einen Löffel und so weiter [gepackt, kb]. Da kam unglaublich viel zusammen, ein ganzer Wäschesack.« Zu guter Letzt habe ihr die Mutter noch eingeschärft, ihr ja keine Schande zu machen. Sie wolle stolz auf Galina sein.[24]

Wie stark Anspruch und Realität auseinandergingen, wurde Golofeevskaja klar, als sie voller Erwartung vor ihrem ersten Ausbilder stand: Sie sei in Tränen ausgebrochen, als sie diesem und sich selbst eingestehen musste, dass sie nichts konnte außer Verbände anlegen. Der Ausbilder versetzte ihrem Selbstwertgefühl noch einen weiteren Stoß, indem er sie für ihr Geheule rügte – was sie denn für ein Kämpfer sei? So sei sie zunächst einmal bei der Nachrichtenübermittlung eingesetzt worden.[25]

Auch wenn man die Interviewsituation mit den staatlichen Historikern nicht außer Acht lassen sollte, die sicherlich dazu beitrug, dass sich die Frauen besonders sowjetisch gaben, zeigen diese Passagen doch, dass sich diese Frauen trotz mancher Fehleinschätzung im Detail als Staatsbürgerinnen der Sowjetunion mit den entsprechenden Rechten und Pflichten verstanden, die sich nicht grundlegend von denen der Männer unterschieden. Folglich hielten sie sich auch nicht mit langen Begründungen dafür auf, warum sie sich für die aktive Landesverteidigung einsetzen wollten – dies ist jedenfalls nicht Thema ihrer Äußerungen. Gründe, zu dienen, wurden nur dann artikuliert, wenn es galt, die Autoritäten von den eigenen Absichten zu überzeugen. Dies zeigt sich v. a. in den Eingaben der jungen Frauen an die Einberufungsstellen, in denen sie um ihre Mobilisierung baten. Aber auch hier bleiben die vorgebrachten Motivationen reichlich abstrakt und allgemein und spiegeln in erster Linie die Propagandaformeln von Rache und Hass auf die Deutschen.[26]

Das Gefühl der Selbstverständlichkeit, in der Armee zu dienen, findet sich insbesondere in dem Erinnerungsbericht der ehemaligen Funkerin Evgenija Jasinskaja:

---

24 Ebd., Ll. 13 ff.

25 Ebd., Ll. 15 ff.

26 Siehe zu den Beweggründen Patriotismus, Rache, *peer pressure* die Studie von Roger Reese, Why Stalin's Soldiers Fought, S. 268–276.

»Mit einem Wort, ich habe ein Gesuch […] eingereicht, das ist bis zum August angenommen worden, am 20. August [1941, kb] bin ich zur Einberufungsstelle gegangen, nach Kirov gefahren, habe die medizinische Kommission durchlaufen, galt als gesund, und sie haben mich nach Sverdlovsk [zur Einheit, kb] geschickt.«[27]

Einige Frauen machten sich auch gemeinsam mit ihren Ehepartnern auf den Weg an die Front – oder versuchten dies zumindest. So führte der Weg der späteren Übersetzerin Irina Dunaevskaja laut ihrem Tagebuch von der Hochzeit mit ihrem geliebtem Volodja im April 1941 über die gemeinsame Arbeit an der naturwissenschaftlichen Fakultät in Leningrad, dem Begehen der Maifeiertage, die Planung einer Krimreise im Juli inklusive artikuliertem Kinderwunsch offenbar ganz folgerichtig zur gemeinsamen schriftlichen Willensbekundung, sich mobilisieren zu lassen. Doch während Dunaevskaja trotz ihrer fundierten Deutschkenntnisse abgewiesen wurde und nur den Auftrag erhielt, Kontakte zu jungen Männern mit gleichen Kenntnissen herzustellen, wurde ihr Mann eingezogen. Erst nachdem sie im Oktober 1941 von dessen Tod erfahren hatte und ihren Willen zum Kriegseinsatz zum zweiten Mal erklärte, landete sie schließlich am 10. April 1942, also ein halbes Jahr später, in der Armee.[28]

Diese Quellenberichte lassen sich als Bestätigung des Befundes von Anna Krylova sowie von Roger Markwick und Euridice Cardona interpretieren: Die Rotarmistinnen standen für eine neue Kohorte an (jungen) Frauen, die sich der Sowjetunion mindestens genauso verschrieben hatten wie ihre männlichen Altersgenossen. Es waren politisierte und gebildete Frauen aus den Städten, die ihre Mobilisierung aktiv betrieben – soziale Aufsteigerinnen.[29] Sie hatten das Modernisierungsversprechen angenommen, das ihnen der Staat gerade auch als Frauen gemacht hatte, und erlebten die (Vorkriegs-)Sowjetunion als geschlechterpolitischen Aufbruch, der die Positionierung der Frauen zum Staat neu ordnete und sie als Individuen an diesen

---

27 Jasinskaja, Evgenija, Interview auf: Ženščiny-Pamjat'-Vojna, wmw.gender-ehu.org/Intervews.htm [23. 08. 2018].

28 Dunaevskaja, Ot Leningrada do Kenigsberga, S. 20–35; siehe auch NA IRI RAN F. 2, R. 1, Op. 16, D. 2, L. 1, Interview mit der Sanitäterin Tatjana Linden'.

29 Markwick/Cardona, Soviet Women, S. 9 ff.

band.[30] Dementsprechend wollten sie sich vor dem Staat und seinen Historikern beweisen.[31]

Konfligierende Ansprüche

Trotz ihrer klar artikulierten Einsatzbereitschaft war es für viele Frauen schwierig, sich mobilisieren zu lassen. Nach welchen Auswahlkriterien die zuständigen Autoritäten vorgingen und welche Gründe sie gegen eine Mobilisierung vorbrachten, schildert die ehemalige Scharfschützin Marija Morosova Dekaden später Swetlana Alexijewitsch:

> »Ausgewählt wurde sehr streng. Als Erstes musste man kerngesund sein. Ich hatte Angst [...], ich war nämlich als Kind oft krank und war, wie man so sagt, zart gebaut. Zierlich. Auch wenn außer dem Mädchen, das an die Front wollte, sonst keine Kinder mehr im Haus waren, wurde man nicht genommen, damit die Mutter nicht allein blieb. [...] Aber da war noch etwas – aus dem Kolchos waren alle an die Front gegangen, es war keiner mehr da für die Feldarbeit, und der Vorsitzende wollte uns nicht weglassen. Mit einem Wort – wir wurden abgelehnt. Wir gingen ins Kreiskomitee des Komsomol. Dasselbe, wieder abgelehnt.«[32]

Morosova, die offensichtlich wie die anderen Frauen keinen Grund sah, warum sie nicht dienen sollte, durchlief eine regelrechte Odyssee, bis sie zum Ersten Sekretär im ZK des Komsomol vordrang:

> »Wir wurden gefragt: ›Wie wollt ihr denn an die Front gehen, wenn ihr nicht einmal schießen könnt?‹ Da antworteten wir im Chor, das hätten wir bereits gelernt. ›Wo? Wie? Und Wunden verbinden, könnt

30 Geschichten dieser Art beschreiben auch die Scharfschützin Julija Žukova und die Sanitäterin Irina Bogačeva in ihren Erinnerungen: Bogačeva, Dorogi, kotorye my vybiraem; Žukova, Devuška so snajperskoj vintovkoj.

31 Franka Maubach beschreibt für die Wehrmachtshelferinnen einen ähnlichen Prozess: Maubach, Die Stellung halten, S. 45–69.

32 Zit. in: Alexijewitsch, Der Krieg hat kein weibliches Gesicht, S. 34; Akten der 1. OŽDSB zeigen allerdings, dass dieser Fokus auf die körperliche Gesundheit wohl nicht immer in den Musterungen vorhanden war bzw. sich die Armee um die Gesundheit ihrer Mitglieder nicht scherte. Bei der Formierung der Brigade mussten von den 7153 mobilisierten Frauen 387 wieder abkommandiert werden. Einige waren schwanger, andere hatten Grippe, Krätze oder Malaria. RGVA F. 38694, Op. 1, D. 19, L. 1, Bericht an das ZK des Komsomols über die Formierung des 1. OŽDSB vom 15. 11.–20. 12. 1942.

ihr das auch?‹ Bei dem Lehrgang, wissen Sie, hatte ein Militärarzt uns auch das beigebracht. Da sagten sie nichts mehr. […] [Letztendlich, kb] beschieden sie uns: ›Geht zurück und wartet. Eure Anfrage wird positiv entschieden werden.‹ Was waren wir glücklich.«[33]

An der Front angekommen erlebte Morosova aber zunächst wieder die gleiche Ablehnung. Vom Befehlshabenden sei sie angeherrscht worden, dass »hier Krieg […], kein Tanzboden« sei. Dennoch habe sie erst einmal »was Süßes zum Tee« angeboten bekommen.[34]

All diese Gründe – Körpergröße, Gesundheit, Waffenexpertise, Unabkömmlichkeit in der Familie und auf dem Feld bzw. an der Arbeitsstelle – mögen ihre Berechtigung gehabt haben. Dass sie aber allein bei den Frauen vorgebracht wurden, während die Männer umstandslos mobilisiert wurden, zeigt, dass die sowjetischen Behörden in der Regel andere Vorstellungen davon hatten, wo und wie Frauen der Sowjetunion zu dienen hatten: Sie sollten an der Heimatfront die Männer auf dem Feld und in der Fabrik freistellen. Dem entspricht die später aktiv betriebene Mobilisierung der Frauen, die nämlich erst stattfand, als die Wehrmacht schon vor den Toren Moskaus stand. Und selbst dann wurden die Frauen eher verhalten und nicht in der Öffentlichkeit mobilisiert. V. a. sollten sie auch jetzt noch die Männer auf rückwärtigen Positionen, also in der Etappe und nicht an vorderster Front, freistellen.[35]

---

33 Maria Morosova, zit. in: Alexijewitsch, Der Krieg hat kein weibliches Gesicht, S. 35.

34 Ebd., S. 36.

35 Krylova, Soviet Women in Combat, S. 101–140; Reese, Why Stalin's Soldiers Fought, S. 277–282. Bei Ivanova, Chrabrejšie iz prekrasnych, finden sich die Mobilisierungsbefehle im Anhang. Siehe auch die (späteren) Regularien zur Darstellung der Frauen in den Frontzeitungen: Diese sollten auf deren Heldentaten verweisen, aber nicht auf die Modalitäten der Rekrutierung. Befehl des Vertreters des Volkskommissariats für Verteidigung über […] »Regeln zur Wahrung des Kriegsgeheimnisses in der Presse der Roten Armee […]«, 15. 02. 1944, abgedruckt in: Russkij Archiv, Velikaja Otečestvennaja: Prikazy narodnogo kommissara oborony SSSR 1943–1945 gg., S. 253. Illustriert wird dies durch die Mobilisierungsplakate, die die Frauen bestenfalls als Sanitäterin in der »zweiten Reihe« zeigen: Snopkov (Hg.), Plakaty vojny i pobedy, passim. In den Darstellungen der Armeezeitung *Krasnoarmeec* finden sich ab 1942 auch bewaffnete Rotarmistinnen auf Kampfpositionen, aber immer in individualisierter Weise, nie in »Massenkampfszenen«.

In der Konsequenz mussten sich die wehrbereiten Frauen damit auseinandersetzen, dass den Entscheidungsträgern in den Rekrutierungsbüros noch viel Spielraum für ablehnende Bescheide blieb, zumal viele von diesen weiterhin den Vorstellungen einer funktionalen Geschlechtertrennung anhingen. Den Frauen schrieben sie familiäre Reproduktionsarbeiten zu und wollten sie als Arbeitskräfte im Land belassen, während sie die Landesverteidigung als alleinige Aufgabe für Männer sahen, unabhängig von deren Fähigkeiten. Denn, wie bereits beschrieben, spielte bei männlichen Soldaten wie Levka Rubinštein oder Boris Gorbačevskij die Waffenkundigkeit keine Rolle – weder bei Beginn der Ausbildung noch bei Ankunft an der Front –, und nach familiären Verpflichtungen wurden sie auch nicht gefragt.

Manche Frauen nahmen das Schicksal in die eigene Hand und flohen wie Asja Kekedžan quasi an die Front, indem sie sich als »blinde Passagierin« in die Truppenmobilisierungen schlichen oder aus der Etappe an die Front »desertierten«, wo sie darauf hofften, gemäß ihren Fähigkeiten eingesetzt zu werden.[36] Manches Mal befanden auch die Angehörigen, dass Frauen nicht an die Front gehörten. Dann galt es, die Eltern zu überzeugen oder auszutricksen, wenn diese im Gegensatz zu Galina Golofeevskajas Mutter ihre Töchter nicht aus dem Haus lassen und sie von ihren »Schnapsideen« abbringen wollten.[37]

Die Aufgabenverteilung zwischen den Geschlechtern, insbesondere was die Fürsorgepflichten für Familienangehörige betraf, konnte auch bei der Frage nach einer möglichen Demobilisierung von Frauen eine Rolle spielen – sowohl aufseiten der Armee als auch aufseiten der Betroffenen selbst. Relativ eindeutig war der Fall von E. I. Jakovleva. Sie hatte sich im Oktober 1942 freiwillig zum Dienst in der Roten Armee gemeldet, »um sich an den deutschen Schweinehunden dafür zu rächen, dass sie das Familienglück zerstört haben, für die Söhne, den Ehemann und die

36 NA IRI RAN F. 2, R. 10, Op. 7, D. 5, L. 1f., Interview mit der Sanitäterin Asja Kekedžan; Markova-Kadnevskaja, Idut po vojne devčata, S. 26; Jelena Jakovleva, Nina Višnevskaja und Taissija Rudnenko-Ševeleva, jeweils zit. in: Alexijewitsch, Der Krieg hat kein weibliches Gesicht, S. 56ff., 102, 219f.; RGVA F. 38694, Op. 1. D. 56, L. 60, Befehl der 1. OŽDSB, 07. 04. 1943; RGVA F. 38694, Op. 1. D. 43, L. 20, Schriftverkehr der 1. OŽDSB, 02. 06. 1943.

37 So z. B. Albina Gantimurova, zit. in: Alexijewitsch, Der Krieg hat kein weibliches Gesicht, S. 65; sowie NA IRI RAN F. 2, R. 10, Op. 7, D. 38, L. 3, Interview mit der Soldatin Nina Šinkarenko.

glückliche Heimat«.[38] Im September 1942 war sie aus Leningrad in das Gebiet Omsk evakuiert worden und hatte dabei den Kontakt zu ihrem vierjährigen Sohn verloren. Sie ging davon aus, dass er tot war. Jakovlevas jüngstes Kind war bei der Evakuierung gestorben, ihr Mann an der Front gefallen. Genau ein Jahr später, Jakovleva diente nun in der Frauenschützenbrigade, fand sie ihren Sohn bei einem Heimaturlaub im September 1943 bei ihrer altersschwachen Schwiegermutter wieder. Da sie keine weiteren Angehörigen hatte, die ihn in Obhut hätten nehmen können, holte sie das Kind einfach zu sich in die Einheit – und war somit Mutter und Soldatin. Ihr Vorgesetzter und der Befehlshaber des Stabes hielten die Anwesenheit eines Kindes im Wohnheim der Roten Armee jedoch für nicht tolerierbar. Sie beantragten die Entlassung von Jakovleva aus den Reihen der Roten Armee.

Bei Irina Dunaevskaja, die aufgrund ihres Geschlechts mit erheblicher Verzögerung eingezogen worden war, führte der Wunsch nach schneller Demobilisierung hingegen zu Konflikten. Als sie Ende März 1945 bei einem Heimatbesuch in Leningrad ihre Demobilisierung aufgrund ihrer Schwangerschaft beantragte, gab die Armeeführung ihrem Gesuch nicht statt: Als Offizierin stehe ihr erst acht Wochen vor dem Stichtag Mutterschaftsurlaub zu, sie müsse also zurück an die Front. Diese Regelung galt, wie Dunaevskaja selbst anmerkte, für einfache Soldatinnen nicht, da diese bei Schwangerschaft in der Regel vom Fleck weg demobilisiert wurden.[39]

Wohl wissend, dass ihre Einheit bei ihrer Rückkehr längst weitergezogen bzw. umgruppiert worden sein würde, setzte sich Dunaevskaja über diese Anweisung hinweg. Sie überzeugte einen Arzt, sie ins Krankenhaus einzuweisen, sodass sie im heimatlichen Gatschina (bei Lenin-

---

38 RGVA F. 38694, Op. 1, D. 22, Ll. 658–655, Anfrage an den Befehlshaber des Stabes des Moskauer Wehrkreises vom 05. 10. 1943 mit der Bitte um Demobilisierung von Jakovleva, in dessen Anhang sich ihr Brief mit Schilderung des Sachverhalts befindet.

39 Dunaevskja, Ot Leningrada do Kenigsberga, S. 356, 386. Schwangerschaft an der Front wird sonst in den Selbstzeugnissen nur für die »anderen« Frauen thematisiert. Denn das war ein Hinweis für eine Liaison mit einem Offizier oder ein Mittel, um der Front zu entfliehen: Malakhova, Four Years as a Frontline Physician, S. 197; Jasinskaja, Evgenija, Interview auf: Ženščiny-Pamjat'-Vojna, wmw.gender-ehu.org/Interviews.htm [23. 08. 2018]; Broekmeyer, Stalin, the Russians, and their War, S. 137.

grad) bleiben und niederkommen konnte. Ungeachtet dessen wurde ihr im Juli 1945, zwei Monate nach dem Sieg, eröffnet, dass sie als Übersetzerin bei der Armee unabkömmlich sei, nach Deutschland müsse, dort eine Wohnung und ein Kindermädchen bekomme und bis zur allgemeinen Demobilisierung zu bleiben habe. Dunaevskaja widersetzte sich erneut, denn sie war »*freiwillig* zur Armee gegangen, und jetzt, nach dem Sieg, *ist es mit meinem guten Willen vorbei* – ich will studieren, zurück an die Universität, ›als Zivilistin‹ auf meinen Ehemann warten«. Letztendlich konnte sie sich durchsetzen und sich allein der Mutterrolle und dem Broterwerb widmen.[40]

In anderen Fällen wendeten sich die Eltern der Rotarmistinnen an die Armee. Als begründet galt die Bitte um Demobilisierung insbesondere dann, wenn die Eltern, zumeist die Mütter, zu alt oder krank waren, um die Kinder der Rotarmistinnen oder sich selbst zu versorgen. In diesen Fällen konnte verfügt werden, die Frauen aus den mobilen Truppen in ihre Heimatorte zu versetzen und dort zu Diensten heranzuziehen. Manchmal ordneten die zuständigen Befehlshaber aber auch erst einmal die Überprüfung der familiären Umstände an und beschieden die Anträge negativ, wenn sie erfuhren, dass es in der Familie noch weitere arbeitsfähige Mitglieder gab.[41] Für wie viele Frauen insgesamt solche Anträge gestellt wurden und inwieweit sie tatsächlich den familiären Umständen im Heimatort oder nicht vielmehr dem Wunsch, die Mangel- und Konfliktgesellschaft Armee zu verlassen, geschuldet waren,[42] ist aus den einsehbaren Akten nicht zu eruieren, auch nicht das Verhältnis zwischen positiven und negativen Bescheiden. Für Männer bestand die Option, in ähnlich gelagerten Situationen Ansprüche auf Demobilisierung geltend zu machen, nicht.[43]

---

40 Dunaevskaja, Ot Leningrada do Kenigsberga, S. 388, 404 f. (Hervorheb. im Orig.).

41 RGVA F. 38694 Op. 1, D. 22, Ll. 97, 140, 438, 696, 756, 783, Schreiben aus dem Stab der 1. OŽDSB im Jahre 1943.

42 RGVA F. 38694 Op. 1, D. 46, L. 1, Bericht des Politotdels der 1. OŽDSB über den politisch-moralischen Zustand der Brigade in der Zeit vom 05. 01.–18. 04. 1944.

43 Zumindest sind entsprechende Anfragen in den Akten der *pogranpolki* nicht zu finden. Erst im Juli 1944 wird auf die Möglichkeit verwiesen, kurzfristigen Urlaub zu bekommen, etwa wenn enge Familienmitglieder im Sterben lagen. RGVA F. 32925, Op. 1, D. 514, L. 135, Befehl an die NKVD-Truppen [...], 03. 07. 1944.

Egal, wie die Konflikte letztlich ausgingen, sie zeigen, dass die sowjetischen Frauen trotz des genderpolitischen Aufbruchs in der Vorkriegszeit auch in der Zeit des Krieges mit konfligierenden Ansprüchen – auch den eigenen – konfrontiert waren. Die wahrgenommene staatsbürgerliche Aufgabe, die Sowjetunion militärisch zu verteidigen, stand oft im Gegensatz zu Fürsorgepflichten. Diese wurden immer wieder als Begründung angeführt, die Frauen entgegen ihrem Wunsch nicht zu mobilisieren, und führten bei mobilisierten Frauen zu Konflikten und Kritik. Die Rotarmistinnen mussten mit dieser Situation umgehen, indem sie hier oder da Abstriche machten. Denn der Staat konnte den Interessengegensatz zwischen ihrer Rolle als Fürsorgerin und als Staatsbürgerin, die für entsprechende Aufgaben heranzuziehen war, nicht auflösen.[44] Wenn er so drängend wurde wie in den geschilderten Fällen, mussten die betroffenen Frauen situativ abwägen und die zuständigen Behörden eine Einzelfallentscheidung treffen, die allzu oft auf den jeweiligen Eigeninteressen der Institution beruhte.

In der Konsequenz heißt das, dass die Kohorte der jungen, durch den Vorkriegsstalinismus für den staatsbürgerlichen Dienst motivierten Frauen im Krieg auf Umstände traf, die die Historiker_innen Carmen Scheide und Thomas G. Schrand bereits für die 1930er Jahre beschrieben und als die Ursache für den geschlechterpolitischen Backlash im Stalinismus ausgemacht haben: Gesteigerte politische Ansprüche an die Frauen als Arbeiterinnen bei völlig unzureichenden Arbeits- und Kinderbetreuungsbedingungen kollidierten mit der qua Geschlecht vorgenommen Festschreibung auf die Rolle der Fürsorgerin und ließen die Frauen mit den daraus folgenden Problemen und Konflikten allein.[45]

Die konfligierenden Ansprüche boten den Frauen mit dem Verweis auf ihre Fürsorgepflichten aber auch die Möglichkeit, individuelle Entscheidungen zu treffen. Im hier beschriebenen Kontext konnte dies ein Entkommen aus dem Krieg bedeuten, in den die Frauen aufgrund politischer Überzeugungen selbst hatten ziehen wollen, der sich aber weitaus schlimmer als erwartet gestaltete. Die Eigeninitiative, die in solch einem Handeln zum Ausdruck kommt, mag nicht allen Feministinnen progres-

44 Für die doppelte Belastung von Frauen als Arbeiterin und Mutter im Vorkriegsstalinismus: Schrand, The Five-Year Plan for Women's Labour.

45 Schrand, The Five-Year Plan for Women's Labour; Scheide, Kinder, Küche, Kommunismus.

siv erscheinen, sie ist jedoch ebenso als Ausdruck von Handlungsmächtigkeit zu bewerten wie die Selbstinszenierung der Frauen vor den Rekrutierungsorganen oder der Historikerkommission.[46]

Sich beweisen müssen

Geschlechterpolitischer Aufbruch und gleichzeitiger Backlash machten sich aber nicht nur in der Frage der Mobilisierung bemerkbar, sondern auch als ständiger Konflikt im Frontraum. Befehlshabende, die den Militäreinsatz der Frauen nicht wirklich wollten und dafür mehr oder weniger plausible Gründe fanden, sowie das Gros der männlichen Soldaten sorgten dafür, dass viele Rotarmistinnen immer wieder das Gefühl hatten, sich als Soldatinnen besonders beweisen zu müssen. Dies kommt nicht nur in den Narrativen vor der Historikerkommission zum Ausdruck, sondern insbesondere auch in späteren Erinnerungsberichten und Interviews.

Da viele Männer nicht wollten, dass die Frauen tatsächlich kämpften, wurden jene an der Front mitunter, wie z. B. die Scharfschützin Evgenija Markova-Kadnevskaja, in die hinteren Reihen gesteckt, sobald der aktive Kampf losging.[47] Oder es erging ihnen gar wie der ehemaligen Pionier-Zugführerin Stanislava Volkova:

> »Endlich bekamen wir den Einsatzbefehl. Ich wurde zu meinem Zug geführt ... Die Soldaten sahen mich an, manche spöttisch, manche sogar böse, mancher zuckte mit den Achseln – alles klar. Als der Kommandeur mich vorstellte, also, das ist euer neuer Zugführer, heulten alle los: ›Bu-u-hu‹. Einer spuckte sogar aus.«[48]

Dass solche Geschichten grundsätzlich stimmen, zeigen interne Dokumente der Frauenschützenbrigade. Dort waren die Verantwortlichen damit konfrontiert, dass die weiblichen Rekruten von männlichen Militärangehörigen mit »Grobheiten und physischer Gewalt« aus ihren Unterkünften vertrieben wurden.[49] Es ist verständlich, dass die Betroffenen über solche Erlebnisse vor der Historikerkommission lieber schwiegen oder sie gar als Ansporn umdeuteten. So erzählte die Parteifunktionärin Aleksandra Zacharova im Interview mit den sowjetischen Historikern:

---

46 Siehe dazu Wingfield/Bucur, Introduction, S. 16.

47 Markova-Kadnevskaja, Idut po vojne devčata, S. 26.

48 Zit. in: Alexijewitsch, Der Krieg hat kein weibliches Gesicht, S. 229.

49 RGVA F. 38694, Op. 1, D. 3, L. 16, Schriftverkehr der 1. OŽDSB, 22. 02. 1944.

»Ich verstand, dass ich mir den Platz eines Kommissars erkämpfen musste. Man durfte nicht schlechter, sondern musste besser sein als ein männlicher Kommissar. Und so wie sich die Partisanen mir gegenüber verhalten haben, habe ich gesehen, dass ich mit den mir übertragenen Aufgaben gut klarkomme.«[50]

Auch Galina Golofeevskaja gab sich mit jedem weiteren Interview vor der Kommission sicherer, dass die untergeordneten Kameraden sie akzeptierten:

»Ich habe mich bemüht, nicht mit Befehlen zu operieren, mit so wenig Befehlen wie möglich. Bei Aufgaben war ich in der ersten Gruppe. Die Leute wussten, dass ein Mädchen vorneweg geht, sie haben sich sehr gut mir gegenüber benommen. [...] Manchmal bin ich an der Kampflinie entlanggelaufen, habe gelacht, und man konnte mich als Mädchen nur am Lachen erkennen, und dann haben die Soldaten [der anderen Einheiten, kb] angefangen, Gemeinheiten zu sagen.«

Ihre Kameraden hätten sie dann verteidigt. Weil sie eben immer vorneweg gegangen sei, sei ihre »Autorität aber ständig gewachsen, und ich wurde nicht mehr daran erinnert, dass ich ein Mädchen war«.[51]

Liest man die Passage jedoch genauer, merkt man, dass es mit dieser Akzeptanz nicht allzu weit her gewesen sein kann. Zum einen musste Golofeevskaja als Frau auf andere Formen des Kommandierens als auf Befehle zurückgreifen, um sich Respekt zu verschaffen. (Welche das waren, sagt sie nicht.) Zum anderen erwiesen ihr nur die Kameraden ihres eigenen Zuges diesen Respekt. Wenn es zu Unternehmungen mit unbekannten Soldaten kam, waren die alten Ressentiments wieder da.

Golofeevskaja war also, ebenso wie die zuvor zitierten Frauen, in ihrer Position nicht wirklich anerkannt. Für sie und die anderen Rotarmistinnen war der Weg an die Front und durch den Frontraum ein Kampf gegen die Befehlshaber, die Kameraden und gegen sich selbst, in dessen Verlauf sie über sich selbst hinauswuchsen, hinauswachsen mussten. Dies unterstreichen nicht zuletzt symbolträchtige Bilder, wie zum Beispiel (rhetorische) Verweise auf Gewehre, die größer als die Frauen selbst

50 NA IRI RAN F. 2, R. 10, Op. 7, D. 58, L. 23, Interview mit der Partisanin Aleksandra Zacharova.

51 NA IRI RAN F.2, R. 10, Op. 7, D. 7b, Ll. 133 f., Interview mit der Aufklärerin Galina Golofeevskaja (1947).

waren,[52] oder Geschichten über das Weitermachen, obwohl ihnen an der Front anfangs das Blut aus Ohren und Nase gespritzt habe[53] – sie also körperlich auf die traumatisierenden und physisch anstrengenden Kriegserfahrungen reagierten.[54] Maria Morosova, die bereits erwähnte Scharfschützin, die so oft im Wehrkomitee abgelehnt wurde, berichtete im Interview, dass ihre Tarnung so gut gewesen sei, dass der zuständige Offizier beim Ablaufen des Geländes gar auf sie getreten sei. Er habe sie erst wahrgenommen, als sie vor Schmerz aufstöhnte.[55]

Ihren Erzählungen nach gewannen die Frauen diesen Kampf gegen sich selbst und wurden dafür belohnt. Mit Stolz nahmen sie die Verwunderung älterer Sowjetbürger darüber zur Kenntnis, dass nun auch Frauen kämpften.[56] Andere fanden Bestätigung in den ungläubigen Reaktionen und dem Hass der Deutschen. Sie waren sich sicher, dass es für diese ein »tödlicher Schlag« war, von einer Frau verwundet oder gar im Feld geschlagen zu werden.[57] Am 22. September 1943 schrieb die Panzerkommandantin Marija Oktjabr'skaja ihrem Neffen:

> »Ich sehe gerade aus dem Fenster diese jämmerlichen deutschen Kriegsgefangenen. Ich habe den kühnen Blick eines Panzersoldaten, sie wenden sich an mich: ›Soldat, gib' mir doch Machorka [Tabak, kb]‹, ich nehme den Helm ab, sie sehen den Kopf einer Frau. Ich sage zu ihnen: ›Schreib der Gertrude, dass du ein russisches Mariechen getroffen hast mit Pistole und Panzer.‹ [...] Ich habe Autorität und den Respekt meiner Umgebung, mehr als im Leben mit meinem Ehemann.«[58]

---

52 Olga Podwyšenskaja, zit. in: Alexijewitsch, Der Krieg hat kein weibliches Gesicht, S. 114.

53 Valentina Čudaeva, zit. in: ebd., S. 125.

54 Ob auch Männer diese Körperreaktionen zeigten, ist mangels Äußerungen in den Quellen nicht zu klären.

55 Zit. in: Alexijewitsch, Der Krieg hat kein weibliches Gesicht, S. 37. Siehe auch Olga Yerokhina Averjanova, zit. in: Noggle, A Dance with Death, S. 60; NA IRI RAN F. 2, R. 10, Op. 1, D. 8, Ll. 8–11, Interview mit der Scharfschützin Aleksandra Šljachova; sowie Rudneva, Poka stučit serdce, S. 15.

56 Apolina Lickevič-Bairak, zit. in: Alexijewitsch, Der Krieg hat kein weibliches Gesicht, S. 238.

57 NA IRI RAN F. 2, R. 10, Op. 7, D. 8, Ll. 6 f., Interview mit der Scharfschützin Aleksandra Šljachova.

58 Marija Oktjabr'skaja, zit. in: Jahn (Hg.), Mascha + Nina + Katjuscha, S. 202.

Für Oktjabr'skaja scheint der Krieg mehr bewegt und ermöglicht zu haben als die Vorkriegssituation: Sie sah sich als Speerspitze der sowjetischen Emanzipation. Irina Dunaevskaja verglich die Rolle der Rotarmistinnen mit der der »Blitzmädchen«, wie die Wehrmachtshelferinnen genannt wurden, in ihren Kriegstagebuchnotizen mehr als 50 Jahre später: »Bei ihnen [den Deutschen, kb] erlaubt man den weiblichen Soldaten [...] den Dienst nur 50 km (!) hinter der Frontlinie, das ist, unserer Meinung nach, im Hinterland.«[59]

Aus der Zusammenschau dieser Stimmen ergibt sich die Folgerung, dass sich diejenigen Frauen, die sich in die Rote Armee mobilisieren ließen, als Repräsentantinnen einer neuen, selbstbewussten und emanzipierten Kohorte an Frauen begriffen. Gleichzeitig offenbarten sich durch sie die inneren Widersprüche des Stalinismus: Zwar hatte der sowjetische Staat den Frauen ähnliche Rechte (und Pflichten) wie den Männern versprochen, jedoch seine Rechnung ohne die hergebrachten Geschlechterbilder und Vorstellungen der meisten seiner männlichen Repräsentanten und auch ohne die Klärung der Fürsorgeaufgaben gemacht. Letztere oblagen mangels Alternativen weiterhin den Frauen. Aufgrund dieser widerstreitenden Erwartungshaltungen kam es immer wieder zu Konflikten und für die Frauen nachgerade zum Zwang, sich immer wieder zu beweisen.[60]

Weiblichkeit im Krieg?

Kaum eine Darstellung der Rotarmistinnen kommt ohne den Verweis darauf aus, dass diese trotz ihrer neuen Rolle immer noch als feminine Wesen wahrgenommen werden wollten und universell geltende weibliche Attribute und Verhaltensweisen für sie weiterhin von Bedeutung waren.[61] An dieser Zuschreibung sind Zweifel angebracht, spätestens wenn man sich die Aussage von Galina Golofeevskaja ins Gedächtnis ruft, die darauf verweist, dass sie sich »Gemeinheiten« anhören musste, wenn Soldaten aus anderen Einheiten sie an ihrem Lachen als Frau er-

---

59 Dunaevskaja, Ot Leningrada do Kenigsberga, S. 207, siehe auch S. 179, 343.

60 Bereits im Vorkriegsstalinismus konnten diese Konflikte in pure Gewalt ausarten. Koenker, Men against Women.

61 Z. B. Krylova, Soviet Women in Combat, S. 269–289; Alexijewitsch, Der Krieg hat kein weibliches Gesicht. Diese Sicht ist letztlich problematisch, weil sie eine anscheinend ahistorische Wichtigkeit von Feminität für Frauen fortschreibt.

kannten – also deutlich macht, dass man sie besser nicht als Mädchen identifizierte.[62] Auch andere Rotarmistinnen distanzierten sich vor der Historikerkommission von allem, was als weiblich galt – sowie von anderen Frauen – und gesellten sich rhetorisch zu den Männern, deren Verhaltensweisen sie sich aneigneten.

Für Aleksandra Stepanova, die während des Krieges Parteiarbeit unter den weiblichen Armeeangehörigen betrieb, war das Überschreiten der Geschlechterrollen bereits im Vorkriegsstalinismus eine Voraussetzung für beruflichen Aufstieg. Sie hatte als Tischlerin in der Zeche eines metallurgischen Betriebs im Donbass gearbeitet. Auf diese Tätigkeit war sie sehr stolz:

> »Wenn ich zur Arbeit ging, hatte ich immer eine Leinenschürze, mit allen Tischlerwerkzeugen. [...] Alle schauten mir mit Neid hinterher: eine Frau als Tischler. Ich habe mit den Männern auf Augenhöhe gearbeitet. Sie haben mich mit Vergnügen in die Brigade geholt, weil ich meine Arbeit schnell erledigt habe.«[63]

Als die Fliegerin Klavdija Fomičeva aus dem zivilen Flugklub in das Regiment von Marina Raskova versetzt werden sollte und ihr gesagt wurde, dass es sich um ein rein weibliches handle, wollte sie zuerst nicht hin. Sie habe schließlich »immer zwischen Männern gearbeitet, ich wollte nicht unter Frauen arbeiten«.[64] Dementsprechend sahen sich die Soldatinnen, die Männeraufgaben übernahmen und sich nicht um Äußerlichkeiten scherten, oft den Frauen überlegen, die sich auch an der Front noch feminin gaben. Diesen Eindruck gewinnt man jedenfalls im Interview mit der Scharfschützin Nina Lobkovskaja: Sie berichtete der Historikerkommission, wie sie und die Kameradinnen, die »immer nass, dreckig, verlaust waren, da man schon seit Monaten nicht in der Banja gewesen war«, auf einem Tanzabend im Stab landeten:

---

62 NA IRI RAN F.2, R. 10, Op. 7, D. 7b, Ll. 133 f., Interview mit der Aufklärerin Galina Golofeevskaja (1947).

63 NA IRI RAN F. 2, R. 10, Op. 7, D. 43a, L. 3, Interview mit der Partisanin Aleksandra Stepanova.

64 NA IRI RAN F. 2, R. 1, Op. 233, D. 2, L. 3, Interview mit der Fliegerin Klavdija Fomičeva. In Nina Kosterinas Jugend in den 1930er Jahren war es ähnlich: Kosterina, Das Tagebuch, S. 17, 67; auch Nina Lugovskaja, die zwar keine Soldatin wurde, äußerte sich im Tagebuch ähnlich: Lugowskaja, Ich will leben, S. 136, 162, 304, 391 ff.

»Uns war es peinlich, dahin zu gehen. Da waren all die Mädchen vom Stab, in wollener, auf Figur genähter Kleidung, [...] und wir hatten immer das Gelächter. Naja, wir haben uns in Ordnung gebracht und sind auf den Tanzplatz gegangen. [...] Auf dem Tanzplatz hatten die Mädchen vom Stab den besten Platz, die Funkerinnen, aber als die Scharfschützinnen kamen, war der ganze Platz in unserer Hand. Die Funkerinnen, Krankenschwestern, die Stabsmädchen waren niemals an vorgeschobener Front gewesen, und wir hatten alle Aufmerksamkeit.«[65]

Bereits zu Beginn des Interviews hatte Lobkovskaja erzählt, dass sie in ihrer Jugend zu den Raufbolden gehört hatte, ähnlich wie die bereits zitierten Asja Kekedžan und Galina Golofeevskaja. Dementsprechend legten diese Frauen wohl auch während ihres Kriegsdienstes kein ausgesprochen damenhaftes Verhalten an den Tag. Die Rotarmistin Nina Šinkarenko schilderte der Historikerkommission, wie es war, wenn die jungen Frauen nach der Einberufung zusammen aufs Zimmer kamen, und

»jede über sich zu erzählen begann, woher man kam, wie man in der Armee gelandet sei. Man hat sich kennengelernt, zusammen angefangen zu rauchen. Nadjuša hat Papirossi organisiert. ›Los, ich fang an zu rauchen! Los, ich fang an zu rauchen!‹, [haben alle gerufen, kb]. Alle haben angefangen zu rauchen.«[66]

Andere Frauen begannen in der Armee zu fluchen, wie die Scharfschützin Aleksandra Šljachova allerdings durchaus kritisch berichtete. Ebenfalls im Interview mit der Kommission stellte sie das erste Gefecht als einen Initiationsritus dar, nach dem

»die Mädchen begannen, das Leben leichter zu nehmen. Das war für mich ein schwerer Schlag. Sie wurden vulgär. Das Abstoßendste war für mich, und ich denke für jeden anderen auch, von den Mädchen *mat* [Flüche, kb] zu hören. Das war sehr schwer für mich. Es passierte, dass ich sie herausrief und ihnen sagte: ›[...] Warum fluchst du?‹ Und du fängst an, mit ihnen zu reden. Doch das hilft nur, so-

65 NA IRI RAN F. 2, R. 10, Op. 1, D. 7a, L. 6 v., Interview mit der Scharfschützin Nina Lobkovskaja.

66 NA IRI RAN F. 2, R. 10, Op. 7, D. 38, L. 3, Interview mit der Soldatin Nina Šinkarenko.

lange du redest. […] Die Mädchen waren irgendwie dreckig, in Hosen, nicht eine war im Rock. Aber alle waren lustig, ungeniert.«[67]

Andere Frauen tranken oder neigten zum gleichen Machtmissbrauch, wie es bereits in Bezug auf die Männer geschildert wurde und wie es einschlägige Befehle zur Disziplinierung der Frauenschützenbrigade zeigen.[68] Manche wünschten sich gar, dass die geschlechtliche Transgression auch sichtbar sein möge: So konstatierte der weibliche Feldwebel bei der Flak außer Dienst Klara Tichonovič in einem Interview der Perestroika-Jahre: »Ob wir an der Front sein wollten wie die Männer? Die erste Zeit sogar sehr: Wir ließen uns die Haare ganz kurz schneiden, veränderten sogar unseren Gang.«[69] Habituelle Aspekte des Männlichen waren für sie, zumindest in dieser Aussage, hegemonial.[70]

Doch für Tichonovič waren solche Attitüden letztlich nur eine anfängliche Verwirrung. Sie führte weiter aus:

> »Aber dann nicht mehr, o nein! Dann wollten wir uns schminken, sparten uns den Zucker vom Mund ab und benutzten ihn lieber als Haarfestiger. Wir waren glücklich, wenn wir einen Kessel Wasser auftreiben konnten und uns die Haare waschen. Bei langen Fußmärschen suchten wir uns weiches Gras. Wir haben es ausgerissen und uns damit […] die Beine abgerieben. Uns mit dem Gras gewaschen. Wir hatten schon unsere Eigenheiten, wir Mädchen.«[71]

Aussagen dieser Art überwiegen in den Interviews mit ehemaligen Rotarmistinnen, die in den 1980er bis 2000er Jahren gesammelt wurden. Hier häufen sich Beschreibungen eines Handelns, mit dem eine Distanz zur vermeintlichen Männerwelt von Dreck und Tod akzentuiert wurde.

---

67 NA IRI RAN F. 2, R. 10, Op. 7, D. 8, Ll. 8 ff., 13 f., Interview mit der Scharfschützin Aleksandra Šljachova. Sie stand damit auch für die neue (Körper-)Kultur des Stalinismus: Baberowski, Der rote Terror, S. 99 f.

68 RGVA F. 38694, Op. 1, D. 57, Ll. 13, 26, 40, Befehle für die 1. OŽDSB, 28. 01., 15. 02. und 01. 03. 1944.

69 Zit. in: Alexijewitsch, Der Krieg hat kein weibliches Gesicht, S. 214; siehe auch CMAMLS F. 140. Op. 1, D. 134, L. 1, Brief der Soldatin Ženja an ihre Tanzlehrerin 11. 08. 1944.

70 Thomas G. Schrand hat bereits für den Vorkriegsstalinismus eine symbolische Überhöhung der männlichen Geschlechterrolle (in der Propaganda) konstatiert. Schrand, Socialism in One Gender. Zum gleichen Ergebnis kommt auch John Haynes, New Soviet Man, mit Blick auf das Kino der Stalinjahre.

71 Zit. in: Alexijewitsch, Der Krieg hat kein weibliches Gesicht, S. 214.

Mit oft anekdotischen Details schilderten die Frauen, wie sie einen »weiblichen Touch« in die Armee gebracht hätten, da sie in der Hungergesellschaft der Roten Armee Zucker für die Haarpflege aufsparten oder mit Eiern ihre Stiefel zum Glänzen brachten,[72] also einen Teil ihrer Armeezeit der Schönheitspflege widmeten und dafür sogar bitter benötigte Ressourcen verschwendeten. Andere Frauen machten in ihren Erzählungen deutlich, dass sie während des Krieges allen Umständen zum Trotz weiter singen wollten oder gar ihre Gewehre mit Blumen schmückten.[73] Und wiederum andere gaben zu Protokoll, dass sie im Kugelhagel am meisten Angst vor verirrten Mäusen gehabt hätten, die sich irgendwo versteckt hatten und raschelten.[74]

Teilweise unterstrichen die Frauen ihre weibliche Natur noch, indem sie auf deren positiven Einfluss auf die männlichen Kameraden verwiesen. So hätten sich die Männer in der Gegenwart von Frauen weniger brutal gegeben und nicht geflucht, für die Frauen Seife erbeutet oder Schuster und Friseure kommen lassen, gar das Rauchen aufgegeben, um für sie auf dem Schwarzmarkt Lederstiefel zu erstehen, in denen sich diese dann die Füße abfroren.[75]

Fasst man die Aussagen von einigen Veteraninnen aus den Wendejahren zusammen, kann man zu dem Schluss kommen, dass die Männer die femininen Eigenheiten der Frauen honorierten. Laut der ehemaligen Sekretärin in der politischen Einheit einer Schützendivision, Tat'jana Kurilenko, war es das Lächeln, das die besondere, sogar von den Männern eingeforderte Leistung der Frauen an der Front ausmachte. So habe sich sogar der Kommandant mit den Frauen getroffen, um folgende Anweisung auszugeben,

> »wie wir ihnen [den Männern, kb] beim Überleben helfen sollten. Wir sollten [ihre, kb] Laune heben. Niemals sollten wir selbst flennen, egal, wie schlecht es dir auch geht. Wir sollten immer mit einem

---

72 Stanislava Volkova, zit. in: Alexijewitsch, Der Krieg hat kein weibliches Gesicht, S. 207; siehe auch Markova-Kadnevskaja, Idut po vojne devčata, S. 8.

73 Tamara Davidovič und Klavdija Terechova, zit. in: Alexijewitsch, Der Krieg hat kein weibliches Gesicht, S. 77, 80.

74 Uranova, Četyre goda v šineli, S, 26; Davydjuk, Cvety v porochovom dymu, S. 132.

75 Verschiedene Zitate in: Alexijewitsch, Der Krieg hat kein weibliches Gesicht, S. 130, 209; 104 f. (siehe auch Noggle, A Dance with Death, S. 56 f., 81). Für vom Munde abgesparte Lederstiefel: Davydjuk, Cvety v porochovom dymu, S. 134.

Lächeln sein, wir sollten sie immer anlächeln, wir sollten sie unterstützen. Und natürlich, die Frau hat eine große Rolle gespielt, denn das ist immerhin eine moralische Unterstützung.«[76]

Kurilenko wurde laut eigener Aussage in dieser Funktion respektiert, zumal sie den Soldaten auch gerne mal die Kleidung flickte. Auch die Sanitäterin Tat'jana Atabek übernahm die Rolle der Unterstützerin. In ihrem Tagebuch notierte sie: »Ich beruhigte sie alle [die Verwundeten, kb], wie mich meine Mutter beruhigt hat, als ich krank und klein war.«[77]

Die Scharfschützin Evgenija Markova-Kadnevskaja akzentuiert ihren spezifisch weiblichen Beitrag zur Atmosphäre an der Front über die (rhetorische Figur der) Deutschen. Sie verweist nicht darauf, wie schamvoll und überraschend es für diese gewesen sein muss, von Frauen bekämpft zu werden, streicht also nicht die eigenen soldatischen Fähigkeiten heraus, sondern stellt ganz andere Reaktionen auf die Rotarmistinnen in den Mittelpunkt: Ihrer Erinnerung zufolge verlangten die Deutschen eines Tages, dass die Rote Armee ihnen die Mädchen überstelle, da sie so schön sängen, und warfen dann aus Frust mit Minen. Ihr Kommandeur habe den Frauen daraufhin das Singen verboten – es könne schließlich jemand verletzt werden. Der Beitrag der Frauen, den laut Markova-Kadnevskaja auch die Deutschen sahen, war also nicht militärischer, sondern vielmehr atmosphärischer Natur.[78]

Und auch auf anderen Ebenen blieb in Markova-Kadnevskajas Einheit eine geschlechterbedingte Aufgabenteilung bestehen: Die Aufklärer hätten den Frauen »was Süßes« besorgt und diese, die Scharfschützinnen(!), ihnen im Gegenzug Handschuhe und Tabakbeutel genäht.[79] Wie Kurilenko und Atabek praktizierten diese Frauen an der Front neben dem Schönheitshandeln auch ein fürsorgerisches Handeln und schufen Geborgenheit, um sich als Frauen zu präsentieren – und das wurde von den Männern honoriert.

In der Zusammenschau illustrieren diese Aussagen eine deutliche Akzentverschiebung im Laufe der Nachkriegsdekaden. Während sich in den Interviews der Historikerkommission während des Krieges nur

76 Kurilenko, Tat'jana, Interview auf: Ženščiny-Pamjat'-Vojna, wmw.genderehu.org/Intervews.htm [23. 08. 2018].

77 Atabek, Oždanije sčast'ja, S. 7.

78 Markova-Kadnevskaja, Idut po vojne devčata, S. 21.

79 Ebd., S. 24.

Stimmen finden, die sich von allzu weiblichem Verhalten an der Front abgrenzten, offenbart sich insbesondere bei den von Swetlana Alexijewitsch gesammelten Interviews ein anderes Bild, das stellvertretend für Aussagen von Veteraninnen der Perestroika-Jahre zu sehen ist: Hier, Jahrzehnte nach dem Kriegseinsatz, akzentuierten die Frauen v. a. ihr weibliches Handeln an der Front, zu dem Schönheitshandeln und für sorgerisches Handeln gehörte, was also nicht mehr allzu weit von den Fürsorgepflichten entfernt war, die ihnen der stalinistische Staat, insbesondere mit seinen familienpolitischen Vorgaben, antrug. Nur dass sie sich hier nicht um ihre Kinder kümmern sollten, sondern um die Kameraden.

Die Diskrepanz in den Äußerungen wurde bislang historiografisch nicht aufgearbeitet. Worin liegt sie begründet? Man könnte die Antwort in individuellen Präferenzen vermuten: Durch Zufall mochten es eher die burschikoseren Frauen gewesen sein, die der Historikerkommission Bericht erstatteten, wohingegen die feminineren Frauen in den Gesprächen mit Swetlana Alexijewitsch und anderen von ihrer Kriegszeit erzählten. Oder man könnte auf den Kontext der Interviews verweisen: Vor den staatlichen Historikern präsentierten sich die Frauen besser als Verfechterinnen des Vorkriegsstalinismus und ließen lieber keinen Zweifel an der hart erkämpften Mobilisierung aufkommen; im Gespräch mit einer anderen Frau im Zuge der Perestroika in einem eher privat anmutenden Interviewsetting erzählte es sich jedoch besser von Blumen und Gesang. Eine andere Erklärung betrifft den Zeitpunkt der Aussagen: Vielleicht hatten die vor der Kommission burschikos auftretenden Frauen auch einfach noch nicht ihre anfängliche Rollenverwirrung bemerkt und würden diese jedoch, wie Tichonovič in ihrer Rückschau auf die Kriegsjahre, später realisieren. Wer über solche Spekulationen hinauskommen will, muss genau hinschauen. Einen ersten Ansatz bietet das bereits zitierte Interview mit Klara Tichonovič. Noch deutlicher als Aleksandra Šljachova verwies sie darauf, dass der männliche Habitus, den sich die Frauen an der Front aneigneten, nicht überall auf Zustimmung stieß. Sie erzählte Swetlana Alexijewitsch nämlich auch, wie sie sich nach dem Krieg für ihren Militärdienst rechtfertigen musste und ihre Weiblichkeit infrage gestellt wurde:

> »Man hat mir Sachen hinterhergerufen … Worte … Schwer wie Steine … So was wie: Das war doch ein männlicher Wunsch – in den Krieg zu ziehen. Ihr wart doch irgendwie nicht normal. Keine rich-

tigen Frauen. Nicht ganz vollwertig ... Nein! Nein!, das war ein menschlicher Wunsch. Es war Krieg, ich lebte ein ganz normales Leben ... Ein Mädchenleben.«[80]

Es ist gut möglich, dass Tichonovič, so wie die anderen Rotarmistinnen, die ihre Weiblichkeit betonten, diesen »Worten wie Steine« etwas entgegenstellen wollte. Beschimpfungen der Rotarmistinnen waren in den Kriegs- und Nachkriegsjahrzehnten weit verbreitet. In anderen Quellen finden sich Beschreibungen mit eindeutig ausgrenzendem Inhalt sowie die Beschimpfung als »Fronthure«.[81] Teilweise kamen die Vorwürfe (oder ein entsprechendes Verhalten) sogar von anderen Frauen, die sich auf diese Weise wohl nicht zuletzt einen Vorteil in der verschärften Konkurrenz um einen der wenigen ehefähigen Männer verschaffen wollten: Beim Zensus 1959 überragten die Frauen im Alter von 30 bis 69 Jahren die Männer in derselben Altersstufe um satte 18 Millionen, in manchen Dörfern kamen 100 Frauen auf 28 Männer, Invaliden eingerechnet.[82]

Tichonovičs Aussage verweist damit auf eine Problematik, die beim Schreiben über Weiblichkeit (oder Männlichkeit) im Frontalltag berücksichtigt werden muss: Sprachliche Äußerungen sind Handlungen, mit

---

80 Zit. in: Alexijewitsch, Der Krieg hat kein weibliches Gesicht, S. 214.

81 Malakhova, Four Years as a Frontline Physician, S. 215, 218; Drabkin, Predislovie, S. 11, 14. Diese Diskriminierungen waren so häufig, dass sich Einzelne (oder Zeugen dieser Beschimpfungen) gar an die sowjetischen Autoritäten wendeten. Begleitender Bericht des Vertreters des Leiter der GlavPURKKA Kudrin und Vortragsnotizen des Assistenten des Leiters der politischen Abteilung Vlasov über die Stimmung der demobilisierten Rotarmistinnen vom 28. 09. 19945, abgedruckt in: Petrova, Ženščiny, S. 288–292. Weitere Aussagen von Betroffenen in: Alexijewitsch, Der Krieg hat kein weibliches Gesicht, S. 29, 267, 341. Siehe auch Nikonova, Das große Schweigen, S. 191; Fieseler, Der Krieg der Frauen, S. 16 ff.; Köbberling, Das Klischee der Sowjetfrau, S. 118. Auch die ehemalige Partisanin Sofija Domant machte solche Erfahrungen. Sie wird zitiert in: Kirilina/Schnegg, »Als alle an die Front gingen, ging ich auch«, S. 26.

82 Für die demografischen Angaben: Nakachi, Population, Politics and Reproduction, S. 23; Zubkova, Die sowjetische Gesellschaft nach dem Krieg, S. 365 f.; Savčenko, Nikolaj, Podrobno o poterjach Velikoj Otečestvennoj. Ne v odnoj strane voennye poteri ne priveli k takomu narušenie polovych proporcij, kak v SSSR, in: *Demoskop weekly* (online), 17.–30. 06. 2013, http://demoscope.ru/weekly/2013/0559/tema02.php [23. 08. 2018]. Die sowjetische Regierung versuchte, sich der Situation administrativ anzunehmen: Das Ehegesetz von 1944 entband die Männer von ihren Pflichten gegenüber ihren Ehefrauen und Kindern. Kopelew, Aufbewahren für alle Zeit, S. 86.

denen die Sprecher nicht nur Faktisches – im Falle von Erinnerungen: Gewesenes – benennen, sondern sich im Moment der Äußerung auch selbst positionieren wollen. Viele Rotarmistinnen wurden erst Jahrzehnte später über ihren Fronteinsatz und dabei explizit auch zu ihrem Frausein beim Militär befragt. Da sie zu diesem Zeitpunkt wohl schon die eine oder andere Diskriminierung erlebt hatten, muss bei jedem Erinnerungsbericht gefragt werden, was in der Erzählung über die Selbstpositionierung als Frau an der Front und das damit verbundene Handeln überwiegt: die faktische Auskunft darüber, an der Front »weiblich« gehandelt zu haben, oder die zeitgenössische, also spätere Selbstpositionierung als jemand, der schon immer feminin gehandelt haben, feminin gewesen sein will, sich also gegen Vorwürfe, eben jenes nicht getan zu haben, wehrt.

Um zu überprüfen, inwieweit das »weibliche Handeln«, von dem die ehemaligen Rotarmistinnen in der Rückschau berichten, »nur« ein rhetorisches Resultat der Nachkriegserfahrungen war oder nicht doch bereits im Frontalltag von Relevanz gewesen sein könnte, soll dieser im Folgenden noch einmal in Hinblick auf geschlechtsspezifische Besonderheiten für die wenigen Frauen in der Roten Armee beschrieben werden.

Der Frontalltag für Frauen

Frauenspezifische Entbehrungen

Grundsätzlich gilt, dass der Alltag für die Frauen an der Front genauso hart war wie für die Männer. Wie diese erlebten sie die körperlichen und psychischen Strapazen des Krieges und dessen mühevollen, oftmals gleichförmigen Tagesabläufe ohne Schlaf. Sie waren der gleichen Angst, dem Stress und den möglichen gefechtsbedingten Versehrungen ausgesetzt. Die Soldatinnen in den Gefechtslinien setzten wie die Männer die Kriegsgewalt um, und die Krankenschwestern, Köchinnen und Wäscherinnen arbeiteten in den Lazaretten, operierten und verbanden oder wuschen und kochten, bis sie vor Erschöpfung fast umfielen. Allerdings waren die Frauen wohl etwas weniger auf das Frontgeschehen vorbereitet: Denn während die meisten Männer bereits in den Ausbildungslagern einen Vorgeschmack auf militärische Disziplin, Willkür und das Überleben unter Bedingungen des Mangels bekommen hatten, wurden die Lehrgänge der Frauen, die nicht für Elitepositionen ausgebildet wurden, oftmals in Form von Abendkursen in der Heimatstadt durchgeführt, sodass die Rekrutinnen tagsüber ihr ziviles Leben weiterführen konnten. Insofern war der Gegensatz zwischen Zivilleben und Fronterfahrung für sie noch unvermittelter. Außerdem hielt die Mangelgesellschaft der Roten Armee einige Besonderheiten für ihre weiblichen Angehörigen bereit, wie insbesondere die Interviews der Wendejahre deutlich machen.

Zu schlechtem bis gar keinem Essen, einer inakzeptablen Unterbringung sowie fehlender Ausrüstung und Bekleidung v. a. in kleineren Frauengrößen[83] kam, dass sich die Rotarmistinnen den Notwendigkeiten der monatlichen Hygiene stellen mussten. Wie bei so vielem anderen versäumte es die Rote Armee auch hier, sich der Bedürfnisse der Frauen institutionell anzunehmen.[84] Wenn die Frauen nicht wie Galina Golofeevskaja von ihren erfahrenen Müttern vor der Mobilisierung entsprechend ausgestattet worden waren, bescherte ihnen »die Frauensache« Momente der Hilflosigkeit und der Scham. Letztere trieb einige so weit, sich ihrer Blutung wegen in einem Fluss zu waschen, obwohl sie gerade dort gute Zielscheiben für die Deutschen abgaben.[85] Die Sanitäterinnen und Krankenschwestern konnten sich wenigstens noch mit dem allerdings ebenfalls rar gesäten Verbandsmaterial behelfen, was die ehemalige Funkerin Maja B. im Hinblick auf die unterschiedlichen Ausgangsbedingungen im Interview durchaus kritisch vermerkte.[86] Aber selbst wenn die Frauen Binden oder Lappen hatten, war es im Alltag nahezu unmöglich, diese regelmäßig zu waschen.[87]

---

83 Der Punkt der fehlenden und mangelhaften Frauenuniformen wird immer wieder betont, allerdings gab es auch Männer, die in zu großen oder kleinen Uniformen herumrannten: Rubinštejn, Ispoved' sčastlivogo al'pinista, S. 10.

84 Gorochova, Zoja, Interview auf: Ženščiny-Pamjat'-Vojna, wmw.gender-ehu.org/Interviews.htm [23. 08. 2018]. Am 11. 04. 1943 beschloss das NKO, die Normen für Seife um 100 Gramm im Monat für die Frauen anzuheben. Befehl über die Erhöhung der Seifennorm für weibliche Militärangehörige, 11. 04. 1943, abgedruckt in: Russkij Archiv, Velikaja Otečestvennaja: Prikazy narodnogo kommissara oborony SSSR 1943–1945 gg., S. 115.

85 Anonyme Soldatin, zit. in: Alexijewitsch, Der Krieg hat kein weibliches Gesicht, S. 22.

86 Das Interview mit B. habe ich am 14. 06. 2006 in Voronež geführt. Siehe auch Malakhova, Four Years as a Frontline Physician, S. 197.

87 Saida Savarova zit. in: Kirilina/Schnegg, »Als alle an die Front gingen, ging ich auch«, S. 71.

Solche und ähnlich unangenehme Momente stellten sich für die Frauen aber nicht nur einmal im Monat ein, sondern waren allgegenwärtig.[88] Laut der Ärztin Vera Malachova und der Soldatin der Nachrichtenübermittlung Ksenija Z. waren sie bei Hygiene, Körperpflege oder dem Toilettengang fast immer auf die »Kooperation« der männlichen Kameraden angewiesen. Sie mussten darauf warten, dass die Männer den Raum verließen, sich umdrehten oder ihnen mithilfe aufgehaltener Mäntel Sichtschutz boten, da es an Latrinen und (getrennten) Waschgelegenheiten mangelte, erst recht auf den tagelangen Märschen.[89] Es lag in der Verantwortung der Männer bzw. der Offiziere, ob ein kameradschaftliches Verhalten zustande kam, ob den Frauen über feixende Kommentare oder Ähnliches ihre missliche Lage vor Augen geführt oder diese gar handfest ausgenutzt wurde. In den Interviews der Historikerkommission versuchten die Frauen jedoch, nicht ins Jammern zu fallen, wie man bei der Scharfschützin Aleksandra Skripočkina heraushören kann:

> »Sehr schwer war es während der Menstruation. Keine Binden, nirgends eine Waschgelegenheit. Die Mädchen haben dem Komsomol-Vertreter der Division Bescheid gesagt. Er hat dann dem San.-Istruktor vorgeschlagen, so viele Binden und Watte wie nötig auszuteilen. Die Märsche waren auch anstrengend, aber das mussten wir durchstehen. Auf einem dieser Märsche konnte ein Mädchen wirklich nicht mehr laufen. Wir haben sie auf eine Kanone gesetzt, und sie ist auf ihr gefahren. Man muss einen Ausweg finden. Bei einigen ist die Menstruation von Schmerzen begleitet. Aber du kannst dem Bataillonskommandanten nicht sagen, dass du deswegen nicht auf die Jagd gehst. Das heißt, du musst die Zähne zusammenbeißen [...]. Es war auch schlecht mit dem Baden, daher wurde uns ein eigener

---

88 Markova-Kadnevskaja, Idut po vojne devčata, S. 31. Inwieweit dies auch für die 1. OŽDSB, die erste Freiwillige Frauenschützenbrigade, gilt, lässt sich aus den Akten nicht rekonstruieren.

89 Vera Malakhova berichtet, wie die Männer sie »retteten«. Malakhova, Four Years as a Frontline Physician, S. 197. Das Gespräch mit Z. fand am 11. 05. 2006 in Voronež statt. Zumindest die Verantwortlichen der 1. OŽDSB waren sich dieser Probleme bewusst und versuchten, Abhilfe zu schaffen. RGVA F. 38694, Op. 1, D. 29, L. 24, Undatierter Bericht über die politische Parteiarbeit der 1. OŽDSB.

Badetag ermöglicht, sodass wir unsere Wäsche selbst waschen konnten […] und uns.«[90]

Möchte man aus Beschreibungen dieser Art allgemeingültige Aussagen über die Rote Armee ableiten, so ließe sich konstatieren, dass die Frauen als Frauen von (einzelnen) Männern abhängig und damit strukturell unterlegen waren. Schließlich waren sie es, die sich (Sicht-)Schutz suchen mussten oder den Blicken und Kommentaren der Männer ausgesetzt waren. Im Akt des Bittens kommunizierten die Frauen diese Abhängigkeit, und die Männer konnten sie gegebenenfalls sogar noch mit Galanterie untermauern, indem sie ihnen Seife und Watte abgaben, diese für sie »erbeuteten« oder Friseure kommen ließen, wie sich einige Frauen erinnerten.[91]

Sexuelle Gewalt in der Roten Armee

Die ungleichen Geschlechterverhältnisse zwischen den wehrpflichtigen Männern und Offizieren einerseits und den in die »Männerbastion« Armee eindringenden Frauen andererseits erschöpften sich nicht in diesen Entbehrungen und Abhängigkeiten. Der wohl größte und wichtigste Unterschied zwischen den Fronterfahrungen der Frauen und denen der Männer waren die sexuellen Belästigungen und Nötigungen, die die Frauen vonseiten vieler Kameraden und insbesondere der Offiziere zu erleiden hatten. Denn diese erwarteten, dass die Frauen ihre Bedürfnisse befriedigten – und zwar über ein Lächeln und das Besticken von Tabakbeuteln hinaus.

Als zeitgenössische Quellen verweisen insbesondere die Akten der Frauenschützenbrigade und der *pogranpolki* auf Zustände ständiger sexueller Bedrängung in der Roten Armee. Sie sind voll von Berichten über disziplinarische Maßnahmen in Bezug auf Kommandeure, die Untergebene zur sogenannten *sožitel'stvo* zwangen. *Sožitel'stvo* als Aktenbegriff

---

90 NA IRI RAN F. 2, R. 10, Op. 7, D. 2a, L. 6 ff., Interview mit der Scharfschützin Aleksandra Skripočkina. »Jagd« meint in der Regel Tätigkeiten der Aufklärer, die losgeschickt wurden, um eine »Zunge«, also einen deutschen Soldaten, zwecks Informationsbeschaffung, zu finden.

91 Kurilenko, Tat'jana, Interview auf: Ženščiny-Pamjat'-Vojna, wmw.gender-ehu.org/Intervews.htm [23. 08. 2018]; Saida Safarova und Vera Klepikova, zit. in: Kirilina/Schnegg, »Als alle an die Front gingen, ging ich auch«, S. 33, 68; Sinajda Epštejn, zit. in: Alexijewitsch, Der Krieg hat kein weibliches Gesicht, S. 209.

meint dabei, wörtlich übersetzt, das Zusammenleben eines Paares ohne Trauschein, also eine »wilde Ehe«. Eine solche konnte es zwischen Offizieren und Untergebenen geben. Sie wurde, soweit aufgedeckt, offiziell gerügt – unabhängig davon, ob die Dauer der Liaison mehrere Monate oder wenige Stunden betrug (und damit ein Euphemismus für Vergewaltigung war), ob sie mit Nötigung oder Waffengewalt einherging oder ob sie mit dramatischen (Eifersuchts-)Streitereien endete.[92] Laut den Akten der *pogranpolki* war die *sožitel'stvo* in einzelnen Truppenteilen ein normales Phänomen und wurde auch deshalb sanktioniert, weil sie die Frauen von ihren Pflichten abhielt und zur Verbreitung von Geschlechtskrankheiten oder zu Eifersuchtstragödien führte.[93] Die genaueren Umstände einer solchen wilden Ehe innerhalb der Frauenschützenbrigade werden aus den Dokumenten nicht immer deutlich, es bleibt unklar, ob es sich im jeweiligen Fall um eine konsensuale Verbindung, die Vergewaltigung einer Untergebenen oder um eine Art Zwangsehe mit dieser handelte.

Detailliert beschrieben wird die »Überzeugungsarbeit«, die mit dem Erzwingen einer sexuellen Liaison einherging, in einem Untersuchungsbericht aus dem Verfahren gegen den Militärstaatsanwalt der Südwestfront Blaubert. Dieser ließ sich – nicht nur in betrunkenem Zustand – Frauen rufen, die ihm von seinem Fahrer gebracht wurden und über Nacht blieben, um im Anschluss in den versprochenen Urlaub kutschiert zu werden. Zu einer Frau, die sich zunächst weigerte, soll er gesagt haben:

---

92 RGVA F. 38694, Op. 1, D. 22, L. 687, Schriftverkehr der 1. OŽDSB, 08. 11. 1943; RGVA F. 38694, Op. 1, D. 7, Ll. 141, 268 Befehle für die 1. OŽDSB, 14. 05 und 25. 08. 1943; RGVA F. 32905, Op. 1, D. 264, L. 32, Bericht über politisch-moralischen Zustand, Disziplin und Parteiarbeit in der 2. Ukrainischen Front für die Zeit vom 01. 07.–30. 09. 1944.

93 RGVA F. 32925, Op. 1, D. 507, Ll. 24 f., Schriftverkehr der politischen Abteilung und der Befehlshaber der Weißrussischen Front, 22. 10. 1943; RGVA F. 32925, Op. 1, D. 514, L. 325, Befehl an die NKVD-Truppen […], 18. 09. 1944; RGVA F. 32925, Op. 1, D. 525, Ll. 136 f., Schriftverkehr der politischen Abteilung der NKVD-Truppen […], 05. 05. 1945; RGVA F. 32905, Op. 1, D. 516, L. 288, Vortrag über den politisch-moralischen Zustand, den Zustand der militärischen Disziplin und die Parteiarbeit in NKVD-Truppen […], 13. 10. 1944; RGVA F. 32925, Op. 1, D. 761, Ll. 49 f., Schriftverkehr der Parteikommission, 18. 03. 1944; RGVA F. 32905, Op. 1, D. 239, L. 65, Urteil des Ehrgerichtes der Offiziere der NKVD-Truppen […], 13. 09. 1943; RGVA F. 32905, Op. 1, D. 240, L. 139, Befehl an die NKVD-Truppen […], 07. 05. 1944.

»Du gefällst mir, ich bin am Verzweifeln wegen deiner Einstellung mir gegenüber. […] Wenn du mit mir lebst, wirst du alles haben, auch einen Orden in naher Zukunft. Ich kann alles tun. Wenn du nicht das tust, was ich will, wische ich dich vom Gesicht der Erde, das hast du dir dann selbst zu verdanken. Hier, Vera […], die hört in allem auf mich, die ist nicht so aufmüpfig wie du, und das wird mit teuren Geschenken honoriert, bald hat sie einen Orden.«[94]

Ein Bericht aus den Akten der *pogranpolki* benennt auch detailliert die Gewalt, die innerhalb dieser Beziehungen stattfinden konnte: Der Befehlshaber eines Stabs, verheiratet und mit Kindern, hatte eine dauerhafte Affäre mit der Frau aus der Kleiderkammer, die auch noch von ihm schwanger geworden war und abgetrieben hatte. Als sie von seinen bereits bestehenden familiären Bindungen erfuhr, beendete sie das Verhältnis, da sie seine Familie nicht zerstören wollte. Vermutlich wegen dieser als Kränkung empfundenen Entscheidung tauchte er daraufhin betrunken auf ihrem Posten auf, lud sie zu sich ein und verprügelte sie, als sie ablehnte. Insgesamt, so das Protokoll der Parteisitzung, auf der sein Fall verhandelt wurde, habe er sie mindestens zweimal körperlich misshandelt, sie dabei auch am Hals gepackt, an den Haaren durchs Zimmer geschleift und blutig gebissen. Teilweise fanden diese Übergriffe im Beisein anderer Offiziere statt, die erst nach dem Hilferuf der Frau eingriffen und ihren Peiniger aus dem Raum schafften.[95]

Andere zeitgenössische Dokumente über derlei Nötigungen und die damit einhergehende Gewalt sind rar. Aus der Feder der betroffenen Frauen existieren fast gar keine. Die Scharfschützin Polina Galanina ist eine der wenigen, die im Rahmen ihres Interviews mit der Historikerkommission von Übergriffen durch die Offiziere auf Frauen berichtete. Ihre Geschichte könnte auch für die derjenigen Frauen stehen, von deren Bedrängnis in den soeben zitierten Berichten die Rede war:

»[Es ist eine, kb] Tatsache, die Männer bedrängen einen. Bei uns war das der Kommandeur des Zuges […], der versuchte, seine Befehlsge-

94 RGASPI, F. 644, Op. 2, D. 36, Ll. 1–16, Schriftverkehr des GKO in der Angelegenheit Blaubert im Januar 1942.

95 RGVA F. 32925, Op. 1, D. 761, L. 40, Protokoll der Parteiversammlung der NKVD-Truppen […], 05. 03. 1943. Für einen Fall, in dem die *sožitelstvo* mit Waffengewalt durchgesetzt wurde: RGVA F. 32925, Op. 1, D. 759, L. 13 v., Protokoll der Parteikommission des Politotdels der NKVD-Truppen […], 26. 01. 1944.

walt auszunutzen. Allerdings habe ich ihm erklärt, dass wir in dieser Angelegenheit gleichrangig sind, auch wenn ich Gefreiter bin und er Leutnant ist. Er [...] hat angefangen, mich zu bedrängen. Ich habe ihn weggedrückt, [...] geschrien, eine Patrouille kam angelaufen [...]. Nach zwei Tagen hat er mich wieder zu sich gerufen und gesagt: ›Wenn du freiwillig nicht willst, erschieße ich dich.‹ Ich habe geantwortet: ›Sie sind dumm und werden es bereuen.‹ Ich habe ihn gekratzt, gebissen und mich losgerissen. Ich habe es unserem Parteivertreter gesagt. Er wurde vorgeladen, und man hat ihm am Anfang fünf Tage Arrest gegeben. Dann hat er angefangen, sich an mir zu rächen. [...] Er hat mich [...] dahin geschickt, wo die meisten Minen und Geschosse sind, oder mir gesagt, ich solle so und so viele Stunden [im Gelände, kb] liegen, obwohl ein Scharfschütze das Recht hat, früher [aus dem Gelände, kb] zurückzukommen, wenn er seine Aufgabe erfüllt hat. Sie haben ihn dafür ins Strafbataillon degradiert.«[96]

Wie schwer es für Frauen war, ein (wenn auch noch so mildes) Urteil gegen zudringliche Offiziere zu erwirken, zeigt ein weiterer Bericht aus dem Bestand der Historikerkommission. Wie Galanina hatte die Krankenschwester Ljudmilla Bernštejn, wenn auch nicht selbst betroffen, einen Konflikt mit dem Kommandeur.

»Der Regimentskommandeur und der Militärkommissar erschienen bei uns im Sanitätsregiment [...], weckten die Hausherrin [vermutlich von der Unterkunft, in der sie untergebracht waren, kb], forderten Wodka [...], und plötzlich hörte ich: ›Wohin bringen Sie mich?!‹ Ich sehe den Militärkommissar im Lazarett, und der Regimentskommandeur zieht diese Frau zu ihm. Ich war in so einem Zustand, ich wollte es ihnen mit dem Bajonett geben. Auf der Wache stand ein 16-jähriger Junge, der an die Front gelaufen war, um seinen Vater zu rächen, und es war mir zuwider, dass er solche Sachen sehen musste. [...] [Mit der Ehefrau des Oberarztes, kb] rennen wir zum Oberarzt. Ich sage, dass man [sie, die Übeltäter, kb] entfernen muss. [Er sagt:, kb] ›Ljuda, das kann ich nicht, das sind die Befehlshaber.‹ Ich habe dann gesagt, dass ich zur Division laufe, sodass er sich beeilt hat, darum zu bitten, dass der Militärkommissar das

96 NA IRI RAN F. 2, R. 10, Op. 7, D. 2a, L. 2 f., Interview mit der Scharfschützin Polina Galanina.

Mädchen freilässt. […] Der Regimentskommandant hat eine Rüge bekommen.«[97]

Diese wenigen dokumentierten Fälle sowie die einsehbaren Akten der *pogranpolki* legen nahe, dass sich sexuelle Gewalt auf alle Bereiche der Armee erstreckte. Aufgedeckte Fälle wurden mit disziplinarischen Maßnahmen, Belehrungen und Einträgen in die Personalakte bis hin zu Versetzungen oder mit Arrest bestraft. In extremen Fällen, wenn Waffen eingesetzt wurden, konnten auch zwei Monate Strafbataillon verhängt werden.[98] Dazu kam als Maßnahme die Erhöhung der Zahl der weiblichen Offiziere in der Frauenschützenbrigade.[99]

Außerdem versuchte man, die Soldatinnen der unteren Ränge, die aufgrund ihres militärischen Status und hinsichtlich der eben beschriebenen Gewalt wohl eher die Opfer in diesem (Macht-)Gefüge waren, politisch-moralisch zu erziehen,[100] damit diese sich nicht »schlecht« benahmen, wie Polina Galanina es vor der Kommission ausdrückte.[101] Auch in der Roten Armee galt anscheinend der Grundsatz, dass Frauen eine Mitschuld trugen, wenn sie Opfer sexueller Übergriffe wurden.[102]

Die betroffenen Frauen selbst griffen zu unterschiedlichen Mitteln: Einige versuchten mit dem Verweis auf ihre familiären Verpflichtungen die Demobilisierung zu erreichen, andere begingen Selbstmord,

97 NA IRI RAN F. 2, R. 10, Op. 7, D. 11, L. 5, Interview mit der Krankenschwester Ljudmilla Bernštejn.

98 RGVA F. 32925, Op. 1, D. 293, L. 220, Befehl an die NKVD-Truppen […], 02. 11. 1944; RGVA F. 32905, Op. 1, D. 249, L. 176, Befehl an die NKVD-Truppen […], 25. 04. 1945.

99 RGVA F. 38694, Op. 1, D. 7, Ll. 204, 268, Befehle der 1. OŽDSB vom 28. 06. und 25. 08. 1943. Für Maßnahmen bei den *pogranpolki:* RGVA F. 32925, Op. 1, D. 292, L. 207, Befehl für die NKVD-Truppen […], 24. 12. 1944; RGVA F. 32925, Op. 1, D. 293, L. 220, Befehl für die NKVD-Truppen […], 02. 11. 1944; RGVA F. 32905, Op. 1, D. 249, L. 176, Befehl für die NKVD-Truppen […], 25. 04. 1945.

100 RGVA D. 32905, Op. 1, D. 260, L. 136, Schreiben der Politischen Abteilung der NKVD-Truppen […], 22. 10. 1943; siehe auch RGVA F 32905, Op. 1, D. 507, L. 24, Schreiben der Politischen Abteilung der NKVD-Truppen […], 22. 10. 1943.

101 NA IRI RAN F. 2, R. 10, Op. 7, D. 2a, L. 2 v., Interview mit der Scharfschützin Polina Galanina.

102 Dies deutet sich auch in folgenden Quellen an: Markova-Kadnevskaja, Idut po vojne devčata, S. 7; NA IRI RAN F. 2, R. 10, Op. 7, D. 37, Ll. 6–13; F. 2, R. 10, Op. 7, D. 8, Ll. 13 f. Interviews mit den Scharfschützinnen Ljudmilla Kravec und Aleksandra Šljachova.

auch wegen der aus den z.T. erzwungenen Beziehungen entstandenen Schwangerschaften.[103] Wieder andere verschwanden in andere Truppenteile oder direkt an die Front[104] – sodass die Offiziere dann die verbliebenen Frauen darüber aufklären mussten, dass dies als Desertion gewertet und entsprechend bestraft werde.[105]

In den Akten findet sich der auf den ersten Blick irritierend anmutende Hinweis, dass Frauen aus der Frauenschützenbrigade auch deshalb desertierten, weil sie ihren Verbleib als militärisch sinnlos empfanden: Es gingen Gerüchte um, dass die Brigade nicht eingesetzt werden würde.[106] Vermerkt ist überdies, dass einige der Frauen Ehemänner oder männliche Verwandte in Fronteinheiten hatten und wohl davon ausgingen, neben diesen bzw. unter Männern ein privilegiertes Leben zu führen. Die Frauen hätten also den harten Bedingungen der Frauenschützenbrigade entfliehen wollen.[107]

Der Umgang der Frauen mit Gewalt und Belästigung

Mit der Einschätzung, dass das Leben der Rotarmistinnen durch die Existenz eines Ehemannes im selben Truppenteil einfacher werden konnte, lagen die Verantwortlichen nicht ganz falsch. Diese Verifikation wurde aber erst einige Jahrzehnte nach Kriegsende möglich. In den Nachkriegsjahren waren sexuelle Übergriffe von Offizieren auf weibliche Untergebene in der Roten Armee kein Thema. Sie kamen erst zur Spra-

---

103 RGVA F. 38694, Op. 1, D. 42, L. 44, Politische Berichte der 1. OŽDSB für Juni 1943. Allgemein: RGVA F. 38694, Op. 1, D. 45, passim, Berichte über den politisch-moralischen Zustand der 1. OŽDSB, 01. 10. 1943 bis 01. 01. 1944; RGVA F. 38694, Op. 1, D. 47, Ll. 15 f., Protokoll der Sitzung der Parteikommission bei der politischen Abteilung der 1. OŽDSB, 17. 02. 1943.

104 RGVA F. 38694, Op. 1, D. 42, Ll. 33 v., 44, Politische Berichte der 1. OŽDSB für den 13. 05.–30. 05. 1943 bzw. für Juni 1943; RGVA F. 38694, Op. 1. D. 43, L. 20, Schriftverkehr der 1. OŽDSB, 02. 06. 1943; RGVA F. 38694, Op. 1, D. 29, L. 7, Bericht über besondere Vorkommnisse bei der 1. OŽDSB für Dezember 1944.

105 RGVA F. 38694, Op. 1. D. 56, L. 60, Befehl der 1. OŽDSB vom 07. 04. 1943; RGVA F. 38694, Op. 1. D. 7, L. 285, Befehl der 1. OŽDSB, 06. 09. 1943.

106 RGVA F. 38694, Op. 1, D. 29, L. 3, Politischer Bericht der 1. OŽDSB für den 01.–15. 02. 1943; RGVA F. 38694, Op. 1., D. 38, L. 36, Protokoll der Versammlung des Parteiaktivs der 1. OŽDSB, 23. 05. 1943; RGVA F. 38694, Op. 1, D. 42, L. 45, Politischer Bericht der 1. OŽDSB für Juni 1943.

107 RGVA F. 38694, Op. 1, D. 29 ff., L. 23, Undatierter Bericht über die Parteiarbeit der 1. OŽDSB.

che, als sich unabhängige Journalistinnen und Historikerinnen im Zuge der Perestroika auf die Suche nach den Erfahrungen der Veteraninnen machten. Erst dann, 35 bis 50 Jahre nach Kriegsende, wurde sexuelle Gewalt ein Thema, über das die Frauen als Betroffene berichteten. Eine namenlose Veteranin beschrieb die Übergriffe im Interview gar als »Krieg«. Bei ihr heißt es:

> »Ich war noch sehr jung. Das reichte schon völlig aus, dass jeder Kommandeur dachte, er müsse nur Wodka auf den Tisch stellen, das heißt Alkohol, Dosenfleisch oder Wurst, und er könne dann von mir verlangen, mit mir zu trinken. [...] So viel zu trinken, war unmöglich [...]. Es gab da noch einen Krieg, nämlich den zwischen mir und denen, das heißt zwischen mir und dem, der zu mir gekrochen kam. Das ist nicht sehr delikat, aber das ist die Wahrheit.«[108]

Die ehemalige Maschinistin Zoja Gorochova berichtete:

> »Und schrecklich war auch, dass [um uns, kb] herum Männer waren. Und sie, natürlich (Pause), jeder von ihnen dachte, heute am Leben, aber was mit ihnen würde, das war unklar. Und jeder wollte vom Leben etwas Warmes, Zärtliches. Er braucht eine Frau. Aber wir waren wenige, für uns war es schwierig, das abzuwehren, für uns war es schwierig, in dieser Zone zu existieren. Deshalb haben sich viele der Mädchen einem Einzelnen genähert, um sich selbst vor der Kriecherei der Übrigen zu verteidigen. So war es. Leben halt.«[109]

Während Gorochova noch etwas uneindeutig von »vielen Mädchen, die sich einem Einzelnen näherten« redet, wurde eine weitere namenlose Exsoldatin im Interview wieder deutlicher – auch was die Lösungswege für sie anbelangte:

> »Die Mädchen konnten die Männer praktisch nicht aussuchen. Sie mussten sich in die Obhut von irgendjemandem begeben. Wenn ein Mädchen im Regiment keinen hatte, der sie verteidigen konnte oder sagen konnte: ›Das ist mein Mädchen, fass' sie nicht an.‹ Das musste einer von den Kommandeuren sein.«[110]

Und die ehemalige Sanitäterin Sofia K-vič, die ihren vollen Namen wegen ihrer Tochter nicht nennen wollte, verzichtete gegenüber Swetlana

---

108 Zit. in: Jahn (Hg.), Mascha + Nina + Katjuscha, S. 161.

109 Gorochova, Zoja, Interview auf: Ženščiny-Pamjat'-Vojna, wmw.gender-ehu.org/Intervews.htm [23. 08. 2018].

110 Zit. in: Jahn (Hg.), Mascha + Nina + Katjuscha, S. 160.

Alexijewitsch auf jegliche Beschönigungen für das Verhalten der Männer um sie herum sowie für ihr eigenes, das ihrer Meinung nach auch das aller anderen Frauen gewesen sei:

»Nach ein paar Monaten ging ich zu ihm [dem Bataillonskommandanten, kb] in den Unterstand. Was blieb mir übrig? Ringsum nur Männer, also lieber mit einem zusammenleben, als vor allen Angst haben. Während des Gefechts war es nicht so schlimm wie danach, in den Kampfpausen [...], nach dem Gefecht lauerten sie einem dauernd auf. Nachts traute man sich gar nicht aus dem Unterstand.«[111]

Als dieser Mann starb, ging sie zum zweiten Bataillonskommandanten, den sie wohl sogar liebte, er aber habe Frau und Kind gehabt, zu denen er nach dem Krieg zurückgekehrt sei.[112]

Sofia K-vič ist die einzige Frau, die mit ihrer Aussage öffentlich eingestand, dass sie eine *Pochodno-Polevaja Žena* (PPŽ), eine marschierende Feldehefrau [im Folgenden: Frontehefrau, kb], wurde – so lautet der alltagssprachliche Begriff, der v.a. in den Erinnerungen für das verwendet wird, was in den Akten als *sožitel'stvo* bezeichnet wird. Alle anderen befragten Frauen konstatierten dieses Phänomen der Frontehen und -ehefrauen nur allgemein und brachten eventuell noch Verständnis dafür auf.[113] Diese Position war die einzige Möglichkeit, um Schutz vor der Menge an Soldaten zu haben, die Frauen auflauerten, die ihre Nähe und wohl den Geschlechtsverkehr mit ihnen suchten.[114] Sie war eine weitverbreitete, aber immer individuelle Lösung für ein Problem, das die Rote Armee institutionell nicht bewältigte.

Wie wirkmächtig die Frontehe, also die Bindung an einen Mann, war, zeigt nicht zuletzt eine von der Fliegerin Olga Lisikova in einem Interview pointenverdächtig zum Besten gegebene Episode: Als der Kommandant eines anderen Regiments sie zu einem Empfang eingeladen habe und nach und nach alle Soldaten den Raum verlassen hätten, sei ihr

---

111 Zit. in: Alexijewitsch, Der Krieg hat kein weibliches Gesicht, S. 254 f.

112 Zit. in: ebd., S. 254 f.

113 Die Bezeichnung ist abgeleitet von dem PPŠ und PPD, zwei Maschinenpistolen. Kopelew, Aufbewahren für alle Zeit, S. 84.

114 Allerdings waren die Kommandeure wohl nicht nur die einzige Instanz für Schutz, sondern auch eine Ursache des Problems, wie es bereits die Akten der 1. OŽDSB zeigten. Siehe auch Malakhova, Four Years as a Frontline Physician, S. 187, 199; Davydjuk, Cvety v porochovom dymu, S. 129 f.

klar geworden, was der Mann von ihr wollte. Um seinen Avancen zu entkommen, habe sie ihm die Mär von einem Ehemann erzählt, der in ihrer Crew fliege. Das habe gewirkt, der Kommandant ließ sie ziehen.[115] Lisikova – sofern die Geschichte stimmt – hatte diese Möglichkeit aber nur, weil sie als Pilotin, also als Elitesoldatin, hinterher einen der ihr untergebenen Männer überreden konnte, sich als ihr Ehemann auszugeben.

Die Ausführungen zeigen, dass Frauen angesichts der Übermacht der Männer sich erst dann wirkungsvoll gegen deren Avancen und Übergriffe zu Wehr setzen konnten, wenn sie eine bestimmte Position einnahmen, und zwar die Rolle der (Front-)Ehefrau. Nun konnten sie (mit-)entscheiden, mit wem sie schliefen und mit wem nicht, und mussten dies nicht allein den Aushandlungsprozessen der Männer überlassen. In einer Mischung aus Zwang und Selbstbestimmung definierten sie nun selbst ihre sexuelle Verfügbarkeit.

Wie sehr aber die Frauen in der Macht der Offiziere blieben, zeigt eine Episode von Vera Malachova: Sie berichtete im Interview von einer Kameradin, die zum Kommandeur bestellt wurde, der die Angewohnheit hatte, die neuen Frauen erst einmal zu »testen«. Mit einer Schlagfertigkeit, die wohl noch über die von Olga Lisikova hinausging, habe diese ihn so lange beschimpft, bis er sie in Ruhe ließ. Danach habe er ihr vorgeschlagen, mit ihm zusammenzuleben.[116]

Umstrittenes Weiblichkeitshandeln

Der Schutz vor sexuellen Zudringlichkeiten war aber nicht ganz so einfach, wie es bei Sofia K-vič und Zoja Gorochova anklingt. Zwar machte der Krieg pragmatisch – das hieß aber nicht, dass es den Frauen automatisch nutzte, wenn sie zum vorgesetzten Offizier gingen und ihm ihren Körper anboten. Beschränkte sich die Begegnung auf einen einmaligen Geschlechtsakt, hatte die Frau wohl wenig davon, maximal einen Lustgewinn. Der Offizier musste vielmehr davon überzeugt werden, die Frau als seine Frontehefrau anzunehmen, sie langfristig und konsequent – zumindest über die Zeit des Krieges oder bis zu seinem Tod – unter Einsatz seiner (Macht-)Ressourcen zu schützen und zu versorgen, sie zu »lieben«.

---

115 Zit. in: Noggle, A Dance with Death, S. 242.
116 Malakhova, Four Years as a Frontline Physician, S. 187.

Die beste Garantie für diese »Liebe« war der eigene Körper, den die Frauen herausputzten. Zumindest ergibt sich dies aus den Erzählungen der ehemaligen Pilotin Evgenija Žigulenko, die ihre Kameradin, die wie sie eigentlich in einem reinen Frauenbataillon kämpfte, zu überzeugen versuchte, dass Hübschsein zu den Pflichten an der Front gehöre:

> »Ich sagte: ›Stell dir vor, ich muss notlanden auf einem Männerflugplatz. Die Soldaten rennen zu meinem Flugzeug, weil sie wissen, dass die Crew weiblich ist. Ich – die ich völlig verwirrt bin – gleite aus dem Cockpit und nehme meinen Helm ab, und mein goldenes, gelocktes Haar fällt meine Schultern entlang. Alle sind erschlagen von meiner betörenden Schönheit. Sie alle verlieben sich unsterblich in mich.‹«[117]

Es gab also einen veritablen Grund für die bereits dargestellten, teilweise absurd anmutenden Maßnahmen zur Schönheitspflege und die fürsorgerischen Aktivitäten, die die Frauen in den Interviews der Wendejahre ansprachen und strategisch, gar berechnend einsetzten. Sie wollten damit die Männer beeindrucken und an sich binden. Den Frauen war bewusst, dass sie sich dabei auch in Konkurrenz zu anderen befanden: Dies macht Marija A., die als Krankenschwester aus Leningrad evakuiert worden und dann in Lipeck stationiert war, mit folgender Passage in ihrem recht sprunghaften Bericht über ihre Zeit an der Front deutlich. Bei einer Pause in einem Park habe sie über einen Bekannten ihren späteren Ehemann kennengelernt. Nach einem Ausflug mit diesem sei sie spät ins Wohnheim zurückgekommen:

> »Die Mädchen fragen mich: ›Hast du heute zwei Schichten gearbeitet?‹ ›Nein, […] einen Piloten habe ich kennengelernt.‹ ›Was, einen Piloten?‹ [Spontan erzählte sie dann:, kb] ›Wir hatten alle schon ein bisschen zugenommen, man ernährte uns jetzt besser. […] Wir konnten uns wieder waschen, wir waren nicht mehr den Menschen aus der Blockade […] ähnlich.‹ [Dann berichtet sie weiter von dem Gespräch mit den Mädchen, kb] ›Er will mich wiedersehen, aber ich gehe nicht zu dem Treffen.‹ ›Warum denn nicht, vielleicht bringt er Freunde mit, und wir lernen auch jemanden kennen.‹ ›Ich gehe nicht. Ich habe nichts anzuziehen. Hier [in Lipeck, kb] gibt es junge Mädchen, hier war keine Front. Soll ich in dem Armeehemd gehen?

117 Zit. in: Noggle, A Dance with Death, S. 56.

Zwar habe ich gerade für zweihundert Gramm Brot diesen Rock gekauft, aber ...‹«[118]

Während sich A. mit den Zivilistinnen verglich (zumindest in der Rückschau), an die sie in Sachen Feminität nicht heranreichte, wertete eine andere Rotarmistin die Kameradinnen an der Front durch einen Vergleich ab (und sich selbst auf). Die Soldatin in der politischen Abteilung der Armee Asja Lavrova kam in einem Brief an ihren neuen Freund auf die anderen Frauen in der Armee zu sprechen, die sie bei einer Rast beobachtete. Es ist eine der wenigen Quellen, die zeitgenössisch auf die Konkurrenz der Frauen untereinander verweisen:

»Sie griffen das Zigarettenpapier und rollten Papirossi [Zigaretten, kb] [...], als ob sie in einem Wettbewerb wären. [...] Ich war von diesem Bild schockiert. Wie vulgär sie doch waren, sie wollen in jeder Hinsicht wie Männer sein. [...] Es ist so abstoßend.«[119]

Lavrova konnte sich mit dieser abgrenzenden Schilderung in einem anderen Licht präsentieren als das Gros der Rotarmistinnen: nämlich als gepflegte, feminine Frau, die an einer dauerhaften Bekanntschaft interessiert ist und damit, so der Subtext des Briefes, als etwas Besonderes. Schönheitshandeln war auch Abgrenzungshandeln gegenüber anderen Frauen, insbesondere mit Blick auf die Männer.

Doch hatte der Versuch, die Geschlechtsgenossinnen an Schönheit und Weiblichkeit zu übertrumpfen, um einen hochrangigen Frontehemann zu finden, auch seine Tücken. Die Position der PPŽ war unter den Soldatinnen keineswegs unumstritten. Mag sie für einige von ihnen der einzige Ausweg aus den strukturellen Bedrängnissen durch die Männer gewesen sein, galt sie anderen (manches Mal bestimmt auch aus Neid) als unlauter und moralisch verwerflich. Das verweist darauf, dass die Frauen ihre soziale Hierarchie nicht zuletzt auch über Moral ausfochten.

So berichtete die pensionierte (Militär-)Ärztin Vera Malachova in einem Interview davon, dass die Frontehefrauen Vorteile hatten, die Rotarmistinnen ohne Beziehungen zu den höheren Rängen verwehrt waren. Dazu gehörte insbesondere die Möglichkeit, bei den langen Märschen einen Platz auf einem der Fuhrwerke zu bekommen. In der Konsequenz, so Malachova,

118 Marija A. am 06. 05. 2006 in Lipeck im Gespräch mit mir. Siehe auch Markova-Kadnevskaja, Idut po vojne devčata, S. 17, 26, 49.

119 Ihre Briefe sind abgedruckt in: Inozemcev, Frontovoj dnevnik, S. 420–421.

»mochten wir sie [die PPŽ, kb] nicht. Wir waren aufrichtig, wir haben uns ehrenhaft benommen. […] Die hatten besondere Privilegien. [Eine von ihnen war, kb] eine exzellente Operationsschwester. […] Aber wenn er [der Frontehemann, der Kommandeur, kb] kam, dann ließ sie alles stehen und liegen, und die anderen mussten ihre Arbeit machen. Während sie für ihn die Wäsche machte und bügelte. […] Als er starb, begann sie sofort mit dem Chef der ›Besonderen Einheit‹ [der politischen Einheit, kb] zu leben. […] Was für eine Person […]. Der Körper hatte keine Zeit kalt zu werden, und sie lebte schon mit jemand anderem.«

Malachova kam zu dieser ablehnenden Bewertung, obwohl sie wusste, dass manche Offiziere Frauen auch zwingen konnten, mit ihnen zusammenzuleben, und sie selbst eine PPŽ kannte, die bescheiden und unauffällig war. Auch ihre eigene Beziehung zu dem ihr vorgesetzten Arzt oder ihre en passant erwähnten Privilegien konnten an dieser Verurteilung der Operationsschwester nichts ändern. Auf deren Doppelbelastung, nämlich Dienst zu tun und Hausfrauenpflichten zu übernehmen, ging sie nicht ein.[120]

Ebenso wenig schien es eine Rolle zu spielen, dass die Offiziere noch untreuer waren als die PPŽ, denn zumindest der zweite Frontehemann von Sofia K-vič hatte Frau und Kind, wie so viele der aktenkundig gewordenen Offiziere auch. In der Bewertung der PPŽ ging es um Grundsätzlicheres: So schrieb die Scharfschützin Roza Šanina in einem Brief an Maša, eine Rotarmistin, die eine Affäre mit dem Mann ihrer Freundin Klavdija hatte und nun schwanger von diesem war, dass es eben Frauen wie Maša seien, die durch solch ein Verhalten den Ruf der Rotarmistinnen in den Dreck zögen.[121]

Die Situation an der Front blieb also für die Frauen in zweifacher Hinsicht prekär: nicht nur weil sie mit den frauenspezifischen Entbehrungen und den massiven Nachstellungen der überzähligen Männer umzugehen hatten, sondern auch, weil sie diese Probleme nur individuell lösen konnten, was ihnen aber wiederum zur Kritik gereichte. Eine Beziehung zu einem Offizier schützte und versorgte sie, gab sie aber auch der Abwertung durch die anderen preis.

---

120 Ebd., S. 187, 192 ff., 198 f.

121 Brief abgedruckt in: Ovsjankin, Pis'ma s fronta, S. 194 f.

Für eine solche Beziehung mussten die Frauen jeweils ihre Feminität und ihr fürsorgerisches Handeln unterstreichen – auch mit Blick auf andere Frauen. Ihre Weiblichkeit war somit ein Mittel, das zur Aushandlung ihrer Position diente – sowohl in Relation zu Männern als auch zu anderen Frauen, zu denen sie in ein situatives Konkurrenzverhältnis gerieten: Während die einen den anderen die Vermännlichung vorwarfen bzw. gegen die eigene ankämpften, kritisierten die anderen den laxen Umgang mit den Dienstpflichten und die moralische Leichtlebigkeit.

Die Rotarmistinnen revisited

Es gibt wenige zeitgenössische Quellen, in denen der Umgang mit den Nachstellungen der Offiziere während des Krieges erwähnt wird. Dies ist wenig verwunderlich. Schließlich wäre es kaum opportun gewesen, von Schönheitspraktiken quasi in den Schützengräben und von den nichtsoldatischen Ansprüchen an sich selbst zu erzählen. Als die Interviews der Historikerkommission stattfanden, hatten sich die Soldatinnen v. a. und ohne Zweifel als richtige Soldaten zu beweisen.

Erst mehrere Jahrzehnte später, in Interviews, die in den 1980er bis 2000er Jahren von Frauen im eher privaten Rahmen geführt wurden, konnten dann Dinge zur Sprache kommen, die als »Alltägliches« bezeichnet wurden, darunter sexuelle Nötigung und Lösungsstrategien. Die Aussagen der Veteraninnen in diesem Kontext können insofern als Intervention in den damaligen Diskurs über »sowjetische Frauen an der Front« gedeutet werden, als dass sie auf ihre prekäre Situation an der Front hinweisen, vielleicht sogar Verständnis für ihre Nöte erwirken und den ehrenrührigen »Worten wie Stein« etwas entgegensetzen wollten. Ob in ihren Sprechakten die Schilderung der Situation, wie sie »wirklich« war, überwiegt oder das zeitgenössische Motiv, mit dem Vorwurf umzugehen, im Krieg unweiblich und unmoralisch gehandelt zu haben, ist ebenso wenig zu klären wie die Frage danach, wie authentisch die Frauen vor der Historikerkommission sprachen.

Daher ist es an dieser Stelle müßig, entscheiden zu wollen, wie verbreitet das Phänomen der PPŽ war, welche Rolle der »Tausch Körper gegen Schutz« (Exeler) im Armeealltag tatsächlich spielte, wie viele Ressourcen konkret in weibliche Schönheit investiert wurden. Der Aussage von Sofia K-vič ließe sich die von Vera Malachova gegenüberstellen, der zufolge nur wenige Frauen zur PPŽ wurden;[122] oder die von zwei anonymen Soldaten, die Swetlana Alexijewitsch gegenüber eingestanden, dass man den Frauen wohl Unrecht getan habe, die meisten seien »sauber« geblieben.[123] Ebenso wenig ist zu klären, welche Ressourcen die Frauen noch haben mussten, um nicht in die Rolle der PPŽ fliehen zu müssen. Vera Malachova und Rosa Šanina waren nicht als unerfahrene kleine Mädchen an die Front gekommen, sondern als ausgebildete Ärztin und als Scharfschützin. Malachova hatte sogar die Befugnis, die Atteste auszustellen, mit denen die Soldaten die Rechtmäßigkeit ihrer Wunden vor der *SmerŠ* ausweisen konnten. Dass beide damit ganz andere Handlungspotenziale hatten als 17-jährige Wäscherinnen und Krankenschwestern, liegt auf der Hand.

Gut möglich ist zudem, dass manche der Frauen, die von Dritten als PPŽ abgewertet wurden, ihre Beziehung selbst in Kategorien von Liebe beschrieben hätten. Sofia Kriegel, weiblicher Feldwebel außer Dienst und ehemalige Scharfschützin, meinte, dass diese Liebe half, den Krieg zu überstehen.[124] Die Tatsache, dass viele Beziehungen den Krieg überdauerten,[125] deutet zumindest an, dass es in diesen um mehr als nur um das situative Tauschverhältnis gegangen war, das bei Sofia K-vič und der namenlosen Soldatin anklingt. Ob sich in diesen Ehen jedoch wahre Liebe manifestierte, ob die gemeinsame Kriegserfahrung die Paare zusammengeschweißt hatte, die Entbehrungen der Nachkriegsjahre die Ehe als Notgemeinschaft attraktiv machten oder ob die Frauen aufgrund des Männermangels in der Nachkriegsgesellschaft den einmal gefundenen Ehemann besser nicht mehr freigaben, muss dahin gestellt bleiben.

---

122 Malakhova, Four Years as a Frontline Physician, S. 218.

123 Zit. in: Alexijewitsch, Der Krieg hat kein weibliches Gesicht, S. 97.

124 Zit. in: ebd., S. 253.

125 Als Anhaltspunkt dafür, wie viele Beziehungen über den Krieg hinaus bestehen blieben, sei auf den Epilog der Erinnerungen von Evgenij Bessonov, einem Panzerfahrer, verwiesen: Fast jede weibliche Militärangehörige, die er dort aufzählt, war mit einem Offizier zusammen, alle Beziehungen scheinen über den Krieg hinaus von Bestand gewesen zu sein: Bessonov, Tank Rider, S. 242 f. Zudem wandten sich im Juli 1945 mehrere Offiziere mit der Bitte um Unterstützung an die politischen Abteilungen, da sie ihre Untergebenen nun heiraten wollten. Im Zusammenhang mit dem Kriegsende gebe es nun keine Gründe mehr, diese Beziehungen nicht zu gestatten. RGVA F. 32925, Op. 1, D. 528, L. 252, Schriftverkehr der politischen Abteilungen der NKVD-Truppen […] im Juli 1945.

Nichtsdestotrotz ist der Begriff PPŽ erstens als eine rhetorische Figur zu sehen, mit der Frauen situativ deklassiert werden konnten und die auch die Frauen selbst benutzten, um ihre hierarchische Position zu etablieren. Er verwies auf Schönheitshandeln, die Vernachlässigung von soldatischen Aufgaben und moralischen Geboten und suggerierte, dass die Frauen nun im Schutz- und Versorgungsbereich einzelner Männer standen und von den Widrigkeiten der Front ausgenommen waren. Zweitens bringt der Begriff die Geschlechterverhältnisse in der Roten Armee auf den Punkt (um nicht zu sagen auf drei Buchstaben). Denn die Frauen mussten auf ihren weiblichen Körper zurückgreifen, gleichsam zur Frau eines Mannes werden, um sich in einer sowohl quantitativen als auch strukturellen Männerdominanz zu behaupten. Die Versuche von Sofija K-vić, Zoja Gorochova und der namenlosen Soldatin, dies nachträglich auch so zu benennen, zielten folglich nicht nur darauf, über die weniger heroischen Seiten des Krieges zu reden, sondern bedeuteten auch, ihre potenzielle Handlungsfähigkeit als Frontehefrauen herauszustellen und sich auf diese Weise Anerkennung zu verschaffen.

Doch diese Versuche der Intervention in den Erinnerungsdiskurs scheiterten. Das ist daran abzulesen, wie sich die narrative Selbstpräsentation der Rotarmistinnen zum gegenwärtigen Zeitpunkt im größten russischsprachigen Erinnerungspool darstellt: Unter den online abrufbaren Interviews mit ehemaligen Rotarmistinnen, die ihre Geschichte im Rahmen des *ja-pomnju*-Projekts publik machten, gibt es keine einzige mehr, die sich selbst als Frontehefrau outet oder um Verständnis dafür wirbt. Im Gegenteil: Setzten die Interviewten in Perestroika-Zeiten noch darauf, sich mit Verweisen auf das eigene Schönheits- und fürsorgerische Handeln als (heterosexuell) attraktiv zu präsentieren, und rückten sie sich damit zumindest rhetorisch in die Nähe der PPŽ, verfolgen die Frauen in den Interviews der letzten Jahre die entgegengesetzte Strategie. Dabei nähern sie sich in ihren Narrativen wieder denjenigen an, die sich in den Interviews der Historikerkommission finden. Ihr Ziel ist die Abgrenzung von allem, was sie auch nur entfernt in die Nähe der PPŽ bringen könnte, eine Rehabilitierung des eigenen Bildes. Selbst die eigene Weiblichkeit wird dafür (rhetorisch) geopfert. Die Interviewten unterscheiden überdeutlich zwischen den Soldatinnen an der Front, die arbeiteten und kämpften, und den Frontehefrauen, die sich in der Etappe und in den Stäben aufhielten und dort die Gelegenheit hatten, sich um ihr Aussehen zu kümmern – und ansonsten nichts anderes taten, als mit den Offizieren zu verkehren.[126]

So stellt die ehemalige Soldatin der Nachrichtenübermittlung Kira Luferova mehrfach klar, als sie nach den Uniformen bzw. den sanitären Bedingungen insbesondere für die Frauen gefragt wird, dass

> »wir mit Einbruch des Winters wattierte Jacken und Hosen bekamen. […]. Für den Kopf hatte man uns schwarze, ausgewaschene Gefängnis-Mützen gegeben, die völlig formlos waren. […] Weiter haben sie uns Jersey-Kopfschützer gegeben. So lange, mit einem Ausschnitt für das Gesicht. Wir haben sie übergezogen, oben zugedreht und den Stern drangesteckt. […] Angezogen waren wir die ganze Zeit schlecht […]. In der Nähe vom Stab, ja, da liefen die Mädchen im Pelz und Koppelleder herum. Sie sind herumstolziert. Aber wir waren wer, die Infanterie. Wir mussten arbeiten, kämpfen.«[127]

In der auch analog veröffentlichten Version des Interviews heißt es:

> »Als ich zu dienen begann, haben sie mich kahl geschoren. Alle Mädchen [an der Front, kb] […] hatten kurze ›Haarschnitte‹. Manchmal haben wir uns gegenseitig die Haare geschnitten. Wir Soldatenmädchen hatten niemals Zöpfe. Nur die, die im Stab oder in den Lazaretten dienten und die Möglichkeit hatten, sich um ihr Aussehen zu kümmern, nur die hatten lange Haare.«[128]

Für eine andere ehemalige Soldatin der Nachrichtenübermittlung war es genau der Umstand, dass sie sich nicht um das eigene Aussehen kümmern konnte, der sie aus dem Kreis potenzieller Frontehefrauen ausschloss. Evdokija Nesterova erzählte, dass

> »wir im Regiment die Obrigkeit [načal'stvo, kb] nicht interessierten, so dreckig und verlaust, wie wir waren, jeden Tag sind wir mit unserem Essgeschirr zur Feldküche gelaufen, aber uns haben die Offiziere nicht angeschaut. Auf Divisionsebene gab es definitiv PPŽ, aber mit denen hatte ich nichts zu tun.«[129]

---

126 Siehe auch Drabkin, Predislovie.

127 Luferova (Smirnova), Kira Ivanovna, Interview auf: Ja Pomnju, https://iremember.ru/svyazisti/luferova-smirnova-kira-ivanovna.html [23. 08. 2018].

128 Kira Luferova, zit. in: Drabkin/Irinčeev, »A zori zdes' gromkie«, S. 35.

129 Nesterova (Čiriminsina), Evdokija Jakovlevna, Interview auf: Ja Pomnju, https://iremember.ru/memoirs/svyazisti/nesterova-chirimisina-evdokiya-yakovlevna [23. 08. 2018]. Siehe auch Demeševa (Skvorcova), Nina Petrovna, Interview

Am weitesten geht die ehemalige Soldatin eines Minenwerferzuges Nina Smarkalova in ihrer (rhetorischen) Abgrenzung gegenüber den PPŽ:

> »Eines Tages habe ich mich mit dem Minenwerfer wie ein Hooligan aufgeführt: Der Regimentskommandeur ist mit seinem Mädchen […] vorbeigekommen […] und sagt: ›Ich habe einen neuen Soldaten mitgebracht, zeig ihr, wie man mit dem Minenwerfer schießt, mach sie mit der Situation bekannt.‹ […] Ich habe beschlossen, mit ihr einen Scherz zu treiben. Es war im April, die Erde war nass, überall Wasser. Wenn man mit dem Minenwerfer schießt, fliegen der ganze Dreck und das Wasser von unter der Kugelpfanne wie eine Fontäne hoch. Ich habe ihr gesagt, dass sie sich genau da hinstellen soll, wo das alles hinfliegt, und habe das Kommando ›Feuer frei!‹ gegeben. Sie wusste nicht, was sie schützen sollte: die Frisur, das Gesicht, die Uniform. Ich hab' dreimal schießen lassen.«[130]

Diese Wendung in der Selbststilisierung der Veteraninnen mag überraschen. Wenn man jedoch weiß, dass die Männer ihre Kameradinnen fast nur als PPŽ wahrnahmen und darstellten und ab 1980 diese Einschätzung auch öffentlich machten, versteht man, warum die Veteraninnen narrativ alles tun mussten, um sich von dem angeblichen Massenphänomen PPŽ abzugrenzen, also von der eigenen Feminität, da nur die PPŽ die Ressourcen dafür gehabt hätten. Sie äußerten sich damit ähnlich wie die während der Perestrojka-Jahre Interviewten, die ihre Vermännlichung abstreiten und ihre Feminität rehabilitieren mussten. Das heißt, selbst im jeweiligen Erinnerungsdiskurs bleibt die Position der Rotarmistinnen prekär. Durch ihre Aussagen stellen sie sich gegen das allgemeine Bild der Frauen an der Front. Von einer Gruppensolidarität ist in den Äußerungen der Frauen nichts zu spüren. Der soziale Erinnerungsrahmen spiegelt die asymmetrischen Geschlechterverhältnisse, die von den Männern dominiert wurden.[131]

---

auf: Ja Pomnju, https://iremember.ru/memoirs/mediki/demesheva-skvortsova-nina-petrovna/ [23. 08. 2018].

130 Smarkalova, Nina Arsenteva, Interview auf: Ja Pomnju, https://iremember.ru/memoirs/minometchiki/smarkalova-nina-arsentevna/ [23. 08. 2018].

131 Siehe das Konzept der sozialen Erinnerungsrahmen Roždestvenskaja, Probleme und Strategien, S. 330.

Die Diskurse der Rotarmisten

In den Jahren 1941 bis 1945 bestand die Rote Armee zu mehr als 95 Prozent aus Männern. Nur für sie bestand Wehrpflicht. Durch den strukturellen Ausschluss der Frauen vom Wehrdienst wurde (oder besser: blieb) die Rote Armee eine Männerbastion. Doch die männliche Geschlechtszugehörigkeit implizierte weit mehr, als den Zugang zur Truppe zu regeln. Im sozialen Kosmos der Roten Armee knüpften sich an das männliche Geschlecht weitere Attribute, die Auswirkungen auf das Selbstwertgefühl der Männer, ihren Umgang und ihre Hierarchien untereinander und mit Frauen hatten – sowohl innerhalb als auch außerhalb der Roten Armee.

Wie das *doing gender* der Rotarmisten, also ihre gelebte Männlichkeit, aussah, soll im Folgenden untersucht werden. Denn nur darüber ist die Position der Frauen in der Roten Armee und die Bedeutung von konsensueller wie auch gewaltsam eingeforderter Sexualität im Alltag der Rotarmisten zu verstehen sowie die Ursachen für die massive sexuelle Gewalt gegen Kriegsende. Dieses Kapitel markiert somit den Übergang von einer Geschlechtergeschichte der Roten Armee hin zu einer Geschichte der sexuellen Gewalt in den Jahren 1944 und 1945.[132]

Arrangierte Sphärentrennung an der Front

Männer in die Schützengräben ...

Die Beschränkung der Wehrpflicht auf Männer schien in der Sowjetunion eine Selbstverständlichkeit, Begründungen dafür fehlen. Sie wurde aber infrage gestellt, wenn Frauen ihre Mobilisierungsgesuche persönlich oder schriftlich äußerten. In der Regel wurden diese – wie bereits gezeigt – abgelehnt. Als Grund konnte alles Mögliche angeführt werden: Körpergröße, Gesundheit, nicht vorhandene militärische Fähigkeiten oder Aufgaben an der Heimatfront. Bei genauerer Betrachtung merkt man jedoch sehr schnell, dass all dies einer sachbezogenen Überprüfung nicht standhält. Viele der genannten Gründe hätten auch gegen den Kriegseinsatz mancher Männer gesprochen, da sie ebenfalls klein, militärisch unerfahren oder zu Hause unabkömmlich waren. Bereits an dieser Stelle wird deutlich, dass die Bedeutung der Kategorie Geschlecht

132 Teile des Kapitels wurden bereits veröffentlicht: Bischl, Telling Stories.

in der Roten Armee nicht allein auf Fähigkeiten, sondern v. a. auf kulturellen Vorstellungen beruhte.

Wer nach diesen sucht, findet zunächst zahlreiche Verweise auf die angeblich unumstößliche Richtigkeit der Einberufungsbestimmungen, die eine Sphärentrennung der Geschlechter beinhalteten. Swetlana Alexijewitsch zitiert einen namenlosen Offizier, der der Meinung war, dass »eine Frau in der vordersten Linie nichts zu suchen hat. In der schlimmsten Hölle. Es reichte, dass wir Männer das mussten.« Für diesen Offizier war Krieg eine Sache der Männer, da diesen »Schmutz«, »Läuse« und der »viele Tod« nichts anhaben könnten, während Frauen »etwas Schönes [und] was Leuchtendes« sein sollten, da man sie doch heiratete. Man sei »gewöhnt, die Frau als Mutter zu sehen, als Braut«.[133] Also, um es mit den Worten des für das *ja-pomnju*-Projekt interviewten Artilleristen Ivan Ljubašin zu sagen: »Was ist das, eine Frau an der Front?«[134] Zumindest gehörte sie nicht an die vorderste Front, wie der ehemalige Artillerist Il'ja Mar'jasin mit ähnlichen Argumenten ausführt: Er war »kategorisch dagegen«, dass Frauen an Positionen »unter Gefechtsbedingungen« Dienst taten. Allein

> »im tyl [im Hinterland, kb] oder im großen Armeestab, als Maschinistinnen, Köchinnen, Funkerinnen, Technikerinnen können sie nützlich sein. [...] Aber eine Frau in die Schützen- und Artillerieeinheiten zu schicken, praktisch an die vorderste Front, war unvernünftig und unmenschlich. Schmutz, Schweiß, die Läuse, das Herumfluchen, die Verluste, das ist nichts für Frauen.«[135]

Die zitierten Soldaten sahen Frauen als strahlende Hüterinnen der Familie, während sich die Männer zur Landesverteidigung den Unannehmlichkeiten der Schützengräben aussetzten.[136] Daraus schöpften sie ein spezifisches Selbstwertgefühl. Mit Aussagen wie, dass die Front nun mal »kein Tanzboden« sei, auf den ergo Frauen gehörten, wie bereits im vo-

---

133 Zit. in: Alexijewitsch, Der Krieg hat kein weibliches Gesicht, S. 94, 98.

134 Ljubašin, Ivan Ilič, Interview auf: Ja Pomnju, https://iremember.ru/memoirs/artilleristi/lyubashin-ivan-ilich [23. 08. 2018].

135 Mar'jasin, Il'ja Lazarevič, Interview auf: Ja Pomnju, https://iremember.ru/memoirs/artilleristi/maryasin-ilya-lazarevich [23. 08. 2018].

136 Für so eine idealisierte Rollenverteilung siehe den Briefwechsel zwischen dem Redaktionsmitglied verschiedener Frontzeitungen Boris Baj. und seiner Frau Asja. CMAMLS F. 172, Op. 2, D. 27–32.

rigen Kapitel zu lesen war, insinuierten sie, dass deren Leben ein »Zuckerschlecken« im Gegensatz zur schmutzig-harten Männerarbeit des Krieges war. Zudem galt Männerarbeit an der Front wichtiger als Frauenarbeit im Hinterland. Sie brachte mehr Ehre ein, wie aus der Aussage von Imanuel Levin hervorgeht, der, wie bereits dargestellt, gekränkt war, weil er bei seiner Einberufung nur als Übersetzer eingeteilt wurde: »Sollen doch die Mädchen weit weg von der Frontlinie hinter irgendeinem Sessel stehen, und ›hierhin und dahin‹, wie es heißt, übersetzen.«[137]

Die wehrbereiten Frauen stellten dieses vermeintliche Vorrecht auf die wirklich wichtigen Aufgaben und das damit verbundene Selbstwertgefühl infrage. In der Konsequenz sahen sich die Männer erst recht bemüßigt, sich als Soldaten zu beweisen. Sie wollten nicht dulden, dass ihnen in jener Sphäre, die ihnen qua Geschlecht zugeschrieben war, Frauen den Rang abliefen. Der spätere Minenwerferschütze Mansur Abdulin z. B. hatte ein schlechtes Gefühl, weil er später als andere mobilisiert wurde: Was sollte er erzählen, wenn der Krieg zu Ende wäre und er das Land nicht verteidigt hätte? Zumal man bereits Mädchen an die Front bringe. Niemandem könne man das erklären.[138] Und der Militärarzt Georgij Barabaš reagierte zwar nicht mit Abwehr, beschreibt aber Momente zwischen Anerkennung und Konkurrenz. In seinen Erinnerungen heißt es:

> »Bei uns, den jungen Männern, kam es hin und wieder vor, dass wir langsam von den Füßen fielen und nicht mehr aufstanden. Unsere unermüdlichen Mädchen – die Schwestern und Sanitäterinnen – verblüfften uns durch ihre Ausdauer. Wenn man sie anschaute, wurde man streng mit sich selbst.«[139]

Auch Levin und seine Kameraden wollten es nicht wahrhaben oder zulassen, dass eine Frau die Aufgaben eines Soldaten möglicherweise besser meisterte als sie selbst: Während eines Marsches seien sie kurz davor gewesen »zu heulen, aber dann, als wir neben uns eine ruhige und nicht eine einzige Beschwerde hervorbringende Žеnja sahen, erfüllten uns neue Kräfte. Wir sind nicht schwächer als das schwache Geschlecht.«[140]

---

137 Levin, Zapiski voennogo perevodčika, S. 21.
138 Abdulin, Stranicy soldatskogo dnevnika, S. 7 f.
139 Barabaš, V borjach za žisn', S. 178.
140 Levin, Zapiski voennogo perevodčika, S. 91.

Levin versuchte dieser Kollision der Sphären damit zu begegnen, dass er und seine Kameraden sich um die Frauen als bemitleidenswerte Schwächere zu kümmerten:

»Wir kümmerten uns um sie so viel wie möglich. Wir überließen ihnen die sichersten und wärmsten Unterstände, die wärmsten Öfen und flauschigsten Mützen, wir lösten sie beim Dienst ab, überhaupt haben wir uns bemüht, ihnen die Anforderungen des Frontalltags zu erleichtern. Aber trotzdem war es für die Mädchen schwer und kompliziert. Nicht nur aufgrund der körperlichen Überanstrengung. Mit achtzehn/zwanzig Jahren möchte man sich so gerne mit der Mama beraten, ist ihre Weisheit, ihre Herzenswärme und ihre Sorge so wichtig. Aber die Mamas waren weit weg.«[141]

In Levins hergebrachter Wahrnehmung von Frauen änderte sich nichts, obwohl er anerkennen musste, dass die Frauen mehr Beharrungsvermögen gezeigt hätten, »niemals geklagt oder gewinselt haben, gar richtige Soldaten waren – tapfer, anpackend und arbeitsam«.[142] Die Geschlechterordnung, so lässt sich folgern, blieb für ihn sakrosankt. Dass diese durch den Krieg überhaupt Risse bekommen hatte, gehörte u. a. auch zu den Dingen, die man den Deutschen ankreidete und für die man sich rächen werde: Als zum Internationalen Frauentag am 8. März ein Ball organisiert wurde und die Frauen zwar in Kleidern kamen, aber Soldatenstiefel anstelle von leichten Schuhen tragen mussten, sprach sich ein Kamerad, den Levin anerkennend zitiert, dafür aus, dass auch dafür die Deutschen bezahlen würden.[143]

Andere Männer verhielten sich weniger galant, wie es Levin und andere in ihren Erinnerungen nahelegen. Da sie an der Rekrutierung der Frauen nichts ändern konnten, fanden sie eigene Methoden, um den Frauen deutlich zu machen, dass sie in der Armee nichts verloren hatten. Diese Ausschlusspraktiken konnten zuweilen die Grenze zur Disziplinlosigkeit überschreiten, wenn Soldaten etwa, wie bereits dargestellt, auf die Ankunft einer befehlshabenden Frau in der eigenen Einheit mit Ausspucken reagierten und aufheulten, wenn sie sie aus den Unterkünften vertrieben, oder die Frauen beim Urinieren beobachteten.[144] Für man-

141 Ebd. S. 108.
142 Ebd. S. 109.
143 Ebd., S. 110. Siehe auch Jašin, Dnevniki 1941–1945, S. 177.
144 Nikulin, Vospominanija o vojne, S. 139.

che Soldaten waren die Rotarmistinnen schlicht ein Objekt für Witze.[145] Es kam sogar zu gewalttätigen Übergriffen auf Frauen, wie Il'ja Mar'jasin, der ohnehin kategorisch gegen ihre Anwesenheit in der Armee war, recht beiläufig im Interview erzählte:

> »In der Mitte des Krieges [...] tauchte plötzlich ein Mädchen von etwa 20 Jahren im Range eines Unterleutnants auf – in einer ›Schreiber‹-Tätigkeit im Stab. Natürlich hat sie sofort die Aufmerksamkeit der ausgehungerten Männer auf sich gezogen. Der Kommandeur des Stabes hat sie unter seine Aufsicht genommen. [...] Ihre Anwesenheit im Regiment war kurz. Irgendwo in der Ukraine hat man sie vergewaltigt in einem Maisfeld gefunden. Der Lärm, der um die Sache gemacht wurde, war schnell vorbei. Zu uns ist sie nicht zurückgekehrt.«[146]

Ein Grund für die von vielen Männern propagierte Rollenverteilung lag wohl nicht zuletzt in den moralischen Qualitäten, die Männern und Frauen jeweils zugeschrieben bzw. abgesprochen wurden. Dazu gehörte etwa die Vorstellung, dass Männern soldatische Härte und Skrupellosigkeit bereits innewohne. In Vladimir Steženskijs Tagebuch heißt es am 4. Januar 1942 in Bezug auf den Vortrag eines Generals, den Steženskij noch in der Ausbildungszeit kurz vor der Abkommandierung an die Front hörte:

> »In unserem zukünftigen Beruf [des Soldaten, kb] darf es keinerlei Hinweise auf Moral, auf Aufrichtigkeit und Anständigkeit sowie auf ähnliche Prinzipien geben, die nur in ihrer abstrakten Bedeutung gut sind. Für mich ist das nichts Neues, es widerspricht auch nicht meinen eigenen Überzeugungen. Ich bin schon lange der Meinung, der Zweck heiligt die Mittel. Aber meinem Ninalein [seiner Freundin, kb] würde diese Einstellung im Wesen widersprechen. Gut, dass sie nicht auf diesem Lehrgang war.«[147]

Steženskij bezieht sich zwar nur auf eine konkrete Person, Nina, der die Skrupellosigkeit des Krieges wohl zuwider war, kontrastiert den Charakter seiner Freundin aber mit dem Beruf des Soldaten, der laut den

---

145 Gavriš, Grigorij Vasievič, Interview auf: Ja Pomnju, https://iremember.ru/memoirs/svyazisti/gavrish-grigoriy-vasilevich [23. 08. 2018].

146 Mar'jasin, Il'ja Lazarevič, Interview auf: Ja Pomnju, https://remember.ru/memoirs/artilleristi/maryasin-ilya-lazarevich [23. 08. 2018].

147 Steženskij, Soldatskij dnevnik, S. 27.

Rekrutierungsverordnungen ein Männerberuf war. Seine Aussage deckt sich mit den im letzten Kapitel zitierten Berichten von Rotarmistinnen, denen zufolge die Männer sich in ihrer Gegenwart bemühten, weniger brutal zu sein, aber auch mit der Erfahrung von Galina Golofeevskaja, der als Übungsmaßnahme befohlen wurde, einen Gefangenen zu erschießen.

Eine Rotarmistin, von der die Soldaten mit Ehrfurcht sprachen, musste ein »ganzer Kerl« sein – und blieb eine Ausnahme. Wie die Sanitäterin Olja, die als erste Frau in Petr Andreevs Artillerieeinheit diente:

> »18 Jahre, nicht allzu groß, stupsnasig, ein sommersprossiges Mädchen. Nur ihr kleiner Wuchs hat angezeigt, dass sie zum weiblichen Geschlecht gehörte. Olja hatte vom ersten Tag an ihren Platz zwischen den Soldaten und den Offizieren der Batterie gefunden. Von der Sprache her hat sie den Phasendreschern in der Batterie in nichts nachgestanden, und den Schürzenjägern hat sie schnell auf die Finger gehauen. Mit einem Wort, sie war allen Soldaten ebenbürtig, und darin wurde sie sehr schnell anerkannt. Olja hat sich durch eine bemerkenswerte Kaltblütigkeit ausgezeichnet [...]. Unter Beschuss von Artillerie und Minenwerfern hat sie Verwundete verbunden [...]. Sie hat inmitten der Soldaten geschlafen, wie wir alle, aber Freizügigkeiten hat sie niemandem erlaubt. [...] Im Sommer 1944 [...] waren wir schwimmen. Dann ist Olja gekommen. Die Soldaten, die schon ausgezogen waren, sind ins Wasser gesprungen [...]. Olja hat sich in aller Ruhe ausgezogen, auch die Unterhosen. Sie [...] ist als Erstes vor den Augen der sprachlosen Soldaten vom Brückengeländer ins Wasser.«[148]

Anders als viele überzeugte Rotarmistinnen waren diese Männer also nicht der Meinung, dass Frauen insgesamt zum männlichen Geschlecht aufgeschlossen hätten. Sie versagten ihnen den Respekt, da sie ihrer Ansicht nach nicht in die Armee gehörten, allenfalls Unikate wie Olja.

---

148 Andreev, Petr Charitonovič, Interview auf: Ja Pomnju, https://iremember.ru/memoirs/artilleristi/andreev-petr-kharitonovich [23. 08. 2018].

... und Frauen in den Komfortbereich

Rigorose Aussagen über die vermeintlich fehlende Eignung von Frauen für den Kriegsdienst wie die von Mar'jasin oder von Steženskij konnten sich die von den Historikern der Kommission interviewten Offiziere und Befehlshaber nicht leisten. Die zur Publikation vorgesehenen Interviews waren kein Forum, um den Beschluss der militärischen Führung zur Mobilisierung von Frauen infrage zu stellen. Folglich hoben die Ausbilder und Kommandeure von Einheiten mit weiblicher Belegschaft die Leistungen der jungen Frauen eher hervor und versuchten, die Historiker davon zu überzeugen, dass sie aus »ihren Mädchen« echte Kämpfer machen könnten. An ihrer geschlechtlich strukturierten Weltsicht änderte das jedoch nichts, im Gegenteil.

Oberst Špomberg, der einer lettischen Reserve-Schützendivision vorstand, erzählte der Kommission mit einigen Widersprüchen, aber voller Zuversicht am 26. November 1942, also ein gutes halbes Jahr nachdem die ersten Frauen offiziell als Rotarmistinnen in die Armee mobilisiert worden waren, Folgendes:

> »Wir haben jetzt Frauen an den Maschinengewehren, die sehr gut lernen, besser als die Männer, sie nehmen alles besser an. [...] Sie sind alle jung, keine ist älter als 24. Ungeachtet dessen, dass die körperlichen Anstrengungen schwer sind und auf den ersten Blick zu schwer für die Frauen, wird deutlich, dass [...] die Frau sich wie ein Mann schlagen kann, wenn sie will. [...] Die Frage bezüglich der Frauen besteht darin, ob man uns mehr Frauen schickt. Im April [das heißt, vor einem halben Jahr, kb] hat K. sich über mich lustig gemacht und gelacht, aber jetzt gibt man uns Frauen, weil man sich überzeugt hat, dass die Frau sich nicht schlechter, sondern besser als ein Mann schlagen kann.«[149]

Das Lob des sich väterlich gerierenden Offiziers geht hier so weit, dass er die jungen Frauen gar als die besseren Soldaten präsentiert. Er betont zwar, dass sie körperlich schwächer seien als die Männer, mit etwas Training könnten sie aber deren Niveau erreichen.

Für den Oberstleutnant Semen Miljavskij lagen die Verdienste der Frauen auf anderen Gebieten als den genuin militärischen. Seine Aus-

---

149 NA IRI RAN F. 2, R. 1, Op. 16, D. 4, L. 109, Interview mit dem Oberst einer Schützendivision Špomberg.

sagen lesen sich wie das Gegenstück zu den Bemühungen der ehemaligen Soldatinnen nach dem Krieg, sich durch Verweis auf ihr fürsorgliches Handeln, das Sticken und Sich-Kümmern, vom Kriegsgeschehen zu distanzieren oder sich zumindest im Kontrast zu diesem zu inszenieren:

> »Am Anfang dachten wir, dass wir die Mädchen als Telefonistinnen, Funkerinnen und so weiter einsetzen, also in den Funktionen, die nur Mädchen ausfüllen können [...]. Im weiteren Verlauf mussten wir mit einer ganzen Reihe von Fakten umgehen, die die Masse der Mädchen von der Masse der Männer unterschied. [...] Das Kontingent [an Rotarmistinnen, kb] war sehr gut hinsichtlich Kultiviertheit und Allgemeinbildung. Es waren Mädchen von der Universität. [...] Einige Mädchen wollten nach der allgemeinen Militärausbildung nicht in den Stäben bleiben, sie wünschten, auf Position zu gehen, als Patriotinnen an der Front zu arbeiten. [...] Auf jeden Fall haben sie gezeigt, dass sie den Männern in nichts hintenanstehen. [...] Sie haben Kultiviertheit in unseren Alltag gebracht. [...] Unsere Unterstände [...] haben sehr gepflegt ausgesehen. Leute, die zu uns gekommen sind, haben gesagt: ›Bei euch ist es nicht schlechter als in der Metro.‹ [...] Als sie demobilisiert wurden, haben wir das sehr deutlich gemerkt.«[150]

Doch die »Mädchen« hätten nicht nur geputzt, sondern sich mit ihrer Kultiviertheit auch in der Laienkunst, also musikalischen und theatralischen Darbietungen, an der Front verdient gemacht.[151] Damit schienen sie für die Nebensächlichkeiten im Krieg zuständig zu sein, für Haushaltsarbeiten, Gemütlichkeit und Unterhaltung.[152] Als richtige Soldaten anerkannt waren sie indes nicht, denn auf dieses, das wichtigere Betätigungsfeld im Krieg, geht Miljavskij mit Blick auf sie nicht ein – und das trotz der von ihm angeführten höheren Bildung und der großen Motivation, durch die sich die Frauen von der Masse der Männer unterschieden.

---

150 NA IRI RAN F. 2, R. 10, Op. 7, D. 23, Ll. 1–3, Interview mit dem Oberstleutnant einer Flakeinheit Semen Miljavskij.

151 Ebd. S. 4.

152 Siehe auch den Brief von Hauptmann Maljarov an seine Eltern am 17. 06. 1943, abgedruckt in: Poslednie pis'ma s fronta 1944, S. 318.

Die Frauen übernahmen die Fürsorgearbeiten jedoch nicht immer so freiwillig, wie es bei Miljavskij (und mancher bereits erwähnter Frau) anklang: In einigen Fällen konnten die Vorstellungen über die geschlechtlich bedingte Aufgabenverteilung so weit gehen, dass Offiziere ihren weiblichen Untergebenen, Soldatinnen anderer Einheiten oder auch Zivilistinnen das Bügeln und Ausbessern ihrer Wäsche oder das Putzen der Quartiere befahlen – teilweise unter der Androhung oder der Ausübung von Gewalt.[153]

Nach Miljavskij waren Frauen auch ängstlicher, mussten lernen, ihre »Angst, nachts nach draußen zu gehen«, zu überwinden, und sie waren viel »verletzlicher. Wenn du einen Mann beschimpfst, reagiert der nicht, ein Mädchen reagiert empfindlich.«[154] In seiner Vorstellung waren Männer demnach grobschlächtiger, mit ihnen konnte, musste man härter umgehen, wie nicht zuletzt die oftmals willkürlichen Repressionsmaßnahmen zeigen, die sich offenbar nie gegen eine Frau richteten. Frauen konnten nach den Berichten ihrer Ausbilder in der Regel mit einer im Vergleich mit den sonst drakonischen Maßnahmen der Roten Armee frappierenden Milde rechnen – u.a. deshalb, weil sie laut der interviewten Befehlshaber bei Maßregelungen entweder zu heulen anfingen oder auf stur schalteten.[155]

Rejngold Rajbajs, Oberfeldwebel einer Schützendivision, erzählte der Kommission unumwunden von einer Scharfschützin, die er entließ, weil ihr die Nerven versagten. Nachdem sie im ersten Einsatz 14 Deutsche erschossen hätte, sei sie zu ihm gekommen und habe gesagt, dass sie nicht mehr könne. Seiner Meinung nach wäre es Unsinn gewesen, sie zu halten und mit Gewalt nach vorne zu schicken.[156] Und auch der Oberstleutnant einer Scharfschützenschule für Frauen, Nikolaj Kol'čak, sprach

---

153 RGAV F. 38964, Op. 1, D. 47, L. 124, Protokoll der Versammlung der Parteikommission bei der politischen Abteilung der 1. OŽDSB, 04. 12. 1943; RGASPI F. 32905, Op. 1, D. 249, L. 130, Befehl an die NKVD-Truppen […], 15. 03. 1945.

154 NA IRI RAN F. 2, R. 10, Op. 7, D. 23, L. 4, Interview mit dem Oberstleutnant einer Flakeinheit Semen Miljavskij.

155 NA IRI RAN F. 2, R. 10, Op. 7, D. 3, L. 6 v., Interview mit Oberstleutnant Nikolaj Kol'čak. Siehe auch Oberst I. A. Lewizki, zit. in: Alexijewitsch, Der Krieg hat kein weibliches Gesicht, S. 136; Loza, Fighting for the Soviet Motherland, S. 113 ff.

156 NA IRI RAN F. 2, R. 1, Op. 16, D. 6, L. 82, Interview mit Oberfeldwebel Rejngol'd Rajbajs.

sich dafür aus, Frauen mit anderen Maßstäben zu beurteilen als Männer. In seinen Augen war

> »das Mädchen an der Front eine außergewöhnliche Erscheinung, [...] die einzigen lichten Persönlichkeiten. [...] Um diese Mädchen zu beschreiben, braucht es eine Person mit einer künstlerischen Ader [...], die mehr sieht als wir jetzt.«[157]

Diese tendenzielle Überhöhung der Frauen als »lichte« Wesen jenseits der Niederungen dieser Welt führte wohl auch dazu, dass Kol'čak im Interview nur wenige Sätze brauchte, um von der politischen Korrektheit, nämlich keinen Unterschied zwischen männlichen und weiblichen Rekruten zu machen, zu einem doppelten Standard zu kommen:

> »Ich habe nicht mehr das Gefühl, dass das hier eine Frauenschule ist; das Gefühl, dass das Mädchen sind, ist verloren gegangen. [...] Die Mädchen haben hier verputzt und gebaut und alles Nötige gemacht. Und die Strafen sind dieselben wie für die Männer. Wir leben nach dem Regelwerk, und wir bestrafen nach dem Regelwerk. Sie nehmen die Strafen sehr ernst: Einmal bin ich zur Hauptwache gekommen, dort sagte man mir, dass eine, als sie Wache stehen sollte, sich entfernt hätte, sie war in Moskau gewesen und ist dann wiedergekommen. [...] Ich bin dann zur Hauptwache, da steht ein Mädchen, leuchtend blaue Augen, ein Kind. [...] Wir hätten sie an ein Tribunal weitergeben müssen. Aber sie war in der Küche gewesen, hatte da irgendetwas gemacht, hatte Angst gehabt, dass man sie bestraft, ist nach Moskau abgehauen, wiedergekommen. [...] Ich habe nachgedacht und nachgedacht, und dann habe ich beschlossen, sie einfach aus der Schule zu entfernen.«[158]

Unisono machen die drei zitierten Offiziere damit deutlich, dass Frauen keine gleichberechtigten Soldaten waren – im Hinblick auf Bestrafungen zu ihrem Glück. Denn während mit den Männern umgegangen wurde, als stünde ein nicht versiegender Strom an Menschenmaterial zur Verfügung, und sie bei Fehlverhalten ohne Prüfung des Einzelfalls (Höchst-)Strafen erhielten, wurde bei Frauen im Einzelfall auf Individuelles, gar auf Kapriolen Rücksicht genommen. Da die drei Offiziere der

---

157 NA IRI RAN F. 2, R. 10, Op. 7, D. 3, L. 7 v., Interview mit Oberstleutnant Nikolaj Kol'čak.

158 Ebd., L. 6 v.

Kommission ganz unverhohlen darüber berichteten, ist davon auszugehen, dass sie der Meinung waren, in ihrer Einstellung nicht allzu sehr von der offiziellen Linie entfernt zu liegen.

Der Komfort, für den die Frauen sorgten, war im Übrigen nicht nur materieller Art, wie in der Schilderung von Kol'čak zum Ausdruck kommt:

> »Sie [die Frauen, kb] lebten an der Front unter besseren Bedingungen als die Mannschaftsdienstgrade, sie hatten einzelne Unterstände, und, damit es keine Angriffe gab, weder vonseiten des Feindes noch der Verehrer, wurde bei dem Unterstand ein Maschinengewehr aufgestellt. [...] Aber ich würde sagen, dass es keinerlei heimliche Bemühungen [vonseiten der Verehrer, kb] gab. Einmal stand Šlachova auf dem Posten, sie ist ein ansprechendes Mädchen [...]. Sie steht da, [...] und ein kirgisischer Beobachtungsposten [...] schaut sie unentwegt an. Das dauert so etwa 25–30 Minuten. Wir haben beschlossen, ihn aufzuschrecken [und zu fragen, kb]: ›Wohin schaust du?‹ – ›Ich beobachte den Feind.‹ – ›Wo soll denn der Feind sein, wenn du auf das Mädchen schaust?‹ – Naja, es ist halt angenehm, ihr zuzuschauen.‹«[159]

Liest sich diese nicht widerspruchsfreie Episode bis hierhin, als würde Kol'čak dem Kirgisen Voyeurismus unterstellen, wird im weiteren Verlauf deutlich, dass er dessen Verhalten als ziemlich normal empfand. Auch er war der Meinung, dass »es einfach angenehm ist, unter dreckigen Soldaten an der Front ein reinliches, sauberes Mädchen zu treffen«.[160]

Anderen Soldaten ging es ähnlich wie dem Kirgisen aus der Episode von Kol'čak, allerdings in Bezug auf Zivilistinnen: Vasilij Askalepov z. B., Major und Gardegeneral, erzählte frei heraus, wie er, als er

> »nach Beketovka kam, Menschen in ziviler Kleidung sah, Frauen. Ich habe [...] einige Minuten geschaut. Wir hatten ein halbes Jahr keine Frauen gesehen. Es gab bei uns zwar Frauen, aber unsere Frauen trugen Uniform, aber hier gab es Frauen in Zivil.«[161]

---

159 NA IRI RAN F. 2, R. 10, Op. 7, D. 3, L. 7 v., Interview mit Oberstleutnant Nikolaj Kol'čak.

160 Ebd., L. 7 v.

161 NA IRI RAN F. 2, R. 10, Op. 14, D. 8, L. 4, Interview mit dem Major einer Schützendivision Vasilij Askalepov.

Askalepov scheint damit anzudeuten, dass er Frauen in Uniform nicht als wahre Frauen betrachtete. Manche konnten zwar, wie die weiter oben beschriebene Olja, dafür geschätzt werden, »ganze Kerle« zu sein. Der Mehrzahl von ihnen machte man es aber zum Vorwurf, wenn sie ihr Äußeres vernachlässigten, zur »braun gebrannten« und »groben« *soldatka* wurden.[162]

Insgesamt geht aus den Aussagen hervor, dass die Vorstellungen der Rotarmisten über die Geschlechterordnung auch mehr als zehn Jahre nach der von der Sowjetregierung proklamierten »Lösung der Frauenfrage«[163] eher konservativ waren: mit klar getrennten Sphären in der symbolischen Ordnung für Männer und Frauen, die es selbst in der Armee und unter den Bedingungen des Vernichtungskrieges einzuhalten galt. Wie im Vorkriegsstalinismus betrachteten sie die Frau als Kulturbringerin, verantwortlich für den *byt*, die alltägliche Lebensweise, sie sollte den Mann kultivieren und umsorgen.[164] Dieser wurde als ungehobeltes und widerstandsfähiges Wesen imaginiert, mit dem entsprechend kompromisslos umgegangen werden musste. Sein Selbstwertgefühl aufgrund der Vorrangstellung konnte der Mann jedoch durch das Bewusstsein steigern, aufgrund seines Geschlechts mit den wichtigen Aufgaben betraut und von den Frauen dafür umsorgt zu werden. Dies galt auch an der Front. Eigenschaften wie »soldatisch« oder »kriegerisch« blieben in der Militärkultur der Roten Armee auch dann männlich konnotiert, wenn Frauen kämpften; der Kampfeinsatz der Frauen löste keine Umwertung aus, sondern verschob die Frauen nur in die »männliche Sphäre« – wo sie aber bestenfalls als Fremdkörper wahrgenommen wurden.

---

162 Für diese Terminologie: CMAMLS F. 171, Op. 2, D. 181, L. 13, Erinnerungen von Lev Fr., Telefonist und Fahrer. Der Begriff *soldatka* bezeichnete ursprünglich die Ehefrauen von Soldaten im 19. Jahrhundert, die aufgrund der langen Abwesenheiten ihrer Ehemänner und ihres quasi rechtsfreien Status der (sexuellen) Gewalt anderer Dorfbewohner schutzlos ausgeliefert waren und oftmals als Prostituierte endeten: Oberländer, Unerhörte Subjekte, S. 15 ff.

163 Die Frauenfrage galt der Sowjetregierung 1930 gelöst, als sie die Frauenabteilungen, die *ženotdeli*, die sich genau darum kümmern sollten, auflöste: Schrand, The Five-Year Plan for Women's Labour, S. 1457.

164 Auch das bürgerliche Frauenbild existierte in den geschlechterpolitisch divergierenden 1930er Jahren. Dort gab es Stimmen, die den Frauen einen zivilisierenden Einfluss auf die Männerwelt zusprachen: Scheide, Kinder, Küche, Kommunismus, S. 72 ff.

Die Rotarmisten und die Frauen im Kernland

Frauen als Sinnbild der Heimat …

Nur ein Mensch mit künstlerischer Ader könne die Mädchen an der Front und ihre Leistungen beschreiben, hatte Nikolaj Kol'čak gemeint. Eine ganze Anzahl an Soldaten versuchte sich darin. In vielen Niederschriften sinnierten sie über Frauen und Weiblichkeit und idealisierten eine Geschlechterordnung, die den Mann an der Front verortete und die Frau weit dahinter. Ihre Elaborationen bezogen sich allerdings weniger auf konkrete Frauen an der Front, sondern drehten sich vielmehr um das weibliche Geschlecht im Allgemeinen. Gabriel Temkin bringt in einem Satz über seine Ehefrau den Tenor all dieser Ausführungen auf einen Punkt: »Hannah war alles, was ich hatte, meine einzige Verbindung in die Vergangenheit und meine einzige Hoffnung für die Zukunft.«[165]

Für den Juden Temkin, der mit seiner Frau vor der Wehrmacht aus Polen geflohen und dessen gesamte Familie von den Nationalsozialisten umgebracht worden war, traf diese Beschreibung in jeder Hinsicht zu. Er hatte tatsächlich nur noch Hannah, die sein altes Leben in Polen repräsentierte und mit der er ein neues Leben jenseits der Heimat hatte beginnen müssen. Doch für andere Rotarmisten war es vermutlich kaum anders, da die Ehefrauen, Mütter und Kinder meistens in der Heimat geblieben oder evakuiert worden waren oder sich auf nun besetztem Gebiet aufhielten.

Wie stark sich die Beschreibungen von Frauen aber von konkreten Personen lösten und zu symbolischen Formeln und Beschwörungen eines Idealbilds gerannen, zeigen die Ausführungen von Nikolaj Inozemcev. Dieser vermerkte in seinem Tagebuch, dass

> »jeder bis zu einem bestimmten Grade die Verwirklichung seiner Ideale in einem lebendigen Menschen braucht. Und ein großer Teil dieser Verwirklichung ist die geliebte Frau, das geliebte Mädchen. An der Front, wenn die Bedingungen der Existenz einen zwingen, sich von der Wirklichkeit abzulenken und an etwas anderes zu denken, ist das besonders notwendig. […] Mit den Gedanken an die Liebste sind immer auch Gedanken an die Situation in der Heimat verbunden, an die vielen glücklichen Stunden, die man zu zweit oder in Gesellschaft

---

165 Temkin, My Just War, S. 151.

verbracht hat, sind Gedanken über die Zukunft verbunden. Die Vergangenheit und die Zukunft, hierdurch atmet jeder Soldat [...], ohne das kann er nicht kämpfen. Jeder hat ein Bild derjenigen in der Seele, mit der er zuletzt zusammen war, als er an die Front fuhr. Neue Eindrücke und Treffen gibt es nicht, und wenn es sie gibt, dann sind sie zufällig, [allein, kb] für zwei, drei Stunden.«[166]

Vladimir Steženskij wollte der sowjetischen Frau als wartender Ehefrau und Mutter gar ein literarisches Denkmal setzen. In seinem Tagebuch schreibt er:

> »Ich habe jetzt den großen Wunsch, ein Buch über unsere Frauen zu schreiben, bin ich erst Schriftsteller. [...] Ich würde eine Gestalt von solcher Wucht und Kraft schaffen. [...] Damit es eine gewöhnliche sowjetische Frau wird. Keine Partisanin, keine berühmte Scharfschützin, keine Frau, die in einem Rüstungsbetrieb arbeitet oder hunderttausend [Rubel, kb] in den Kauf von Flugzeugen anlegt. [Sondern eine Frau, die, kb] in den schwierigen Kriegszeiten die Kinder beschützt und erzieht. Sie würde den ganzen Weg unseres qualvollen Rückzugs (mit-)machen. Wie viele von ihnen, von unseren Ehefrauen und Müttern, sind auf den staubigen und dreckigen Wegen 1941 und 1942 entlanggeschritten, unter dem Dröhnen und Pfeifen der Bomben im Feuerschein der brennenden Städte und Dörfer.«[167]

Folglich geht Steženskijs erster Toast, den er nach Bekanntgabe der deutschen Kapitulation ausspricht, zu Ehren eben der Frauen, die dort geblieben waren, wo sie seiner Meinung nach auch hingehörten.[168] Und es verwundert kaum, dass die Befehlshaber an der Front in ihren Vorträgen zur Mobilisierung und zur Aufrechterhaltung der Disziplin mit Verweisen auf die Mütter und Ehefrauen moralischen Druck ausübten.[169]

Frauen oder besser: das an der Front imaginierte Bild der Frau war letztlich ein Symbol für die Heimat, für die die Männer kämpfen sollten und wollten. Über dieses banden sich die Rotarmisten an eine weit ent-

---

166 Inozemcev, Frontovoj dnevnik, S. 289 f.

167 Steženskij, Soldatskij dnevnik, S. 172.

168 Ebd.

169 RGVA, F. 32905, Op. 1, D. 264, L. 22, Bericht über den politisch-moralischen Zustand, den Zustand der Disziplin für die NKVD-Truppen [...] für den 01. 07.–30. 09. 1944.

fernte, aber lebenswerte Welt. Die Vorstellung, für »ihre« Frauen und somit für die Zukunft und die Vergangenheit ihrer Heimat zu kämpfen, ließ sie ihre Gegenwart ertragen und einen Sinn inmitten all der Sinnlosigkeit des Frontalltags finden.

... und als Gesprächsthema

Nichtsdestoweniger gab es auch konkrete Frauen, an die diese metaphysische Überhöhung gebunden war. Dass Soldaten zu Hause eine Frau hatten, die ihr »eigentliches« Leben verkörperte, war ein zentraler Bestandteil des geteilten Wissens der Soldaten in der Roten Armee. Geschichten über diese gehörten zum festen Repertoire der ersten Gesprächsrunden unter den neu zusammengewürfelten Rekruten. Das gemeinschaftsbildende Potenzial dieser Gespräche beschreibt u. a. der Panzerfahrer Dmitrij Loza: Immer wenn in der Brigade neue Soldaten eintrafen, spielten sich ihm zufolge Szenen wie diese ab:

> »Sie tauschten Geschichten über ihre Familien, ihre Dörfer und Städte, ihre Jugend aus. Sie sprachen über die jungen Mädchen, die versprochen hatten, auf ihre Rückkehr aus dem Krieg zu warten – irgendwo war ein junges Mädchen, das auf jeden Soldaten wartete, der vom Krieg entführt worden war.«[170]

Ähnliches berichtet auch Viktor Astaf'ev in seinen Erinnerungen:

> »Die Ablenkung schlechthin [...] [im Lazarett, kb], um sich von der Tatenlosigkeit abzulenken, waren Gespräche über die Front, über Weiber. Großen Erfolg hatten Anekdoten und Geschichten von Bräutigamen über die Hochzeit, sowie darüber, wie die mutigen, listigen und einfallsreichen Jäger des weiblichen Geschlechts mit einem Hieb den Nebenbuhler niedergestreckt haben. Die Mehrheit dieser Geschichten schien reines Gewäsch zu sein, dummes Zeug, ausgedacht von Menschen, die nicht unbedingt sehr groß im Ausdenken waren [...]. Und man hat sich nicht daran gestört, man hat zugehört, man hat den Schmerz und die Trauer mit höhnendem Lachen, Ulk und Humor getötet.«[171]

---

170 Loza, Fighting for the Soviet Motherland, S. 146. Laut dem Kasachen Muchamet Šajachmetov blieben diese Gesprächsrunden bis zum Kriegsende ein wichtiges Moment. Shayakhmetov, The Silent Steppe, S. 304.

171 Astaf'ev, Veselyj soldat, S. 27.

Allerdings setzte die kommunikativ geteilte Vorstellung, nicht nur für die Heimat zu kämpfen, sondern auch für »ihre« Frauen als Personifizierung dieser Heimat, die Rotarmisten unter einen gewissen Druck. Dies wird bereits in Lozas – wie auch in Astaf'evs – Beschreibung deutlich. Wenn er davon spricht, dass auf jeden(!) der Soldaten laut Selbstauskunft ein Mädchen wartete, so kann dies schlechterdings nicht stimmen. Denn die Rote Armee bestand zu großen Teilen aus 18-jährigen Rekruten, die vermutlich zum großen Teil nicht in festen Beziehungen waren und Liebe bis dato eher in ihren Tag- und Nachtträumen kennengelernt hatten. Wenn also auch die Singles unter den Rotarmisten in diesen Runden Geschichten von einem angeblich in der Heimat wartenden Mädchen zum Besten gaben, dann wohl deshalb, weil sie sich das wünschten oder weil sie sich damit die Zugehörigkeit zur Männerrunde sichern wollten.

Dies legt auch der Brief von Vjačeslav Šanin nahe, in dem er am 29. März 1943 an seine Tante schreibt:

> »Briefe, das ist alles, Briefe an die Verwandten, an die Leute, die dir wichtig sind. Das ist das Einzige, wodurch man die Masse an Gefühlen, Liebe, Zärtlichkeit, ausdrücken kann, die in dir sind. Du weißt, es gibt bei uns solche, die keine Briefe bekommen, und sie leiden, sie leiden seelisch. Das muss man verstehen. Ich habe einen Freund, der von niemandem Briefe bekam, und er hat so gelitten. Und dann haben wir mit ihm zusammen einem unbekannten Mädchen in Moskau geschrieben, sie hat geantwortet ... Wenn du wüsstest, was die jetzt für einen Briefwechsel haben. Ich möchte auch seinem Beispiel folgen, nur weiß ich nicht, wem ich schreiben soll ...«[172]

In dem Brief klingt an, dass es Šanin nicht nur um den Briefkontakt ging. Einen solchen hatte er schließlich mit seiner Tante. Er neidete dem Kameraden wohl vielmehr die amouröse Beziehung.

Wie wichtig für die Soldaten der Kontakt zu Frauen war, zeigen auch Passagen aus dem Tagebuch von Mansur Abdulin. An einer Stelle schildert er den Moment, in dem Briefe und Pakete aus der Heimat, die manchmal sogar ein Foto enthielten, an der Front verteilt wurden.

---

172 Abgedruckt in: Poslednie pis'ma s fronta 1943, S. 416.

»Wer Glück hat – ist der Held des Tages. Einige ›Helden‹ präsentieren Brief und Foto sofort irgendwem von den Kameraden. Sie machen es, weil sie zu Hause eine Braut haben und man ihr den Treueschwur gab.«[173]

Oder, um Abdulins Aussage zu verkürzen: Wer sich auch mal jenseits eines riskanten Gefechts vor den Kameraden als Held präsentieren wollte, der brauchte nur einen Brief und das Foto einer Frau. Und daran hatten – zumindest laut Abdulin – die Soldaten ein großes Interesse, egal wie ernsthaft der Kontakt letztendlich war. Nach den Erinnerungen von David Samojlov schrieben manche Soldaten gleich mehreren Frauen, und die Briefe wurden zur allgemeinen Belustigung laut in der Runde vorgelesen.[174]

Erwartungen und Kontrollverluste

Doch ob aus emotionaler Bedürftigkeit oder dem Wunsch nach Selbstdarstellung: Die Überhöhung der Frauen zu Hause verstärkte die Sehnsucht, mit der die Soldaten auf die Briefe von ihren Ehefrauen und Mädchen warteten – wenn es diese Frauen denn gab. Sie stellten eine Bindung an die Heimat und das Vorkriegsleben dar, und die Soldaten zogen daraus einen Sinn für den von Tod, Nichtigkeit und Verzweiflung bestimmten Frontalltag.

Für innere Stabilität sorgten die Briefwechsel aber nicht. Zum einen, weil sie aus den unterschiedlichsten Gründen ausbleiben konnten, zum anderen, weil im Briefverkehr manifest wurde, dass die Bindungen zu den Angehörigen zutiefst prekär waren. Die Soldaten mussten mit dem Gedanken umgehen, dass sie sterben konnten, ohne zu wissen, was dann aus ihren Familien werden würde, oder dass ihre Frauen während ihrer Abwesenheit neue Partner finden konnten. Vermutlich projizierten sie ihre eigenen Unsicherheiten im Frontalltag auf die Partnerinnen. Im Wechselbad zwischen Idealisierung und Erwartung einerseits und Hilflosigkeit andererseits reagierten die Männer daher manchmal höchst sensibel, sei es auf das, was die Angehörigen schrieben, sei es, wenn Antworten ausblieben. Dies geschah in Form von Anflehungen oder auch Vorwürfen. In den bereits zitierten Elaborationen von Nikolaj Inozem-

173 Abdulin, Stranicy soldatskogo dnevnika, S. 56.
174 Samojlov, Ljudi odnogo varianta, Teil 1, S. 70.

cev über das »geliebte Mädchen« deutet sich das an: »Das, was leicht und unbemerkt in einer normalen Situation vorübergegangen wäre – jeglicher Streit oder Abschied –, hinterlässt hier einen tiefen Eindruck, zwingt dich zum Grübeln und zur Trauer.«[175] I. S. Anin. empfand die ausbleibenden Briefe seiner Frau Olja als eine nicht gerechtfertigte Bestrafung, was er ihr dann auch postwendend kundtat: »Olja, wenn dieses Schweigen von deiner Seite eine Antwort auf meinen idiotischen Brief ist, dann ist diese Maßnahme viel zu streng.«[176] Er bat weiter, dass sie ihm auch irgendwelche Dummheiten schreiben könne, nur schreiben möge sie.[177] Doch mit welchen Mitteln Anin. es auch versuchte, Oljas Briefe blieben aus.

Wie lächerlich die Männer auf die Adressatinnen mitunter wirkten und wie enervierend sie letztlich waren, zeigt die Reaktion der Ehefrau von Iosif I. auf dessen schriftliche Anwandlungen:

> »Es sind zugleich zwei Briefe von dir gekommen. Der erste ist sehr lieb und angenehm, der zweite aber fast so streng wie von einem Betreuer. Wirklich, ich finde es langsam lächerlich, dass ich dir in fast jedem Brief meine Unschuld darlegen soll [...] und deine bisweilen lächerlichen Mutmaßungen über meine Moral entkräften. Mein Lieber, ein für alle Mal versichere ich dir meine Aufrichtigkeit.«[178]

Auch in den folgenden Briefen fühlte sie sich weiterhin genötigt, ihm zu versichern:

> »Denk dran, dass, mir scheint es, du, außer Mama, der einzige von mir geliebte Mensch bist, der einzige mir wirklich teure Mensch. Und du sollst wissen, wie viel du mir bedeutest. Und ich hoffe, dass du, weil du das weißt, mich nicht mit irgendwelchen unvorsichtigen Bemerkungen beleidigen wirst.«[179]

Doch diesen Gefallen tat er ihr nicht, denn Eifersucht und Vorwürfe durchzogen – ihren Antworten nach zu schließen – weiterhin seine Briefe.[180] Vielleicht hatte er seine Frau ähnlich beschimpft wie Nikolaj K.,

175 Inozemcev, Frontovoj dnevnik, S. 289 f.
176 CMAMLS F. 216, Op. 1, D. 289, L. 3, Brief vom 01. 09. 1942.
177 Ebd., L. 1, Brief vom 30. 06. 1942.
178 CMAMLS F. 201, Op. 1, D. 143, Ll. 11 f., Brief vom 27. 2. 1943.
179 Ebd., Ll. 24 f., Brief vom 02. 04. 1943; siehe auch L. 20, Brief vom 22. 03. 1943.
180 So fühlte sie sich am 27. 7. 1943 erneut bemüßigt, ihn zu ermahnen und sich zu rechtfertigen. Ebd., Ll. 36 f.

der seiner Frau und seiner Tochter vorwarf, sie seien zu »faul« und verhielten sich nicht wie »gebildete Leute«.[181]

Il'ja Lapšin machte seine Stimmungsschwankungen sogar zum Thema: Im Brief vom 10. September 1943 an seine Frau verwies er auf den schnellen Wechsel von Hoffnung und Enttäuschung im Chaos der Front: »Jeden Tag wache ich mit dem Gedanken auf, dass ich irgendwann einen Brief von dir bekomme, und abends schlafe ich sehr böse und unzufrieden ein.«[182] Auch Nikolaj Belov, der in verschiedenen Schützenbrigaden diente und sich »wie auf einem Vulkan« fühlte, notierte in seinem Tagebuch, wie wenig erbaulich der Briefwechsel mit seiner Ehefrau war. Zwar ging er nicht auf den Inhalt der Briefe ein, bezeichnete seine eigenen aber wiederholt als »säuerlich«, gar »ätzend« und konstatiert in Bezug auf ihren Brief, dass es wohl Streit geben werde.[183] Es lässt sich unschwer ausmalen, was passierte, wenn Lapšin und Belov abends noch mit den Kameraden zusammensaßen und zu trinken begannen oder sich in die nahe gelegenen Dörfer aufmachten.[184] Und wenn Boris Suris keinen Brief von seiner Liebsten bekam, die seine einzige »Hoffnung auf was Helles in der Zukunft« war,[185] wurde er wütend, betrank sich und ließ vermutlich in Ermangelung anderer Objekte seinen Zorn an den Pferden der Einheit aus, denen er mit der Peitsche hinterherrannte. Immer wieder schrieb er seiner Freundin erboste Briefe, nur um sich später in seinem Tagebuch dafür Vorwürfe zu machen und seine Liebe zu ihr zu beschwören. Irgendwann meinte er gar, ihretwegen den Verstand zu verlieren. Dazu kam die Wut auf ihren mutmaßlichen Liebhaber, den er zusammenzuschlagen drohte, obwohl er selbst Affären hatte, von denen er ihr sogar erzählen wollte.[186]

---

181 CMAMLS F. 172, Op. 2, D. 205, L. 9 v., Brief vom 06. 11. 1941.

182 Brief abgedruckt in: Poslednie pis'ma s fronta 1943, S. 343.

183 Belov, Frontovoj dnevnik, S. 451–468.

184 Dafür, dass ungehaltene Rotarmisten immer wieder Zivilistinnen beleidigten: RGVA F. 32925, Op. 1, D. 756, Ll. 48 und 79, Protokolle der Sitzung der Parteikommission bei der politischen Abteilung der NKVD-Truppen für die Sicherung des Hinterlandes der Zentralen und der Don-Front, 17. 05. und 13. 08. 1943.

185 Suris, Frontovoj dnevnik, S. 185.

186 Ebd., S. 163, 174–197, 201–210, 241, 291. Besonders groß war die Wut, wenn sich die Ehefrauen oder generell sowjetische Frauen mit den Deutschen einließen: Inozemcev, Frontovoj dnevnik, S. 294–297; Beevor, Ein Schriftsteller im Krieg, S. 205;

Die sowjetischen Medien nahmen sich der Ängste der Soldaten durchaus an – auch wenn sie damit deren Wunschvorstellungen nur zusätzlich nährten und sie umso tiefer fallen ließen, wenn sich diese als trügerisch erwiesen. In Zeitungen abgedruckte Gedichte wie *Warte auf mich* von Konstantin Simonov trafen die Sehnsucht von Millionen von Männern nach der idealisierten und zu Hause wartenden Ehefrau und die der Frauen nach dem Gatten an der Front. Es wurde geradezu zu einem Symbol für diese Sehnsucht, wenn die Soldaten das Gedicht ihren Briefen in die Heimat beifügten.[187] Auch die Armeezeitung *Krasnoarmeec* bemühte dieses Bild, indem sie ein ums andere Mal seichte Geschichten veröffentlichte, die die Unsicherheit der Frontsoldaten in Bezug auf ihre Ehefrauen aufnahmen und sie in einem erwartbaren Spannungsbogen einem glücklichen Ende zuführten.[188]

Diese thematische Ausrichtung der Frontpropaganda kam nicht von ungefähr: Die Verantwortlichen in den politischen Abteilungen der Armee forderten explizit die Betreuung der Soldaten hinsichtlich ihrer privaten Belange. Ihnen war klar, dass die Frustration über das Ausbleiben der Briefe oder Gerüchte über die Untreue der Ehefrauen zu Alkoholmissbrauch und gewalttätigen Kontrollverlusten, Konflikten und Disziplinverletzungen führen konnten.[189] Überraschend ist, dass sich die von der sowjetischen Propaganda verbreiteten Berichte über sexuelle Übergriffe deutscher Besatzer auf sowjetische Frauen kaum in den Ego-Dokumenten der Soldaten niedergeschlagen haben. Keine Relevanz hatten zudem die intimen Kontakte, die sowjetische Staatsbürgerinnen für nachrichtendienstliche Aufgaben mit den Deutschen eingehen sollten.[190]

AdK Berlin, Walter-Kempowski-Biographien-Archiv Nr. 3027, Bl. 4, Tagebuchauszüge von V. G., Eintrag vom 10. 01. 1942.

187 CMAMLS F. 172, Op. 2, D. 152, L. 16, Brief von G. N. Tam. vom 10. 03. 1943. Auch Valtentin Štern schickte eine Abschrift von *Warte auf mich* nach Hause, CMAMLS F. 172, Op. 4, D. 5, L. 29, Brief vom 21. 04. 194. Allerdings war das Wissen um das Gedicht umso bitterer, wenn die Frauen gewartet hatten – und dann mit dem Verlust des Mannes umgehen mussten: Dunaevskaja, Ot Leningrada do Kenigsberga, S. 171.

188 Siehe die Ausgaben: *Krasnoarmeec*, Heft 8, 1942, S. 4 f.; Heft 3, 1943, S. 16 ff.; Heft 15, 1944, S. 14 f.; Heft 17–18, 1944, S. 19 f.; Heft 19, 1944, S. 17 f.

189 RGVA F. 32925, Op. 1, D. 514, L. 63, Meldung des Tages – 19. 06. 1944.

190 HIA Boris I. Nicolaevsky-Collection Hoover, Reel 289, Bl. 13 der internen Paginierung, A. Prorvič, Undatierter Bericht; Kovalev, Kollaboracionizm v Rossii, S. 365;

Insgesamt zeigen diese Quellenfragmente, wie zweischneidig der Bezug auf die Ehefrauen und Freundinnen war. Die Frauen zu Hause standen als Sinnbild für die Heimat, ihre Zuwendung spendete Kraft, und sie lieferten Gesprächsstoffe, über die die Männer zusammenkamen. Allerdings erzeugte dies auch den Druck, den Kameraden eine daheim wartende Frau zu präsentieren. Und es erhöhte die an die Frauen gerichteten Ansprüche, die, wenn sie unerfüllt blieben, den Frontalltag umso unerträglicher machten.

Die Rotarmisten und die Frauen in ihren Einheiten

Zwischen Begehren und Abwertung

Die Hoffnungen und Idealisierungen, von denen bisher die Rede war, konnten sich aber auch auf die Rotarmistinnen beziehen. Sie teilten den Frontalltag mit den verhinderten Literaten, die die zivilen Frauen priesen, und mit den vielen Männern, die ob der Unsicherheit in Bezug auf ihre Frauen zu Hause panisch und ärgerlich wurden. Für Nikolaj Inozemcev waren jedoch die Kameradinnen kein vollwertiger Ersatz für die

---

Anordnung des […] ZK der KP/b in Belorussija über die Vorbereitung von Frauen für Diversionsarbeit […], 12. 08. 1941, abgedruckt in: Organy gosudarstvennoj bezopasnosti SSSR v Velikoj Otečestvennoj Vojne, Band 2, Buch 1, S. 476; Vortragsnotiz des NKVD im Leningrader Gebiet […], 29. 08. 1942; Orientierung des UNKVD im Stalingrader Gebiet […] über die Organisation der Arbeit von alleinstehenden Frauen als Agenten […], Oktober 1942, jeweils abgedruckt in: Organy gosudarstvennoj bezopasnosti SSSR v Velikoj Otečestvennoj Vojne, Band 3, Buch 2, S. 180, 425.

Dafür, dass die deutschen Verantwortlichen Angst vor derartigen Kontakten hatten: Mühlhäuser, Eroberungen, S. 262. In Geständnissen vor den Wehrmachtsbehörden sagten die Frauen aus, mit dem Versprechen von Nahrungsmitteln zum Spionagetum überredet oder aufgrund von eigenen Fehltritten dazu genötigt worden zu sein: BA/MA RH 26–10/73, o. P., Abt. Ic der 10. Infanteriedivision, Schriftverkehr, Vernehmumgsmitschrift, 25. 07. 1942, BA/MA RH 26–9/89, o. P., Abt. Ic der 9. Infanteriedivision, Vernehmungsmitschrift, 06. 02. 1942.

Auch die Deutschen machten sowjetische Staatbürgerinnen über sexuelle Gewalt gefügig, damit jene für sie spionierten. Vortragsnotiz des NKVD der Ukrainischen Sowjetrepublik […] über die deutsche Aufklärung […] 21. 12. 1941, abgedruckt in: Organy gosudarstvennoj bezopasnosti SSSR v Velikoj Otečestvennoj Vojne, Band 2, Buch 2, S. 462; Regularien der OO des NKVD […], 02. 03. 1942, abgedruckt in: Organy gosudarstvennoj bezopasnosti SSSR v Velikoj Otečestvennoj Vojne, Band 3, Buch 1, S. 186.

Gefühle und Bedürfnisse, die den langfristigen Partnerinnen galten. Seiner Meinung nach handelte es sich bei Begegnungen mit diesen höchstens um Zufallskontakte, Intimität für die Dauer von zwei bis drei Stunden. Ähnlich sah es wohl auch Vladimir Steženskij, kontrastiert er doch sein Bild der wartenden Mutter und Ehefrau mit dem der Partisanin und Scharfschützin, die er nicht ehren wollte.

Allerdings hatte Steženskij, ein ebenso verzweifelter Tagebuchschreiber wie Inozemcev, immer wieder auch schwache Momente. Aus seinen Einträgen spricht der Glaube, dass die Verliebtheit und die Begegnungen mit Frauen zu den wenigen Mitteln gegen die Depressionen und Einsamkeit an der Front gehörten. »Ach, könnte ich mich bloß verlieben«, schreibt er am 6. Juli 1942.[191] Es liegt nahe, dass Steženskij und andere Rotarmisten mit ähnlichen Hoffnungen und Vorstellungen ihren Kameradinnen begegneten und manchmal alles taten, damit diese Frauen die ihnen zugedachte Rolle erfüllten. Von daher verwundert es nicht, dass sie ihnen zwischenzeitlich das Frontdasein so angenehm wie möglich gestalten wollten.[192] Dann behandelten sie ihre Kameradinnen wie »Königinnen« und sprachen mit Liebe von ihnen,[193] sodass die Frauen diese Fürsorge erwiderten, Lieder sangen und bügelten. In solchen Momenten versuchte man, im Frontalltag eine idealisierte Geschlechterordnung zu inszenieren, die es in dieser Form wohl nicht einmal vor dem Krieg gegeben hatte.

Wenn Steženskij in seinem Tagebuch das Verliebtsein in Kameradinnen schildert, ist insbesondere das Leiden an unerwiderten Gefühlen und der Groll gegenüber jenen Frauen, denen die Schuld dafür zugeschrieben wurde, Thema. Der Zusammenhang zwischen Enttäuschung und Geringschätzung offenbart sich überdeutlich in einer Beschreibung der Jubiläumsfeier seiner Kompanie am 24. August 1944:

---

191 Steženskij, Soldatskij dnevnik, S. 63.

192 Dies bestätigen auch die Akten der *pogranpolki*, wenn vermerkt ist, dass bei Zivilistinnen »weibliche« Gegenstände gestohlen wurden. RGVA F. 32925, Op. 1, D. 759, L. 43, Protokoll der Sitzung der Parteikommission bei der politischen Abteilung der NKVD-Truppen [...], 06. 03. 1944; RGVA F. 32925, Op. 1, D. 761, Ll. 180 f., Auszug aus dem Protokoll der Parteiversammlung der NKVD-Truppen [...], 16. 06. 1944; RGVA F. 32925, Op. 1, D. 76, L. 488, Auskunft über registrierte Vorkommnisse bei den NKVD-Truppen [...], September/Oktober 1944.

193 Kovalevskij, Nynče u nas peredyška, S. 85; Beevor, Ein Schriftsteller im Krieg, S. 231.

»Heute war ich auf dem Jubiläumsabend. […] Alles war sehr schön, und alle waren zufrieden. Aber nachdem ich zur Tanzfläche gegangen war. Ich weiß nicht, woher dieser Wunsch kam, aber ich wollte […] ein liebes Mädchen treffen, mal wieder ein wenig weibliche Zärtlichkeit spüren, in die tiefen Augen von jemandem schauen und fühlen, dass ich nicht allein bin, dass es in deiner Nähe ein Wesen gibt, dem du nah und teuer bist. […] [Aber, die Frauen hier:, kb] alles Ersatz. Oder durchweg durchtrieben, falsch, bereit, sich schon eine Stunde nach dem ersten Treffen hinzugeben; oder sie sind langweilig, verwelkt und vor allem: dumm. Und die Dummheit ist nicht zu ertragen.«[194]

Im Tagebuch von Vladimir Gelfand findet sich eine ähnliche Darstellung. Während seines gesamten Fronteinsatzes bemühte er sich darum, mit Frauen, zumeist Kameradinnen, anzubändeln. Mit der Zeit wuchs seine Enttäuschung, nicht zum Zuge zu kommen. Ähnlich wie Steženskij machte er die Objekte seiner Begierde für seine Enthaltsamkeit verantwortlich und unterstellte ihnen genau die Promiskuität, die er selbst gerne leben wollte. Gegen Kriegsende kam er zu folgendem Urteil über die Frauen in der Roten Armee:

»Bei uns in der Armee gibt es kein einziges anständiges Mädchen, sie alle sind verdorbene und liederliche Kreaturen. Sie mögen es nicht, wenn ich sie höflich und aufmerksam behandle, sie brauchen eher das Tierische und so wenig wie möglich das Menschliche. Wozu Gefühle? Wozu Verstand? Sie sind doch nicht dazu fähig, die ganze Größe der menschlichen Natur zu erreichen, sie wollen ab und zu gedeckt werden, ein flüchtiges Vergnügen – das ist ihre Welt und ihr Leben. [Die Mädchen, kb] werden fast alle nach Hause geschickt. Verwaist sind jetzt die Kantine, die Wäscherei, die Sanitätsabteilung und die anderen Einrichtungen, wo sich zahlreiche Liebhaberinnen eines luxuriösen Lebens, das sie sich durch Handel mit ihrem Körper verschafft haben, getummelt haben.«[195]

Und zur Vergabe von Auszeichnungen bemerkte er:

»Diese Zeremonie […] hat meine Einstellung gegenüber all jenen Lumpen, die nur durch ihre Gemeinheit und Heuchelei hier Ruhm

194 Steženskij, Soldatskij dnevnik, S. 174 f.
195 Gelfand, Tagebuch, S. 254.

geerntet und hohe Ränge ergattert haben, noch verschärft. Die Mädchen erhielten alle einen ›Roten Stern‹ oder einen noch höheren Orden. Eine von ihnen bekam ihren dritten Rotbannerorden. Wofür? Die Frontkämpfer wissen es und werden es nicht vergessen.«[196]

Doch trotz dieser offenkundigen Geringschätzung kann Gelfand nicht darüber hinwegtäuschen, dass er während seiner Zeit an der Front beides gerne gehabt hätte: ein Mädchen und einen Orden.

Doppelmoral

Nur wenige soldatische Selbstzeugnisse lassen wie die Kriegstagebücher von Vladimir Gelfand oder Vladimir Steženskij die Schlussfolgerung zu, dass es u. a. die Grundspannung zwischen Idealisierung und Frustration war, die die pauschale Abwertung der Kameradinnen hervorbrachte. Das Gros der Soldaten äußerte sich einseitiger, v. a. in der Rückschau. Im Gegensatz zu Gelfand oder Steženskij thematisieren sie weniger ihre eigenen schmerzlichen Bedürfnisse, sondern bekunden v. a. ihren geringen Respekt den Kameradinnen gegenüber. Dabei verknüpfen sie ihre Abwertung mit denselben Themen wie auch Steženskij und Gelfand: Neben der körperlichen Erscheinung der Frauen waren das die angeblichen mangelnden militärischen Leistungen und ihr allzu »leichtes Leben« an der Front, womit in der Regel ihre vermeintliche Verfügbarkeit in sexueller Hinsicht gemeint war. Dazu seien sie noch mit Orden und Privilegien überhäuft worden.[197] Anders ausgedrückt: Die Rotarmistinnen hätten ihre Medaillen für »Verdienste im Bett« erhalten.[198]

Besonders rigoros fiel das Urteil bei Andrej Kovalevskij aus. Der Mechaniker einer Reserve-Einheit, dessen Zeit an der Front nach eigenen Angaben v.a. durch Nichtstun, Alkohol, Langeweile und die entsprechende Frustration sowie durch Konflikte in der Gruppe geprägt war,

---

196 Ebd., S. 255.

197 Melikov, Georgij Aleksandrovič, Interview auf: Ja Pomnju: https://iremember.ru/memoirs/pekhotintsi/melikov-georgiy-aleksandrovich; Vinopol, Semen Moiseevič, Interview auf: Ja Pomnju, https://iremember.ru/memoirs/minometchiki/vinopol-semen-moiseevich; Robak, Ivan Ivanovič, Interview auf: Ja Pomnju, https://iremember.ru/memoirs/minometchiki/robak-ivan-ivanovich [23. 08. 2018].

198 Mar'jasin, Il'ja Lazarevič, Interview auf: Ja Pomnju, https://iremember.ru/memoirs/artilleristi/maryasin-ilya-lazarevich [23. 08. 2018]; Fieseler, Der Krieg der Frauen, S. 16 ff.; Drabkin, Predislovie, S. 11.

widmete eine ganze Sektion seiner Aufzeichnungen den Frauen an der Front. Er war der Meinung, dass über ihre Tapferkeit, ihren Optimismus und ihre Fröhlichkeit selbst im Gefecht schon genügend geredet worden sei. Einigkeit herrsche auch darüber, dass es bei einer Verletzung viel angenehmer sei, von einer Frau und nicht von einem Mann gepflegt zu werden.[199] Doch ihre (Sexual-)Moral sei mehr als problematisch gewesen. Schamlos hätten sie ihre Liebhaber gewechselt und seien nach dem Tod des einen sofort eine Beziehung mit dem nächsten eingegangen. Dazu seien Schwangerschaften gekommen, die die Frauen absichtlich herbeiführten, um der Front zu entfliehen, sowie die Ausbreitung von Geschlechtskrankheiten als Konsequenz ihres freizügigen Lebenswandels.[200] Kovalevskij fragte sich, ob die Frauen in der Roten Armee als »Dreck« zu bezeichnen seien,[201] was sich nicht allzu sehr unterscheidet von den Beleidigungen, die andere Veteranen in ihren Erinnerungen wiedergeben, z. B. mit der Bezeichnung »Tripperniki«.[202] Am Ende seiner Darlegungen findet sich bei ihm jedoch noch ein Gegenbeispiel: Vera, eine Sanitäterin, die selbst an der Front Jungfrau geblieben sei und sich für ihren Zukünftigen aufspare. Dieses Verhalten nötigte ihm Respekt ab. Vera habe allen Avancen widerstanden – darunter auch denen des verheirateten Autors.[203] Und das sei schwer gewesen angesichts der ständigen Avancen der Männer, auch seiner eigenen. Er selbst sei »kein Heiliger« gewesen, fand sein Verhalten aber keineswegs problematisch.

Die moralische Forderung nach Enthaltsamkeit galt also nur für die weiblichen Militärangehörigen. Leichtfertigkeit war eine Bewertungska-

---

199 Kovalevskij, Nynče u nas peredyška, S. 85.

200 Ähnlich: Tartakovskij, Iz dnevnikov, S. 76 ff., 95.

201 Kovalevskij, Nynče u nas peredyška, S. 86.

202 Astafev, Veselyj soldat, S. 17. Gorbačevskij legt die abwertende Bezeichnung seiner Mutter in den Mund: Gorbačevskij, Rževskaja mjasorubka, S. 310. Wie stark diese Wahrnehmung der Frauen an der Front über den Kreis der Veteranen hinaus wirkmächtig wurde, zeigen die Interviews des »ja pomnju«-Projekts. Hier fragen verschiedene Interviewer die Veteraninnen von sich aus, ob das Verhalten der Frauen an der Front nicht »zu leichtfertig« gewesen sei: Gavriš, Grigorij Vasilevič, Interview auf: Ja Pomnju, https://iremember.ru/memoirs/svyazisti/gavrish-grigoriy-vasilevich; Beloborodova, Evgenija Nikolaevna, Interview auf: Ja Pomnju, https://iremember.ru/memoirs/zenitchiki/beloborodova-evgeniya-nikolaevna [23. 08. 2018].

203 Kovalevskij, Nynče u nas peredyška, S. 89 f.

tegorie, die allein die Männer den Frauen zuschrieben, sodass man von einer veritablen Doppelmoral in der Roten Armee sprechen kann. Auch alle anderen bislang mit herabsetzenden Kommentaren über Kameradinnen zitierten Soldaten weisen in ihren Aufzeichnungen immer wieder darauf hin, dass gelegentlicher Sex ohne emotionale oder sonstige Verpflichtungen für sie oder Kameraden völlig selbstverständlich war bzw. sie sich ihn wie Gelfand aus tiefstem Herzen wünschten.

So traf Vladimir Steženskij laut seinem Tagebuch während seines ganzen Kriegsdienstes Frauen, und die Erzählungen von Kovalevskij erwecken den Eindruck, dass viele Männer, gar ganze Kompanien regelmäßig mit Frauen Sex hatten, z. B. in folgender Episode vom 8. Dezember 1944:

> »Ein kleines lustiges Ereignis bei uns in der Kompanie. Unsere Kompanie ist [...] berühmt für solche [...] Geschichten. Wir haben zwei neue Funkerinnen. Eine von ihnen, Raja, ist richtig gut. Denn diese Raja hatte gestern Nacht Wache, und der Mechaniker von unserem Panzer, wirklich ein sympathischer und hübscher Kerl, konnte sie überzeugen und hat sie gleich an Ort und Stelle bearbeitet. Aber das Unglück bestand darin, dass der Kommandeur [...] auf sie gestoßen ist. Raja hat drei Tage Arrest bekommen. Für den Mechaniker soll sein Vorgesetzter die Strafe ansetzen. Ich frage mich nur, welche Formulierung man für [sein, kb] Vergehen findet. So ein Vorfall ist sogar in den allgegenwärtigen militärischen Dienstvorschriften nicht zu finden. Anscheinend muss man wohl eine Ergänzung vornehmen: ›Es ist verboten, den Diensthabenden zu f...‹.«[204]

Eine weitere Möglichkeit für schnellen Sex bot laut Kovalevskij die Tatsache, dass die Soldaten motorisiert unterwegs waren, gelegentlich Zivilistinnen mitnehmen konnten und sich diese Dienstleistungen in Wodka oder »Naturalien« oder beidem vergüten ließen.[205] Oder die Zivilistinnen ließen es einfach so geschehen:

> »Wir sind [zu zweit, kb] auf einen Abschiedsbesuch ins Nachbardorf zu einem Schmetterling mit Namen Raečka [...] gefahren. Sie ist sehr sympathisch und gefällt uns, besonders meinem Kameraden.

---

204 Ebd., S. 104 f. Kovalevskij schreibt das letzte Wort nicht aus. Im Russischen steht ein »e« und meint m. E. *ebat'sja*, das recht vulgäre russische Verb für Geschlechtsverkehr.

205 Ebd. S. 73–80; siehe auch Gurvic, Vospominanija frontovogo radista, S. 120.

Mir haben eigentlich der weiße Wodka und die Beilagen besser gefallen. (Die kleine Raika hat einen Laden.) Folglich haben wir unsere Begierden aufgeteilt: Ich habe mich mehr mit dem Wodka und den Beilagen beschäftigt und ihm ›meine Portion von Raečka‹ vollständig überlassen.«[206]

Spätestens hier wird deutlich, dass es zum kameradschaftlichen Verhalten gehörte, anderen Soldaten zu sexuellen Kontakten zu verhelfen: Kovalevskij »überließ« Raja seinem Kumpel (ganz so, als ob er ein Anrecht auf sie hätte). Andere Soldaten winkten die Frauen heran, verhandelten mit ihnen, schickten die schüchternen Kameraden zu ihnen und standen selbst »Schmiere«.[207] Während also die Männer die Suche nach sexuellen Kontakten jovial als gemeinsame Jagd beschreiben, gestanden sie den Frauen dabei nur wenig Freiraum zu: Diese bleiben in ihren Erzählungen zumeist ohne Stimme.

Das Vorrecht der Offiziere

Inwieweit dem Gros einfacher Soldaten die Möglichkeit zur sexuellen Betätigung offenstand, ist fraglich, da in der Roten Armee sehr wenige Frauen auf sehr viele Männer kamen. Zudem sahen sich die Frauen wie bereits dargestellt oftmals gezwungen, sich an die Offiziere zu binden. Auch die Männer zweifelten nicht daran, dass die Rotarmistinnen in den Machtbereich der Ranghöheren fielen. Für Kovalevskij war das ein »ungeschriebenes Gesetz« der Armee:

»Ich denke, dass die Frontsoldaten mit mir übereinstimmen, wenn ich vereinfachend sage: ›Der Regimentsarzt, natürlich nur, wenn es eine Frau ist, lebt mit dem Regimentskommandeur; der Bataillonsarzt mit dem Bataillonskommandeur […] und so weiter.‹ Diese […] ›Organisationsstruktur‹ ist […] charakteristisch. […] In der Armee […] wird den Höherrangigen in allen Angelegenheiten der Vorzug gegeben. Und diese ›Höherrangigen‹ haben eine doppelt gute Ausgangsposition in Liebesangelegenheiten. Erstens, weil Frauen Männer bevorzugen, die einen hohen Rang bekleiden, und zweitens weil die niedrigen Ränge ihren Vorgesetzten immer den Vorzug lassen. Wenn der Vorgesetzte […] sich einer Frau nähern will, […] wird er

---

206 Ebd. S. 73. Auch Gelfand setzt »ein heißes Mädchen«, das er gerne hätte, mit Wodka gleich: Gelfand, Tagebuch, S. 135.

207 Elancev, Frontvoj dnevnik, Tagebucheintrag vom 21. 12. 1944.

> in den meisten Fällen auf keinerlei Widerstand des ausgesuchten Objekts treffen, und [...] keine Rivalen haben. Aber [...] wenn [...] deutlich wird, dass er kein Interesse [an dem Neuzugang, kb] hat, dann wird einer der direkt im Rang auf ihn Folgenden die Initiative [...] übernehmen. Natürlich erwarten wir hier weniger als hinter den Linien. [...] Grundsätzlich bedeutet das, dass selbst wenn der einfache Soldat es schafft, Liebesbeziehungen an der Front einzugehen, diese von der allerletzten Sorte sind. Übrigens, das Wort ›Liebe‹ in meinen Überlegungen zu benutzen, ist Blasphemie, weil, selbst wenn es irgendwo in dieser Welt Liebe gibt, dann nicht an der Front. Hier gibt es nur F....«[208]

Andere Soldaten sahen in diesem Vorrecht der Offiziere hingegen ein Symptom der Korrumpiertheit.[209] Der ehemalige Funker Leonid Gurvic beschreibt es in seinen Erinnerungen in recht zynischer Weise:

> »Heute sagt man im Scherz, dass es in der Sowjetunion ›keinen Sex‹ gab. Aber [...] unsere Soldaten hatten Sex sogar in den schlimmsten Phasen des Großen Vaterländischen Krieges. Unsere [...] Kommandeure und Kommissare [...] hatten ganz und gar legal Mädchen bei sich, die den Lazarett- oder Funkeinheiten zugeteilt waren. [...]
>
> Ein Major [...] forderte bereits am ersten Tag seiner Ankunft, dass man ihm ein Mädchen schicke. Am Abend brachte ihm sein Ordinarius eine Krankenschwester. [...] In Anbetracht der Tatsache, dass ein Kommandeur auch nachts nicht ohne Funkverbindung bleiben kann, war meine Radiostation im selben Zimmer aufgebaut. [...] Und in dieser Zeit hat der neue Kommandeur, ohne uns irgendwie zu beachten, mit der Sanitäterin Liebe gemacht. Und das war ein völlig gewöhnliches, in dieser Zeit normales Bild. [...] Es konnte passieren, dass die Fußtruppen in die Gefechte gingen und starben, während ihre Kommandeure in derselben Zeit die Größe der Bevölkerung wiederhergestellt haben. Die einfachen Soldaten und die

---

208 Kovalevskij, Nynče u nas peredyška, S. 86 f. Auch hier steht nur ein »e« und meint m. E. *ebat'sja*, das recht vulgäre russische Verb für Geschlechtsverkehr.

209 Lew Kopelew macht die Praxis, sich eine hübsche Frau aus den Untergebenen zu wählen, in seinen Erinnerungen bereits für den Vorkriegsstalinismus aus: Kopelew, Aufbewahren für alle Zeit, S. 60 f.

> mittleren Dienstgrade [...] waren vollständig dieser Möglichkeit beraubt.«[210]

Nikolaj Nikulin beschreibt die moralische Verkommenheit der Offiziere in seinen Erinnerungen mit den Worten, dass sie »gemäß den besten asiatischen Traditionen« und wie »Tiere« ständig hinter den Soldatinnen her gewesen seien und sie teilweise mit Alkohol gefügig gemacht hätten.[211] Und für Boris Suris waren »alle Kommandanturen, alle Kaderabteilungen einfach Bordelle«.[212] In dieser Wahrnehmung spielte es dann auch keine Rolle, ob die weiblichen Untergebenen und Bediensteten der Offiziere diesen sexuell zur Verfügung stehen mussten, ob die Offiziere die eigenen Frauen mitbrachten und sie ins militärische Ordnungssystem einfügten oder ob sie sich Quasi-Prostituierte kommen ließen.[213]

Es gibt Soldaten, die in ihren Erinnerungen festhielten, dass diese Beziehungen seitens der Frauen auf sehr wenig Freiwilligkeit beruhten, auch wenn sie die damit einhergehende körperliche Gewalt wiederum aussparen. Im Vordergrund steht vielmehr die Macht der Offiziere, den Frauen mehr oder weniger gefährliche Aufgaben zuzuteilen. Um diese ging es bereits bei Kovalevskij, und auch der ehemalige Artillerist Petr Andreev, der seine Kameradin Olja im Interview noch in den höchsten Tönen dafür gelobt hatte, dass sie ein »echter Kerl« gewesen sei, spricht diese Macht an: Er erzählt von einer Nadja, die in seiner Einheit auf Olja gefolgt war. Anfangs habe sie noch sämtliche Belästigungen seitens der Offiziere zurückweisen können. Doch

> »nachdem sie einige Tage beim Stab des Regiments eingesetzt war [...], wurde sie absichtlich in die erste Batterie geschickt, die in einer offenen Feuerstellung lag. Dort wurde das verstörte, zarte Wesen mit großer Anteilnahme aufgenommen. Man überließ ihr die beste Mulde, dann wurde ihr ein Unterschlupf ausgegraben, der sogar etwas abgedeckt wurde. Jedoch wurde sie nach drei Tagen, als Nadja begonnen hatte, sich ins Kollektiv einzufügen, wieder in den Regi-

---

210 Gurvic, Vospominanija frontovogo radista, S. 127 f.

211 Nikulin, Vospominanija o vojne, S. 37 f., 71 ff., 95, 137.

212 Suris, Frontovoj dnevnik, S. 149; siehe auch Steženskij, Soldatskij dnevnik, S. 99.

213 Eremenko, Dnevniki, zapiski, vospominanija 1939–1946, S. 115; Šnajder, Neizvestnaja vojna, S. 109; RGVA F. 32905, Op. 1, D. 247, L. 24, Befehl an NKVD-Truppen zur Sicherung des Hinterlandes der zentralen Gruppen der Sowjetischen Streitkräfte vom 15. 09. 1945.

mentsstab abkommandiert. Und wieder, nach einigen Tagen kam sie zurück in die Batterie. Danach hat man sie wieder einberufen, und das dritte Mal kam sie nicht zurück.«[214]

Die dritte Frau in Andreevs Einheit versuchte wohl erst gar nicht, sich zu widersetzen. Laut Andreev wurde sie gleich zur PPŽ im Stab. Was bei Andreev nur anklang, nämlich dass Offiziere die Möglichkeit hatten, Frauen in die Rolle der PPŽ zu nötigen, brachte der Funker Grigorij Gavriš in derselben Interviewreihe deutlich zum Ausdruck:

»Bei uns im Regiment z. B. hat einer der Bataillonskommandeure eine Telefonistin immer zu sich gerufen, wenn sie Dienst hatte. Und was, soll sie etwa ›Nein‹ sagen? An der Front wie auch im Leben sind Menschen völlig unterschiedlich, er hätte sich so rächen können, dass sie lebend nicht zurückkehrt … Aber wie hat man damals gesagt – ›Der Krieg schreibt alles ab!‹«[215]

Auch der Aufklärer Nikolaj Starostin erwähnt, dass »es möglich war, dass die Offiziere [jemanden, kb] zur *sožitel'stvo* [der wilden Ehe, kb] zwangen. Deren Motto sei gewesen: »Entweder gibst du [dich her, kb], oder ich schicke dich in die Kompanie.«[216] Für die Offiziere blieben die Übergriffe laut den Erinnerungen der Veteranen ohne Konsequenzen, was die Akten der *pogranpolki* jedoch nur teilweise bestätigen, wie bereits dargestellt wurde.

Grundsätzlich, so lässt sich aus den Erinnerungen der Frontsoldaten und den aktenkundig gewordenen Fällen folgern, betrachteten viele Offiziere die Rotarmistinnen als ihren Privatbesitz, auf dessen sexuelle Zuwendung sie ein Recht hatten. Zumindest unterstellten ihnen die anderen Soldaten eine solche Attitüde, wenn sie derlei Episoden erzählten.[217]

---

214 Andreev, Petr Charitonovič, Interview auf: Ja Pomnju, https://iremember.ru/memoirs/artilleristi/andreev-petr-kharitonovich [23. 08. 2018].

215 Gavriš, Grigorij Vasilevič, Interview auf: Ja Pomnju, https://iremember.ru/memoirs/svyazisti/gavrish-grigoriy-vasilevich [23. 08. 2018].

216 Starostin, Nikolaj Petrovič, Interview auf: Ja Pomnju, https://iremember.ru/memoirs/razvedchiki/starostin-nikolay-petrovich/ [23. 08. 2018].

217 Teilweise führte dieser Habitus der Offiziere auch zu Absurditäten, zumindest wenn folgende Geschichte stimmt: Angeblich gab es in der Roten Armee keine Feldbordelle, da das erste und letzte hatte schließen müssen, nachdem einige Offiziere dort ihren dreiwöchigen Urlaub verbracht, dann aber die »angestellten« Frauen mit in ihre Einheiten genommen und quasi geehelicht hätten. Neue Ange-

Es gibt kaum Stimmen von männlichen Soldaten, die an diesen Gesetzen der Roten Armee zweifeln. Allesamt bestätigen sie damit die Erzählungen der Frauen von der permanenten sexuellen Belästigung an der Front, auch wenn sie allein die Offiziere dafür verantwortlich machten.

Pauschalierende Urteile

Man könnte meinen, dass die Soldaten, die die sexuelle Belästigung ihrer Kameradinnen und die Übergriffe mitansahen, sich mit diesen solidarisierten, zumindest in Gedanken. Dem war nicht so. Die meisten nahmen die »ungeschriebenen Gesetze« (Kovalevskij) der Geschlechterordnung in der Roten Armee unhinterfragt hin. Vielfach subsumierten sie die Rotarmistinnen schlichtweg unter dem Kürzel PPŽ. Die auf der Befehlsmacht der Offiziere beruhende Ordnung wurde auf diese Weise nahezu naturalisiert – und die Frauen qua ihrer Position als Soldatinnen abgewertet.

So antwortete z. B. der ehemalige Aufklärer Mstislav Ivanov im Rahmen eines *ja-pomju*-Interviews auf die Frage nach der Rolle der Frauen in der Armee:

> »Im Allgemeinen waren das PPŽ. Sie hatten viele Medaillen ›Für militärische Verdienste‹. Wir nannten sie ›Für geschlechtliche Wehen‹. Zu uns in die Feindaufklärung schickten sie ebenfalls Krankenschwestern, damit sie mit uns [auf Mission, kb] gingen. Was sollen wir sie aufnehmen?! Das ist doch ein Klotz am Bein. Die hat niemand jemals genommen. Meistens wurden die zu den PPŽ der Kompanie-Kommandeure.«

An anderer Stelle im Interview bezeichnet er die PPŽ als »Schmarotzer«.[218] Ebenso wie die in diesem Zusammenhang genannten Köche und Fahrer brachten sie seiner Meinung nach der kämpfenden Armee keinen Nutzen, sondern zehrten nur Ressourcen auf. Soldat war für Ivanov nur, wer mit der Waffe in der Hand kämpfte.

Ähnlich pauschalisierend und abfällig äußerte sich der ehemalige Minenwerfer Semen Vinopol' im gleichen Quellenkorpus auf die Frage nach »den Frauen im Bataillon«:

---

stellte habe man nicht mehr rekrutiert: Nikolaj Antipenko, zit. in: Šnajder, Neizvestnaja vojna, S. 109.

218 Ivanov, Mstislav Borisovič, Interview auf: Ja Pomnju, https://iremember.ru/memoirs/razvedchiki/ivanov-mstislav-borisovich/ [23. 08. 2018].

»Für die Frau gibt es im Krieg keinen Platz, da kann sie auch zwanzigmal eine ›Freiwillige-Komsomolzin‹ sein. […] das ständige Blut, der Dreck, das Fluchen […] – warum sollte eine Frau das alles sehen? In den Bataillonen hat man versucht, die Frauen sofort ›abzuschmettern‹, zurück in die Regimentsbereiche. Man schickt mir Telefonistinnen, aber ich persönlich habe kategorisch abgelehnt, sie aufzunehmen. Wozu brauche ich eine ›tote Seele‹? […] Sie wird bei uns formal verzeichnet, ist aber allein die PPŽ von irgendeinem vom Stab, die die ganze Zeit im Kompanie-Stab herumhängt, beim ›Teuersten‹, und erbeutete Schokolade knabbert.«[219]

Andere Veteranen sprachen in der Rückschau in nicht minder herabwürdigender Weise über Frauen. Der Aufklärer außer Dienst Vladimir Buchenko meinte auf die Frage nach seinem Verhältnis zu den Frauen an der Front:

»An der direkten Frontlinie haben wir sie fast gar nicht gesehen […]. Eine Frau zu treffen war ein Ereignis! Wenn irgendeine Krankenschwester oder Funkerin aufgetaucht ist, haben die Soldaten angefangen ›Rahmen! Luft!‹ zu rufen, und das ihren ganzen Weg lang.«[220]

Die Bedeutung des Wortes ›Rahmen‹ erklärte der ehemalige Minenwerfer Ivan Robak folgendermaßen:

»Wir haben die deutschen Aufklärungsflugzeuge [gemeint war die Focke-Wulf Fw 189, kb] als Rahmen bezeichnet, da sie zwei Abschussbalken hatten, solch einen zweiten Abschussbalken hatten auch die Frauen, selbst an der direkten Frontlinie, im Stab. Später wurde uns verboten, sie so zu nennen.«[221]

Die Rotarmistinnen konnten machen, was sie wollten – im Krieg wie auch im späteren Erinnerungsdiskurs: Sie wurden die Diffamierung als

219 Vinopol', Semen Moiseevič, Interview auf: Ja Pomnju, https://iremember.ru/memoirs/minometchiki/vinopol-semen-moiseevich/ [23. 08. 2018].

220 Im weiteren Verlauf der Passage wird aus diesen Begegnungen eine Art fröhliches Säbelrasseln zwischen den Geschlechtern: Buchenko, Vladimir Fedorovič, Interview auf: Ja Pomnju, https://iremember.ru/memoirs/razvedchiki/bukhenko-vladimir-fedorovich; siehe auch Komar, Moisej Trofimovič, Interview auf: https://iremember.ru/memoirs/saperi/komar-moisey-trofimovich [23. 08. 2018].

221 Robak, Ivan Ivanovič, Interview auf: Ja Pomnju, https://iremember.ru/memoirs/minometchiki/robak-ivan-ivanovich [23. 08. 2018]. Die Bezeichnung der Frauen als Luft, für die keine Erklärung aus erster Hand zu finden war, ist wohl analog zu verstehen.

PPŽ nicht los. Grigorij Šiškin, ein vormaliger Panzerfahrer, erzählte von der PPŽ des Kommandeurs seiner Brigade, dass sie ein ganz wundervolles Mädchen gewesen sei – und dennoch blieb sie eine PPŽ:

> »Zärtlich, lustig, lebensfreudig. Sie hat sich nicht angemalt, nicht geschminkt. So eine Natürliche, keine Schlampe. Ihr gegenüber haben wir uns respektvoll verhalten, obwohl wir natürlich verstanden haben, dass sie eine PPŽ war.«[222]

Anerkennende Worte fand Šiškin auch für eine Sanitäterin in seiner Einheit, was diese aber auch nicht vor übler Nachrede schützte:

> »Die war so ein kleiner Knopf. Aber im Alltag hat die geflucht wie ein Maschinengewehr. [...] [Als die Deutschen vor Šiškins Augen einen sowjetischen Panzer unter Feuer setzten und den verletzten Fahrer gefangen genommen hatten, kb], hat sie ein Maschinengewehr genommen [...] und ist dahin gerobbt. Die hat den Wachhabenden [Deutschen, kb] erschossen, ist in den Unterstand gestürmt, erschoss alle Deutschen und hat den Panzerfahrer zu uns zurückgebracht. Man hat ihr den Rotbanner-Orden verliehen. Zu solchen Frauen war die Beziehung voller Respekt. Obwohl, hinter dem Rücken, hat man natürlich viel gesagt. ›Luft‹ oder ›Rahmen‹.«[223]

Jurij Bem, ein Fallschirmjäger außer Dienst, antwortete auf die Frage, ob er der Meinung sei, dass Frauen in die Armee gehörten: »Gewiss, Sanitäterinnen brauchte man. Und es gab die Einheiten, die Wäsche gewaschen haben. Aber Armee ist Armee. Diese berühmten PPŽ, die Feldehefrauen, zu denen hatten die einfachen Soldaten ein sehr schlechtes Verhältnis.« Auf die Nachfrage, ob das daran lag, dass sie selbst keine Möglichkeit für eine solche Beziehung hatten, führte er aus:

> »Erstens, natürlich, deswegen, weil uns das nicht zuteil wurde. Aber da war noch ein Umstand. Alle [Offiziere, kb] hatten Ehefrauen, Kinder, und als wir erfuhren, dass sie hier noch ein paar Weiber hatten, war unser Verhältnis zu den sitzen gelassenen Ehefrauen sehr ehr-

---

222 Šiškin, Grigorij Stepanovič, Interview auf: Ja Pomnju, https://www.iremember.ru/memoirs/tankisti/shishkin-grigoriy-stepanovich. Ähnliches erzählt auch der Aufklärer Nikokaj Starostin über die PPŽ eines Kommandeurs: Starostin, Nikolaj Petrovič, Interview auf: Ja Pomnju, https://iremember.ru/memoirs/razvedchiki/starostin-nikolay-petrovich [23. 08. 2018].

223 Šiškin, Grigorij Stepanovič, Interview auf: Ja Pomnju, https://iremember.ru/memoirs/tankisti/shishkin-grigoriy-stepanovich[23. 08. 2018].

furchtsvoll. Und jeder dachte, vielleicht hat auch meine sich jemanden zugelegt. Unter den Jungs waren diese Gespräche weit verbreitet.«[224]

Bem war also wie seine Kameraden verärgert und neidisch, weil er keine Chance auf einen sexuellen Kontakt mit den Rotarmistinnen hatte. Dennoch oder gerade deswegen lastete er ihnen und nicht den Offizieren an, dass Letztere ihre Ehefrauen betrogen. Er und andere Soldaten nahmen promiskuitives Verhalten v. a. bei Frauen und insbesondere bei Kameradinnen wahr,[225] zeigten also dieselbe Doppelmoral, wie in Bezug auf Kovalevskij schon angesprochen.

Frauen als Referenzpunkt der Männergemeinschaften

Interessant ist aber ein weiterer Aspekt an Bems Äußerungen. Wie schon bei Loza und Astaf'ev, Šanin, Abdulin und Samojlov wird in seinen Erzählungen deutlich, dass sich die Gespräche der Rotarmisten, wenn sie zusammensaßen, oftmals auf Frauen fokussierten. Während bei Ersteren sehnsüchtig über idealisierte Frauen gesprochen wurde, denen man Briefe schrieb, ging es bei Bem darum, dass die Männer ihre Kränkung angesichts der (angeblichen) Untreue der Frauen und den Hass auf diese teilten. Aus einer solchen Gruppe von Männern konnte auch eine pöbelnde Menge werden, die den Frauen Beleidigungen oder Obszönitäten hinterherriefen, wie Šiškin und Buchenko berichteten. Vermutlich erlaubten sich auch Einzelne ein solches Verhalten – im Gefühl dessen, dass man damit den allgemeinen Erwartungen entsprach. In der Konsequenz heißt das, dass Frauen, oder besser: Frauenbilder, hier wie da einen wichtigen Referenzpunkt soldatischer Männergemeinschaften darstellten.

Die Bedeutung dieser Gemeinschaften für die Soldaten ist nicht zu unterschätzen, litten sie doch unter der Einsamkeit und der Anonymität des Frontlebens. Sie sehnten sich nach Menschen, mit denen sie *po-dušam* (frei von der Seele weg) reden konnten. Viele Themen eigneten sich nicht dafür. Denn Angst, Zweifel am Sieg der Roten Armee, Kritik am stalinistischen System oder an Stalin selbst, religiöse Gefühle – all das

---

224 Bem, Jurij Ottovič, Interview auf: Ja Pomnju, https://iremember.ru/memoirs/desantniki/bem-uriy-ottovich [23. 08. 2018].

225 Ljubašin, Ivan Ilič, Interview auf: Ja Pomnju, https://iremember.ru/memoirs/artilleristi/lyubashin-ivan-ilich [23. 08. 2018]. Siehe auch Ermolenko, Voennyj dnevnik, S. 86; Safonov, Soldatskie Memuary, S. 407 f.

konnte von der *SmerŠ* als Illoyalität bis hin zum Verrat interpretiert werden – mit den entsprechenden Konsequenzen. Und deren Spitzelsystem schloss die permanente Möglichkeit kollabierender Vertrauensverhältnisse ein. Dazu kamen die durch Stress, Unübersichtlichkeit des Kriegsgeschehens sowie Mangel ausgelösten Konflikte, die die soldatischen Gemeinschaften erst recht fragil machten, aber gleichzeitig das Bedürfnis danach umso größer werden ließen. Eines der wenigen Gesprächsthemen, über das sich die Männer ganz unverfänglich austauschen konnten, waren Frauen. Wie in den Runden, in denen man über den Hass auf die Deutschen redete und die eigenen Heldentaten beschwor, konnte man hier bestimmten Gefühlen freien Lauf lassen und sich unter Gleichgesinnten wähnen.

Welche absurden Frauenbilder in solchen Gesprächsrunden entstehen konnten, welche Aggressionen sie gegen Frauen stimulierten und welche Auswüchse es annehmen konnte, zeigt eine Geschichte, die der Pilot Petr Kazevman erzählte:

> »Wir hatten eine Maschinistin. […] Wer mit der geschlafen hat, ist sofort gestorben. Drei ihrer ›Kavaliere‹ hatte es allein in meiner Zeit getroffen. Dieses ›verhängnisvolle Weib‹ haben alle mit Vorsicht betrachtet. Sobald der Krieg aus war, haben unsere betrunkenen Mechaniker, fünfzehn Leute, sie ›im Chor‹ vergewaltigt. Die Kommandeure haben versucht, dieses besondere Vorkommnis zu vertuschen und es zu keiner ernsthaften Untersuchung kommen zu lassen, daher wurde das arme Mädchen sofort aus der Armee demobilisiert.«[226]

Allerdings teilten die Männer in diesen Runden nicht nur ihre Sehnsucht oder ihren Hass im Hinblick auf Frauen. Über ihre heterosexuellen Kontakte und Beziehungen zu den Rotarmistinnen definierten sie, wie schon in Bezug auf die Ehefrauen deutlich wurde, auch die hierarchische Ordnung untereinander. Nach Andrej Kovalevskij stellte sich der Status eines Offiziers über dessen Möglichkeit her, eine PPŽ zu haben.[227] Lew Kope-

---

226 Kacevman, Petr Markovič, Interview auf: Ja Pomnju, https://iremember.ru/memoirs/letchiki-shturmoviki/katsevman-petr-markovich [23. 08. 2018].

227 Diese Vorstellung übernimmt sogar der Sammler von Interviews mit Veteranen, Artem Drabkin. Er hält diesen Zusammenhang für so selbstverständlich, dass er in seinen Interviews nur noch danach fragt, »ab welchem Rang« jemand eine PPŽ hatte: Košečkin, Boris Kuzmič, Interview auf: Ja Pomnju, https://iremember.ru/memoirs/tankisti/koshechkin-boris-kuzmich [23. 08. 2018].

lew beschäftigt sich in seinen literarischen Erinnerungen ebenfalls mit den Hierarchisierungen, die die Männer anhand der Frauen untereinander vornahmen, und projiziert die Aushandlungsprozesse zwischen den Männern auf die Frauen. Seiner Ansicht nach waren es die Rotarmistinnen, die durch ihre herausgeputzten Körper den Status der Offiziere attribuierten und unterstrichen. Den Neid und die Konflikte der Männer wegen der Frauen deutet er als Resultat weiblicher Verführungstaktiken.

> »Viele [Offiziere, kb] hatten ihre ständigen Kampfgefährtinnen – dieser freundlichere Ausdruck ersetzte bald das ordinäre PPŽ. Einige Generäle hielten Nachrichtenhelferinnen, Serviererinnen, Schwestern, Stenotypistinnen für ihr Freiwild. Es entwickelte sich ein besonderer Typ des niedlichen, frechen Mädchens in sorgfältig ›auf Figur‹ gearbeiteter Uniform, Chromlederstiefeln, onduliert, geschminkt, mit kokett aufgesetzter Feldmütze oder Kosaken-Pelzmütze, in unwahrscheinlich weißen Halbpelzen auf Taille. Die Soldaten betrachteten sie mit fröhlicher Bosheit, manchmal auch mit Widerwillen, am häufigsten aber waren sie neidisch auf die, für die diese Prinzessinnen erglühten.«[228]

Dass tatsächlich weniger die Frauen als vielmehr die Männer untereinander in Konkurrenz standen, belegen auch andere Berichte. So erinnerte sich z. B. der Funker Solomon Frenkel im Interview, dass sich wegen der Frauen

> »ein wenig lustiger Kampf entwickelte: Unser Regimentskommandeur [...] erschoss an Ort und Stelle ein Kompaniemitglied für eine ›lügenhafte Meldung‹. Aber hatte das Kompaniemitglied eine solche Strafe verdient? [...] In der Division machte das Gerücht die Runde, dass der Kommandeur das Kompaniemitglied speziell erschossen hatte, weil er eifersüchtig wegen dessen PPŽ war.«[229]

Der *politruk* der Division drohte dem Kommandeur daraufhin zwar standrechtlich die Todesstrafe an, ließ es dann aber dabei bewenden. Insgesamt gab es, so Frenkel, einige solcher Episoden. Andere Quellen berichten von »Dramen«, »Auseinandersetzungen«, »Schlägereien« und schließlich »Duellen« zwischen den Rotarmisten um die Frauen, ohne

228 Kopelew, Aufbewahren für alle Zeit, S. 85.

229 Frenkel', Solomon Isaakoviç, Interview auf: Ja Pomnju, https://iremember.ru/memoirs/svyazisti/frenkel-solomon-isaakovich [23. 08. 2018].

freilich Einzelheiten preiszugeben.[230] Der Jagdflieger Boris Dementeev bestätigte im Interview das regelmäßige Aufkommen solcher Konflikte, wobei es bei ihm all das nicht gegeben habe, schließlich sei er in einer Gardeeinheit gewesen.[231] Auch die offiziellen Berichte lassen keinen Zweifel an derartigen Vorkommnissen – wobei nicht immer klar wird, ob es sich um Rivalitäten um eine konkrete Frau handelte oder ob es darum ging, Frauen vor betrunkenen und aggressiven Soldaten zu schützen. Laut dieser Berichte kam es im Rahmen solcher Konflikte auch zu Verletzungen oder gar Todesfällen, wobei Alkohol häufig ein relevanter Einflussfaktor war.[232]

Doch ganz gleich, ob sich die Rotarmisten um ihre Kameradinnen duellierten und schlugen oder ob sie sich als Gruppe zusammenfanden und sich über die Frontehefrauen der Offiziere ausließen: Frauen waren in den soldatischen Gemeinschaften der Männer Projektionsfläche ihrer Begierden und ein Prestigeobjekt. Sowohl die im Kriegsgeschehen erlittenen Frustrationen als auch die enttäuschten, weil überzogenen Erwartungen an die Frauen, die in die Gemeinschaften eingebracht wurden und der hier entstandene Resonanzboden sorgten dafür, dass das Urteil über die Kameradinnen schlechter und schlechter ausfiel.[233]

Sexualität in der Welt der Rotarmisten

»Ein Stück Fleisch«

Insgesamt, so geht aus den bislang zitierten Quellen hervor, galten in der Roten Armee Frauen, genauer gesagt Rotarmistinnen, als Eigen-

---

230 Golubkova, Judif' Vladimirovna, Interview auf: Ja Pomnju, https://iremember.ru/memoirs/svyazisti/golubkova-udif-vladimirovna [23. 08. 2018]; CMAMLS F. 172, Op. 1, D. 1, L. 85, Tagebucheintrag von Aleksandr E. vom 26. 03. 1943.

231 Dementeev, Boris Stepanovič, Interview auf: Ja Pomnju, https://iremember.ru/memoirs/letchiki-istrebiteli/dementeev-boris-stepanovich [23. 08. 2018].

232 RGVA F. 32905, Op. 1, D. 282, L. 115, Vortrag über den politisch-moralischen Zustand, den Zustand der militärischen Disziplin und der parteipolitischen Arbeit bei den NKVD-Truppen zur Sicherung des Hinterlandes der 2. Ukrainischen Front für den 01. 01.–31. 03. 1944.

233 Franka Maubach stellt fest, dass die Wehrmachtshelferinnen bei den Kameraden nicht viel besser gelitten waren, bringt dies aber mit der sich abzeichnenden deutschen Niederlage in Verbindung: Maubach, Die Stellung halten, S. 227–237. Siehe auch Reese, Mir selber seltsam fremd, S. 107–110.

tum der Offiziere, als minderwertige Soldaten und waren gleichzeitig ein begehrtes »Gut«. Die ideale sowjetische Frau und Mutter verkörperten sie jedoch nicht. Es stellt sich die Frage, was die Männer in den Beziehungen mit ihnen suchten und was dies für den einzelnen Mann bzw. für die diskursiv auf Frauen ausgerichteten Männergemeinschaften bedeutete. Auf langfristige Beziehungen ließen sich die Soldaten, zumindest nach Maßgabe der Quellen, mit den Kameradinnen nicht ein, und als intelligente Gesprächspartnerinnen tauchen sie ebenso wenig auf.

Wie sich in manchen Quellen bereits andeutete, ging es den Soldaten der Roten Armee in Bezug auf ihre Kameradinnen v.a. um Sex. Andrej Kovalevskij z.B. sprach unzweideutig vom F…[icken].[234] Nikolaj Inozemcev, der in seinen schriftlichen Hinterlassenschaften Frauen als Verwirklichung der eigenen Ideale überhöhte, musste irgendwann überrascht die eigene Dreistigkeit im Umgang mit den Frauen zur Kenntnis nehmen.[235] Als ein Kamerad in seiner Gegenwart anmerkte, dass Frauen nichts anderes seien als ein »Stück Fleisch«, konnte oder wollte er ihm offenbar nichts entgegnen.[236] Auch Vladimir Steženskij, der Tagebuchautor, der der wartenden sowjetischen (Ehe-)Frau und Mutter ein literarisches Denkmal hatte setzen wollen und sich über die Leichtfertigkeit seiner Kameradinnen beschwerte, gab sich immer wieder mit kurzen Begegnungen körperlicher Natur zufrieden. Er musste sich – vermutlich in der Konfrontation mit den längerfristigen Beziehungswünschen einer seiner Bekanntschaften – eingestehen, dass der Krieg ihn fatalistisch gemacht hatte, und konnte an keinerlei Langfristigkeit, auch nicht hinsichtlich seiner Gefühle und Beziehungen, mehr glauben. Im November 1943 notierte er:

> »Ich könnte von ihr ›Bestimmtheit‹ fordern, aber was ist das, ›Bestimmtheit‹? Eine Garantie für die Zukunft? Wer kann die geben? Jetzt weiß ich, dass ich sie liebe, aber wer weiß, was in einem Jahr ist, in zwei oder vielleicht in einem Monat. Wenn wir überhaupt am Leben bleiben. An die Unerschütterlichkeit und die Ewigkeit der eigenen Gefühle zu glauben, bedeutet, sie und mich zu betrügen. [Und,

234 Für Vergleichbares in der Wehrmacht: Kühne, Kameradschaft, S. 132.
235 Inozemcev, Frontovoj dnevnik, S. 189.
236 Ebd., S. 136.

zwei Monate später:, kb] Auf einem Gefühl kann man keine Zukunft bauen.«[237]

Schon ein halbes Jahr zuvor, im August 1942, hatte er festgestellt:

»Wie bin ich grob geworden, meine Seele verwandelt sich stetig in einen Holzklotz. War ich nicht irgendwann zu großer Zärtlichkeit mal fähig, konnte jemanden lieben? Nicht zu glauben.«[238]

Den Frauen an der Front war diese Reduzierung auf ihre Körper wohl klar, selbst wenn sie später, wie die Ausführungen im letzten Kapitel zeigen, nicht ganz so eindeutig über die Erwartungen der Männer an sie reden mochten. Im Frontalltag hatten wohl auch für sie Ideen wie Liebe, »moralische Unterstützung«, »etwas Warmes«[239] wenig Substanz. Die Sanitäterin Marija gab sich in einer – vermutlich lautstark und emotional geführten – Diskussion mit Levka Rubinštejn laut dessen Erinnerungen gänzlich unbeeindruckt von solcherlei Argumenten: Rubinštejn wollte sie davon überzeugen, seinen Freund Vasilij Lastikov im Lazarett zu besuchen, indem er auf dessen Liebe verwies und an Marijas Barmherzigkeit appellierte. Doch diese erwiderte nur, dass alle Männer von Liebe und Barmherzigkeit reden würden, aber nur das Eine wollten. Ein Bordell sei daher besser geeignet, diese Wünsche der Männer zu befriedigen. Schlussendlich bestätigte Rubinštejn ihre Antwort sogar, der Wunsch nach Barmherzigkeit sei unter den Soldaten tatsächlich eine Formel – aber sein Freund liebe aufrichtig. Lieben jedoch wollte Marija im Krieg nicht mehr – mit ihm schlafen, wenn er darum bitten würde, das wäre denkbar.[240]

Sexgeschichten als kleinster gemeinsamer Nenner

Einigen Soldaten war also bewusst, dass sich ihre Bedürfnisse im Kontakt zu Frauen auf Geschlechtsverkehr beschränkten, was nicht zuletzt die Reduktion der Frauen auf ihre Körper bedeutete.[241] Dies wirft die Frage

237 Steženskij, Soldatskij dnevnik, S. 143, 155.

238 Ebd., S. 75; Dementeev, Boris Stepanovič, Interview auf: Ja Pomnju, https://iremember.ru/memoirs/letchiki-istrebiteli/dementeev-boris-stepanovich [23. 08. 2018].

239 Gorochova, Zoja, Interview auf: Ženščiny-Pamjat'-Vojna, wmw.gender-ehu.org/Intervews.htm [23. 08. 2018].

240 Rubinštejn, Ispoved' sčastlivogo al'pinista. Glavy iz trilogii, S. 39 f.

241 Siehe auch den Brief vom 18. 08. 1944, den Boris Baj. an seine Ehefrau schrieb: Er erzählte ihr, dass er einen Brief von einer Bekannten bekommen habe, die ihm von

auf, was Sexualität in der Welt der Soldaten bedeutete. In ihren Ego-Dokumenten und Erinnerungsberichten geben die Soldaten insbesondere eine Antwort. Sie sahen darin eine biologische Tatsache: Männer bräuchten Geschlechtsverkehr, da die »Physiologie das Ihre fordert«.[242] Und auch wenn es heißt, dass sie »ausgehungert« nach Frauen waren, wird Geschlechtsverkehr auf eine Stufe mit lebensnotwendiger Nahrung gestellt.[243] Teilweise, so die (ehemaligen) Soldaten, verstärkten sich diese Instinkte, je näher sie sich dem Tod fühlten.[244]

Begründungen für diese Annahme eines unbedingten und allgegenwärtigen Sexualtriebs, der trotz fehlender Befriedigung nicht einzuschlafen schien, fehlen. Zudem machen die Quellen deutlich, dass es den Soldaten keineswegs um die evolutionäre Notwendigkeit, Nachkommen zu zeugen und die Art zu erhalten, ging. Wenig lag ihnen ferner, als dass ihre Liebschaften unter Kriegsbedingungen Kinder zur Welt brachten – ansonsten hätten sie einen solchen Wunsch in ihren Berichten sicherlich auch benannt. Stattdessen betrachteten sie geschwängerte Rotarmistinnen entweder vorwurfsvoll, hatten diese doch so eine Möglichkeit, dem Krieg zu entkommen,[245] oder sogar mit Häme. So zumindest lässt sich ein Witz deuten, den Andrej Kovalevskij in seinen Erinnerungen zum Besten gab. Demnach bestünde der Unterschied zwischen einer Bombe und einer Frontsoldatin darin, dass man die Bombe im Hinterland belade und an der Front dann entlade. Bei den Soldatinnen hingegen sei es andersherum.[246]

---

ihrem Hang zur Romantik geschrieben hätte. Er habe ihr daraufhin geraten, Romantik nicht mit Sexualität zu verwechseln. CMAMLS F. 172. Op. 2, D. 31, L. 11.

242 Kazacker, Jona Volfovič, Interview auf: Ja Pomnju, https://iremember.ru/memoirs/artilleristi/kazatsker-iona-volfovich [23. 08. 2018].

243 Korsakov, Evgenij Alekseevič, Interview auf: Ja Pomnju, https://iremember.ru/memoirs/artilleristi/korsakov-evgeniy-petrovich [23. 08. 2018].

244 Cvetkov, Valtentin Alekseevič, Interview auf: Ja Pomnju, https://iremember.ru/memoirs/artilleristi/tsvetkov-valentin-alekseevich [23. 08. 2018].

245 Solovev, Sergej Andreevič, Interview auf: Ja Pomnju, https://iremember.ru/memoirs/artilleristi/solovev-sergey-andreevich [23. 08. 2018]. Akten der *pogranpolki* belegen jedoch, dass Rotarmistinnen auf illegale und oftmals riskante Weise versuchten, abzutreiben. RGVA F. 32905, Op. 1, D. 260, L. 136, Direktive der politischen Abteilung der NKVD-Truppen […], 22. 10. 1943.

246 Kovalevskij, Nynče u nas peredyška, S. 89.

Auch dass die Todesnähe einen Einfluss auf sexuelle Bedürfnisse gehabt haben soll, ist nicht nachvollziehbar. Möglicherweise machte sie eher emotionsloser. So begründete zumindest Vladimir Steženskij in seinem Tagebucheintrag seine Gefühlskälte Frauen gegenüber. Gefühle würden sowieso enttäuscht, da niemand wisse, was morgen sei, selbst wenn man überlebe. Man spare sie sich besser. Tatsächlich wusste kein Soldat, wie viel Zeit ihm noch blieb und ob es zu verantworten war, irgendjemandem Hoffnung auf etwas Dauerhaftes zu machen – sei es der Ehefrau oder Freundin zu Hause, der Liebschaft an der Front oder sich selbst.

Aufschluss über die Bedeutung von Geschlechtsverkehr geben vielmehr die Zusammenkünfte der Soldaten, in denen das Enttäuschungspotenzial der Beziehungen, kurzfristiger Sex als Alternative sowie die Umstände, unter denen sich die Gelegenheit dazu bot, verhandelt wurden. Die Geschichten, die zu diesen Gelegenheiten erzählt wurden, erwecken den Eindruck, als ob sexuelle Akte, trotz der geringen Anzahl von Frauen und der angeblichen Abstinenz der Männer, immer und überall möglich waren. Demnach musste man nur, wie Kovalevskij zum Besten gab, zur wachhabenden Soldatin gehen, sie »überzeugen und bearbeiten«, oder den Zivilistinnen vor Ort einen Dienst erweisen. Oder man konnte an die Barmherzigkeit der Frauen appellieren und sie mit Liebesbeteuerungen überzeugen.

Dieser Topos kam auch in einem Gespräch auf, das der Aufklärer Eleazar Meletinskij mit einem Leutnant führte, der ihm erzählte,

> »wie er eine Nacht mit zwei sehr jungen, maximal 17-jährigen Krankenschwestern verbracht habe: ›Ich habe ihnen gesagt‹, so prahlte er, ›dass ich irgendein Leutnant bin und morgen vielleicht sterbe, aber heute, wenn ihr wollt, lasst uns loslegen.‹ Die Schwestern haben anscheinend zugestimmt, und er hat mit beiden geschlafen. Das Ganze könnte auch eine freche Lüge von seiner Seite sein. Angeberische Geschichten über erotische Abenteuer oder aus der Reihe herausstechende […] erotische Situationen, sei es im vorherigen Leben, sei es vor Kurzem, konnte man sehr oft hören. Aber es hätte auch die Wahrheit sein können.«[247]

247 Meletinskij, Moja vojna, S. 173.

Wie attraktiv solche Geschichten über erotische Beutezüge unter den Soldaten waren, zeigt eine Episode, die Levka Rubinštejn in seinen Erinnerungen festhielt: Sie handelt von einem Kameraden, der es angeblich fertiggebracht hatte, eine Telefonistin mit einem bloßen »Komm mit« aus dem Raum zu lotsen, und sich eine halbe Stunde später damit brüstete, eine Frau gehabt zu haben. Dann »machte die Beschreibung dieser Episode innerhalb einer halben Stunde in der ganzen Brigade die Runde, und es fand sich eine Mehrheit, die es nicht glaubte, aber es zu glauben wünschte«.[248] Rubinštejns Kamerad wurde so zum *role model* einer Männlichkeit, die sich durch Dreistigkeit auszeichnete.

Der ehemalige Rotarmist Aleksandr Lesin verweist in seinen Erinnerungen ebenfalls darauf, wie wichtig das Reden über Sexuelles für die Vergemeinschaftung der Rotarmisten in ihren kollabierenden sozialen Strukturen war: »Tatsache ist, dass wir über die [Situation an der, kb] Front sehr viel im Politik-Unterricht reden. Aber wenn man zu sich kommt, außerhalb des Dienstes, will man die Seele mit anderen Themen beruhigen.« Er bekam sogar den Ratschlag: »Wenn du dich mit [einem bestimmten Kameraden, kb] anfreunden willst, erzähl ihm ein paar gesalzene Anekdoten.«[249] Auch Vladimir Gelfand deutet diese Form der Freundschaftsanbahnung an,[250] und laut Nikolaj Nikulin war Sex das Wichtigste »nach dem Sterben und dem Fressen«.[251]

Sexgeschichten als kleinster gemeinsamer Nenner waren somit Teil der Armeekultur und eigneten sich ebenso gut für die Vergemeinschaftung der Männer wie Berichte über untreue Ehefrauen, wenn nicht sogar noch besser. Denn Letztere erinnerten die Männer auch an ihre Ängste und Unsicherheiten. Erzählungen über die sexuelle Verfügbarkeit der Kameradinnen und Zivilistinnen steigerten hingegen den Glauben an den potenziellen eigenen Erfolg. Im Zweifelsfall, so suggerierten sie, probierte man es einfach mal, zu verlieren hatte man ja nichts.

Allerdings wurde durch diese Geschichten zugleich die Norm etabliert, »es doch schon mal probiert zu haben«. Und das war ein wichtiger Faktor im hierarchischen Gefüge der Männer. Gelfand z. B. hatte damit

---

248 Rubinštejn, Ispoved' sčastlivogo al'pinista. Glavy iz trilogii, S. 25.
249 Lesin, Byla vojna, S. 47.
250 Gelfand, Tagebuch, S. 26.
251 Nikulin, Vospominanija o vojne, S. 153.

umzugehen, dass er mit 21 Jahren in sexueller Hinsicht noch immer unerfahren war. Er hatte sogar etwas Angst vor der ersten Begegnung mit einer Frau. Seine Kameraden neckten ihn damit, dass er »lebendig … [sei, aber es noch, kb] nicht gesehen« habe. Er überlegte daher:

> »Ich weiß noch nicht einmal, wie ich es angehen soll, oder vielleicht kann man es bei einer bereits Angeschlagenen versuchen? Gestern habe ich tatsächlich eine Tote gesehen, aber ich habe nicht geschaut, was sich bei ihr zwischen den Beinen befindet – ich habe mich geschämt, und bei einer Lebendigen kann gar keine Rede davon sein. […] Gestern hat Marija […] davon gesprochen und es sogar vorgeschlagen, aber sie gefällt mir nicht, und mit ihr wäre es mir zuwider gewesen.«[252]

Doch bemerkt er, dass selbst Jüngere schon erfahrener waren als er,[253] und sogar Kameradinnen machten sich über seine Bedürftigkeit lustig.[254]

Anatolij Safonov spricht in seinen Erinnerungen mit mehr Empathie über den Schmerz der sexuellen Unerfahrenen. Angeblich brachte er die Leidenden zusammen: Wenn die Rotarmisten vor dem Gefecht zusammengesessen, gesungen und sich an die Liebsten erinnert hätten, sei auch die Unerfahrenheit mancher Kameraden ein Thema gewesen. Diese würden sterben, ohne die Liebe kennengelernt zu haben.[255] Einzelne Soldaten baten daher die Krankenschwestern im Lazarett um einen letzten Kuss oder eine entblößte Brust.[256]

Der Protagonist Fedotov macht in Vladimir Bogomolovs autobiografischem Roman ähnliche Erfahrungen wie Gelfand: Von seinem vorgesetzten Offizier muss er sich die Frage gefallen lassen, ob »er irgendwann schon mal mit Weibern geschlafen« hätte. Er kann nur abwiegeln, die Möglichkeit habe sich einfach noch nicht ergeben. Der Offizier jedoch stichelt weiter: Ob es ihn »noch nie interessiert hätte, von wo ihr die Beine wachsen«? Fedotov senkt daraufhin »die Augen vor lauter Scham

252 Gelfand, Tagebuch, S. 152.
253 Ebd., S. 169.
254 Ebd., S. 202 f.
255 Safonov, Soldatskie Memuary, S. 409.
256 CMAMLS F. 181, Op. 1, D. 18, o. P., Erinnerungen von Julija V.; anonyme Quelle, zit. in: Alexijewitsch, Der Krieg hat kein weibliches Gesicht, S. 23.

und im Bewusstsein der Tatsache, dass er kein vollwertiger Mann und Offizier« war. Der Offizier aber nimmt den Finger nicht aus der Wunde und herrscht ihn an: »Du Schussel. Vielleicht tötet man dich morgen. Aber du hast dich niemals gehen lassen, es nicht einmal probiert.«[257] Auch Fedotov muss auf diese Weise erfahren, dass, wer sich als anerkanntes Mitglied in der Roten Armee fühlen und keine Hänseleien anhören will, besser längst entjungfert ist.

Das heißt, wie bereits für die festen Beziehungen vermerkt, dienten auch sexuelle Erfahrungen den Soldaten dazu, sich eine Position im sozialen Gefüge der Roten Armee zu sichern und auf diese Weise Teil der Gemeinschaft und der Militärkultur zu werden. Wer über keine solchen verfügte, musste wenigstens Geschichten präsentieren, ansonsten wurde er lächerlich gemacht, quasi sanktioniert.

Dieser Diskurs aber verschlimmerte wiederum die Situation der Rotarmistinnen. Das ständige Reden über sexuelle Abenteuer stimulierte nicht nur mit großer Wahrscheinlichkeit die Lust der Soldaten, sondern steigerte auch die Motivation, selbst sein Glück bei einer Kameradin zu versuchen. Hatte die Erfolgsgeschichte von Rubinštejns Kameraden erst einmal die Runde gemacht, war es kein weiter Weg mehr dahin, dass diejenigen, die sie hörten und für wahr halten wollten, es auf dieselbe Weise bei der Telefonistin oder anderen Frauen versuchten. Die Konsequenz daraus waren mannigfaltige sexuelle Belästigungen, und zwar nicht nur durch die besagten Offiziere. Die Geschlechterverhältnisse dynamisierten sich.

Einige Rotarmisten nahmen dies sogar ansatzweise zur Kenntnis, wie etwa der Artillerist Valentin Cvetkov. Er brachte die sexuellen Übergriffe auf die Kameradinnen – auch wenn er sie nicht so bezeichnet – und die Vorstellung, als Mann Sex kennengelernt haben zu müssen (die er biologisch begründet), im Interview für die *ja-pomnju*-Reihe in einen kausalen Zusammenhang:

> »Die Frau an der Front ist überhaupt ein Objekt besonderer Aufmerksamkeit. Man weiß doch nicht – vielleicht bringt man dich morgen um – und so verschärfen sich die Instinkte. Natürlich hat

257 Bogomolov, »Žizn' moja ili ty prisnilas' mne …«, S. 35. Laut den Tagebucheinträgen von Vsevolod Višnevskij war manchen Frauen bewusst, worauf sie sich einließen: Višnevskij, Dnevniki voennych let, S. 330.

man sich wie ein Hurenbock aufgeführt, sobald die Möglichkeit dazu gegeben war.«[258]

Ähnliches meinten wohl auch andere Rotarmisten, die von sich und den Kameraden als »Hengst« sprachen.[259] Durch den Konsum von Alkohol wurde das Verhalten der Soldaten nicht gerade besser. Boris Suris fasste eine Silvesterfeier an der Front folgendermaßen in seinem Tagebuch zusammen:

> »Gestern haben wir das neue Jahr begrüßt – wenn man das so sagen kann. Ich hatte eine ganz schöne Menge Sprit gesoffen, ich war ziemlich lustig, habe den ganzen Abend dumme Streiche gemacht, aber jetzt kann ich mich keinen Deut mehr daran erinnern, was ich getan habe. Ich erinnere mich nur, dass ich ein vollbusiges Weib umarmt habe, sie überzeugt habe, mit mir auf dem Ofen zu schlafen, dann auf die Bank gefallen bin und dort wie ein Toter geschlafen habe.«[260]

Während das Zusammensein mit der Frau bei Suris trotz des Alkohols vielleicht noch konsensual anmutet, machen die Berichte der *pogranpolki* klar, wie viel Gewalt solchen Momenten innewohnen konnte, und zwar sowohl gegenüber den Kameradinnen als auch gegenüber den Zivilistinnen in den Dörfern, in denen die Rote Armee stationiert war. Beide Gruppen wurden immer wieder Opfer von Beleidigungen oder sexueller Gewalt, die von (betrunkenen) Rotarmisten ausging.[261]

Sex als Auszeichnung

Zur sozialen Bedeutung, die die Körper der Frauen und der Geschlechtsverkehr in den Vergemeinschaftungsdiskursen der Roten Armee angenommen hatten, kam eine weitere, eine gratifizierende. Denn in der

258 Cvetkov, Valentin Alekseevič, Interview auf: Ja Pomnju, https://iremember.ru/memoirs/artilleristi/tsvetkov-valentin-alekseevich [23. 08. 2018].

259 Zenz, Lazar Rafael'evi, Interview auf: Ja Pomnju, https://iremember.ru/memoirs/artilleristi/tsents-lazar-rafaelevich; Ljubašin, Ivan Ilič, Interview auf: https://iremember.ru/memoirs/artilleristi/lyubashin-ivan-ilich/ [23. 08. 2018].

260 Suris, Frontovoj dnevnik, S. 163.

261 Für Übergriffe auf Zivilistinnen: RGVA F. 32925, Op. 1, D. 756, Ll. 48 und 79, Protokolle der Sitzungen der Parteikommission bei der politischen Abteilung der NKVD-Truppen […], 17. 05. und 13. 08. 1943; RGVA F. 32905, Op. 1, D. 76, L. 62, Auskunft über die […] Fälle an Marodieren und Bandentum bei den NKVD-Truppen […] (alle Fälle beziehen sich auf Okt. 1943); RGVA F. 32925, Op. 1, D. 516, L. 316, Außerordentliche Meldung bei den NKVD-Truppen […], 22. 11. 1944.

Kommunikation unter den Soldaten war Sex nicht nur etwas, womit sich jeder Mann als vollwertiges und respektiertes Mitglied der Frontgemeinschaften bewies. Er war auch eine Art Belohnung, die den Soldaten zustand, sobald sie entsprechende Leistungen im Kampf gezeigt oder sich Erholung verdient hatten.

Diese Vorstellung offenbart sich in einer Episode, die Leonid Gurvic in seinen Erinnerungen erzählt und die sich während des Vormarsches ereignet haben muss:

> »Wir wurden auf die Häuser der Dorfbewohner verteilt, das Essen, das wir bekamen, war hervorragend, [...]. Ich bekam meinen Posten bei einer noch jungen Bäuerin, die keinen Ehemann hatte. Nun, es war eine Angelegenheit der Jugend – es zog [mich, kb] zu einem weichen, weiblichen Körper. Allerdings hatten alle Versprechen keinerlei Wirkung auf meine Gastgeberin. Eines Nachts aber weckte sie mich und sagte, dass irgendwelche Männer ihren Weizen im Feld stehlen. Ich musste meine Waffen nehmen und mich aufmachen. Wie kann man auch einer armen Frau nicht helfen? Zumal sie mir auf nicht zweideutige Weise eine ›Entlohnung‹ versprochen hatte. [...] Als wir zurück nach Hause gekommen waren, legten wir uns schon wie Eheleute ins Bett.«[262]

Anderen Soldaten wurde diese Form der Belohnung zugewiesen. Als der Soldat Boris Tartakowski verletzt im Lazarett lag, schickte ihm sein Befehlshaber eine Krankenschwester ohne Unterwäsche vorbei.[263]

Am deutlichsten wird der Zusammenhang von Gefechtsleistung und der Aussicht auf sexuelle Kontakte bei einem Erlebnis von Levka Rubinštejn: Laut seinen Erinnerungen hatte er eine halbe Stunde mit Miturič, der PPŽ seines vorgesetzten Offiziers, »bekommen«, nachdem er sich bei einem Einsatz besonders hervorgetan hatte. Allerdings habe er nichts mit ihr anzufangen gewusst, hatte sein Kommandeur doch nur mehrfach angekündigt, dass er jetzt eine halbe Stunde weg sei, Miturič aber bleiben würde. Als der Offizier wiedergekommen sei und er ihm unbeholfen erzählt habe, dass nichts passiert sei, habe dieser ihn ausgescholten. Er hätte

262 Gurvic, Vospominanija frontovogo radista, S. 120.

263 Tartakovskij, Iz dnevnikov, S. 131. Der sexuell konnotierte Topos, dass halbnackte Frauen mit ihren warmen Händen und gesunden Körpern verletzten Soldaten neues Leben einflößen, scheint bis heute ein Wunschtraum einiger Veteranen zu sein. Siehe dazu Drabkin, Predislovie, S. 14.

ihr nur die Hosen herunterziehen müssen, dann hätte er sie schon kennengelernt. Noch am nächsten Tag habe der Offizier ihn damit aufgezogen, dass er nur kultivierte Gespräche mit Miturič geführt habe.[264] Neben der Kopplung von militärischer Leistung und der Aussicht auf Geschlechtsverkehr spricht aus den spöttischen Bemerkungen des Offiziers zudem die Botschaft: Wer gesittete Gespräche mit Frauen führt, kommt zu nichts, man muss ihnen unmissverständlich bedeuten, was man will.

Diese Einschätzung teilten auch andere Soldaten: So notierte Vladimir Gelfand in seinem Tagebuch, dass eine »natürliche Schüchternheit ihnen [den Frauen, kb] eine gewisse Unentschlossenheit« gebiete, damit sie nicht zu leicht nachgäben.[265] Das impliziert den Rückschluss, dass diese Unentschlossenheit durchbrochen werden musste.[266] Ein Kamerad des Gefreiten Kardin, über den weitere Informationen fehlen, bezog sich, um seine Hartnäckigkeit einer begehrten Frau gegenüber zu rechtfertigen, gar auf Stalin: Hatte dieser nicht gesagt, »es gäbe keine Festung … [, die nicht zu erobern sei, kb]«.[267]

Levka Rubinštejn aber sollte seine Lektion aus einer solchen Militärkultur gelernt haben: Nach einem weiteren ruhmreichen Einsatz schaffte er es, anstelle einer Ehrung durch Orden die Erlaubnis zu bekommen, seine Frau Ira zu besuchen, die evakuiert worden war. Als er seine Ehefrau nach drei Jahren der Trennung wiedersah, sei sie völlig ausgemergelt gewesen, unfähig, ihn zur Begrüßung zu umarmen. Den ganzen Abend sei sie bemüht gewesen, ihre Mutter im Zimmer zu behalten. Selbst als sie sich zu ihm ins Bett gelegt habe, wollte sie die Mutter trotz seiner Aufforderung nicht wegschicken. Er bemerkte ihre stille Abwehr, ließ sich aber offenbar nicht davon abhalten.

> »Endlich ging die Mutter. Meine kleine Ira hat sich bemüht, gut zu sein, aber … Dennoch habe ich sie in diesem Sinne nicht bedauert. Ich konnte vermutlich nicht verstehen. Vielleicht war ich ein wahrer Soldat geworden […]. Und im Übrigen erinnerte ich mich an die Losung unseres Oberfeldwebels: ›Das Gewehr soll im Kampf genauso

264 Rubinštejn, Ispoved' sčastlivogo al'pinista. Glavy iz trilogii, S. 23 f.
265 Gelfand, Tagebuch, S. 242.
266 Eine ähnliche Sicht der Dinge äußerte Major Serafim Strel'zov in einem Brief an seine Geliebte. Der Brief vom 25. 07. 1942 ist abgedruckt in: Poslednie pis'ma s fronta 1942, S. 460.
267 Kardin, Neob'javlaennaja vojna, S. 113.

störungsfrei sein wie die Frau im Bett.‹ Das war eine höhere Weisheit und Gerechtigkeit.«[268]

Was anschließend in jener Nacht passierte, schreibt Rubinštejn nicht. Die Episode lässt aber vermuten, dass er rücksichtslos mit seiner Frau schlief, da er meinte, als Soldat ein Recht auf sie und ihren Körper zu haben – so wie die Offiziere auf die Frauen in der Armee.

Die Vorstellung, dass erfolgreichen Soldaten Frauen und Sex gebührten, wurde auch von anderen Offizieren kommuniziert. So erzählt Gabriel Temkin in seinen Erinnerungen, wie sein Kommandeur die Männer mit folgenden Worten zur Erstürmung eines Dorfes zu motivieren versuchte: »Dort ist Wein, dort sind Frauen, so viel ihr wollt.«[269] Ähnlich wie der Alkohol wurden Frauen oder vielmehr ihre Körper zu einer Trophäe.

Und auch ein von Vasilij Grossman dokumentiertes Gespräch zweier Rotarmisten zeugt von dieser Vorstellung, wenn auch ex negativo. Darin heißt es, dass ein Pilot, der es nicht schaffe, ein feindliches Flugzeug abzuschießen, sondern es rammen müsse, zu beschämt sein sollte, um in einen guten Klub zu gehen und mit einem Mädchen zu reden.[270] Nur ein guter Pilot habe also das Recht, den Kontakt mit Mädchen zu suchen, der Kontakt zu ihnen war eine Auszeichnung.

Eine nahezu schon liebevolle Versinnbildlichung dieser Vorstellung findet sich in den Erinnerungen von Nikolaj Nikulin. Er berichtet über die Geschichte des Kriegsinvaliden Proška, die ihm in einem Brief erzählt worden sei. Proška seien nach einer Verletzung beide Beine und beide Arme amputiert worden. Damit er nicht in einem Invalidenheim verschwand, habe sich die junge Witwe Marija seiner angenommen.

> »Mit weibischem Verstand war ihr klar, [...] dass es nach dem Krieg keine Männer mehr geben wird und sie sich [daher, kb] bis an das Ende ihrer Tage um einen kümmern muss. Sie holte Proška aus dem Krankenhaus, brachte ihn nach Hause, schlug einen Nagel in die Wand und hängte dorthin einen Sack mit Proška drin. Dort hängt er satt, gewaschen, poliert, sogar rasiert. Marija nimmt ihn zum Spazieren heraus und nachts legt sie ihn in ihr Bett. Und schon kommt alles

---

268 Rubinštejn, Ispoved' sčastlivogo al'pinista. Glavy iz trilogii, S. 31.
269 Temkin, My Just War, S. 201.
270 Beevor, Ein Schriftsteller im Krieg, S. 114 f.

bei ihnen in Fahrt. Schon gluckst der erste Lausbub in der Wiege, und der zweite ist in der Mache.«

Die Anerkennung für Marija drückte sich darin aus, dass Nikulin der Meinung war, dass man ihr dafür einen Orden verleihen müsste.[271]

Wahrscheinlich waren sexuelle Kontakte für das Gros der Rotarmisten jedoch nicht. Zum einen weil die Soldaten in den vorgeschobenen Fronteinheiten und diejenigen, die in weitgehend entvölkerte Gebiete vorrückten, kaum Zugang zu Frauen hatten und die meisten Rotarmistinnen als PPŽ an die Offiziere gebunden waren. Zum anderen, weil es möglich war, dass die Soldaten durch die Belastungen des Krieges ihre körperliche Fähigkeit dazu verloren hatten, also mit Impotenzerscheinungen umgehen mussten. Darauf deuten etwa Bemerkungen wie diese hin, dass sie für »die Weiber [...] jedes Gefühl verloren« hatten, sowie andere Hinweise auf ausbleibendes Verlangen.[272] Gabriel Temkin wurde recht unsanft auf diese mögliche Kriegsfolge hingewiesen: Er bekam auf die Frage nach dem Essen von einem Kameraden die Antwort, dass dieses wohl zum Überleben reiche, zum »Ficken« wolle man dann nicht mehr.[273]

Die Dynamisierung von Sexualität und Gewalt

Im Bewusstsein aller Soldaten war jedoch, dass der einzige Ausweg aus der erzwungenen Enthaltsamkeit der Kampf war: Nur mit siegreichen Gefechten war dieser Krieg zu beenden, und nur der Sieg würde sie als Helden in Kontakt mit alten und neuen Liebschaften bringen. Gewalt und Sexualität gingen somit im Frontalltag und der Armeekultur eine unheilvolle Allianz ein, die an verschiedenen Stellen aufschien.

Diese Assoziation von Gewalt und Virilität wurde etwa durch die Kraftausdrücke der Fronteinheiten forciert, die der Gewalt und den Umständen des Krieges am unmittelbarsten ausgeliefert waren und deren Sache das konkrete Gefecht war. Bei ihnen waren die Verluste am höchsten, die Unterbringung die kärgste und der Ton der raueste, da sich

---

271 Nikulin, Vospominanija o vojne, S. 154

272 Beevor, Ein Schriftsteller im Krieg, S. 146; Kovalevskij, Nynče u nas peredyška, S. 66; Jašin, Dnevniki 1941–1945, S. 18, 66. Siehe auch Steženskij, Soldatskij dnevnik, S. 62, allein er spricht von Gefühllosigkeit dem eigenen Geschlecht gegenüber.

273 Temkin, My Just War, S. 88.

aufgrund der Todesrate erst recht keine Kameradschaften bilden konnten.[274] Hier kamen einzelne Frauen auf mehrere Hundert Männer, sodass die Chancen auf noch so kurze amouröse oder sexuelle Abenteuer noch geringer waren. Nichtsdestotrotz erhielt die Vorstellung, dass sich Soldaten nicht nur über ihre militärischen Leistungen definierten, sondern auch durch ihre sexuellen Kontakte zu Frauen auszeichneten, hier eine eindeutig gewaltvolle Konnotation.

Im Angriffsgebrüll bezeichneten die Rotarmisten die Deutschen (sowie die Männer im *tyl*) immer wieder als »Hurensöhne« oder »Schlampen«, die es zu »ficken« gelte.[275] Sie stießen Flüche aus, das sogenannte *mat*, dessen Wortkonstruktionen sich auf das männliche Genital (*chuj* für »Schwanz«) kaprizierten, als Sinnbild für virile Potenz, sowie auf das weibliche Genital (*pizda* für »Fotze«) bzw. auf die verschiedenen Variationen von »Schlampe« als Sinnbild weiblicher Geschlechtlichkeit. In der soldatischen Kommunikation wurde aktive männliche Sexualität auf diese Weise mit physischer Gewalt gleichgesetzt, also zu einem Machtinstrument, und dessen Anwendung wurde selbstverständlich, um nicht zu sagen hegemonial.

Dies sah auch Grigorij Pomeranc so, der seine Soldaten entsprechend fluchen ließ. Für ihn gehörten Macht (*sila* – im Sinne von Stärke und Gewalt) und (männliche) Sexualität zusammen, und auf ihnen basierten soziale Hierarchien: Es war »Tradition. Sexuelle Macht ist die einfachste Form jeder Macht, und die Mat-Fluchsprache ist eine der Grundlagen der russischen sozialen Hierarchie. Insbesondere im Krieg.«[276]

Die Soldaten vergemeinschafteten sich also nicht nur über kollektiv ausgeübte Gewalt. Dieser hoch emotionalisierte Prozess wurde überdies mit geschlechtlich kodierten Bedeutungen angereichert, und es wurden Zerrbilder von Weiblichkeit sowie der eigenen Virilität bemüht. Doch diese Referenzpunkte waren hier keine realen oder symbolischen sowjetischen Frauen, also Ehefrauen, Kameradinnen oder Zivilistinnen, die

---

274 Kopelew, Aufbewahren für alle Zeit, S. 104; Zeidler, Kriegsende im Osten, S. 148 f.

275 Beevor, Ein Schriftsteller im Krieg, S 124, siehe auch den Brief von Aleksandr Nazarenko vom 19. 10. 1943 abgedruckt in: Schindel', Po obe storony fronta, S. 86; sowie Yakushin, On the Roads of War, S. 35, 46, 77; Samojlov, Ljudi odnogo varianta, Teil 1, S. 80.

276 Pomeranc, Zapiski, gadkogo utenka, Teil 1, S. 163. Zu *mat* allgemein: Michajlin, Russian Army Mat, S. 123–131.

dem Bild des potenten Soldaten als Komplementärgut dienten. Das Schlachtgebrüll und die damit einhergehende Gewalt bezogen sich vielmehr auf die Deutschen, die in der symbolischen Ordnung der Rotarmisten zur Frau degradiert wurden, und zwar zu einer sexuell verfügbaren.[277] Sie wurden zu einer Beute, auf die sich die gewalttätige Meute warf – um mit Elias Canetti zu sprechen.[278]

Die Scham als Stachel

Ein Hinweis für die zuletzt beschriebene, in Gewalt gewendete Vorstellung von Virilität ist wiederum im Frontalltag zu finden. Auch hier lässt sich das Bild des Stachels bemühen, um zu illustrieren, warum die Ohnmachtserfahrung von Soldaten in der Ausbildung und beim Empfangen von Befehlen in überbordender Machtausübung endet, wie bereits im Kapitel »Kollektive Gewalt« ausgeführt wurde. Die Einschränkung der Aktionsmacht durch den Befehl, aber auch die Enge der Unterbringung stellen eine Erniedrigung dar, da sie den handelnden Menschen zum passiven Objekt degradieren. Diese Erniedrigung ist von Dauer, da sie, einem Stachel gleich, in dessen Körper stecken bleibt und schmerzt. Erst in dem Moment, in dem der Erniedrigte zur Aktion übergeht, wird die Ohnmachtserfahrung von der Handlungsmächtigkeit abgelöst. Der Stachel wendet sich nach außen. Der erfahrene Schmerz wie auch die Erniedrigung, so könnte man Ulrich Bröckling weiterführen, gehen in den Wunsch über, anderen Schmerzen zuzufügen und sie zu erniedrigen.[279]

Wie auch in anderen (Armee-)Kontexten und wie es der russischen Kultur vor 1941 nicht ganz fremd war, setzte die Erniedrigung, die die Rotarmisten bei der Gehorsamkeitsproduktion erlebten, da an, wo ihre Körper und ihr Selbst am verletzlichsten und ihre Schamgrenzen am brüchigsten waren: an ihrem Geschlecht. Durch Worte, Ton und Gestus wurden Facetten männlicher Geschlechtlichkeit, körperliche Merkmale und Bedürfnisse verunglimpft. Auf diese Weise sollten die Männer erfahren, dass sie ein verwundbares Nichts waren, aus dem ein Heer willfähriger, aggressiver Soldaten werden sollte.

---

277 Siehe für diese Deutung soldatischer Kommunikation insbesondere Zipfel, »Blood, Sperm and Tears«.

278 Canetti, Masse und Macht, Band 1, S. 101–114.

279 Bröckling, Der Stachel des Befehls, S. 222 ff.

Ein Infragestellen ihrer Männlichkeit erlebten sie etwa, wenn sie, lautstark und aggressiv, als »Weiber«, »Huren« oder »Schlampen« beschimpft wurden, sei es von Ausbildern, Vorgesetzten oder durch Kameraden, die ihren Platz in der sozialen Hackordnung verbessern wollten.[280] Oder wenn Soldaten mit markigen Sprüchen auftraten, wie der Kamerad von Gabriel Temkin, der auf die Frage nach der Qualität des Essens vorbrachte, dass man von diesem zwar überleben, aber nicht »ficken« könne. Natürlich ließe sich diese Antwort auch so interpretieren, dass der Kamerad auf seine körperlichen Befindlichkeiten und Ängste verweisen wollte. Wahrscheinlicher ist allerdings, dass er sich vor Temkin als harter Kerl inszenieren und diesen damit verunsichern wollte.

Der Soldat Nikolaj Nikulin wurde vom *politruk* gerügt, dass er und seine Kameraden sich nicht ordentlich zum Unterricht aufgemacht, sondern »die Eier am Boden entlanggeschleift« hätten.[281] Männer, die klein waren oder helle Stimmen hatten, wurden dafür gehänselt.[282] Ebenfalls in diesem Sinne war der Ausfall gemeint, den sich Levka Rubinštejn anhören musste, als er versuchte, seinen Fronturlaub zu verlängern. Aufgrund seiner langen An- und Abreise hätte er nämlich nicht mehr als einen Tag mit seiner Ehefrau Ira verbringen können. Als er dies dem zuständigen Beamten vor Ort schilderte, wurde er angebrüllt:

»›Was willst du, machst du Witze? Da kämpfen Leute, vergießen ihr Blut, und du bummelst hier im Urlaub herum, willst dem Büstenhalter hinterhergucken und bei deinem Weib die Unterhosen herunterziehen. Vielleicht ist deine Einheit schon zum Angriff übergegangen und jagt die Faschisten von unserer heiligen heimatlichen Erde, und du willst für deine Schwiegermutter auf den Basar gehen, für sie Melonen und Kürbisse kaufen.‹«

Rubinštejn konterte nach anfänglichem Zögern:

---

280 Poljakov, Zapiski malen'kogo soldata, S. 110, Astaf'ev, Veselyj soldat, S. 29; Beevor, Ein Schriftsteller im Krieg, S. 139. Auch diese Abwertung über die Identifizierung mit dem »Weiblichen« zeigt, dass die Männer aufeinander bezogen blieben und um Männlichkeit konkurrierten.

281 Nikulin, Vospominanija o vojne, S. 13.

282 Siehe dazu die Aussagen von Anna Timofejeva- Jegorova, zit. in: Noggle, A Dance with Death, S. 223, und den Brief vom 05. 06. 1943 von Oleg Gurevič, abgedruckt in: Poslednie Pis'ma sa fronta 1943, S. 249.

»›Was? Ich bin hier der Frontoffizier seit dem ersten Kriegstag. Das dritte Jahr in den Unterständen an vorderster Front – und ich soll hier der Bittsteller sein? Du Schwein! […] Du Stinkendes! Du Sackratte, die den Frontkämpfern und Offizieren in die Genitalien kriecht. […] Du beleidigst einen Frontovik? Einen Offizier? […] Ich hab ein Strafbataillon unter mir, dort sind nur Verbrecher und Ratten wie du. Ich habe das Recht, ohne Gerichtsverfahren und Nachforschungen zu erschießen. Und ich bin daran gewöhnt zu erschießen. […] Du trinkst und treibst dich hinter unseren Weibern her, du Schlampe, hinter unseren Ehefrauen. Wenn du mir in die Finger kommst. […] Aber f[ick] dich, ich erschieße dich heute nicht. Aber ich schreibe einen Bericht […] darüber, wie du dich hier vollgefressen hast, du Kanalratte, einen Frontoffizier beleidigt hast, du stinkender Iltis, dich muss man an die Front schicken.‹«[283]

Daraufhin wurde ihm der Urlaub umstandslos verlängert.

An dieser Passage interessiert weniger, dass Rubinštejn zu repressiven Maßnahmen befugt war, die er sonst eher in seinen Erinnerungen ausspart, oder dass sich die Kontrahenten jeweils vorwarfen, nicht an vorderster Front und damit keine wirklichen Soldaten zu sein. Auffällig ist vielmehr, dass beide den jeweils anderen über sein Interesse an und seinen Kontakt zu Frauen zu diskreditieren suchten, indem sie seine Bedürfnisse und Sehnsüchte in ein schales, dafür aber umso grelleres Licht rückten. Beiden ging es darum, ihr Gegenüber an einem besonders empfindlichen Punkt bloßzustellen. Beide hatten bereits gelernt, dass der Verweis auf die Sexualität und Potenz in der Herausbildung einer Hierarchie unter Männern entscheidend war und man sich diese Dominanzgeste besser aneignete.[284]

Resümee

Zusammenfassend lässt sich konstatieren, dass Sexualität, genauer gesagt Potenz, in der Welt des Rotarmisten ebenso wie Gewaltfähigkeit ein Moment war, über das die Soldaten ihre Position in der sozialen Hierar-

283 Rubinštejn, Ispoved' sčastlivogo al'pinista. Glavy iz trilogii, S. 32 f.

284 Siehe für ein Vokabular in ähnlicher Absicht: Beevor, Ein Schriftsteller im Krieg, S. 102.

chie der Roten Armee aushandelten. Beides überlappte sich im hegemonialen Männlichkeitsdiskurs. Hier lernten die Soldaten, dass Kontakte mit Frauen und sexuelle Aktivität etwas waren, was sie sich durch militärische Leistungen verdienten oder was möglich wurde, wenn man die entsprechende Position innehatte. Sexuelle Aktivität war eine Erfahrung, die man gemacht haben sollte, und gleichzeitig eine Belohnung, die einem zuteil wurde bzw. die man sich als Soldat »nahm«. Durch sie zeichnete man sich als Soldat aus und wurde zu einem anerkannten Teil der Gemeinschaften der Rotarmisten. In diesen zählten allein Helden – soldatische sowie sexuell aktive. Das Streben nach Sex war für die Soldaten also gleichbedeutend mit dem Streben nach Anerkennung durch die militärische Gemeinschaft, nach Aufnahme in diese. In der Militärkultur des Frontraums war eine chauvinistische Männlichkeit hegemonial geworden, der Rekurs auf Gewalt und Virilität gehörten in ihr zusammen.

Gespräche über sexuelle Aktivitäten waren mindestens genauso wichtig wie diese selbst. Sie fungierten als sozialer Kitt, der all die Soldaten zusammenbrachte, die ansonsten oft in Konflikt miteinander standen oder an Depressionen litten. Die Soldaten hatten also guten Grund, von eigenen oder fremden sexuellen Abenteuern zu erzählen, ob sie stimmten oder nicht. Damit aber schufen sie ein spezifisches Geschlechterbild, in dem Frauen für Männer, sofern es tapfere Soldaten waren, verfügbar zu sein hatten, und Rotarmisten in sexueller Hinsicht erfahren. Diesem Bild wollten die Soldaten entsprechen, um in der Roten Armee anerkannt zu sein und um »Freunde« zu finden, und dementsprechend verhielten sie sich ihren Kameraden und Kameradinnen gegenüber.

Der strukturelle Effekt war eine Dynamisierung der Geschlechterverhältnisse. Das permanent durch die Geschichten aktualisierte Rollenbild ließ ein entsprechend offensives Verhalten von Männern gegenüber Frauen wahrscheinlich werden. Angesichts ihres wahrscheinlichen Todes und des ständig drohenden Ausschlusses aus der Gemeinschaft hofften die Soldaten darauf, dass wenigstens die Geschichten von der Verfügbarkeit der Frauen stimmten. Selbst diejenigen, die sich anfangs nach Liebe und Zärtlichkeit gesehnt hatten, nahmen Frauen bald v.a. als »Stück Fleisch« wahr. Dieses Geschlechterbild im Zusammenspiel mit den Erfahrungen der angespannten Frontsituation, also Gruppendruck, Alkohol und Brutalisierung, sorgte dafür, dass die Soldaten auch im Umgang mit den Kameradinnen bedürftiger, dreister und gewalttätiger wurden. Es kam zu den Übergriffen, von denen die Frauen berichteten und die offiziellen Dokumente zeugen.

Den Rotarmistinnen blieb als Strategie vielfach nichts anderes übrig, als Schutz bei Höherrangigen zu suchen und mit diesen eine Frontehe einzugehen. Dafür inszenierten sie genau die Weiblichkeit, die ihren soldatischen Aufgaben und einer soldatischen Identität entgegenstand. An der Prekarität ihrer Position änderte sich nichts: Ihre Beziehungen zu den Offizieren wie auch ihr Weiblichkeitshandeln löste bei Kameraden und Kameradinnen Kritik aus, die sie als PPŽ oder Schlimmeres verschrien und ihnen vorwarfen, an der Front nur Ressourcen aufzubrauchen. Dazu kam, dass sie als feminine, im Verfügungsbereich der Offiziere stehende Frontehefrauen erst recht zum Symbol und Attribut einer soldatischen Männlichkeit wurden, um die die Kameraden wetteiferten und wozu sie sich anspornten. Auf diese Weise verfestigte sich ein Männlichkeitsdiskurs, in dem Macht und sexuelle Anspruchshaltung zusammengehörten und aktive Sexualität einen Soldaten auszeichnete.

Aufgrund des Frauenmangels in der Roten Armee und der Bindung der wenigen Rotarmistinnen an die Offiziere hatten einfache Soldaten in den Jahren des Krieges keine Möglichkeit, es den Offizieren gleichzutun. Ihr sexuelles Leben war auf die in ihren Gemeinschaften kursierenden Geschichten beschränkt, die häufig um die vermeintlich sexuell verfügbaren PPŽ kreisten und deren Bedeutung und Handlungsimplikationen mit jedem Moment, den der Krieg den Soldaten zusetzte, wuchs. Diese Schranken fielen erst, als die brutalisierten Rotarmisten als Sieger nach Westen vorrückten, der Frontraum sich öffnete und sie verstärkt auf Frauen trafen, die in keinerlei Schutzbeziehungen standen.

Sexuelles Gewalthandeln

Wer um die sexuellen Übergriffe der Rotarmisten insbesondere auf deutsche Frauen weiß, kommt nicht umhin, die in den vorausgegangenen Ausführungen beschriebenen Gewaltdynamiken und Geschlechterverhältnisse als Ausgangspunkt für diese Gewalttaten zu nehmen.[1] Zwischen den Geschlechterverhältnissen im Alltag der Roten Armee und der sexuellen Gewalt gegen Kriegsende bestand ein Kontinuum. Im Folgenden soll zum einen noch einmal genauer auf die Momente der Übergriffe eingegangen werden. Zum anderen wird gezeigt, dass es mitnichten nur deutsche, nichtverfolgte Frauen waren, die den Rotarmisten zum Opfer fielen. Zwar sind diese – insbesondere im deutschen Erinnerungsdiskurs – am präsentesten; grundsätzlich aber konnte jede Frau, auf die die Rotarmisten im Zuge des Vormarsches trafen, von diesen vergewaltigt werden. Dazu gehörten sowjetische Zivilistinnen ebenso wie Polinnen oder Displaced Women. Letztere waren Frauen gleich welcher Nationalität, die Opfer der nationalsozialistischen Rassepolitik geworden und aus ihren angestammten Lebensverhältnissen herausgerissen worden waren, dann aber von der Roten Armee auf deutschem Boden befreit oder repatriiert wurden.

Die folgenden Ausführungen schließen darstellerisch und argumentativ an die vorangegangenen an, weichen aber im Verlauf von geografisch und chronologisch vorgegebenen Linien leicht ab. Sie beginnen mit dem Vormarsch der Roten Armee nach Deutschland und beschreiben, wie die Rotarmisten Deutschland und den Deutschen, insbesondere den deutschen Frauen, im Siegesrausch begegneten. Neben dem Handlungsspielraum der Betroffenen ist dabei ebenso auf die sich verändernden (Erinnerungs-)Narrative von Opfern und Tätern einzugehen. Da die Erfahrungen der deutschen Frauen (phasenweise) in eine nationale Erzählung inkorporiert wurden, konnten sie über die erlittene Gewalt sprechen. Die ehemaligen Rotarmisten mussten hingegen Narrative finden,

1 Mein Argument, das in diesem Teil entfaltet wird, wurde in Ansätzen schon veröffentlicht: Bischl, Seksualnoe nasilie.

um die Ereignisse einerseits anzusprechen und sich andererseits davon abzugrenzen.[2]

Im Gegensatz zu den deutschen Frauen hatten Displaced Women und Polinnen wenig bis keine Möglichkeit, über die sexuelle Gewalt der Sieger und Befreier zu sprechen. Ihnen standen keinerlei etablierte Diskurse zur Verfügung, in die sie ihre Geschichten hätten einfügen können. Dies gilt insbesondere für Polinnen, da *oral-history*-Projekte mit Holocaust-Überlebenden und ehemaligen Zwangsarbeitern in den letzten zwei Jahrzehnten explizit nach Erlebnissen bei der Befreiung fragten und entsprechende Antworten zutage förderten. In Bezug auf die Polinnen ist daher der Frage nachzugehen, warum eine Erinnerung an die Übergriffe der Rotarmisten auch nicht mit dem Systemwechsel seit den 1980er Jahren aufkam.

Sexuelle Gewalt gegenüber deutschen Frauen

Historiografisch betrachtet sind die sexuellen Übergriffe von Rotarmisten auf deutsche Frauen keine Terra incognita. Auf der ganzen Welt haben sich geschichtswissenschaftliche Abhandlungen diesem Thema gewidmet. Alexander Werth ging bereits in seinem 1964 erschienenen Buch *Russland im Krieg* darauf ein.[3] Seriöse Hochrechnungen der Opferzahlen, wie in der Einleitung unter »Sexuelle Gewalt beim Einmarsch nach Deutschland« ausgeführt, entstanden in den letzten 30 Jahren mit den Berechnungen von Barbara Johr, die auf 110 000 vergewaltigte Frauen in Berlin kommt, sowie von Miriam Gebhart, die von insgesamt 430 000 durch Rotarmisten vergewaltigten deutschen Frauen ausgeht. Angaben zur Täterzahl existieren nicht. Genauer sind die Zahlen der Vergewaltigungen im Rahmen des Vormarsches der Roten Armee m. E. nicht zu eruieren.

---

2 Eine Perspektive der Rotarmistinnen auf die sexuelle Gewalt fehlt weitgehend. Dies könnte an dem prozentual geringen Frauenanteil bei der Besatzung liegen, vielleicht aber auch daran, dass sich viele Soldatinnen nach den Jahren an der Front und den eigenen Gewalt- und Übergriffserfahrungen nicht dafür interessierten, was den Frauen in den befreiten und besetzten Ländern widerfuhr.

3 Die deutsche Ausgabe erschien ein Jahr später: Werth, Russland im Krieg.

»Da ist es, das verfluchte Deutschland!« Die Rotarmisten auf dem Vormarsch

Im Zerstörungsrausch

Das Ziel der Roten Armee war ursprünglich, »die faschistischen Eindringlinge« vom eigenen Territorium zu vertreiben. Doch dieser Plan wurde kurzfristig umgeworfen, als sie sich den eigenen Westgrenzen näherte. Nach Gesprächen mit den Alliierten und in seiner Rede zum 1. Mai 1944 verkündete Stalin, dass es nun gelte, Deutschland durch Einmarsch und Besatzung niederzuwerfen.[4] Die Soldaten wurden angehalten, sich zu rächen, die »faschistische Bestie« sollte in ihrer eigenen Höhle ein für alle Mal geschlagen werden, und zwar in Berlin.[5] Das Kriegsende sollte den Deutschen eine Lektion sein, nie wieder einen Krieg anzufangen.[6] Wie diese genau auszusehen hatte, wie die inflationär benutzten Vokabeln »Hass«, »Rache« oder »die Deutschen vernichten« umzusetzen waren, wurde den Soldaten jedoch nicht vermittelt. Dementsprechend finden sich in ihren Ego-Dokumenten auch nur diese Begriffe, ohne jede weitere Beschreibung, sodass es schwer ist zu eruieren, was die Soldaten mit diesen Begriffen verbanden.

Was den Rotarmisten aber vermittelt wurde, war, wann sie die deutschen Grenzen (nach dem Hitler-Stalin-Pakt) überschritten. Es gab *politruki*, die den Soldaten, die als erste die Grenze erreichten und auf den Angriff lauerten, ins Ohr flüsterten, dass vor ihnen Deutschland liege und man sich nun zu rächen habe.[7] Alle anderen Soldaten erfuhren spätestens in den regulären Gesprächen mit Parteivertretern und Agitatoren, dass sie nun deutsches Gebiet betreten hatten. Aus den Ego-Dokumenten wird ersichtlich, dass den Soldaten eindeutig klar war, wann die Zeit für die Rache, wie auch immer diese aussehen würde, gekommen war.

---

4 Stalin am 01. 05. 1944. Die Rede ist abgedruckt in: Stalin, O Velikoj Otečestvennoj Vojne, S. 116–119.

5 Zeidler, Kriegsende im Osten, S. 110–120; Merridale, Iwans Krieg, S. 309 ff. Dementsprechend machte die Propaganda in Preußen den Ursprung des Faschismus aus. Siehe CMAMLS F. 172, Op. 2, D. 31, S. 21 v., Brief von Boris Baj. an seine Frau vom 24. 01. 1945.

6 *Krasnoarmeec*, Heft 5, 1944, S. 10; Heft 13, 1944, S. 4.

7 Merridale, Iwans Krieg, S. 335.

Das Land, das die Sowjetunion mit einem Vernichtungskrieg überzogen hatte, bot sich den Rotarmisten jedoch vielerorts erstaunlich schutzlos dar. Aus vielen östlichen Regionen des Deutschen Reiches hatten sich die Wehrmacht und die Repräsentanten des Staates als Erste zurückgezogen. Die Zivilbevölkerung versuchte ebenfalls, oftmals in Panik aufgrund der Gerüchte, schlechten Gewissens oder der Gräuelpropaganda der deutschen Medien, zu fliehen,[8] auch wenn ihr ein Treckverbot auferlegt worden war, um den Rückzug (und die angebliche Neuformierung) der Wehrmacht nicht zu behindern.[9] Mancherorts kam es deshalb zu erbitterten Konflikten zwischen Armee und Zivilbevölkerung und zum Teil auch unter den Flüchtlingen.[10] Wenn der Zivilbevölkerung die Flucht nicht gelang, waren es insbesondere Frauen, Alte und Kinder, die in den Städten und Dörfern ausharrten und ängstlich das Eintreffen der sowjetischen Armee erwarteten. In manchen Gegenden kam es zu regelrechten Selbstmordepidemien.[11] An anderen Orten organisierten Wehrmachtseinheiten und Volkssturm auf Anweisung von oben oder auf eigene Faust Abwehrgefechte, die noch einmal unnötige Menschenleben kosteten.

Diese vielfach chaotischen Zustände fanden kaum Eingang in die Ego-Dokumente der Rotarmisten. Sie brachten darin vielmehr die Genugtuung zum Ausdruck, als Sieger nach Deutschland gekommen zu sein, sowie das rauschhafte Erleben, zu dem sich dieses Gefühl oft stei-

8 Zum schlechten Gewissen: Bajor/Pohl, Massenmord und schlechtes Gewissen, S. 61–72; Reaktionen auf das »Vergewaltigungsgedusel« bei: Boveri, Tage des Überlebens, S. 157; Anonyma, Eine Frau in Berlin, S. 10–13.

9 Für die unterschiedlich bewerteten Motive Hitlers, derlei Befehle auszugeben und die Ostgebiete Deutschlands nahezu schutzlos der Roten Armee zu überlassen: Schwendemann, Strategie der Selbstvernichtung.

10 Zu den Interessenkonflikten der Fliehenden: AdK Berlin, Walter-Kempowski-Biographien-Archiv Nr. 2076/1+2, Reisetagebuch [Fluchttagebuch] von Adolf M.

11 Diese Selbstmordepidemien wurden von der militärischen Führung der Roten Armee zwar zur Kenntnis gekommen (RGVA F. 32925, O.1, D. 521, L. 116, Bericht aus den Einheiten der NKVD-Truppen [...], 05. 05. 1945), spielen in den Selbstzeugnissen der Rotarmisten aber keine Rolle. Siehe auch Normann, Ein Tagebuch aus Pommern 1945–46, S. 25. Zu den Motiven der Selbstmörder: Huber, Kind, versprich mir, S. 262–272. Siehe auch Muschik, Selbsttötungen in Neustrelitz. Vielfach waren es die sowjetischen Soldaten, die die Betroffenen zu retten versuchten.

gerte. Manche hielten sich für Giganten, als »die Herren von allem«.[12] Boris Baj. schrieb am 24. Januar 1945 an seine Frau:

> »Schon zwei Tage, die wir in Ostpreußen verbringen. Wir wohnen in einem deutschen Haus, wir bewegen uns in einem deutschen Dorf und ernähren uns von deutschen Lebensmitteln. Der Herr des Hauses, in dem wir wohnen, ist wie alle anderen vor unseren angreifenden Truppen geflüchtet. [Es gibt, kb] viel zu essen. Wir schlafen jetzt in normalen Betten [...] mit Kissen. Ja, unsere Slaven haben natürlich mit Wut gearbeitet [...]. Wie soll man die auch aufhalten, bei vielen ist so viel in der Seele erkrankt. Wenn man bedenkt, dass Ostpreußen immer die Basis der deutschen Reaktion war, dann möchte man es ganz zerstören. Das Militär rückt weiter vor.«[13]

In dieser Passage deutet sich bereits an, dass der Machtrausch nach dem Grenzübertritt in Zerstörungswut mündete und sich gegen all das richtete, was den Rotarmisten als deutsch erschien. Teilweise wurde sie noch dadurch angeheizt, dass sich die ersten deutschen Dörfer zwar verlassen, aber wohlhabend, ordentlich und adrett präsentierten. Manche Soldaten zeigten sich irritiert davon, dass ein so reiches Land die Sowjetunion angegriffen hatte, um es auszubeuten. Oftmals belächelten sie die deutsche Ordnung, die selbst vor dem Abort nicht haltmache.[14] Aber auch diese wollten sie in der Regel nur zerstören. So heißt es im Tagebucheintrag von Dmitrij Ščegolev:

> »April 28, 1945 [in Jansfelde bei Berlin, Anm. N. Naimark]. Wir sind jetzt in einem kleinen Wohnblock untergebracht [...]. Die Vorratskammern sind angefüllt mit selbstgeräuchertem Schinken, Obstkonserven, Erdbeermarmelade. Je tiefer wir nach Deutschland hineinkommen, desto mehr verdrießt uns die Fülle, der wir allenthalben begegnen. ... Am liebsten würde ich meine Faust mitten in all diese ordentlichen Reihen von Dosen und Gläsern hineinschmettern.«[15]

---

12 CMAMS F. 172, Op. 2, D. 87, L. 10v, Brief von Anatolij Gl. an die Mutter vom 09. 02. 1945; Kazakevič, Slušaja vremja, S. 316.

13 CMAMLS F. 172, Op. 2, D. 31, L. 21 v. Siehe auch den Brief von Dmitri L. vom 21. 02. 1945 an seine Frau. CMAMLS 172, Op. 2, D. 206, Ll. 2 f.

14 Broekmeyer, Stalin, the Russians, and their War, S. 123 f.

15 Zit. in: Naimark, Die Russen in Deutschland, S. 102.

Was Ščegolev hier als Wunsch formuliert, setzten andere Soldaten umstandslos um.[16] Vladimir Ivanovič A. schrieb an seine Angehörigen, dass im »Feindesland jeder unserer Soldaten ein Herr ist, und jeder rächt sich, wie er nur kann. Es gibt keine Gnade, in keinem Haus. Für keine Möbel.«[17] Und Lew Kopelew wollte vermutlich ein Zeichen setzen, als er seinen Soldaten, als sie deutsches Gebiet betraten, als Erstes befahl, auf den Boden zu urinieren.[18]

Nur wenige zeitgenössische Ego-Dokumente der Rotarmisten enthalten eine zusammenhängende Schilderung der letzten Kriegsphase. Die tagelangen Märsche, der Alkoholkonsum, der Überschwang und die Ausschreitungen trugen vermutlich dazu bei, dass die Soldaten nicht die Ruhe fanden, um ihre Gedanken niederzuschreiben. Eine von wenigen Ausnahmen ist das Tagebuch des Panzersoldaten Ivan Panarin, das v. a. auf die unterschiedlichsten Erfahrungen und Erlebnisse der letzten Kriegstage verweist. Demnach folgten auf Kämpfe, Todesgefahr und Erschöpfung oftmals innerhalb kurzer Zeit Situationen, in denen er und der Rest seiner Panzerbesatzung sich am Tisch einer deutschen Familie wiederfanden und bekocht wurden. Manchmal hätten sie sich selbst während der Angriffe im Schützengraben betrunken und dann dort ihren Rausch ausgeschlafen oder sich in die nahe gelegenen Dörfer aufgemacht, in denen sie auf deutsche Zivilisten und Displaced Persons trafen, von denen sie manchmal bewirtet worden seien. So wie Gefahr und Entspannung ineinander übergingen, so unvermittelt setzten Panarin und seine Kameraden wohl auch ihre Waffen ein: in Momenten der konkreten Bedrohung durch deutsche Streitkräfte, in Momenten der Anspannung, wenn es im Gebüsch raschelte, manchmal aber auch ohne ersichtlichen Grund. Gelegentlich kam es zu Übergriffen auf die deutsche Zivilbevölkerung und zu tödlichen Unfällen.[19]

Lew Kopelew zeigt sich in seinen Erinnerungen angesichts in Brand gesteckter Dörfer und sinnlos erschossener Kühe distanziert und frustriert. Schließlich beraubten sich die Soldaten damit selbst der Orte zum

---

16 Dies bezeugen auch deutsche Berichte, z. B. in: Spieler (Hg.), Vertreibung und Vertreibungsverbrechen, S. 236.

17 Briefe abgedruckt in: Scherstjanoi (Hg.), Rotarmisten schreiben aus Deutschland, S. 31. Siehe auch Schindel', Po obe storony fronta, S. 151.

18 Kopelew, Aufbewahren für alle Zeit, S. 95.

19 Panarin, Eine Stimme aus dem Jahr 1945.

Schlafen und zerstörten Güter, die in ihrer von Krieg verwüsteten Heimat sehr gut zu gebrauchen gewesen wären. Ein von Kopelew nach dem Grund der unsinnigen Verwüstungen befragter Soldat antwortete ihm: »›Ach, weiß der Henker, warum. Einfach so, zum Spaß.‹«[20] Den Arzt Anatolij Gl. hingegen packte in Anbetracht seiner hungernden Verwandten ein schlechtes Gewissen:

> »Teure Mama, wie sehr möchte ich mit dir unsere Trophäen teilen. Wie viel Vieh, Hühner und Schweine haben wir erbeutet, sodass wir von morgens bis abends Fleisch in unterschiedlicher Form essen. Es ist sogar unangenehm, dass wir so viel davon ohne euch, unsere Lieben, essen. Den Deutschen haben wir es richtig gegeben.«[21]

Der verstärkt konsumierte Alkohol, den die Rotarmisten beim Vormarsch erbeutet hatten oder mit dem sie von opportunistischen Zivilisten versorgt wurden, trug vermutlich sein Übriges zu den Zerstörungsorgien bei.[22] Manchen, wie Anatolij Gl., ging das ständige Gelage während des Vormarsches zu weit. Er berichtete im Dezember 1944 seiner Mutter mehrmals davon, dass die Polen sie aus Gastfreundschaft massenweise mit *Samogon* versorgen, gar bedrängen würden, sodass sie ständig betrunken seien.[23] Er wäre lieber bei ihr.[24] Der Sieg schmeckte langsam schal, wie Boris Baj. an seine Frau schrieb, er hatte »die deutschen Städte und Wohnungen bis zum Tod satt [...] [, wollte, kb] nach Russland, [...]. Auch wenn man dort hungriger, kälter oder ärmer leben wird. Egal. [...] [Denn, kb] selbst davon, sich zu besaufen, [hatte er, kb] genug.«[25] Nichtsdestoweniger hielten Machtrausch und Zerstö-

---

20 Kopelew, Aufbewahren für alle Zeit, S. 95 ff.

21 CMAMLS F. 172, Op. 2, D. 85, L. 9, Brief vom 29. 10. 1944.

22 Exemplarisch: RGVA F. 32925, O. 1, D. 525, passim, sowie D. 100, passim. Beide Akten enthalten Berichte über den politisch-moralischen Zustand und und die parteipolitische Arbeit in den NKVD-Truppen [...], 01. 01.–29. 12. 1945; CMAMLS F. 172, Op. 1, D. 86, L. 19, Brief von Anatolij Gl. an seine Mutter vom 27. 12. 1944.

23 Warum ein solches Verhalten der polnischen Bevölkerung der zu diesem Zeitpunkt noch deutschen Gebiete nicht nur als gastfreundlich, sondern auch als besänftigend gewertet werden kann: Zaremba, Die große Angst, S. 117–121.

24 CMAMLS F. 172, Op. 2, D. 86, Ll. 18 ff., Briefe von Anatolij Gl. an seine Mutter vom 22. und 27. 12. 1944. Ebenso musste er angeblich trinken, als sie auf die US.-Soldaten trafen. CMAMLS F. 172, Op. 2, D. 88, L. 12, Brief vom 07. 05. 1945. Dafür, dass er nach Hause wollte: CMAMLS F. 172, Op. 2, D. 88. L. 15, Brief vom 19. 03. 1945.

25 CMAMLS F. 172, Op. 2, D. 31, L. 22 v., Brief vom 02. 03. 1945.

rungswut bei anderen Soldaten erst einmal an oder konnten immer wieder aufflackern.

Sowohl Kopelew wie auch Ščegolev legen als Erklärung für die geschilderte Gewalt nahe, dass die Soldaten, die bereits auf sowjetischem Boden aufgrund von Überanspannung, falscher Wahrnehmung oder Gruppendynamik zur sogenannten *deboš* geneigt hatten, also zu Gewaltaktionen gegen Unbeteiligte und Sachen, im Aggressorstaat Deutschland kaum noch zu kontrollieren waren. Der mit der Anspannung der Soldaten zum Bersten gefüllte »Koffer«, mit dem Nikolaj Inozemcev das Gefühl der Frustration und der Anspannung bei den Rotarmisten beschrieben hatte, schien nun endgültig zu explodieren und sich gegen Kühe, Häuser, Dörfer und gegen Zivilisten und Kriegsgefangene zu richten.[26]

Die Konsequenz, die die militärischen Verantwortlichen aus diesen Übergriffen zogen, war ein Schwenk in der Propaganda Ende 1944: Zwar ging es weiterhin um Rache, nun wurde aber zwischen Faschisten und Wehrmachtssoldaten einerseits und zivilen Deutschen andererseits unterschieden. Denn, so hatte es Stalin schon im Februar 1942 kundgetan, die »Hitlers kommen und gehen, das deutsche Volk aber bleibt«.[27] Und dieses verprellte man besser nicht allzu sehr. Folglich forderten die Befehlshaber ein entsprechendes Verhalten von den Soldaten und konnten Übergriffe massiv sanktionieren. Der Höhepunkt war der öffentliche Rüffel, der dem Propagandisten Il'ja Erenburg für seine aggressiven anti-deutschen Äußerungen erteilt wurde: Nachdem seine Aufrufe jahrelang in den Militärzeitungen veröffentlicht und als Flugblätter verbreitet worden waren, hielt ihm die *Pravda* nun vor, zu »vereinfachen«.[28]

---

26 RGVA F. 32925, Op. 1, D. 100; D. 521; D. 525; D. 528, jeweils passim. Alle Akten enthalten Berichte über den politisch-moralischen Zustand und die parteipolitische Arbeit in den NKVD-Truppen […] vom 01. 01.–29. 12. 1945; siehe auch RGVA F. 32905, Op. 1, D. 240, passim, Befehle für die NKVD-Truppen […] vom 01. 01.–26. 06. 1944.

27 Die Rede ist abgedruckt in: Stalin, O Velikoj Otečestvennoj Vojne, S. 40–44.

28 Tischler, Die Vereinfachungen des Genossen Ehrenburg, 329–339. Für den Umschwung in der Propaganda und die Erziehungsversuche siehe Zeidler, Kriegsende im Osten, S. 122–139, 158–167.

Plünderungen

Nicht alle Begegnungen von Rotarmisten mit deutschem Eigentum mussten in einer Zerstörungsorgie enden. Dies zeigt z. B. das Tagebuch von Käthe von Normann, einer Gutsbesitzerin in Pommern:

> »Als wir gerade beim Nachmittagskaffee sitzen, erscheint der erste Russe. Es ist ein junger Offizier [...]. Er verlangt Auslieferung aller Jagdgewehre nebst Munition und zerschlägt eigenhändig die Jagdflinten vor der Haustür. Dann verlangt er Landkarten. [...] Ich stehe dabei. Plötzlich fällt sein Blick auf meine goldene Armbanduhr. Sogleich verlangt er meine Uhr. Ich sehe ihn wohl etwas erstaunt an, da erzählt er in gebrochenem Deutsch, ihm wäre im Krieg durch die Hand geschossen und dabei seine Uhr ›kaputt‹ gegangen. [...] Gegen 9 Uhr donnert es an die Haustür. Eine größere Formation Russen erscheint – wohl ein Stab. Die Truppe macht einen ganz ordentlichen Eindruck und verlangt Quartier.«[29]

Die Soldaten hätten dann in aller Ruhe angefangen, das Haus zu durchsuchen und zu plündern, was ihr Ehemann »seelenruhig« hingenommen habe. Erst als sie aufgesprungen sei, um dem Treiben Einhalt zu gebieten, habe man ein geladenes Gewehr auf sie gerichtet. Von Normann berichtet weiter, dass auch in den nächsten Tagen und Wochen immer wieder Soldaten gekommen seien, die irgendetwas verlangten oder die Wohnung durchwühlten. Manchmal seien sie in ihrem Haushalt auch bekocht worden und hätten sich dann mit Küssen bedankt.[30] Konnten ihre Forderungen nicht erfüllt werden, sei es mitunter zu Wutreaktionen gekommen, so hätten sie z. B. auf dem Nachhauseweg den Erpel des Gehöfts erschossen.[31]

Die Armeeführung stand dem Einsammeln sogenannter Trophäen, also Plünderungen, nicht grundsätzlich ablehnend gegenüber. Allerdings versuchte sie, allzu große Exzesse zu verhindern und dem Ganzen eine gewisse Ordnung zu geben. So regelte ein Befehl des GKO vom 1. Dezember 1944, dass verdiente Rotarmisten monatlich ein Paket nach Hause schicken konnten.[32] Dem vorausgegangen war der Fall eines Be-

---

29 Normann, Ein Tagebuch aus Pommern 1945–46, S. 13. Eintrag vom 05. 03. 1945.

30 Ebd., S. 61.

31 Ebd., S. 23.

32 Für die genauen Richtlinien: Befehl über die Organisation der Annahme und Auslieferung von Paketen, aufgegeben von Rotarmisten, Sergeanten, Offizieren und

fehlshabers im Hinterland, der ca. 300 Waggons mit Möbeln und Musikinstrumenten hatte ausfahren lassen.[33] Vermutlich erhoffte sich die sowjetische Führung von der Verordnung, dass sich die Soldaten auf diese Weise ausreichend für ihren Kriegseinsatz entlohnt fühlten und sie selbst weniger in der Pflicht stand, den Kriegsschäden im Land beizukommen und sich um die Veteranen zu kümmern.

Manche Soldaten verstanden die Verordnung gar als Aufforderung zum Plündern, auch wenn sie letztlich nur das reglementierte, was ohnehin gang und gäbe war.[34] In der Konsequenz nahmen sich die Soldaten mit mehr oder weniger Schamgefühl das, was sie zu brauchen meinten. Irina Dunaevskaja stibitzte mit angedeutetem schlechtem Gewissen Babykleidung für das Kind zusammen, das seit einiger Zeit in ihrem Bauch heranwuchs;[35] Anatolij Gl. organisierte Medikamente für seine malariakranke Mutter.[36] Angeblich, so geht aus manchem seiner Briefe hervor, gab es unter den Soldaten kein anderes Thema als die Pakete und die Frage, ob diese in der Heimat ankamen.[37]

Welche Auswüchse das Sammeln von Trophäen annehmen konnte, machen die Dokumente der *pogranpolki* deutlich. Demnach schickten manche Offiziere ihre Untergebenen gezielt in Städte, Dörfer und Gehöfte, um Trophäen, v. a. Alkohol, zu erbeuten.[38] Teilweise verwandelten sich Einheiten der Roten Armee in bewaffnete Banden, die die Bevölkerung ausraubten und terrorisierten. Stoppen ließen sich solche Raubzüge ebenso wie spontane Requirierungsaktionen betrunkener Soldaten

---

Generälen der kämpfenden Armeen, 26. 12. 1944, abgedruckt in: Russkij Archiv, Velikaja Otečestvennaja: Prikazy Narodnogo Komissara Oborony SSSR 1943–1945 gg., S. 344–347.

33 RGASPI F. 644, Op.2, D. 420, L. 86, Anordnung des GKO Nr. 7054, 01. 12. 1944. In ähnlichem Ausmaß hatte sich wohl auch Grigorij Schukow bereichert. Sonderbericht von V. S. Abakumova an I. V. Stalin […], 10. 1. 1948, abgedruckt in: Chaustov/Naumov/Plotnikova (Hg.), Lubjanka, S. 135 f. Siehe auch Baberowski, Verbrannte Erde, S. 478.

34 Temkin, My Just War, S. 200.

35 Dunaevskaja, Ot Leningrada do Kenigsberga, S. 374.

36 CMAMLS F. 172, Op. 2, D. 89, L. 1, Brief vom 01. 06. 1945.

37 CMAMLS F. 172, Op. 2, D. 88, L. 3, Brief vom 03. 04. 1945.

38 RGVA F. 32925, Op. 1, D. 521, L. 19, Bericht an den Militärrat der 1. Weißrussischen Front, 30. 04. 1945.

oftmals nur von anderen Einheiten, die sie unter Feuer nahmen.[39] Aber auch reguläre Einheiten bereiteten disziplinarische Probleme, wenn sie sich nach oder gar während der Gefechte nach vorne stürzten, um die besten Stücke zu ergattern.[40]

Um diese und andere Übergriffe auf die Bevölkerung sowie die begleitenden Besäufnisse, Konflikte und Unfälle wirksam zu verhindern, verboten die Befehlshaber spätestens ab April 1945 Ausflüge und Unternehmungen einzelner Soldaten.[41] Deutscher Besitz sollte eingesammelt und unter die Verwaltung der Armeekommandanturen gestellt werden, damit er zur Versorgung der Roten Armee, aber auch der verbliebenen Bevölkerung genutzt werden konnte.[42] Die Verantwortlichen griffen damit auf Maßnahmen zurück, die schon über weite Strecken des Krieges angewendet worden waren.[43] Zudem wurde die Durchsuchung der Häuser der Deutschen und die Wegnahme ihrer Güter nur mit schriftlicher Anweisung der Befehlshaber bzw. der *SmerŠ* erlaubt,[44] und befreiten Kriegsgefangenen, Ostarbeitern, aber auch Begleitern der Lastentransporte in die Sowjetunion war es verboten, erbeutete Güter nach Hause zu transportieren.[45] Manche der Kontrolleure nahmen ihre Aufgabe so ernst, dass sie auch demobilisierte Rotarmisten auf ihrem Weg nach Hause um ihre (neuen) Besitztümer erleichterten.[46]

---

39 RGVA F. 32925, Op. 1, D. 100, L. 111 v., Schriftverkehr der Hauptadministration der NKVD-Truppen […], 26. 12. 1944.

40 RGVA F. 32925, Op.1, D. 100, L. 224, Schriftverkehr des Stabes der NKVD-Truppen […], 31. 03. 1945.

41 RGVA F. 32925, Op. 1, D. 100, L. 302, Schriftverkehr des Stabes der NKVD-Truppen […], 23. 04. 1945.

42 RGVA F. 32925, Op. 1, D. 521, L. 10, Schriftverkehr der Befehlsleitung der NKVD-[…], 24. 04. 1945.

43 RGVA F. 32925, Op. 1, D. 66, L. 42, Anweisung des Volkskommissariats für innere Angelegenheiten an die Kommandeure der NKVD-Truppen […], 07. 02. 1942.

44 RGVA F. 32925, Op. 1, D. 100, L. 353, Schriftverkehr des Stabes der NKVD-Truppen […], 05. 05. 1945.

45 RGVA F. 32925, Op. 1, D. 100, Ll. 381, 423, Schriftverkehr des Stabes der NKVD-Truppen […], 22. 05. 1945 und 05. 06. 1945; S. 469, Hauptadministration der NKVD-Truppen […], 29. 06. 1945.

46 RGVA F. 32905, Op. 1, D. 247, L. 4, Befehl an die NKVD-Truppen […], 07. 09. 1945.

Situationen und Ausdrucksformen sexueller Gewalt

Erwartungshaltungen

Die sowjetischen Soldaten eigneten sich nicht nur Güter des Feindes an, sondern auch die Körper der Zivilistinnen, auf die sie trafen. Ihr Interesse an den deutschen Frauen begann, bevor sie sie überhaupt das erste Mal zu Gesicht bekamen: Sie gingen fest davon aus, ihnen gleich nach dem Grenzübertritt zu begegnen. Dies macht sich u. a. daran fest, dass sie von ihnen zumeist als »Фрау« sprachen. Sie transkribierten das deutsche Wort »Frau« in kyrillische Buchstaben und inkorporierten es so in die eigene Sprache.

Diese zunächst noch recht unkonkrete Vorstellung, nach dem Grenzübertritt auf deutsche Frauen zu treffen, drückt sich etwa in Anatolij Gl.s erstem Brief aus, den er aus Deutschland an seine Mutter schrieb.

> »Ich schicke dir einen Gruß aus der Höhle des Feindes [...]. Die Vergeltung fürchtend, sind alle Frauen [im Orig. kyrillisch, kb] weggelaufen. Vieh, Essen haben sie zurückgelassen, und all das ist zu unseren Trophäen geworden. Wir essen den ganzen Tag Fleisch.«[47]

Auch andere Soldaten hatten die (abwesenden) deutschen Frauen im Kopf, wenn sie sich über ihre ersten Eindrücke im Land der »faschistischen Bestie« austauschten und davon berichteten, dass sie »die Rechnung mit den Hansen und Fritzen begleichen und ihre verabscheuungswürdigen Frauen und ihre Schlangenbrut rennen, wohin das Auge blickt«.[48]

Diese Fokussierung überrascht nicht, führt man sich noch einmal vor Augen, dass die Rotarmisten von einer (symbolischen) Sphärentrennung ausgingen, nach der Männer an der Front, Frauen jedoch dahinter zu finden waren. Nachdem sie die Männer der Wehrmacht besiegt hatten, mussten sie quasi deren Frauen hinter der Grenze antreffen. Dazu kamen Bilder von Wehrmachtssoldaten und sowjetischen Frauen, die auf Beziehungen zwischen ihnen schließen ließen.[49]

---

47 CMAMLS F. 172, Op. 2, D. 85, L. 5, Brief vom 23. 10. 1945.

48 Vasilij Ivanovič V. am 27. 01. 1945 an seine Schwerster, abgedruckt in: Scherstjanoi, Rotarmisten schreiben, S. 41.

49 Regina Mühlhäuser hat diesen sowie der (Überlebens-)Prostitution jeweils ein Kapitel gewidmet: Mühlhäuser, Eroberungen, Kapitel 3 und 4; Inozemcev, Frontovoj dnevnik, S. 292–297, siehe auch Beevor, Ein Schriftsteller im Krieg, S. 160.

Es ist somit wahrscheinlich, dass die Rotarmisten, die sich in ihren Frontgemeinschaften auf Frauen(-körper) und sexuelle Kontakte zu ihnen kaprizierten und sich untereinander häufig als sexuell potent darstellten, auf ebensolche Kontakte mit Zivilistinnen nach Überschreiten der Grenzen hofften. Dies antizipierten sie in ihren Gesprächen, was sich als Erwartungshaltung in den Quellen niederschlug. Die zitierten Briefe machen deutlich, dass die Soldaten an den deutschen Frauen ebenso interessiert waren wie an materiellen Gütern. Sehr oft endeten diese Begegnungen mit der erzwungenen Penetration der Frauen, die mit einem unterschiedlichen Maß an Gewalt einhergehen und von unterschiedlich vielen Tätern verübt werden konnte.

Die Offiziere schienen zu ahnen, was der Vormarsch mit sich bringen würde. Der *politruk* von Jurij Korjakin teilte laut dessen Erinnerungen kurz vor den deutschen Grenzen Folgendes mit:

> »›Wir betreten das Territorium von Deutschland. Wir wissen, dass die Deutschen unzähliges Leid auf unsere Erde gebracht haben, deshalb betreten wir ihr Territorium, um die Deutschen zu bestrafen. Ich bitte euch, nicht in Kontakt mit der lokalen Bevölkerung zu kommen, damit es keine Unannehmlichkeiten gibt, und nicht allein [raus, kb] zu gehen. Nun, und was die Frauenfrage anbelangt, ihr könnt mit den deutschen Frauen frei umgehen, nur sollte es nicht organisiert aussehen. Es können ein bis zwei Leute kommen, tun, was sie tun müssen (so hat er es gesagt: ›Was sie tun müssen.‹) und dann zurückkommen, und gut. Jegliches grundlose Schädigen der deutschen Männer und Frauen ist nicht hinnehmbar und wird bestraft.‹ Mit diesem Gespräch spürten wir, dass er selbst nicht genau weiß, welche Verhaltensnormen einzuhalten sind.«[50]

Unabhängig davon, ob diese Ermahnung beim Überschreiten der Grenzen wirklich so abgegeben wurde, verweist Kojakins Äußerung neben den berechtigten Befürchtungen der Offiziere darauf, wie sehr er und seine Kameraden in Bezug auf den Umgang mit Frauen auf sich selbst zurückgeworfen waren.

---

50 Korjakin, Jurij Ivanovič, Interview auf: Ja Pomnju, https://iremember.ru/memoirs/svyazisti/koryakin-uriy-ivanovich [23. 08. 2018].
Ebenso ambivalent war Stalin: Vgl. Djilas, Gespräche mit Stalin, S. 122; Broekmeyer, Stalin, the Russians, and their War, S. 121–124.

Beschreibungen sexueller Gewalt

Manche Beschreibung der sexuellen Gewalt, die sich im Rahmen des Vormarsches und der Besatzung ereignete, legt nahe, dass auch hier vorrangig Zerstörungswut und sexuelle Selbstbedienungsmentalität zum Ausdruck kamen. Leonid Rabičev schildert in seinen Erinnerungen eine Massenvergewaltigung. Nachdem Einheiten der Roten Armee einen Flüchtlingstreck angehalten hätten,

> »warfen sich [die Rotarmisten, kb] zu Tausenden auf die Frauen und Mädchen. Die Frauen, Mütter und ihre Töchter, liegen links und rechts der Chaussee, und vor jeder steht eine johlende Armada von Männern mit heruntergelassenen Hosen. Diejenigen, die in Blut getaucht sind und das Bewusstsein verloren haben, zieht man zur Seite, die Kinder, die ihnen zur Hilfe eilen, erschießt man. Johlen, Brüllen, Lachen, Schreie und Stöhnen. Und die Kommandeure, die Majore und Oberste, stehen auf der Chaussee. Der eine lächelt ihnen zu, der andere dirigiert, nein, reguliert vielmehr. Und das, damit jeder seiner Soldaten teilhaben kann.«[51]

Dass es tatsächlich zu einer solchen Massengewalt gekommen ist, an der »Tausende« von Rotarmisten teilhatten und die von den höchsten Militärrängen toleriert, sogar gefördert wurde, wird in der Forschung angezweifelt. Insbesondere Oleg Budnickij argumentiert, dass weder die Beteiligung von ranghohen Offizieren noch der öffentliche Charakter der Szene wahrscheinlich ist.[52] In der Tat gibt das Genre von Rabičevs Text, nämlich Erinnerungen, die in einem literarischen Journal im Jahr 1995 erschienen, also in einer Phase schonungsloser Kritik an der Sowjetunion, Anlass zur Skepsis. Erinnerungen und Literatur haben die Tendenz zur Dramatisierung. Darüber hinaus ist es in diesem Fall gut möglich, dass Rabičev durch die besondere Drastik seiner Darstellung nicht zuletzt auch seine Distanz zu solchen Ereignissen ausdrücken wollte.

Mit ziemlichen Abstrichen bei der Dramatik und der Anzahl an Tätern ist Rabičevs Beschreibung jedoch nicht allzu weit von deutschen Erinnerungstexten über das Gebaren der Rotarmisten beim Vormarsch entfernt. Auch hier wird immer wieder erwähnt, dass kleinere Gruppen von Soldaten die Flüchtlingstrecks aufhielten oder in Dörfern in die

---

51 Rabičev, Vojna vse spišet, S. 163.

52 Budnitskii, The Intelligentsia Meets the Enemy, S. 190.

Häuser eindrangen, um zu plündern, Frauen aufzuspüren und diese dann zu vergewaltigen.

Laut Sophie Charlotte Müller, deren Erinnerungen im Rahmen eines Projekts der deutschen Vertriebenenverbände in den Nachkriegsjahren erbeten wurden, kam ihnen in ihrem Treck ein

> »frischer Trupp Russen entgegen und befahl ›Halt!‹. Alles, was wir noch besaßen wie Handtaschen, Handschuhe, Brieftaschen, Geld usw. wurde uns weggenommen. Wir mussten immer so lange stehen bleiben, bis sich die Russen Frauen und Mädchen [...] herausgesucht und am Wegesrand vergewaltigt hatten. Mit Kolbenschlägen und Fußtritten wurden die Frauen dazu gezwungen.«[53]

Marga Gunias Beschreibung, im selben Kontext entstanden, ist ähnlich:

> »Ich glaube, es war um Mitternacht, als die ersten Russen in den Gasthof eindrangen [...]. Die [...] Soldaten standen stark unter Alkohol. Zunächst verlangten sie Uhren, Waffen und Schmuck. Dann traten zwei Russen auf mich zu und zerrten mich von meinem Platz. Als mein Schwiegervater sich für mich einsetzen wollte, bekam er einen heftigen Schlag auf die Brust, sodass er in einer Ecke zusammenbrach. Mich stieß man mit Fäusten und Kolbenschlägen nach draußen, und schließlich landete ich in einem Stall. Dort wurden die beiden Russen gewalttätig. Als ich mich zu wehren versuchte, erhielt ich einen heftigen Stoß auf die Brust, sodass ich zusammenbrach.«[54]

Während es in dieser Szene letztlich um die Penetration ging, die mit Gewalt erzwungen wurde, war einem Bericht aus Breslau zufolge die Penetration nur ein Gewaltakt unter vielen. Aus einem Keller, in dem sich die Deutschen verschanzt hatten,

> »zerrten die Russen die wenigen Männer hervor, schlugen sie ohnmächtig, knebelten sie und warfen sie in eine Kellerecke. Darauf zwangen sie die Frauen, sich zu entkleiden und in die Betten zu gehen, z. T. mit Fußtritten und Gewehrkolben! Sie stürzten dann über die Opfer her, schlugen, schnitten mit Scheren, stachen mit Messern auf sie ein, bis sie, willenlos und ohnmächtig geworden, sich ihrem

53 Sophie Charlotte Müller, Bericht, in: Spieler (Hg.), Vertreibung und Vertreibungsverbrechen, S. 235 f.; siehe auch den Bericht aus Grüssau, abgedruckt in: Kaps (Hg.), Martyrium und Heldentum ostdeutscher Frauen, S. 53.

54 Marga Gunia, Bericht, in: Spieler (Hg.), Vertreibung und Vertreibungsverbrechen, S. 203.

Schicksal ergaben. Es war gleich, ob es sich dabei um alte Mütter von 70 Jahren oder um Kinder von 13 und 14 Jahren handelte. [...] Zuletzt steckten sie dann die einzelnen Betten in Brand und zerschossen mit ihren Pistolen die elektrischen Lampen.«[55]

Anderen Berichten zufolge wurden die Frauen aufgeschlitzt und an ein Kreuz genagelt.[56] Bei allen dargestellten Übergriffen waren die Vergewaltiger massiv alkoholisiert.[57]

Manchmal schickten Offiziere ihre Untergebenen aus, die ihnen Frauen »besorgen« sollten,[58] oder Frauen wurden entführt und in die Lazarette der Roten Armee verbracht, wohl um die bettlägerigen Patienten zu »belohnen«. In einer Nacht wurden laut G. F.

»drei Frauen, darunter ich, in ein Lazarett von zwei Russen geholt, dort lagen in ca. 15 Betten leichte Verwundete; dort wurden ich und eine Frau K. und eine Frau S. von einem Bett zum andern geworfen vor die Bestien, dort haben sie uns von einem Banditen zum anderen vergewaltigt, bis wir nichts mehr wussten, uns schwer angebrüllt und dann die Treppen heruntergestoßen.«[59]

In anderen Fällen wendeten sich sowjetische Offiziere an die deutschen Bürgermeister, die dann die Frauen organisierten.[60]

---

55 Bericht aus Breslau, abgedruckt in: Kaps (Hg.), Martyrium und Heldentum ostdeutscher Frauen, S. 38.

56 Bericht von Hauptmann H. Sommer, in: Spieler (Hg.), Vertreibung und Vertreibungsverbrechen, S. 147 f.; Berichte aus Breslau, Hennersdorf, Köchendorf, jeweils abgedruckt in: Kaps (Hg.), Martyrium und Heldentum ostdeutscher Frauen, S. 42, 56, 63.

57 Der Vollständigkeit halber ist anzumerken, dass sich die Frauen z. T. der Vergewaltigungen erwehren konnten. Siehe den Bericht von Sophie Charlotte Müller, in: Spieler (Hg.), Vertreibung und Vertreibungsverbrechen, S. 235.

58 RGVA F. 32925, Op. 1, D. 763, L. 153, Protokoll der Parteiversammlung bei der politischen Abteilung der NKVD-Truppen [...], 29. 10. 1945; RGVA F. 32925, Op. 1, D. 525, L. 30, Schriftverkehr der Administration der NKVD-Truppen [...], 23. 03. 1945; RGVA F. 32905, Op. 1, D. 241, S. 133, Befehl an die NKVD-Truppen [...], 24. 11. 1944; Korjakin, Jurij Ivanovič, Interview auf: Ja Pomnju, https://iremember.ru/memoirs/svyazisti/koryakin-uriy-ivanovich/; Safonov, Nikolaj Ivanovič. Ja Pomnju, https://iremember.ru/memoirs/pekhotintsi/safonov-nikolay-ivanovich/ [23. 08. 2018].

59 Bericht in: Dokumentation der Vertreibung, Band 1, Teil 1, 1953, S. 453.

60 Plimak, Na vojne i posle vojny, S. 42.

All diese Beschreibungen sind mit einigen Abstrichen recht nah an dem, was auch bei den *pogranpolki* aktenkundig wurde. Diese mussten in ihren Bemühungen, gegen jede Form von Ausschreitungen im Rahmen der Besatzung vorzugehen, immer wieder einzelne Soldaten oder kleinere Gruppen in Gewahrsam nehmen oder zur Rechenschaft ziehen, weil diese etwa in Privathäuser eingedrungen waren, dort oder auch am Straßenrand die Frauen bedroht und mit einem unterschiedlichen Grad an körperlicher Gewalt zum Geschlechtsverkehr gezwungen hatten.[61] Zuweilen kam es auch zu Verfahren gegen Offiziere, die Frauen in die Stäbe oder Verwaltungseinheiten hatten bringen lassen, dort festhielten und versuchten, sie später unbemerkt wieder fortzuschaffen.[62]

Auf das Erleben der Opfer und das Maß ihrer Nötigung gehen die Akten der *pogranpolki* in der Regel nicht ein. Vor den Militärtribunalen oder den Patrouillen gaben die Soldaten meist an, dass sie sich rächen wollten. In manchem Fall hieß es auch, dass die deutschen Frauen, die aus unklaren Gründen von der Roten Armee inhaftiert worden waren (in manchen Fällen wohl entführt), Agentinnen seien. Wenn man sie zur Rede stellte, griffen die Soldaten also auf Phrasen zurück, die ihnen die Propaganda geliefert hatte.[63] Die Bandbreite der Strafen variierte von

61 In den Akten der NKVD-Truppen finden sich unzählige Berichte über Übergriffe, die betrunkene Rotarmisten im Rahmen von Beutetouren verübten. RGVA F. 32905, Op. 1, D. 249, Ll. 90, 107 f., 123 f., 130, 176, jeweils Befehle der NKVD-Truppen […], 21. 02. 1945, 05. 03. 1945, 10. 03. 1945, 15. 03. 1945, 25. 05. 1945; RGVA F. 32925, Op. 1, D. 525, Ll. 10, 25, 30, 36, 59, 130, jeweils Schriftverkehr der Administration der NKVD-Truppen […], 25. 02. 1945, 19. 03. 1945, 23. 03. 1945, 01. 04. 1945, 05. 05. 1945; RGVA F. 32925, Op. 1, D. 521, Ll. 19, 86, 101, 132, 177, 183, jeweils Schriftverkehr des Militärrates der NKVD-Truppen […], 30. 04. 1945, 05. 04. 1945, 20. 04. 1945, 05. 05. 1945, 15. 05. 1945, 27. 05. 1945; RGVA F. 32925, Op. 1, D. 763, L. 159, Protokoll der Parteiversammlung der politischen Abteilung der NKVD-Truppen […], 05. 11. 1945.

62 RGVA F. 32925, Op. 1, D. 528, L. 220v., Urteilschrift, o. D, vermutlich August 1945; RGVA F. 32905, Op. 1, D. 241, L. 133, Befehl an die NKVD-Truppen […], 24. 11. 1944; RGVA F. 32925, Op. 1, D. 763, L. 153, Protokoll der Parteiversammlung bei der politischen Abteilung der NKVD-Truppen […], 29. 10. 1945; RGVA F. 32925, Op. 1, D. 525, L. 30, Schriftverkehr der Administration der NKVD-Truppen […], 23. 03. 1945.

63 RGVA F. 32925, Op. 1, D. 525, L. 10, Schriftverkehr der Administration der NKVD-Truppen […], 25. 02. 1945; RGVA F. 32925, Op. 1, D. 763, L. 171, Protokoll der Parteiversammlung der politischen Abteilung der NKVD-Truppen […], 08. 12. 1945.

Aktenvermerken bis zur Todesstrafe, in der Regel kam es zu wenigen Jahren Haft im Besserungslager und/oder Strafeinsätzen. Ausschlaggebend war, in welchem Maß sich der Soldat in den Reihen der Roten Armee verdient gemacht hatte, ob er durch den Übergriff dem Ansehen der Roten Armee geschadet, ob der Übergriff öffentlich stattgefunden hatte und welche weiteren Vergehen ihn begleiteten.

Insgesamt bestätigen die zeitgenössischen offiziellen Dokumente sowjetischer Provenienz, dass es zu Übergriffen kam. Für Massenvergewaltigungen wie die von Rabičev geschilderten sowie für Übergriffe in der Öffentlichkeit liefern sie jedoch keine Belege. Allerdings rückten die *pogranpolki* jeweils erst in gewissem Abstand zu den regulären Truppen vor und hatten daher keinen Überblick darüber, was zeitnah zum Schlachtgeschehen stattfand.[64] Zudem war es ihre Aufgabe, derartige Ausschreitungen zu sanktionieren. Insofern gingen die Soldaten mit deren Eintreffen vermutlich »diskreter« vor.[65] Das Verhalten der Fronttruppen, insbesondere der Infanterie, könnte durchaus hemmungsloser gewesen sein. Allerdings wurde hier, laut der Erinnerungsberichte, auch härter bestraft. Diese Vermutung zu überprüfen wie auch die Häufung von Vorfällen in bestimmten Einheiten oder vor dem sozialen Hintergrund der Soldaten zu eruieren, wäre nur über die Akten des CAMO möglich, das jedoch nicht zugänglich ist. Dass es zwischen den regulären Truppen und den *pogranpolki* einen Unterschied in der eingeforderten Disziplin gab, bemängelten jedoch auch einzelne Soldaten, die in Letzteren dienten: Sie klagten darüber, dass man hier nicht trinken und sich nicht gehen lassen dürfe.[66]

Zeitgenössische Ego-Dokumente, die deutschen und die wenigen russischen Tagebücher, die für den Vormarsch verfügbar sind, erwähnen ebenfalls keine Massenvergewaltigungen, die sich in der Größenordnung

64 Das soll nicht heißen, dass die NKVD-Angehörigen nicht auch vergewaltigten oder sich undiszipliniert verhielten. Klagen darüber hielten bis 1946 an: Petrov, Die Inneren Truppen, S. 238. Siehe auch die Studie von Joanna Hytrek-Hryciuk, »Rosjanie nadchodzą!«.

65 Zumal die am 18.07.1945 ausgesprochene Amnestie für derlei Vergehen nicht galt. Befehl (des NKO), abgedruckt in: Russkij Archiv Velikaja Otečestvennaja: Prikazy narodnogo kommissara oborony SSSR 1943–1945 gg., S. 390 ff.

66 RGAV F. 32905, Op. 1, D. 282, L. 86, Bericht über den politisch-moralischen Zustand, den Zustand der militärischen Disziplin und die parteipolitische Arbeit bei den NKVD-Truppen [...] für das 2. Quartal 1944.

von Hunderten von Tätern bewegen. Plausible Belege finden sich für kleinere Tätergruppen von bis zu 15 Mann. Liest man z. B. Ivan Panarins Fronttagebuch, ist es ein Leichtes sich vorzustellen, dass er mit seiner Panzerbesatzung und vielleicht ein, zwei weiteren Besatzungen nach einem Gefecht auf der Suche nach Alkohol in ein Haus eindrang, in dem sich Frauen befanden. Die gemeinsame Vergewaltigung dieser Frau, eventuell mit einem Kameraden, der »Schmiere« stand, war dann durchaus wahrscheinlich.[67]

Deutsche Tagebücher, in denen die Begegnung mit Rotarmisten und die dabei erlebte sexuelle Gewalt eine Rolle spielen, stammen in der Regel aus Berlin. Sie bestätigen die in den Akten der *pogranpolki* festgehaltenen Vorkommnisse und deuten an, dass die Zerstörungswut bei den Rotarmisten abgeebbt war, nachdem sie Berlin erreicht bzw. weil die *pogranpolki* im besetzten Gebiet ihren Einsatz begonnen hatten.[68]

Beschrieben werden hier v. a. Übergriffe von wenigen Rotarmisten auf eine geringe Anzahl deutscher Frauen.[69] Diese ereigneten sich insbesondere dann, wenn sich die Soldaten mit etwas zeitlichem Abstand zu den Kampfhandlungen in bereits betrunkenem Zustand aufmachten, um nach versteckten Wehrmachtssoldaten, Waffen oder Beutegut zu suchen. Dabei musste die bisher beschriebene Eskalationsdynamik nicht zwangsweise in Gang gesetzt werden. Denn manche Rotarmisten gingen, wie bereits bei Käthe von Normann zu lesen war, anfangs recht zivilisiert vor: »Die ersten Russen waren noch nett, obwohl sie auch plünderten«, so Margret Boveri über die erste Begegnung ihrer Bekannten mit sowjetischen Soldaten, die irgendwann gar mit der Spielzeugeisenbahn gespielt hätten, die sie im Haus fanden. Nur diejenigen, die dann fürs Plündern von ihrem Offizier »ausgeschimpft« worden seien, hätten die Bekannte übel zugerichtet.[70] Ähnliches spielte sich im Keller einer ano-

---

67 Anonyma, Eine Frau in Berlin, S. 149.

68 Für den ambivalenten Umgang und einen Alltag, der in Berlin trotz der Einnahme durch die Rote Armee z. T. weiter vorherrschte, siehe die entsprechenden Kapitel in Grossmann, Juden, Deutsche, Alliierte.

69 Dieser Eindruck könnte aber auch darin begründet sein, dass v. a. diejenigen Frauen nach dem Übergriff das Tagebuch zur Hand nahmen, bei denen es »glimpflich« verlaufen war. Dass ein Opfer einer Massenvergewaltigung dies im Anschluss an die Tat tut, scheint unwahrscheinlich.

70 Boveri, Tage des Überlebens, S. 105.

nymen Berlinerin[71] ab, in den sie sich mit anderen Hausbewohnern geflüchtet hatte und mit ihnen der Dinge harrte, die da kommen sollten: Die ersten Soldaten hätten nach Schnaps verlangt, manche angefangen, mit den Frauen zu »flirten« und seien dann wieder gegangen. Erst als die Soldaten betrunken zurückgekommen seien, habe es für die Frauen im Keller kein Entrinnen mehr gegeben.[72] Die Rotarmisten konnten ihren Opfern überall auflauern: Sie zogen sie in den Straßen zur Seite, oder sie bedrängten sie, wenn sie in die Keller und Wohnungen der Frauen gekommen waren.[73] Manchmal ließen sich einzelne Täter auch von ihrem Tun abbringen.[74]

Die folgende Szene stammt aus dem Tagebuch der anonymen Schreiberin aus Berlin, die zu diesem Zeitpunkt schon mehrfach vergewaltigt worden war und in deren Wohnung vier Rotarmisten auf der Suche nach Beutegut eindrangen.[75] Als die vier sie bemerkt hätten, seien sie für kurze Zeit in die Küche gegangen, dann sei sie plötzlich von einem von hinten gepackt worden. Sie habe ihm zugeflüstert:

> »›Nur einer, bitte, bitte, nur einer, meinetwegen Sie. Aber schmeißen Sie die anderen raus.‹ Er verspricht es flüsternd und trägt mich wie ein Bündel auf beiden Armen durch den Korridor. […] [Er, kb] lädt mich auf der kahlen, abgedeckten Bettstatt des früheren Untermieters ab. Ruft dann ein paar grobe Stummelsätze in Richtung Küche, klinkt die Tür hinter sich zu und legt sich im Dunkeln zu mir. […] Petka, so nennt sich der Soldat […] murkst herum, er ist aus Sibirien, naja. Sogar die Stiefel hat er jetzt ausgezogen. Mir ist taumelig, ich bin nur noch halb da, und diese Hälfte wehrt sich nicht mehr, sie fällt

71 Der Klarname der Frau soll hier ausgespart werden, auch wenn er längst publik geworden und nachzulesen ist bei: Bisky, Jens: Wenn Jungen Weltgeschichte spielen, haben Mädchen stumme Rollen, *Süddeutsche Zeitung*, 24. 09. 2003, S. 16.

72 Siehe auch das Tagebuch von Hugo B., abgedruckt in: Hammer/zur Nieden, Sehr selten habe ich geweint, S. 362–371. Auch hier ist von einer angespannten Erwartungshaltung die Rede.

73 Anonyma, Eine Frau in Berlin, S. 54–62. Zur Alltäglichkeit siehe auch Andreas-Friedrich, Der Schattenmann, S. 310.

74 Anonymer Tagebucheintrag vom 24. 04. 1945 aus Nauen, abgedruckt in: Böthig/Walter, Die Russen sind da, S. 89 f.

75 Zur wiederholten Heimsuchung einzelner Frauen, siehe auch Normann, Ein Tagebuch aus Pommern 1945–46, S. 25, 26, 31, 43.

gegen den harten, nach Kernseife riechenden Leib. Endlich Ruhe, Dunkelheit, Schlaf.

Früh um vier kräht der Hahn. Ich bin gleich hellwach, ziehe meinen Arm unter Petka hervor. Der zeigt lächelnd seine weißen Zähne. Steht flink auf, erklärt mir, dass er jetzt Wache habe, dass er jedoch bestimmt um sieben Uhr wiederkehren werde – ganz bestimmt! Und er zerquetscht mir zum Abschied beinah die Finger.«[76]

Und tatsächlich sei Petka um sieben wieder da gewesen, mit Liebesbekundungen und einem erneuten Fingerquetschen. Bei den nächsten Malen habe er dann Freunde und Bekannte mitgebracht und diesen stolz sie selbst und ihre Wohnung vorgeführt.[77] Ein anderer Eindringling und Vergewaltiger habe sie zwar nicht mit Gefühlsbekundungen verlassen, ihr aber eine Art Lohn hinterlassen – Zigaretten.[78] Um diese permanenten Heimsuchungen zu verhindern, ging sie schließlich mehr oder weniger freiwillig eine Liaison mit einem Offizier ein, der zeitweise bei ihr wohnte und sie und die Hausgemeinschaft mit Lebensmitteln versorgte.

Den Bekannten von Margret Boveri klopften die Täter nach der Vergewaltigung, als sie weinend am Tisch saßen, versöhnlich und aufmunternd auf den Rücken.[79] »Nix für ungut«, möchte man ihnen in den Mund legen. Und so sahen sie ihr Tun vermutlich auch. Rache und Hass waren nicht die Motive, die sie antrieben, auch wenn sie ihr Handeln, sollte man sie später zur Rechenschaft ziehen, so zu legitimieren versuchten.[80]

Sexuelle Gewalt als kommunikativer Akt der Täter

Legt man die russischen und die deutschen Quellen, die zu unterschiedlichen Zeitpunkten entstanden und unterschiedlichster Provenienz sind, übereinander, entsteht ein vielschichtiges Bild. Demnach ist davon auszugehen, dass es zu Gruppenvergewaltigungen kommen konnte, und zwar insbesondere dann, wenn kleinere alkoholisierte Tätergruppen

76 Anonyma, Eine Frau in Berlin, S. 65–70.

77 Ebd., S. 76.

78 Ebd., S. 74.

79 Boveri, Tage des Überlebens, S. 111.

80 RGVA F. 32925, Op. 1, D. 525 S. 10, Bericht aus der Administration der NKVD-Truppen […], 25. 02. 1945.

beim Vormarsch auf einzelne Frauen trafen. Das Spektrum an Grausamkeit bewegt sich zwischen brutalen (Gruppen-)Vergewaltigungen, die vielfach mit dem in Kauf genommenen oder bewusst herbeigeführten Tod der Opfer endeten, und Akten von Nötigung, die teilweise ohne körperliche Gewalt stattfanden. Dazwischen war sehr vieles möglich.

Während die Berichte über brutale Gruppenvergewaltigungen das behauptete Motiv der Rache zu untermauern scheinen, vermitteln die zuletzt geschilderten Situationen etwas anderes. Bei der erzwungenen Penetration ging es den Rotarmisten erstens nicht unbedingt um die Misshandlung der betroffenen Frau(en) – auch wenn jede geschlechtliche Handlung gegen den Willen einer Person genau das ist. Sexueller Verkehr war etwas, das sich die Soldaten ebenso wie andere Beutegüter in ihrer Eigenschaft als Sieger nehmen zu können glaubten oder das ihnen sogar ermöglicht wurde, wenn sie z. B. im Lazarett waren. Die Vorstellung, dass zum Soldatenleben auch Geschlechtsverkehr und Frauen gehörten, die in dieser Konstellation zum Objekt degradiert werden, war ihnen während des Krieges von den Offizieren vorgelebt worden und ihnen selbst in aller Regel versagt geblieben. Doch im Gegensatz zum Frontalltag hatten sie nun die Gelegenheit, diese Vorstellungen und Ansprüche in die Tat umzusetzen.

Vor diesem Hintergrund wird die Schimpftirade eines Soldaten verständlich, den Lew Kopelew von der Vergewaltigung einer Polin(!) in Ostpreußen abzuhalten versuchte:

> »›Ihr da – Offiziere, Arschlöcher –, auf unseren Buckeln führt ihr Krieg. Wo bist denn du gewesen, verflucht noch mal, als ich brannte? Und wo warst du, Schweinehund, als ich den ›Tiger‹ [eine Bezeichnung für deutsche Panzer, kb] knackte? [...] Lass mich, zum Teufel mit dir! Ich will die Frau. Ich hab mein Blut vergossen!‹«[81]

Neben diesem vermeintlichen Anspruch als Soldat auf Frauen und ihren Körper war es zweitens die im Krieg erworbene Gewaltfähigkeit, gleichsam ein Merkmal ihrer soldatischen Identität, die die Rotarmisten dazu brachte, Frauen zu vergewaltigen. Bei genauerer Betrachtung wird deutlich, dass die praktizierte Gewalt während der sexuellen Übergriffe zweierlei Art war. Zum einen wurde sie zielgerichtet eingesetzt, um die Frauen zum Geschlechtsverkehr zu zwingen. Sofern sich männliche Zi-

---

81 Kopelew, Aufbewahren für alle Zeit, S. 120.

vilisten einmischten, wurden diese häufig ebenfalls mit Gewalt ausgeschaltet.

Zum anderen konnte die Vergewaltigung auch Teil einer umfassenderen Gewalt, eines zerstörerischen Rausches sein, ähnlich demjenigen der Gefechtsgemeinschaften, die sich brüllend und besinnungslos in die Schlachten warfen, forciert durch die Amalgamierung von Gewalt und männlicher Potenz in ihren Alltagsdiskursen. Die in dem Bericht aus Breslau geschilderten Vergewaltigungen waren für die beteiligten Rotarmisten vermutlich eine Art Weiterführung des Gefechts, der rauschhaft ausgeübten, exzessiven Gewalt, die nach Wiederholung verlangte und in den Vergewaltigungen und Zerstörungsorgien auf eine Art ritualisiert wurde. Diese Gewalt richtete sich manchmal auf den gesamten Körper der Frauen, schreckte vor nichts zurück und konnte immer wieder aufbranden; sie war sexualisiert, denn die Gewalt der Rotarmisten war schon immer sexuell konnotiert.[82]

In der Forschung wurde diese Gewalt in der Regel aus der deutschen Perspektive interpretiert: Dass die deutschen Frauen vergewaltigt, ggf. mit Scheren auf sie eingestochen, ihnen Flaschen in die Körpereöffnungen gesteckt, die Hände und die Füße abgehackt und sie an Pfähle oder Kreuze gebunden wurden, wird dann als Botschaft gedeutet, mit der die sowjetischen Täter ihren deutschen Gegnern die Niederlage kommunizierten. Zumindest verstanden die Deutschen es vielfach so.[83] Doch stellt sich die Frage, ob diese Botschaft auch die Intention der sowjetischen Täter war, ob die sexuelle Gewalt in ihren Diskursen ebenfalls diese Bedeutung hatte und die besiegten Deutschen als Adressaten hatte.

Da der Rekurs auf Gewalt und die eigene Potenz in den Frontgemeinschaften ein Selbstdarstellungsakt gegenüber den Kameraden der Roten Armee war, über den sich die Rotarmisten untereinander und voreinander beweisen wollten, wird im Folgenden auch diese Option geprüft. Dazu sollen einige Szenen näher in Augenschein genommen

---

82 Ähnliches beschreibt Bernd Greiner für sexuelle Übergriffe US-amerikanischer Soldaten in Vietnam: Greiner, Krieg ohne Fronten, S. 332.

83 Dass die deutsche Bevölkerung die Misshandlungen der Frauen pars pro toto deutete, ist nicht überraschend. Dies ist Resultat der Vorstellung, dass ein Frauenkörper die Nation symbolisiert, und mitnichten auf den deutschen Diskurs beschränkt.

werden, die Vladimir Gelfand am 26. Februar 1945 in seinem Tagebuch notierte, als er sich auf dem Vormarsch gen Berlin befand:

> »Vorgestern kämpfte auf der linken Flanke ein Frauenbataillon. Es wurde völlig aufgerieben, und die gefangenen deutschen Miezen erklärten sich zu Rächerinnen ihrer gefallenen Männer. Ich weiß nicht, was man mit ihnen gemacht hat, aber man sollte sie ohne Erbarmen hinrichten. Unsere Soldaten schlagen vor, diese Schurkinnen durch die Geschlechtsorgane zu pfählen, doch ich würde sie schlicht und einfach liquidieren.«

Einige Einträge später kommt er wieder auf das Thema zu sprechen:

> »Beim Gegner lassen sich keine Frauen mehr blicken, seit wir einer von ihnen den Körper mit einem Pfahl durchstoßen und sie nackt zu den deutschen Stellungen zurückgebracht haben.«[84]

Liest man diese Passage vor dem Hintergrund der These, dass sexuelle Gewalt ein Zeichen kriegführender Männer zur Kommunikation von Sieg und Unterwerfung ist, wird man die Pfählung unschwer als eine solche Botschaft an die Deutschen werten. Bedenkt man jedoch, dass es in der Wehrmacht gar keine Frauenbataillone gab und beschäftigt sich genauer mit den Passagen, wird immer unklarer, wie viel von dem beschriebenen Szenarium tatsächlich der Realität entsprach und mit diesem Paradigma in Einklang zu bringen ist.

Fest steht, dass die weiblichen Militärangehörigen der Wehrmacht ausschließlich weit hinter der Frontlinie ihren Dienst versahen und erst am 28. August 1944, also während des Rückzugs, einen Soldatenstatus bekamen.[85] Das besagte Gefecht mit dem deutschen Frauenbataillon kann es also gar nicht gegeben haben. Vielleicht waren Gelfand oder seine Kameraden auf eine Wehrmachtsangehörige (oder eine andere Frau in deutscher Uniform) gestoßen[86] und identifizierten sie analog zu ihrer sowjetischen Realität als Angehörige eines an der Front kämpfenden deutschen Frauenbataillons. Fraglich ist zudem, ob Gelfand an dem Gefecht oder an der Pfählung aktiv oder als Augenzeuge beteiligt war. Das »Wir«, von dem er spricht, kann sehr unterschiedliche Gruppen

---

84 Gelfand, Tagebuch, S. 231 f. Siehe auch Scherstjanoi, Ein Rotarmist in Deutschland, S. 337.

85 Maubach, Die Stellung halten, S. 171.

86 Boveri, Tage des Überlebens, S. 126; Knef, zit. in: Sander/Johr (Hg.), BeFreier und Befreite, S. 112 ff.

meinen: ihn selbst und seine engsten Kameraden, andere Soldaten aus seinem Zug oder aber irgendwelche Rotarmisten, die zum großen rotarmistischen Kollektiv gehörten und von denen man sich nun erzählte.

Aufgrund dieser Zweifel und Unstimmigkeiten sind die Momente, die Gelfand in seinem Tagebuch beschreibt, v. a. hinsichtlich der kommunikativen Situation zwischen den Rotarmisten interessant. Die Soldaten redeten vermutlich darüber, dass »sie« auf eine Frau in den Reihen der Wehrmacht gestoßen waren, und diskutierten die Möglichkeiten, wie mit dieser umzugehen sei: pfählen oder erschießen? Gelfand nahm offenkundig an diesen Gesprächen teil. Er hatte eine klare Meinung in Bezug auf den Umgang mit der Frau, nach ihm sollte sie »bloß« erschossen werden, während seine Kameraden eine grausame Hinrichtung der deutschen Frauen vorschlugen, ihn also in puncto Gewalt und Grausamkeit überboten, sodass die von Gelfand vorgeschlagene reine Ermordung geradezu human anmutet. In der zweiten Passage, also mit der Erfahrung im Rücken, dass die Kameraden viel weiter gingen als er selbst, konnte er dann die Pfählung wie selbstverständlich erwähnen, ohne weiteren Kommentar. Die soziale Situation hatte offenbar dafür gesorgt, dass er sich (in seinem Tagebuch) in seinem Moralempfinden und seiner Gewaltbereitschaft radikalisierte und mit neuen Standards arrangierte.

Gelfands Aussagen in seinem Tagebuch sind also erst einmal eine Darstellung der eigenen Gewaltbereitschaft, die sich durch die Interaktion mit den Kameraden steigerte. Mit diesen ging Gelfand letztlich d'accord, sodass er, der immer wieder als Jammerlappen und Schwächling gemobbt worden war, über seine Gewaltbereitschaft zu ihnen aufschließen konnte – zumindest in seiner Wahrnehmung, denn wie die Kameraden damit umgingen, steht nicht in der Quelle.

Daraus lässt sich drittens schließen, dass der Rekurs auf sexuelle Gewalt eine ähnliche Funktion wie der Rekurs auf Frauen im Frontalltag allgemein hatte. Beides diente zur Positionsbestimmung unter den Soldaten. Über ihre deklarierte Bereitschaft zu sexueller Gewalt genauso wie zu (chauvinistischer) Sexualität präsentierten sie sich vor den Kameraden, wobei sie versuchten, sich gegenseitig zu überbieten. Auf diese Weise stachelten sie sich gegenseitig zu weiteren Selbstdarstellungsakten an, also zu immer radikalerer verbaler und tatsächlich ausgeübter Gewalt.

Die in dem Beispiel praktizierte Gewalt richtete sich als kommunikativer Akt folglich nicht primär an die Deutschen, sondern in erster Linie an die Kameraden, denen gegenüber man sich dadurch als vollwertiger

Soldat legitimierte – und so Teil der Gemeinschaft wurde. Man demonstrierte, es den »Deutschen mal richtig zu zeigen«, und erwartete von den Kameraden implizit ein »Jawohl, das tust du«. Zu einem an die Deutschen gerichteten kommunikativen Akt wurde die Gewalttat erst, als der geschundene Körper demonstrativ zurückgelassen und von den Deutschen gedeutet wurde.

Dass es bei den Vergewaltigungen von Zivilistinnen jedoch nicht allein um die Darstellung der Gewaltbereitschaft, sondern viertens auch um die der sexuellen Potenz ging, verbalisiert Leonid Rabičev in seinen Erinnerungen. Bei seinem Einsatz in Ostpreußen setzte ihn ein Kamerad und Freund mit einer Anspielung auf seine Männlichkeit unter Druck, mit zu einem Haus zu kommen, in dem sich deutsche Frauen aufhielten:

> »›Such dir eine Vertretung für zwei Stunden, [...] ungefähr 20 Minuten von hier haben sich etwa hundert deutsche Frauen versammelt. Meine Einheit ist gerade erst von da wiedergekommen. Sie sind verschreckt, aber wenn du sie bittest, geben sie sich hin, nur damit sie am Leben bleiben. Es gibt auch ganz junge. [...] Bist du nun ein Mann oder nicht?‹«

Als Rabičev dort ankam, sollte er sich eine Frau auswählen. Er habe aber gezögert, denn ihm seien zwei Sachen peinlich gewesen, einmal das, »was ich zu tun beabsichtige. Und vor meinen Soldaten ist es mir peinlich, dass sie sagen könnten, ich wäre ein Feigling, gar impotent.«[87]

Vielleicht wollte Rabičev mit dieser Darstellung seine Taten im Nachhinein rechtfertigen und sich in seinen Erinnerungen gleichsam als Opfer präsentieren. Nichtsdestoweniger benennt er durchaus plausible Erwartungen seitens seiner Kameraden, die er nicht durch ein »falsches«, feiges und impotentes Bild von sich enttäuschen mochte. Denselben Druck empfand vermutlich auch ein junger Offizier, zu dem die Berlinerin Ursula Ludwig gebracht wurde: Er entschuldigte sich bei ihr, dass er sie jetzt vergewaltigen müsse.[88] Manche Soldaten fühlten sich demnach, ggf. gar von sich aus, dazu gezwungen, sexuelle Gewalt auszuüben, da sie fürchteten, ansonsten aus den Gemeinschaften der Rotarmisten herauszufallen. Dies gilt sowohl für Soldaten, die in Gruppen unterwegs waren,

---

87 Rabičev, Vojna vse spišet, S. 165 f.

88 Ursula Ludwig, zit. in: Sander/Johr (Hg.), BeFreier und Befreite, S. 111. Dieser Druck ist m. E. auch der Grund dafür, dass es zu keinen gewaltsamen homosexuellen Handlungen kam.

als auch für diejenigen, die diese Vorstellungen soweit internalisiert hatten, dass sie sich allein aufmachten.

Dieses interaktive Moment, das bei der Motivation für sexuelle Übergriffe eine große Rolle spielte, wie in den von Gelfand und Rabičev geschilderten Erlebnissen zum Ausdruck kommt, konnte sich auch auf deren Ablauf auswirken, wie in einer von der anonymen Tagebuchschreiberin aus Berlin geschilderten Szene deutlich wird. Eine Bekannte sei von drei Männern vergewaltigt worden:

> »Diese jungen Burschen erwiesen sich nach vollzogener Tat als Witzbolde. Sie durchwühlten den fremden Küchenschrank und fanden [...] bloß Marmelade und Kaffee-Ersatz darin. Die Marmelade löffelten sie unter Gelächter der kleinen Gerti aufs Kopfhaar, dann streuten sie freigebig von dem Kaffee-Ersatz darüber.«[89]

In dieser Szene zeigen sich insbesondere die Spontanität und die starke Selbstbezogenheit, die in den Gewaltakten der Rotarmisten vorherrschten und diese zu einer sozialen und kommunikativen Praktik machten. Wie schon an der Front erhöhte beides die Wahrscheinlichkeit, dass es zu Missverständnissen und Fehlinterpretationen kam und sich die Rotarmisten z. B. an den eigenen Kameradinnen vergingen, die deutsche Kleidung trugen.[90]

Die sexuellen Möglichkeiten, die der Vormarsch bot, waren bei den Soldaten ein beliebtes Gesprächsthema. Während diese an der Front in Bezug auf die Kameradinnen und sowjetischen Zivilistinnen zumeist auf der rhetorischen Ebene verhandelt worden und nur für die wenigsten auslebbar waren, änderte sich dies nun mit dem vermeintlich legitimen Zugriff auf die deutschen Frauen. So brachte – fünftens – die Erfahrung der sexuellen Übergriffe die Männer zusammen, und sie konnten sich in ihren Gesprächen darüber als Sieger inszenieren. In der Schilderung des ehemaligen Artilleristen Arkadij Bljacher im Rahmen des *ja-pomnju*-Projekts wird deutlich, dass die Übergriffe eine gemeinschaftsstiftende Funktion hatten und und sogar eigentlich trennende soziale Kategorien wie Alter irrelevant werden konnten:

> »Wenn einem eine Frau vor die Füße kam und sich die Möglichkeit bot, wurde sie vergewaltigt. Das war ständig und überall. Und man

89 Anonyma, Eine Frau in Berlin, S. 240.
90 Dunaevskaja, Ot Leningrada do Kenigsberga, S. 370, 380.

lobte sich dafür, das war quasi eine Heldentat. So war das männliche Gespräch. [...] Ich habe fast 30 Jahrgänge [bei uns, kb] gezählt. Der Letzte, der eingezogen wurde, war Jahrgang 1927, und bei uns dienten Leute schon seit 1908. Also fast 30 Jahre. Die waren fast 47. Und so saßen ein 19-jähriger Bengel und ein 47-Jähriger im Kreis und berichten über ein und dasselbe. Und lachen. Es gab auch Gruppenvergewaltigungen.«[91]

Im Gegensatz zu den Rotarmistinnen, bei denen es geheißen hatte, dass man sie bitten und betteln, kriechen oder galant sein musste, war nun die »sexuelle Kontaktaufnahme« einfacher. Der Schütze Petr Šachapar schrieb am 20. März 1945 an seine Mutter, Geschwister und Großmutter:

»Jawohl, heute bringen sowohl unsere als auch die Flugzeuge der Alliierten der Königsberger Frau [im Original: »Frau« in kyrillischen Buchstaben, kb] ins Bewusstsein, was Krieg ist. Selbst wenn sie bis zu unserer Ankunft keine Ahnung vom Krieg hatten. Jetzt, sobald sie Russen sehen, säuseln sie in einer schnarrenden Stimme: ›Ihr seid gut.‹«[92]

In anderen Briefen, gesammelt bei der Feindaufklärung der Wehrmacht, ließen die Soldaten wissen:

»Jetzt stoßen wir auch auf deutsche Zivilbevölkerung. Wie die Unsrigen die deutschen Frauen gebrauchen.« – »Frauen gibt es genug, wenn es nur immer stehen würde, denn wie willst du denn sonst. Obgleich sie Russisch keine Spur verstehen, aber das ist für uns noch einfacher. Man braucht die nicht zu überreden – einfach den Nagan angesetzt und das Kommando ›Hinlegen!‹, erledigst dein Geschäft und gehst weiter.« – »Wir befinden uns weit auf preußischem Boden. Räuchern hier die Preußen aus, sodass die Federn nur so fliegen. Unsere Jungs haben bereits alle deutschen Frauen ›ausprobiert‹.«[93]

Über die sexuellen Begegnungen, die für die Frauen eine extreme Gewalterfahrung in einem ungleichen Machtverhältnis waren, konnten sich die involvierten Männer vor ihren Kameraden hinsichtlich ihrer Potenz inszenieren. Es war eine Demonstration des Sieges – aber nicht vor den Deutschen, sondern untereinander.

---

91 Bljacher, Arkadij Moiseevič, Interview auf: Ja Pomnju, https://iremember.ru/memoirs/artilleristi/blyakher-arkadiy-moiseevich [28. 08. 2018].

92 Brief abgedruckt in: Poslednie pis'ma s fronta 1945, S. 110.

93 BA/MA RH 2–2681, Bl. 186, OKH, Feindaufklärung Fremde Heere Ost.

Diesem Ziel diente auch die Geschichte über eine Frau, die in der Umgebung von Lew Kopelew die Runde machte: Diese hatte sich angeblich kommentarlos die Unterhose ausgezogen und sich auf ein Bett gelegt, nachdem sowjetische Soldaten den Raum betreten hatten.[94] Natürlich könnte die Geschichte stimmen, zumal die Frau ähnlich wie die anonyme Tagebuchschreiberin handelte, die durch Einwilligung versuchte, die die Penetration begleitende Gewalt zu vermeiden. Und auch andere Frauen zogen die Soldaten zu sich aufs Bett oder bekundeten in anderer Weise ihre vermeintliche Einwilligung, um Töchter, Mütter oder gar (versteckte) deutsche Soldaten zu schützen.[95] Interessanter als der Wahrheitsgehalt ist jedoch, zu welchem Zweck und mit welchem Effekt die Rotarmisten einander solche Geschichten weitererzählten.[96]

Ihnen ging es augenscheinlich darum, sich an der eigenen Macht zu ergötzen und sich die Bewunderung der anderen zu sichern. Das heißt, im Fall der Rotarmisten waren es ihre Kameraden und (späteren) Gesprächspartner, die den oder die Täter anspornten, zumal in solchen Runden mit der Antizipation der sexuellen Möglichkeiten vermutlich auch die Lust der Soldaten gesteigert wurde. Es war dieselbe Struktur und Dynamik wie an der Front, wo die Erzählungen über die sexuelle Verfügbarkeit der Rotarmistinnen die Übergriffigkeit der Kameraden evozierten. Um der noch viel gewaltvolleren Belästigung durch die sowjetischen Soldaten zu entkommen, organisierten sich die deutschen Frauen oft auf dieselbe Art und Weise Schutz wie die Rotarmistinnen: über eine Beziehung zu einem Offizier.

Noch mehr als ein Jahr nach Kriegsende hatten die sowjetischen Autoritäten im besetzten Deutschland gegen sexuelle Übergriffe vorzugehen. Immer wieder verboten sie den Soldaten, ohne Erlaubnis ihre Einsatzorte zu verlassen oder »privat« in deutschen Haushalten Quartier zu halten. Zudem wurde die deutsche Bevölkerung darüber informiert, dass sie ohne schriftliche Erlaubnis der Kommandanten keine Rotarmisten aufnehmen durfte. Dienstreisen und Abkommandierungen sollten auf ein Mindestmaß beschränkt werden, Route und Unterkunft mussten

94 Kopelew, Aufbewahren für alle Zeit, S. 140.
95 Boveri, Tage des Überlebens, S. 216.
96 Die beschriebene Situation ist die Zuspitzung der These von Joanna Bourke, dass sexuell aktive Frauen (in diesem Fall: erzwungenermaßen sexuell aktive Frauen) zu »common property« werden: Bourke, Rape. A History, S. 9.

im Vorfeld festgelegt werden. Zudem wurden für die Soldaten persönliche Abzeichen eingeführt, und sie sollten besser kontrolliert werden. Die größte Sorge der militärischen Verantwortlichen in Bezug auf die Übergriffe war, dass diese dem Ansehen der Roten Armee schaden und eine Zusammenarbeit mit wohlgesinnten Deutschen erschweren könnten.[97] Doch überall dort, wo Rotarmisten stationiert waren, rissen die Vergewaltigungen nur langsam ab.[98]

Narrative

Zwischen Instrumentalisierung und Scham

Wer zeitgenössische Tagebucheintragungen von deutschen Frauen und ihre Erinnerungsberichte miteinander vergleicht, wird den Befunden von Atina Grossmann, Elizabeth Heinemann und Regina Mühlhäuser weitestgehend zustimmen. Sie haben herausgearbeitet, dass die Erfahrungen, die die Frauen machten, und ihre Möglichkeiten, um von dem Erlebten Zeugnis abzulegen, z. T. über die NS-Propaganda vorbereitet waren, die die Angst vor den vergewaltigenden russischen »Horden« geschürt hatte. In ihren zeitgenössischen Niederschriften beschreiben die

97 RGVA F. 32925, Op. 1, D. 100, Ll. 296, 302, Schriftverkehr des Stabes der NKVD-Truppen [...], 21. 04. 1945 und 23. 04. 1945; RGVA F. 32925, Op. 1, D. 297, Ll. 30–34, Befehl an die NKVD-Truppen [...], 10. 08. 1945; RGVA F. 32925, Op. 1, D. 521, Ll. 183, 206 ff., Schriftverkehr der politischen Abteilung an die Befehlshaber der NKVD-Truppen [...], 27. 05. und 01. 06. 1945.

98 RGVA F. 32925, Op. 1, D. 254, L. 68, Befehl an die NKVD-Truppen [...], 11. 07. 1946; RGVA F. 32925, Op. 1, D. 255, L. 145, Befehl an die NKVD-Truppen [...], 20. 07. 1946. Siehe auch Naimark, Die Russen in Deutschland, S. 112–116. Auch wenn die Zahl der Übergriffe abnahm, stellt sich die Frage, wie die Rotarmisten nach Hause kamen: Hatten sie sich über die sexuellen Übergriffe in Deutschland »abreagieren« können? Oder führte die Tatsache, dass die sexualisierte Gewalt zur Selbstpräsentation und Kommunikation gehörte, dazu, dass sie entsprechende Vorstellungen und Erwartungen mit nach Hause brachten – zum Leidwesen der Frauen dort, wie schon bei Levka Rubinštejn zu lesen war. Laut Woldemar Weber erzählten sich die Veteranen ständig von ihren Erlebnissen in Deutschland (siehe dazu das Interview mit Woldemar Weber, zit. in: Sander/Johr (Hg.), BeFreier und Befreite, S. 98 f.). Das würde bedeuten, dass es in hohem Maße die Diskurse der Veteranen waren, die für die traditionelleren Geschlechterverhältnisse in der Nachkriegssowjetunion sorgten. Vgl. Köbberling, Das Klischee der Sowjetfrau, S. 120 ff. Zu Gewaltakten von Gruppen demobilisierter Rotarmisten: Edele/Slaveski, Violence from Below; Zubkova, Russia after the War, S. 38 ff.

betroffenen Frauen die Vergewaltigungen »nur« als eine von vielen Katastrophen und Übeln, mit denen sie entsprechend pragmatisch umgingen, zumal die Behörden die strikten Reglementierungen für Abtreibungen lockerten. Auch hatten die Frauen die Möglichkeit, zumindest im privaten Rahmen, über ihre Gewalterlebnisse zu sprechen, sich pragmatische Tipps in puncto Selbstschutz und medizinischer Nachsorge zu geben oder gar mit Sarkasmus und Hohn zu reagieren, wenn sie etwa über die Unterwäsche der Täter lästerten.[99] Diesen Befund legen insbesondere die Tagebücher Berliner Frauen nahe.[100]

In den eher dörflich geprägten Landstrichen im Osten Deutschlands sah es wohl etwas anders aus, wie etwa im Fall von Clara W. Sie war Lehrling auf einem Gut in Ostpreußen und eine der wenigen Tagebuchschreiberinnen fernab der Hauptstadt. Tagsüber seien die dort stationierten Rotarmisten ihren Aufgaben nachgegangen.

> »Gegen 23 Uhr kommen sie wieder, stürzen sich auf das Essen [...]. Wir müssen uns dazusetzen, aber ich halte mich möglichst im Dunkeln auf. Sie wollen sich mit uns unterhalten. Einer [...] spielt schließlich Mundharmonika, und der Unteroffizier beginnt zu tanzen. Die Männer kommen in Stimmung, schicken Frau H. und Hans-Dieter schlafen. Ich ahne Furchtbares, was sich dann auch bewahrheitete. Diese Nacht wurde die schlimmste meines bisherigen Lebens. – Beim ersten Tagesdämmern, etwa um 5.45 Uhr kann ich endlich aus dem Haus entkommen.«[101]

Deutlicher wird W. nicht, was insofern nicht überrascht, als ihr auch keine Unterstützung von den deutschen Gutsherren, bei denen sie beschäftigt war, zuteil wurde.

Eine erste Möglichkeit, in einem (halb-)öffentlichen Raum Zeugnis von den sexuellen Misshandlungen durch Sowjetsoldaten abzulegen, bot sich den Frauen zumindest in Westdeutschland in den späten 1940er und

---

99 Heinemann, Die Stunde der Frauen, S. 151; Mühlhäuser, Vergewaltigungen in Deutschland 1945, S. 389; Grossmann, Juden, Deutsche, Alliierte, S. 94–97; dies., A Question of Silence, S. 167–177.

100 Boveri, Tage des Überlebens, S. 119, 157; Anonyma, Eine Frau in Berlin, S. 83, 206, 211.

101 AdK Berlin, Walter-Kempowski-Biographien-Archiv Nr. 4642-2, Bl. 11 f., Tagebuch von Clara W., Eintrag vom 20. 02. 1945. Zur Sprachlosigkeit bei traumatischen Erfahrungen siehe auch Brison, Vergewaltigt, S. 31.

frühen 1950er Jahren. Auf Initiative der Vertriebenenverbände wurden Arbeitskreise ins Leben gerufen, die die Verbrechen der Roten Armee an deutschen Zivilisten für einen möglichen internationalen Prozess gegen die Sowjetunion dokumentieren sollten. Zu diesem Zweck wurden Augenzeugenberichte erbeten und Fragebögen verteilt, in denen explizit nach Vergewaltigungen gefragt wurde. In den 1950er Jahren wurden viele Berichte und Dokumente als Quellensammlungen mit politisch-revanchistischer Tendenz herausgegeben.[102] Sie präsentieren unbelegte, sehr hohe Zahlen vergewaltigter deutscher Frauen und führen die Übergriffe auf Rache(-bedürfnis) und Hass(-propaganda) gegenüber dem damaligen Kriegsgegner Deutschland oder auf die vermeintliche asiatische Kultur der Rotarmisten zurück.

Die Vergewaltigung augenscheinlich unschuldiger, weil unpolitischer Frauen wurde so zum Symbol für das Leiden Deutschlands durch die Rote Armee stilisiert und Deutschland zum Opfer im Zweiten Weltkrieg. Man nahm die Übergriffe also in nationalen Kategorien wahr und inkorporierte sie (phasenweise) in eine nationale Erzählung, sodass die Frauen über die erlittene Gewalt sprechen konnten. Ihre Erlebnisse gliederten sich oftmals nur allzu gut in einen Nachkriegsdiskurs ein, der die Opferrolle Deutschlands fokussierte.

Für die Erzählungen der betroffenen Frauen bedeutete dies, dass sich diese – im Gegensatz zu den Tagebucheinträgen – dramatisierten. Dadurch wurden die Frauen noch mehr zum Opfer, dem etwas Beschämendes angetan worden war, über das man privat besser schwieg. Deshalb hoben die sich erinnernden Frauen noch mehr die Gewalt hervor, die mit den Übergriffen verbunden war, sowie die eigenen Widerstandshandlungen.[103]

Was in all diesen Erinnerungsberichten konsequenterweise fehlt, ist jeglicher Hinweis auf Handlungen der Frauen, die als Komplizenschaft oder als Fraternisierung mit den Peinigern deutbar waren. Dazu konnte bereits die Abwesenheit von tatkräftigem Widerstand gehören, die »Anbiederung« an die Täter, um allzu exzessive Gewalt zu vermeiden oder um Dritte zu schützen, oder aber das Eingehen von Schutzbeziehungen,

---

102 Zu dieser Praxis siehe die Einleitung in: Spieler, Vertreibung und Vertreibungsverbrechen.

103 Mühlhäuser, Vergewaltigungen in Deutschland 1945; Heinemann, Die Stunde der Frauen; Grossmann, A Question of Silence.

die dazu führten, dass einzelne Rotarmisten wiederkamen und die misshandelten Frauen mit Lebensmitteln versorgten. Die wenigen Momente, in denen diese Widersprüche und Konflikte aus der diskursiven Versenkung hervorgeholt wurden, führten insbesondere den betroffenen Frauen vor Augen, dass es besser war, über jede Form von Handlungsmacht zu schweigen.

Einer dieser Momente war 1959 die Erstveröffentlichung der anonymen Tagebuchaufzeichnungen aus Berlin. In ihren Notizen über das Kriegsende beschrieb die Autorin nicht nur detailliert die Gewalt, der sie in der letzten Kriegsphase seit dem Einmarsch der Roten Armee ausgesetzt gewesen war, sondern auch die mangelnde Solidarität unter der deutschen Bevölkerung, wenn es darum ging, den Gewalttätern zu entkommen. Hauptmotiv im Tagebuch aber sind ihre eigenen Überlegungen und Bemühungen, eine Schutzbeziehung mit einem sowjetischen Offizier einzugehen, um sich die anderen Rotarmisten buchstäblich vom Leib zu halten und über diesen an Nahrung für sich und die Deutschen, bei denen sie wohnte, zu kommen. Für diesen Offizier sollte sie im Laufe der Zeit sogar Gefühle entwickeln.[104] Die Notizen der anonymen Schreiberin riefen einen Sturm der Entrüstung hervor: Die deutsche Öffentlichkeit machte ihr denselben Vorwurf wie ihr Partner, der sie später las: Ihr Verhalten, das pragmatische Eingehen einer Beziehung, aber auch das öffentliche Reden der Frauen in Berlin 1945 über all das sei schamlos gewesen. Und so verschwand das Thema schnell wieder aus dem öffentlichen Diskurs.[105]

Auch wenn man der Einschätzung von Grossmann, Heinemann und Mühlhäuser, dass die Scham über die sexuelle Gewalterfahrung nicht zuletzt aufgrund der späteren Politisierung post factum erzeugt wurde, grundsätzlich zustimmen mag, bleibt ein Einspruch: Es gehört zur Natur von Traumatisierungen, dass sie erst im Laufe der Zeit, dann, wenn das Schlimmste eigentlich überstanden ist, ihre volle Wirkung entfalten. Zudem ist es ein langwieriger Prozess, erlebte Gewalt, zumal sexuelle, in Worte zu fassen und all die Gefühle und Verletzungen zu benennen, die dieser innewohnen. Sprache muss man sich nach traumatisierenden Er-

---

104 Inwieweit man in einem solchen Kontext tatsächlich von emotionalen Verbindungen zwischen Vergewaltigungsopfer und Vergewaltiger oder nicht besser von einem Stockholmsyndrom sprechen sollte, sei an dieser Stelle dahingestellt.

105 Eine Zusammenfassung der Reaktionen auf die Veröffentlichung findet sich bei Gebhardt, Als die Soldaten kamen, S. 270–280.

lebnissen, deren Essenz in der stumm machenden Gewalt liegt, erst wieder aneignen.[106] Hinzu kommt, dass die stets lückenhafte individuelle Wahrnehmung in der Erinnerung mit allgemein verfügbaren Informationen und Narrativen aufgefüllt wird und Erinnerungen grundsätzlich mit der Zeit an Dramatik und Detailreichtum gewinnen, damit sie ihre Konturen erhalten, um dem Gefühl der Gewöhnung entgegenzuwirken oder um sich Gehör zu verschaffen. Und es ist kein »deutsches« Phänomen, wie noch zu sehen sein wird, dass Opfer sexueller Gewalt beim ersten Reden zunächst wortkarg und pragmatisch mit dem Erlittenen umzugehen versuchen und sich erst danach bemühen, ihre Handlungsfähigkeit zumindest in ihren Erinnerungen wiederzufinden und die eigene Gegenwehr, das »Gerade-noch-aus-dem-Inferno-Entkommensein« betonen, wenn sie davon Zeugnis ablegen wollen.

Zwischen Skandalisierung und Leugnung

War die Situation mit dem Einmarsch der Roten Armee für die deutschen Frauen zwar unübersichtlich, aber insoweit klar, dass Deutschland den Krieg verloren hatte und sie Opfer einer willkürlichen sexuellen Gewalt werden konnten, gestaltete sie sich für die Rotarmisten komplexer, um nicht zu sagen voller Widersprüche. Nach Jahren der Entbehrung und der Gewalt kamen sie in das Land, von dem der Krieg ausgegangen war und das sie trotz der Zerstörungen als reich und kultiviert wahrnahmen. Sie mussten sich in den Rollenwechsel vom Objekt stalinistischer (Militär-)Repression hin zum Sieger und Besatzer hineinfinden. Dazu kam, dass das Kriegsende für die Soldaten der Zeitpunkt war, an dem der eigene Heimatort und die Familie und die Liebsten wieder in greifbare Nähe rückten – sie schickten ihnen Pakete mit Lebensmitteln und andere Beutegüter. In dieser Gemengelage mussten sich die häufig betrunkenen Soldaten entscheiden, ob sie bei den ständig möglichen Vergewaltigungen lustvoll mitmachen, danebenstehen oder eingreifen wollten.

Mitleid mit den vergewaltigten deutschen Frauen hatte – so scheint es zumindest auf den ersten Blick in seinem Tagebuch – Vladimir Steženskij; aber dann behielten doch Ignoranz und Verharmlosung die Oberhand. Am 13. März 1945 notierte er erst einmal ganz grundsätzlich:

106 Einen solchen Prozess beschreibt Susann Brison sehr detailliert für ihre eigene Person: Brison, Vergewaltigt.

»Je näher du den Deutschen kommst, desto stärker wird das Gefühl des Hasses und der Verachtung. Ein verschlossenes, egoistisches Volk. Unter ihnen gibt es Kranke, Verletzte, aber ihnen hilft keiner. Wenn einer hilft, dann unsere Sanitäter. Wenn man unter ihnen lebt, kannst du an Hunger sterben, und keiner teilt mit dir ein Stück Brot. Nur welche von uns geben hin und wieder was von ihren Rationen ab. Alle örtlichen Mädchen, selbst [...] die 15- bis 16-jährigen, sind irgendwie aufgedunsen und schwammig. Nicht ein einziges irgendwie sympathisches Gesicht. Ja, einige Mädchen mussten pro Nacht sechs bis acht Leute einlassen. Natürlich, darüber muss man sich aufregen, aber dagegen kann man nichts machen. Krieg ist Krieg, und Ivan ist Ivan [...]. Die Fritzen haben sich bei uns noch schlimmer benommen.«[107]

Irina Dunaevskaja, die der sexuellen Gewalt wohl gewahr wurde, die ihre Kameraden anderen Frauen antaten, ging auf diese in ihrem Tagebuch gar nicht erst ein. Erst Jahrzehnte später, in der 2010 veröffentlichten Version, verweist sie auf ihre verhaltenen Appelle an die Kameraden.[108] Dunaevskajas Schweigen spiegelt den öffentlichen Umgang mit dem Thema in der Sowjetunion wider. In den Nachkriegsdekaden war das Narrativ relativ klar: Vergewaltigungen durch Rotarmisten hatte es nicht gegeben, Publikationen aus staatlichen Verlagen – und andere gab es auch für Erinnerungen und Tagebücher nicht – sparten das Thema aus. Dieser Diskurs änderte sich ab der Perestroika: In vielen Veröffentlichungen wurden das sowjetische System und seine Repräsentanten einer schonungslosen Kritik unterzogen, darunter nicht zuletzt die Rote Armee.

Bis heute wogt in der russischen Gesellschaft eine schmerzhafte Debatte darüber, wie viel Kritik an der Roten Armee und dem Sieg zulässig ist. Schließlich markiert dieser nachgerade den einzigen positiven Bezugspunkt in der Geschichte der Russischen Föderation. Die Debatte ist zudem höchst emotionalisiert, weil sie mit den Erfahrungen der eigenen Vorfahren verflochten ist, die in diesem Krieg gelitten und gekämpft hat-

---

107 Steženskij, Soldatskij dnevnik, S. 205.

108 Dunaevskaja, Ot Leningrada do Kenigsberga, S. 370, 380. Ausführlicher vermerkte sie, dass eine Kameradin, die deutsche Zivilkleidung trug, ebenfalls vergewaltigt wurde und wegen der Kleidung noch eine Mitschuld bekam. Siehe auch Sander/Johr, BeFreier und Befreite, S. 115.

ten, aber auch als Besatzer und Plünderer in die Länder Osteuropas kamen. In Hinblick auf die Vergewaltigungen kommt erschwerend dazu, dass sexuelle Gewalt nicht »nur« ein Disziplinarvergehen und (Kriegs-)Verbrechen ist. Das Sprechen über sexuelle Gewalt changiert zudem oftmals zwischen der Bagatellisierung der Tat und der Entschuldigung der Täter einerseits und der Dämonisierung der Täter und ihrem Ausschluss aus der Gesellschaft andererseits.[109] In der Konsequenz mussten die (ehemaligen) Rotarmisten, die seit den späten 1980er Jahren aus dem sowjetischen Kanon ausscheren und über diese Ereignisse sprechen wollten, ein Narrativ finden, das die Vergewaltigungen als solche benannte, mit dem sie sich selbst aber gleichzeitig davon distanzieren konnten.

Typisch für den Diskurs der 1990er Jahre, in dem die Diskreditierung der sowjetischen Soldaten als Plünderer und Vergewaltiger zu einer lauten Kritik an der Sowjetunion genutzt wurde, sind die schon mehrfach zitierten Erinnerungen von Leonid Rabičev. Seine überzogene Darstellung einer Massenvergewaltigung diente wohl v. a. dem Zweck, seine Abscheu gegenüber den Taten seiner Kameraden zum Ausdruck zu bringen.

In derselben Publikation betonte er aber auch seinen eigenen Unwillen, an vergleichbaren Aktionen teilzunehmen, er hätte sich aber aufgrund des Gruppenzwangs unter den Kameraden genötigt gesehen, ebenfalls mitzumachen. Um eine solche Situation zu beschreiben, erzählt er dann folgende Geschichte: Er und sein Adjutant Urmin hätten eine Wohnung voller deutscher Frauen betreten.

> »Ich zeige auf eine, deren Gesicht [...] verhüllt ist. [...] Sie steht auf und kommt in meine Richtung, sie sagt: ›Herr Kommandeur, einer. Nicht zwei.‹ Und sie nimmt meine Hand, führt mich ins leere Nebenzimmer. Sie spricht zärtlich und nachdrücklich: ›Einer, einer.‹ In der Tür steht [...] Urmin und sagt: »Komm schon, schneller, Leutnant, ich bin nach dir dran.‹ [...] Sie presst ihren Körper gegen meinen Körper und [sagt, kb] nervös: ›Keine zwei.‹ Dann enthüllt sie ihr Gesicht. Meine Güte. Eine junge. Wie ein Lichtstrahl. [...] ›Mach die Tür zu und verschwinde‹, weise ich Urmin an.«[110]

Was dann folgt, ist eine Beschreibung vermeintlich konsensualer Hingabe und gegenseitiger Zärtlichkeit, die hier nicht wiedergegeben wer-

---

109 Mühlhäuser, Eroberungen, S. 76 f.

110 Rabičev, Vojna vse spišet, S. 165 f.

den muss. Rabičev preist die Schönheit der Frau und berichtet, er sei so überwältigt gewesen, dass er sich in sie verliebte. Als er am nächsten Tag jedoch versucht habe, die Frau wiederzufinden – zwischenzeitlich habe er sich um die Erlaubnis bemüht, sie zu heiraten –, sei sie über alle Berge gewesen.

Abgesehen von dem Kitsch, den man der Erzählweise von Rabičev vorwerfen könnte, muss seine Darstellung nicht grundfalsch sein. Sie korrespondiert mit den Erfahrungen der anonym gebliebenen Berliner Tagebuchschreiberin, die ebenfalls versuchte, allzu gewaltsamem und mehrfachem Geschlechtsverkehr zu entgehen, indem sie einen einzelnen Mann buchstäblich auf ihre Seite zog. Beiden Frauen war wohl klar, dass sie nur einen begrenzten Manövrierraum hatten, und diesen nutzten sie.

Rabičev aber überhöht diese aus der Not geborenen Reaktionen, um sein eigenes Handeln in einem akzeptablen Licht erscheinen zu lassen. Die Vergewaltiger, so die Botschaft, das waren die anderen, davon wollte man Zeugnis ablegen, sich selbst aber ausnehmen.[111] Den Fakt, dass der gesamte Kontext, in dem Rabičev oder Petka, der »herummurksende Sibir'jak« im Bericht der anonymen Autorin, in die Wohnungen ihrer späteren »Geliebten« eindrangen, massiv von Gewalt durchdrungen war – schließlich waren sie bewaffnet und traten als Vertreter einer Armee auf, die bereits vielfach Zivilisten getötet hatte –, blenden diese Narrative aus. Sie fokussieren die wenigen Momente der Handlungsfähigkeit aufseiten der Frauen und überhöhen sie, sodass sie selbst als Handelnde, als reale Bedrohung für die Frauen kaum noch sichtbar sind.[112] Dem

111 Oftmals waren es schlichtweg die Angehörigen einer (anderen) ethnischen Gruppe oder anderer militärischer Einheiten, wahlweise der Front- oder der Versorgungstruppen, oder schlicht *štrafniki* oder Gulag-Häftlinge: Aronas, Aleksandr Michajlovič, Interview auf: Ja Pomnju, https://iremember.ru/memoirs/tankisti/aronas-aleksandr-mikhaylovich/; Solovev, Aleksandr Ivanovič, Interview auf: Ja Pomnju, https://iremember.ru/memoirs/razvedchiki/solovev-aleksandr-ivanovich [23. 08. 2018]; Sluckij, Zapiski o vojne. Stichovenija i ballady, S. 127.

112 Auch Vladimir Gelfand begegnete den deutschen Frauen einerseits mit Mitleid, andererseits begann er, die Möglichkeiten, die sich inmitten der ständigen Bedrohung anboten, immer wahlloser und latent gewalttätig wahrzunehmen: Bei einer Frau, die den Sex nicht wollte, »redete ich auf sie ein und wurde gleichzeitig mit den Händen aktiv«. Vermutlich blieb der Frau dann nichts mehr anderes übrig, als es über sich ergehen zu lassen. Zit. in: Gebhardt, Als die Soldaten kamen, S. 100.

Panzerfahrer außer Dienst Arkadij Vesterman war der Zusammenhang zwischen allgemeiner Bedrohung und dem Rest an Handlungsmacht aufseiten der Frauen zumindest implizit bewusst: »Deutsche hat man anfangs straflos vergewaltigt, bei jedem Schritt; obwohl die Deutschen, und die Polinnen, sich dann selbst eifrig auf Nähe mit unseren Soldaten und Offizieren eingelassen haben.«[113]

Andere Soldaten wie der ehemalige Feldscher Andrej F. gehen im Interview für ein deutsches Erinnerungsprojekt v.a. auf die Versuche der Kommandeure ein, jeglichen Vergewaltigungsversuch vonseiten der Rotarmisten zu unterbinden. Eine Vergewaltigung habe dann aber dennoch durch »einen besoffenen Asiaten vom NKVD« stattgefunden, wie er empört berichtet. Der Kommandeur habe daher folgende Ansprache gehalten:

> »›Der Krieg waere schon laengst zu Ende [gewesen, kb], wenn wir uns in Ostpreussen nicht wie die wilden Asiaten benommen haetten. Nun verteidigt jeder deutsche Rotzbengel nicht [...] den verfluchten Fuehrer oder sein nazistisches Vaterland, sondern seine Mutter und seine Schwestern. Und wird bis zur letzten Patrone kaempfen. Wer von euch es nicht mehr aushält, für die gibt es viele Loecher im Zaun nach jedem Kaliber. Und alle sind hundertprozentig tripperfrei.‹ [...] Den besoffenen Asiaten von der NKWD-Truppe [...] haben wir [...] gefunden. [...]. Unser Oberst ließ ihn zu sich fuehren. Dann gab er [ihm, kb] seine Pistole [... und sagte:, kb] ›Fuenf Minuten gebe ich dir, mein Junge, sei mutig. In fuenf Minuten helfe ich schon einem Feigling nach.‹ Der Schuss im Zelt des Regimentskommandeurs fiel in wenigen Sekunden. Wir haben ihn als Selbstmord abgeschrieben ...«[114]

Ein Bericht, der verschiedene Abgrenzungsstrategien gleichzeitig unterbringt, ist der des ehemaligen Panzerfahrers Michajl Recnikov. Auf die

---

113 Vesterman, Arkadij Grigor'evič, Interview auf: Ja Pomnju, https://iremember.ru/memoirs/tankisti/vesterman-arkadiy-grigorevich/. Siehe auch Simkin, Semen Isaakovič, Interview auf: Ja Pomnju, https://iremember.ru/memoirs/svyazisti/simkin-semen-isaakovich/ [23. 08. 2018].

114 AdK Berlin, Walter-Kempowski-Biographien-Archiv Nr. 6108-2, Bl. 1f., Erinnerungsbericht des Rotarmisten Andrej F. Für ähnliche Erzählungen siehe auch AdK Berlin, Walter-Kempowski-Biographien-Archiv Nr. 6108-217, Bl. 1f., Erinnerungsbericht des Rotarmisten Alexej I.

Frage, wie die Beziehung zu den Deutschen gewesen wäre, antwortete er im Interview, dass sie

> »im Großen und Ganzen korrekt gewesen ist. Oft haben wir die hungrigen deutschen Frauen und Kinder aus unserer Feldküche ernährt. Die Panzerfahrer waren ihrer Natur nach bewusste, gebildete ehemalige Stadtbewohner. Natürlich gab es Fälle [...]. Mein abgefüllter Vasja Ivanov, ein ehemaliger Gulag-Häftling, ging sofort, als wir in einer deutschen Stadt angekommen waren, ›auf die Jagd‹. [...] Vasja nahm drei seiner ›Kumpels‹ mit, die nichts mehr zu verlieren hatten. [...] Als ich in das deutsche Haus lief, um [ihn, kb] zu suchen, war da ein ›Bild‹ ... Vasja keuchte über einer Deutschen, und die anderen *strafniki* hatten irgendwo große Fächer gefunden, mit denen sie über Vasja herumwedelten. [...]. [Als Recnikov sie aufforderte mitzukommen, da sie den Befehl zum Abmarsch bekommen hatten, bekam er zur Antwort:, kb] ›Nimm uns nicht die Freude, vielleicht verbrenne ich in einer Stunde im Panzer!‹ Als wir dann im Panzer sitzen, fange ich an, ihm Propaganda nahezubringen und Moral zu predigen: Dass man das nicht darf, wir sind doch sowjetische Leute, Soldaten-Befreier, wenn man dich erwischt, kommst du vors Tribunal [...]. [Er antwortet:, kb] ›Denk an das Konzlager, das wir befreit haben.‹ [...] Danach habe ich mich nicht mehr bemüht, Argumente zur Verteidigung der Deutschen zu finden.«[115]

Im weiteren Verlauf des Interviews erzählte Recnikov zudem, dass wegen der drakonischen Strafen niemand Übeltäter wie Ivanov denunziert hätte. Trotz seiner Verweise auf das ehrenvolle Verhalten der Rotarmisten und die wiederholten Befehle, die Gewalt gegenüber Deutschen verbaten, räumte er ein, dass sich manche nicht nur im Kampf gerächt hätten. Daher sei es auch zu einer exemplarischen Exekution dreier Vergewaltiger in einem Wiener Stadion gekommen. Die Reaktion der Tausenden von Soldaten, die dieser hatten beiwohnen müssen, sei eindeutig gewesen: »Die Kämpfer haben vor Wut die Fäuste geballt, es ertönten Rufe: ›Sieger erschießt man nicht! Die Deutschen haben hundertmal schlimmer gewütet!‹«[116]

---

115 Recnikov, Michajl Grigor'evič, Interview auf: Ja Pomnju, https://iremember.ru/memoirs/tankisti/reznikov-mikhail-grigorevich [23. 08. 2018].

116 Ebd.

Abgesehen davon, dass weder die Exekution in einem Stadion noch der offene Widerspruch in dieser Form stattgefunden haben dürften, ist an diesen Passagen interessant, wie stark sich Reznikov selbst widerspricht: Das Verhalten der Rotarmisten war eigentlich gut, aber es gab Strafmaßnahmen und ständige Sanktionen allein wegen der wenigen, als Ausnahmen präsentierten Täter. Sexuelle Übergriffe waren angeblich Einzelfälle, aber dennoch sah niemand darin ein problematisches Verhalten. Eigentlich versorgte man die hungernden Deutschen, aber aufgrund des Wissens um deren Taten hatte man kein Mitleid mit ihnen.

Recnikovs Aussagen sind auf ihre Art repräsentativ für die Kakophonie, die die gegenwärtige russische Bezugnahme auf dieses schwierige Thema kennzeichnet: Zur unumwundenen Leugnung der Übergriffe, der ungewollten Bestätigung durch Verweise auf Sanktionen, der Rechtfertigung durch den Vergleich mit den Taten der Nationalsozialisten kommen Solidarisierungen mit den Tätern und eine pauschale Skandalisierung der Ereignisse. Zudem werden die Ereignisse entmoralisiert. Letztendlich scheint dieses Narrativ die nicht sehr häufig anzutreffenden Ansätze zur Selbstreflexion zu übertönen. Eine solche findet sich in dem (schon etwas älteren) Bericht eines anonymen Soldaten bei Swetlana Alexijewitsch:

> »Auf dem Vormarsch ... Die ersten deutschen Dörfer ... Wir waren jung. Stark. Vier Jahre ohne Frauen. In den Kellern Wein, Essen. Wir fingen deutsche Mädchen ein und ... zehn Mann vergewaltigten eine. [...] Wir griffen uns ganz junge. Kinder. [...] Wenn eine weinte, dann schlugen wir sie, stopften ihr was in den Mund. Das tat ihr weh, aber wir lachten. Heute kann ich nicht mehr verstehen, wie ich bei so etwas mitmachen konnte ... Ein Junge aus einer kultivierten Familie [...]. Das Einzige, wovor wir Angst hatten, war, dass unsere Mädchen davon erfahren könnten. Unsere Krankenschwestern. Vor ihnen schämten wir uns.«[117]

---

117 Zit. in: Alexijewitsch, Der Krieg hat kein weibliches Gesicht, S. 25. Vergleichbare Narrative finden sich bei Lew Kopelew und Alexander Solschenizyn, in denen auch ein Schuss Selbstmitleid mitschwingt, Vergewaltigungsopfern einen »Gnadenschuss« geben zu müssen; Kopelew, Aufbewahren für alle Zeit, S. 103: Solženicyn, Prusskie Noči.

Befreit und vergewaltigt: Displaced Women

Voyeurismus und lange Jahre des Schweigens

Mit Ende des Zweiten Weltkriegs befanden sich mehrere Millionen sowjetische Zivilisten gegen ihren Willen auf deutschem Boden, darunter v. a. Zwangs- und Ostarbeiter sowie Hunderttausende Menschen, die die deutschen Konzentrationslager überlebt hatten.[118] Die meisten von ihnen trafen gegen Ende des Krieges auf die Rote Armee, sei es in den nun unbewachten Konzentrations- und Zwangsarbeiterlagern, sei es irgendwo auf der Straße oder im Wald. Andere waren als Sowjetbürger von den westlichen Alliierten befreit worden und wurden gemäß den bilateralen Vereinbarungen zwischen den Alliierten nun den sowjetischen Institutionen übergeben. Insgesamt wurden rund 4,2 Millionen dieser Displaced Persons (davon 1,5 Millionen ehemalige Kriegsgefangene und 2,7 Millionen Zivilisten) bis zum 1. März 1946 in die Sowjetunion zurückgebracht, darunter viele Frauen.[119] Viele von ihnen wurden erneut in Lager gebracht – zur Überprüfung – oder gar in die Peripherien der Sowjetunion deportiert.[120] Ihre Leidenszeit war mit der Befreiung nicht zu Ende – zumal die Frauen auch noch den sexuellen Übergriffen durch die Befreier ausgesetzt waren.[121]

Für ihre Erfahrungen während bzw. nach der Befreiung interessierte sich in den darauffolgenden Jahrzehnten kaum jemand, und wenn, dann oft in fragwürdiger Weise.[122] Manche der sehr wenigen Arbeiten, die nach dem Leidensweg der Displaced Women fragten, taten dies in offen revanchistischer Absicht. Am augenscheinlichsten wird dies in einem Pamphlet namens *Die Moral der Roten Armee* von Ats Valtna.[123]

---

118 Jeweils mit Literaturangaben: Roždestvenskaja, Probleme und Strategien, S. 328; Goeken-Haidl, Der Weg zurück, S. 36. Eine Aufstellung nach Geschlecht fehlt bei beiden.

119 Roždestvenskaja, Probleme und Strategien, S. 328; Goeken-Haidl, Der Weg zurück, S. 36.

120 Goeken-Haidl, Der Weg zurück; Petrov, Unter Verdacht.

121 Teile des Kapitels wurden schon veröffentlicht: Bischl, »Und bin nicht mehr da.«.

122 Eine hervorzuhebende Ausnahme ist das Projekt *Voices of the Holocaust* von David Broder; voices.iit.edu [23. 08. 2018].

123 Valtna (Hg.), Die Moral der Roten Armee. Über den Herausgeber ist nichts weiter bekannt.

Valtna trug in den unmittelbaren Nachkriegsjahren Geschichten von Menschen zusammen, die Opfer der Roten Armee geworden waren, darunter auch die ehemaliger Ostarbeiterinnen und KZ-Häftlinge, die von ihren Befreiern sexuell misshandelt worden waren. Man mag dem 1948 erschienenen Büchlein nachsehen, dass es keine Angaben zur Überlieferung dieser Berichte bereithält. Und auch die teilweise voyeuristischen Schilderungen lassen sich bei gutem Willen als »Detailgenauigkeit« schönreden. Problematisch ist jedoch die dem Buch zugrunde liegende Motivation, die Valtna selbst in seinem Vorwort benennt: Durch die Darstellung der »Verbrechen« der Roten Armee, die seiner Ansicht nach »alles bisher Nachweisbare und Vorstellbare ins Ungeheuerliche übersteigen«, solle die Welt »einmal mehr begreifen lernen, welch entsetzliches Ausmaß an Gefahr ihr aus dem Osten erwächst, wenn sie nicht unverzüglich handelt, die Gefahr zu bannen oder besser noch aus dem Wege zu räumen«.[124] Damit redet Valtna einer Weltsicht das Wort, die im »Osten« den Ursprung aller Monstrosität sieht, und fordert letztlich einen Präventivschlag gegen diesen.[125]

In welchem Verhältnis in dem Büchlein Propaganda und Instrumentalisierung einerseits und unvermeidbare narrative Überformung andererseits stehen, ist schwer abzuwägen. Denn mit Blick auf die geschilderten Exzesse sind Episoden wie die folgende Valtnas Buch entnommene, nicht völlig unglaubwürdig, auch wenn sie wie in den Ausführungen von Rabičev übersteigert sein und ein Extrem im Erinnerungsdiskurs markieren dürften: Einer gerade »befreiten« Jüdin legt Valtna einen Bericht in den Mund, der das Eintreffen der Rotarmisten in einem nach der Flucht der deutschen Truppen unbewachten Lager beschreibt. Sie und andere weibliche Häftlinge wurden demnach in einem Raum versammelt, bevor

> »gut zwanzig Russen erschienen […]. Ein junger Offizier […] bedeutete uns grinsend, dass, wer um Hilfe schreie, nichts Angenehmeres zu erwarten hätte. Er schnitt sich mit der flachen Hand über den

---

124 Ebd, S. 7.

125 Diese Politisierung und Instrumentalisierung, für die Valtnas Buch wie kein anderes steht, manövrierte insbesondere europäische Kommunistinnen in eine Zwickmühle: Sie mussten die traumatische Erinnerung an das Erlebte verdrängen, um in Zeiten der Blockkonfrontation nicht dem politischen Gegner in die Hände zu spielen: Withuis, Die verlorene Unschuld des Gedächtnisses.

Hals machte dazu ›Kch‹. [...] In der nächsten Minute wurde eine jede von uns erfasst und vergewaltigt. [...] Kaum war der erste fertig, da kam auch schon der zweite, der mit entblößtem Geschlechtsteil bereits gewartet hatte. Die andern meiner Schicksalsgefährtinnen, die nicht so willig waren, hatten Schlimmes durchzumachen.«[126]

Dem Bericht der nur mit ihren Initialen genannten J. W. zufolge seien sie und die anderen Frauen wieder und wieder vergewaltigt worden. Von ihren Peinigern hätten sie Essen, Wodka und Zigaretten bekommen, und offenbar kam es auch vor, dass sich bei den Tätern (sexuelle) Lust mit Gewalt vermischte und sie Praktiken der anderen nachahmten, also in den Gewalthandlungen miteinander kommunizierten und sich gegenseitig anstachelten:

»Einer der Offizier [...] wollte mich augenblicklich prügeln. [...] Der betreffende Offizier löste seinen Riemen, mit dem er auf mein Gesäß zu schlagen begann [...], dann schlug er immer kräftiger zu. Ich wollte aufspringen, aber viele Kerle hielten mich nieder. Ich weinte laut, was meinen Peiniger aber nur noch mehr anzufeuern schien. Bald stimmten die Russen im Rhythmus der Schläge ein Lied an. Ebenso plötzlich, wie er Lust zu prügeln bekommen hatte, verlor er sie wieder. [...] Nun wurde eine andere [...] von einem anderen auf die gleiche Weise geprügelt.«[127]

Später sei ihnen von den Offizieren vorgeworfen worden, sich »hurenhaft« verhalten zu haben, die Soldaten verführt und so sehr geschwächt zu haben, dass diese nun zu nichts mehr zu gebrauchen wären. Sie sei dann zu einem Offizier gebracht worden, der sie erneut vergewaltigt habe. Als sie sich gewehrt und darauf hingewiesen habe, dass sie Jüdin sei, habe dieser grinsend geantwortet: »Nix Jüdin – du Weib, ich sehen! Du schön Weib. Komm, ich will.« Sie berichtet weiter, dass derselbe Offizier wenige Tage später seine Truppen zusammengerufen und die Nationalität der Häftlinge als Argument angeführt habe, um seine Soldaten zur Räson zu bringen. Die heldenhafte Rote Armee habe die jüdischen Häftlinge in einem historischen Akt befreit, und Juden lebten in der Sowjetunion als Genossen, folglich sollten sich die Soldaten entsprechend verhalten und diesen »zu Diensten« sein.[128]

---

126 J. W. zit. in: Valtna, Die Moral der Roten Armee, S. 40 f.
127 Ebd., S. 42.
128 Ebd., S. 43–47.

Dass es durchaus zu Gruppenvergewaltigungen von Displaced Women kommen konnte, deutet auch eine Vortragsnotiz des Komsomolsekretärs N. Michajlov vom 29. März 1945 an. Unter Verweis auf den Zuständigen für Komsomolarbeit an der 1. Ukrainischen Front monierte dieser die mangelnde Disziplin und Erziehungsarbeit an der Front. In der Nähe der Kommandantur der Stadt Bunzlau

> »befinden sich mehr als 100 Frauen und Mädchen [die zu repatriieren waren, kb]. Sie sind in einem einzelnen Gebäude [...] untergebracht, jedoch wurde für das Wohnheim keine Bewachung organisiert. Infolgedessen gibt es viele Fälle von Verunglimpfungen, Beleidigungen und sogar von Vergewaltigungen der Frauen [...] durch einzelne Soldaten, die vor allem in der Nacht in das Wohnheim einbrechen. [...]
> Am 5. März, spätabends, befanden sich im Wohnheim 60 Soldaten [...], die meisten betrunken, sie haben die Mädchen bedrängt, sie beleidigt. Entgegen dem Befehl des Kommandanten, das Wohnheim zu verlassen, hat die Gruppe [...] die deboš fortgesetzt, mit Waffen gedroht, eine Prügelei angezettelt.
> Trotz aller empörender Fakten an marodierendem Verhalten fehlte es an der nötigen Antwort vonseiten des Kommandanten [...]. Die von ihm entsandte [Patrouille, kb] hat [...] nicht einen Marodeur verhaftet. [...] Dies [...] ist bei Weitem kein Einzelfall. Laut Erklärung der Mädchen wiederholen sich derlei Ereignisse fast jede Nacht. [...] Die Mehrheit der Frauen ist [...] verängstigt und demoralisiert. [...]
> Noch schlechter und empörender ist die Sachlage in der Kommandantur Els [...]. [Dort, kb] schaut [der Kommandant, kb] auf die befreiten Frauen und Mädchen wie auf ›Zweitklassige‹. Er erklärte [...]: ›Sie sollen sich so verhalten, wie sie wollen, und schlafen, mit wem sie wollen, doch alles möge ohne Lärm geschehen.‹«[129]

In einem Fall habe gar ein Strafbataillon die Wache eines solchen Wohnheims mit einem Maschinengewehr beschossen und verletzt, um dann als Gruppe die dort untergebrachten Mädchen »organisiert« zu verge-

129 Vortragsnotizen des Sekretärs des ZK VLKSM Michajlov [...] über den Zustand der Jugend, die durch die Rote Armee in Deutschland befreit wurde, abgedruckt in: Petrova, Ženščiny, S. 285–287.

waltigen. Einer der Übeltäter, der verhaftet werden konnte, hätte angegeben, dass er »von der Front komme und eine Frau brauche«.[130]

Wie viel in diesem mindestens aus zweiter Hand verfassten Bericht auf Hörensagen beruht, ist wie bei Altna nicht zu eruieren. Die genannten Vorkommnisse spiegeln sich allerdings in den Akten der *pogranpolki* und den entsprechenden Sanktionen und Schutzmaßnahmen durch diese wider,[131] wobei dort jedoch ausnahmslos von Einzeltätern oder Tätergruppen von zwei bis drei Männern die Rede ist.[132] Trotz aller Probleme in der Überlieferung ist das Faktum nicht von der Hand zu weisen, dass die sowjetischen Befreier nicht nur deutsche, sondern auch verfolgte Frauen sexuell misshandelt haben. Das heißt, dass die Motive der Täter nicht mit der Nationalität der Opfer zu erklären sind. In der Tendenz drängt sich jedoch die Einschätzung auf, dass der Gewaltgrad der Übergriffe auf deutsche Frauen potenziell höher war als bei denjenigen auf Displaced Women. Ethnizität (nicht Nationalität) konnte also in einem, wenn auch geringerem Maße als bislang angenommen, eine Rolle spielen.

Genauere Einblicke in dieses lange beschwiegene Thema scheinen inzwischen aber möglich, nämlich durch das noch recht junge Visual History Archive Online der USC Shoah Foundation (VHA)[133] und das Online-Archiv für Zwangsarbeit.[134] In den über 50000 Interviews mit Holocaust-Überlebenden des VHA, die in den 1990er bzw. 2000er Jahren

---

130 Ebd.

131 RGVA F. 32925, Op. 1, D. 525, L. 59, Bericht über den politisch-moralischen Zustand und die parteipolitische Arbeit in den NKVD-Truppen zur Sicherung des Hinterlandes der 1. Weißrussischen Front für das 1. Quartal 1945; RGVA F. 32925, Op. 1, D. 528, L. 2, Bericht über den politisch-moralischen Zustand und die partei-politische Arbeit in den NKVD-Truppen zur Sicherung des Hinterlandes der 1. Weißrussischen Front für das 2. Quartal 1945. Siehe auch Laufer, Gabriele, Interview 14523, Visual History Archive, USC Shoah Foundation, 1996, Web, 26. 10. 2018 (64); für Standgerichte: Sławomir N., Archiv-ID ZA 256, Zwangsarbeit 1941–1945; für sowjetische Wachen: Feldmann, Dora, Interview 30380, Visual History Archive, USC Shoah Foundation, 1996, Web, 26. 10. 2018 (74).

132 In den russischen Ego-Dokumenten finden sich keine Verweise auf Übergriffe auf Überlebende der deutschen Rassenpolitik. Die einzige Ausnahme ist Beevor, Ein Schriftsteller im Krieg, S. 321.

133 Für nähere Informationen: VHA Online, http://vhaonline.usc.edu [23. 08. 2018].

134 Für nähere Informationen Zwangsarbeit 1939–1945: Startseite, http://www.zwangsarbeit-archiv.de [23. 08. 2018].

geführt wurden, kommt beim jetzigen Stand[135] circa ein Prozent der Interviewten auf »sexuelle Übergriffe durch die Befreier« zu sprechen. Allerdings ist diese Zahl nur vordergründig eindeutig, da die Verschlagwortung der Interviews unterschiedlich genau durchgeführt wurde[136] und mit »Befreier« Angehörige aller Armeen, die die Wehrmacht auf deutschem Boden besiegten, gemeint sind.

Nichtsdestoweniger zeigen alle diese Quellen, dass es den Rotarmisten bei den Vergewaltigungen nicht vorrangig um Rache, Hass oder die Kommunikation der Niederlage ging, wofür die Deutschen die Adressaten gewesen wären und auch waren. Ihre Misshandlung resultierte, wie auch die Belästigungen der Kameradinnen sowie die Vergewaltigungen der deutschen Frauen, aus einem Geschlechterdiskurs, der sich im Frontraum radikalisiert hatte. Die Gewalterfahrungen der Displaced Women unterstreichen, dass es bei den Übergriffen um einen vermeintlich legitimen und deshalb rücksichtslos eingeforderten Geschlechtsverkehr ging.

Überlebende erzählen

Das Bild, das die einzelnen Überlebenden von ihrer Befreiung zeichnen, ist höchst facettenreich: Manche erlebten die sowjetischen Befreier als freundliche, hilfsbereite Armeeangehörige, bei denen es zu keinerlei Übergriffen oder Belästigungen gekommen sei. Zur dieser Gruppe gehört Klara Driks, eine tschechoslowakische Jüdin, die aus einem KZ-Außenlager bei Wüstegiersdorf (heute: Głuszyca) befreit wurde:

> »Uns hat befreit, plötzlich kommen paar Russen. […] ›Djewuschkis‹ (Mädchen), sagt er. […] ›Mädchen, kommt raus, kommt raus. Ihr seid frei.‹ Wir haben uns gefreut. […]. Und sind die [Russen, kb] gegangen, und nehmen zusammen die Sachen von denen [den Deutschen, kb], […] und bringen es dahin in unsere Lager […]. Also

---

135 Die (digitale und systematische) Erschließung sowie die Bereitstellung von Interviews im VHA ist nicht abgeschlossen.

136 Vgl. Zuckermann, Leo, Interview 8207, Visual History Archive, USC Shoah Foundation, 1996, Web, 26. 10. 2018 (106 ff.), Berkowitz, Hela, Interview 31624, Visual History Archive, USC Shoah Foundation, 1996, Web, 26. 10. 2018 (71 f.) sowie Moskovitz, Antonia, Interview 7939, Visual History Archive, USC Shoah Foundation, 1996, Web, 26. 10. 2018 (53).

jeder hat sich was ausgewählt, paar Sachen und hat sich mitgenommen.«[137]

Eine ganz andere Situation schildert Kazimierz Benedykt Bo.:

> »Vor allem waren Vergewaltigungen eine regelmäßige Erscheinung. Die Russen vergewaltigten die Frauen bei Tag und Nacht, wo es nur ging. Im Wald, auf dem Feld, im Haus, ganz egal. Das war ..., so etwas Schreckliches. Ja. Deutsche Frauen mischten sich unter die Polen, man sagte, sie sei die Ehefrau, er sei der Ehemann, nur damit ..., nur damit die Russen nicht ... Jeder war in Angst, dass der Russe gleich ... Es war vollkommen bedeutungslos, ob der Mann [einer Frau] dabei war, der Russe hatte gleich eine Waffe, stieß den Mann weg und vergewaltigte einfach. Sie vergewaltigen alle, auch Polinnen ... [...] Wir machten uns also zusammen auf den Weg und sie vergewaltigten überall, egal ob wir im Wald oder in Wohnungen schliefen. [...] Wer sich ihnen entgegenstellte, wurde erschossen, wie eine Fliege.«[138]

Erstes Ziel dieser Übergriffe waren laut Bo. die als deutsch identifizierten Frauen, dann aber hätten die Soldaten auch vor Polinnen und Displaced Women nicht mehr haltgemacht. Im Chaos der Befreiung und der Repatriierung sei sexuelle Gewalt überall möglich gewesen: in den Lagern, die die Frauen mangels Papieren und Heimreisemöglichkeit noch nicht verlassen hatten, auf den Märschen, wenn die Frauen Rast in leeren Häusern oder im Wald machten. Aus Bo.s Schilderungen ließe sich der Befund destillieren, dass die Soldaten der Roten Armee »einfach [...] alle [...] überall« vergewaltigten. Dies aber wäre keine adäquate Darstellung des Sachverhalts. Es bestand vielmehr für alle Frauen überall die Gefahr, einfach von Rotarmisten vergewaltigt zu werden. In Bo.s Schilderung wird jedoch die Gefährdung zum bereits vollzogenen Akt.

Schaut man die Interviews in den Online-Archiven stichprobenartig durch, so fällt auf, dass v. a. Männer in ähnlicher Weise wie Bo. erzählen, also in der Position des objektiven und tief geschockten Augenzeugen. Bo. markiert seine Augenzeugenperspektive mit dem Wörtchen

137 Driks, Klara, Interview 31327, Visual History Archive, USC Shoah Foundation, 1997, Web, 26. 10. 2018 (86–88).

138 Kazimierz Benedykt Bo., Archiv-ID ZA186, Zwangsarbeit 1939–1945.

»Wir«, bleibt jedoch bei seinen weiteren Schilderungen sehr unkonkret. Wie groß war die Gruppe, mit der er unterwegs war? Warum waren deutsche Frauen dabei? Wie hat er im Moment der Gewalt reagiert? War er als Augenzeuge anwesend? Auf diese Fragen gibt Bo. keine Antworten, sondern versucht vielmehr, ein Gesamtbild zu zeichnen, wobei unklar ist, woher seine Informationen stammen. Seine Erzählung beruht offenkundig darauf, dass er alle möglichen Berichte und Gerüchte über Übergriffe durch Sowjetsoldaten ungeprüft in sein Gesamtbild der Erlebnisse übernommen hat. Gründe dafür mögen der Schock und die Enttäuschung angesichts des Verhaltens der Befreier sein.[139] Man könnte mit Harald Welzer von einer »Quellenamnesie« mit dem Ziel einer besonders überzeugenden (Gesamt-)Darstellung sprechen.[140] In diesem Sinne hat Bo. seine lückenhafte individuelle Wahrnehmung in der Erinnerung mit allgemein verfügbaren Informationen und Narrativen aufgefüllt, die Erinnerungen haben mit der Zeit an Dramatik und Detailreichtum gewonnen.

Die Berichte von Displaced Women über sexuelle Gewalt durch die Rote Armee sehen in der Regel anders aus. Zum einen beschreiben sie die Übergriffe oftmals viel knapper, nur als Tatbestand, und manchmal mithilfe von Allgemeinplätzen, wie etwa Manya Altman:

> »Ja, wir sind durch die Hölle gegangen nach dem Krieg. […]« [Auf eine Nachfrage, wie die britischen Truppen die Überlebenden behandelt hätten, sagt sie:, kb] »Gut. […] Aber die Russen, oh Junge, […] wir haben die ganze Nacht nicht geschlafen, ohne die amerikanische MP würden sie alle vergewaltigen. […] Sie wussten, was vor sich ging, sie haben nur unsere Baracken geschützt, nicht die Stadt.«[141]

---

139 Ein ähnliches Interview ist das mit Roger Théodore C., Archiv-ID ZA076, Zwangsarbeit 1939–1945, einem ehemaligen französischen Zwangsarbeiter. Des Weiteren: Zuckermann, Leo, Interview 8207, Visual History Archive, USC Shoah Foundation, 1996, Web, 26. 10. 2018 (108).

140 Welzer, Das kommunikative Gedächtnis. S. 42 f.

141 Altman, Manya, Interview 7907, Visual History Archive, USC Shoah Foundation, 1997, Web, 26. 10. 2018 (87–90). Ähnlich: Rosina, Liubov', Interview 47588, Visual History Archive, USC Shoah Foundation, 1998, Web, 26. 10. 2018 (77–80).

Andere Berichte von Überlebenden sind noch unkonkreter, wenn es z. B. nur heißt, »die Russen waren nicht sehr nett zu uns, […] es gab viele Vergewaltigungen«.[142]

Aus der Mehrzahl der Interviews lässt sich schlussfolgern, dass die Displaced Women nicht nur in den ersten Tagen der Befreiung gefährdet waren, sondern auch dann noch, als sie sich bereits in den Zügen nach Hause oder in den Filtrationslagern befanden.[143] Manche der interviewten Frauen verweisen zur Bekräftigung darauf, dass für die Rotarmisten angeblich die »Drei-Tages-Regel« gegolten hätte, nach der sie wie ihrer Meinung nach Soldaten aller anderen Armeen weltweit drei Tage lang hätten tun und lassen können, was sie wollten. Danach sei ihr Verhalten korrekter geworden.[144] Einen Beleg für die Existenz dieser Regel gibt es freilich nicht.

Ungeachtet dessen bestätigen viele der Interviews, was bereits in vorangegangenen Kapiteln herausgearbeitet wurde: Die Rotarmisten meinten offenbar, ein Recht auf sexuellen Kontakt zu haben, sei es auf-

142 Vasadi, Magdalena, Interview 18311, Visual History Archive, USC Shoah Foundation, 1996, Web, 26. 10. 2018 (21). Dann redet sie allgemein über die Vergewaltigungen. Siehe auch das Interview mit Inge Frank, einer deutschen Jüdin, die ebenfalls relativ abstrakt auf die Vergewaltigungen hinweist und erst auf Nachfrage die eigene beschreibt. Frank, Inge, Interview 11083, Visual History Archive, USC Shoah Foundation, 1996, Web, 26. 10. 2018 (27).

143 Liner, Evgenii, Interview 38544, Visual History Archive, USC Shoah Foundation, 1996, Web, 26. 10. 2018 (248); Epstein, Rose, Interview 31413, Visual History Archive, USC Shoah Foundation, 1996, Web, 26. 10. 2018 (126); AdK Berlin, Walter-Kempowski-Biographien-Archiv Nr. 6108-16, Bl. 5, Erinnerungsbericht von Anna L. Für einen Vergewaltigungsversuch durch Nötigung im (Durchgangs-)Lager: Marija W., Archiv-ID ZA 343, Zwangsarbeit 1939–1945.

144 Berkowitz, Hela, Interview 31624, Visual History Archive, USC Shoah Foundation, 1996, Web, 26. 10. 2018 (71); Matarasso, Jeannette, Interview 944, Visual History Archive, USC Shoah Foundation, 1996, Web, 26. 10. 2018 (55–56). Eine solche (Ausnahme-)Regel bestand definitiv nicht. Wenn die Soldaten tatsächlich in den ersten Tagen der Befreiung eher zu Übergriffen neigten und diese weniger unterbunden wurden, lag es wohl eher an dem Chaos des Vormarsches bzw. daran, dass es einige Tage dauerte, bis die NKVD-Truppen Ordnung und Disziplin durchsetzen konnten. Laut Keith Lowe wurde vielmehr den Überlebenden von den Alliierten eine gewisse Zeit gegeben, zu tun und zu lassen, was sie wollten; Lowe, Der wilde Kontinent, S. 119–125.

grund ihrer Position als Sieger[145] oder weil sie die Frauen v. a. als »Prostituierte« betrachteten, die »es« doch eh jedem, auch »den Deutschen, gegeben« hätten.[146] Wie weit die Misshandlungen gingen, gar wie vielen Frauen Gewalt angetan wurde, ist nicht zu klären, da jegliches Material zur Quantifizierung fehlt.[147]

Dass all diese Informationen auch vom Hörensagen herrühren konnten und dann ohne konkrete Verweise Eingang in die Berichte der Überlebenden fanden, macht der Bericht von Marianne May deutlich, einer jüdischen Deutschen aus München, die in Theresienstadt befreit wurde. Für sie war der Tag, an dem die »Russen« kamen,

> »ein guter Tag [...]. Wir waren ihnen sehr dankbar. Viele von ihnen wurden umarmt und geküsst. [...] Aber es sind auch viele Sachen erzwungen worden, wie es bei Soldaten immer so ist. Sie finden immer ein Mädchen. Und sie werden immer ein Mädchen zwingen. [...] Von solchen Sachen habe ich gehört. Es ist mir auch passiert, aber nur fast [...]. Als ein russischer Soldat mir in mein Haus gefolgt ist, [...] hat er mich auf den Boden geworfen. Er war schon auf mir. Und er hatte eine Pistole in der Hand. Und er sagte: ‹Ich erschieße dich, wenn du mich nicht lässt.‹ Ich sprach kein Russisch, aber [...] in einer bestimmten [Situation, kb] brauchst du keine Sprache, du weißt, was passieren wird. [...] Ich habe aus voller Brust geschrien. Und Herr Cohen kam von oben, ein großer, alter Mann mit Händen wie ein Schlachter. [...] Er [...] hat den Mann weggeschafft, [...] gesagt: ›Wenn du [sie, kb] nicht [in

145 Samuels, Bluma, Interview 832, Visual History Archive, USC Shoah Foundation, 1996, Web, 26. 10. 2018 (51).

146 Halyna K., Archiv-ID ZA 481, Zwangsarbeit 1939–1945; Dukker, Riva, Interview 14864, Visual History Archive, USC Shoah Foundation, 1996, Web, 26. 10. 2018 (72); Kukliansky, Klara, Interview 25527, Visual History Archive, USC Shoah Foundation, 1996, Web, 26. 10. 2018 (52); AdK Berlin, Walter-Kempowski-Biographien-Archiv Nr. 6108-1, Bl. 5, Erinnerungsbericht von Antonina F.

147 Laut den Berichten bei Valtna sowie einem Bericht, zitiert bei Marius Broekmeyer, nahm die Machtdemonstration der Militärpolizei in den Filtrations- und Arbeitslagern den Charakter der (sexuellen) Folter an: Valtna (Hg.), Die Moral der Roten Armee, S. 97–132; Broekmeyer, Stalin, the Russians, and their War, S. 153. Entsprechungen dafür in anderen Quellenbeständen ließen sich nicht finden.

> Ruhe lässt, kb], […] [erschieße, kb] ich dich […].‹ Und der Mann verschwand.«[148]

Im Gegensatz zu Kazimierz Bo. unterscheidet May in dieser Passage sehr genau zwischen einerseits den Dingen, die allgemein erzählt wurden, und ihren Vorstellungen darüber, wie Soldaten »immer« sind, und andererseits ihren eigenen Erlebnissen.

Geschichten zwischen Rettung und Verfremdung

Besonders prägnant an dem Interview von Marianne May ist der Spannungsbogen, der die Episode strukturiert. Hört und sieht man sie im unmittelbaren Medium des Videos, kommt man nicht umhin, zwischenzeitlich die Luft anzuhalten und am Ende erleichtert auszuatmen. Es scheint durchaus vorstellbar, dass die im Video alte, aber sehr agile Frau damals in der Lage war, aus Leibeskräften zu schreien, sodass ihr Retter alarmiert wurde und die Geschichte glücklich endete.

Bei der vergleichenden Recherche fällt allerdings auf, dass viele weibliche Überlebende ähnliche Geschichten erzählen. Eine besonders ergreifende stammt von Rose Edber, einer rumänischen Jüdin, die nach der Flucht von einem Todesmarsch mit einer Freundin bei einer deutschen Zivilistin unterkommt. Die ersten Russen habe sie umarmt, jedoch seien dann später

> »irgendwelche anderen Russen reingekommen, und sie wollten uns vergewaltigen. […] Ich konnte nichts dagegen machen, aber das Schicksal hat es gut mit mir gemeint. […] [Denn einige Stunden früher, kb], als sie uns befreiten, kam dieser große mongolische Kerl. […] Er wollte wissen, ob er uns irgendwas bringen könnte. Ich habe ihn nach einem Paar Schuhe und einem Kamm gefragt, und er sagte, dass er schaut und dass er später wiederkommt. Aber, wissen Sie, ich war mir sicher: ›Klar. Er kommt später wieder.‹ [Macht eine abwertende Handbewegung, kb] Und genau, als dieser Kerl seine Pistole auf meine Freundin richtete […] [von einer Pistole war vorher nicht die Rede, Edber meint den Soldaten, der sie vergewaltigen wollte, kb], kam der Mongole. Und er begann den Russen anzuschreien, und er hatte die Pistole in der Hand […]. Er sah, dass weiter hinten ein

148 May, Marianne, Interview 18624, Visual History Archive, USC Shoah Foundation, 1996, Web, 26. 10. 2018 (113–115).

Zimmer war, er würde später wiederkommen, wenn er es schaffe, aber wir sollten uns da einschließen. […] Er kam [dann später, kb] rein und legte sich in die Mitte des Bettes, ich lag auf der einen Seite, sie auf der anderen, und die schönste Musik, die ich jemals gehört habe, war, wie sich die Lungen dieses großen Kerls füllten und wieder leerten. […] Dann hat er uns gesagt: ›Ihr müsst weg von hier.‹«[149]

Für sich genommen scheinen die Berichte von Marianne May, Rose Edber und anderen, die von ihrer »Rettung in letzter Minute« berichten, glaubwürdig.[150] Insgesamt stehen sie jedoch in einem deutlichen Kontrast zu Darstellungen wie von Kazimierz Bo., wonach die sowjetischen Soldaten »einfach […] alle […] überall« vergewaltigten. Dieser Gegensatz irritiert und weckt – so sehr man den Frauen eine solche Rettung wünscht – ein gewisses Misstrauen gegenüber ihren Schilderungen. Denn auch für die Berichte der Überlebenden gilt, dass erinnerte Erlebnisse und Geschichten erst in der sozialen Situation des Erzählens verfertigt werden. Aus der oftmals nur bruchstückhaft wahrgenommenen traumatischen Erfahrung wird eine Erinnerung, die auch den gegenwärtigen Wünschen und dem Selbstbild entspricht und sich mit jeder neuen Erzählung verändern oder auch verfestigen kann.[151] Ein solcher Prozess der Erinnerungsproduktion ist bei Kazimierz Bo. zu vermuten, der 60 Jahre nach der Befreiung ein allumfassendes dramatisches Bild von dieser zeichnet, ohne die Quellen seiner Erinnerung zu benennen. Ähnliches gilt aber auch für die weiblichen Überlebenden, deren Erinnerung offenbar vom Wunsch durchsetzt war, der sexuellen Gewalt entkommen zu sein.

Dies wird insbesondere in den Aussagen von Janina M. deutlich. Die polnische Zwangsarbeiterin aus der Gegend um Łódź war nach Treuenbrietzen verschleppt worden und wurde dort von der Roten Armee befreit. Zusammen mit anderen Zwangsarbeiterinnen harrte sie nach der Flucht der Deutschen in einer Baracke der Dinge, die da kommen würden.

---

149 Edber, Rose, Interview 34956, Visual History Archive, USC Shoah Foundation, 1996, Web, 26. 10. 2018 (28).

150 Siehe auch Rozental, Yelena, Interview 47881, Visual History Archive, USC Shoah Foundation, 1998, Web, 26. 10. 2018 (113–118).

151 Welzer, Das kommunikative Gedächtnis, S. 96–104, 172–181, 186–196, 206–212.

»Dann sind die Russen gekommen und haben eine Kollegin, die zwei Betten weiter schlief, fürchterlich vergewaltigt. Sogar geschossen wurde, ich weiß nicht, auf wen. [...] Ich weiß nur noch, dass ein Russe kam und neben meinem Bett stand. Er stellte sein Gewehr ab und sagte: ›Woher kommst du?‹ Ich wusste nicht, was ich sagen sollte und erwiderte: ›Aus Lemberg.‹ Weil ich dachte, der Russe würde mich dann vielleicht anders behandeln. Darauf er: ›Dann will ich mit dir schlafen.‹ Ich sage: ›Gut.‹ Und rumms, bin ich unters Bett und bin nicht mehr da. Dann fiel ein Schuss. Ich weiß nicht, irgendwo ... Dunkel war es, es gab ja kein Licht.«[152]

Janina M. deutet in dieser Sequenz an, dass auch sie wie die Kollegin vergewaltigt worden sein könnte. Ganz eindeutig ist sie aber nicht, es scheint, als ob sie das Geschehnis mit dem Verweis auf ihr Nicht-mehr-da-Sein unter dem Bett und die Dunkelheit verwischen möchte.

Im weiteren Verlauf ihres Berichts kommt der Übergriff in der Baracke noch zweimal zur Sprache. Auf die Frage der Interviewerin, ob sie zur Zeit der Zwangsarbeit religiös gewesen sei, antwortet M.:

»Immer. Ich war es, ich bin es und werde es immer sein. [...] [lacht] Ich hatte sogar in einem Fläschchen [...] Weihwasser. Und als dieser Russe hereinkam und zu mir sagte, ich will mit dir schlafen, sagte ich mit diesem Weihwasser in der Hand: Gut. [lacht] Und schon war ich unter dem Bett. [lacht] [... S]päter erfuhren wir, [...] dass zwei unserer Kolleginnen, nicht direkt aus unserer *Stube*, [...] von den Russen getötet wurden, getötet. Ja. Vielleicht wollten sie fliehen oder so, ich weiß es nicht.«[153]

In dieser Passage tritt der Übergriff auf M. in den Hintergrund, indem sie sich nicht nur auf die beiden erschossenen Frauen als Opfer konzentriert, sondern auch anzudeuten scheint, dass das Weihwasser sie gerettet habe. Noch deutlicher offenbart sich der Transfer des Traumas in einer dritten Passage, in der die Begegnung mit den sowjetischen Soldaten zum Thema wird. Auf die Nachfrage der Interviewerin, wie denn das Eindringen der Soldaten in die Baracke (genau) ausgesehen habe, antwortet M.:

---

152 Janina M., Archiv-ID ZA 252, Zwangsarbeit 1939–1945.

153 Ebd. Hervorhebungen und Kommentare sind Teil des Transkripts.

»Sie kamen in die *Stube,* machten die Tür auf. [... S]ie gingen zu der Kollegin, die gegenüber von mir schlief. Sie schlief mit ihrer Kollegin unten. Da sagte er: ›Na dann, he, ich will mit dir schlafen.‹ Darauf sagte sie: ›Nein, nein, nein!‹ Und fing an zu schreien. Doch wozu da schreien? Das war sinnlos. Wir haben sehr mit ihr mitgefühlt, sehr, wirklich sehr. Der, der zu mir kam und mit mir schlafen wollte, schoss zwei Mal, nahm das Fahrrad und ging weg. [lacht]«[154]

Aus dieser Passage ist kaum noch herauszulesen, dass auch M. eventuell zum Opfer der Soldaten wurde, wie es in der ersten noch den Anschein hatte. Die Aufmerksamkeit richtet sich hier vielmehr auf die misshandelte Kollegin; sogar der Satz, mit der sich der Soldat der ersten Schilderung zufolge noch an M. gewandt hatte, ist nun an die Kollegin adressiert.

Wenige Sequenzen später findet sich dann auch ein möglicher Grund, warum M. die Vergewaltigung narrativ ausklammert. Auf die Nachfrage der Interviewerin, »Das geschah in der *Stube,* in der Sie waren?«[155], antwortet sie:

»Ja, natürlich. Sie hat sogar mit ihm gekämpft oder so, aber es war dunkel. Wir saßen alle wie, ich weiß nicht wie. Da sagte er zu ihr, er würde auf sie schießen. Sie begann zu betteln: ›Bitte nicht, nein!‹ Und dann hat sie es einfach zugelassen, so wie er es wollte. [...] Sie hat so sehr geweint [...] Sie war auch ein ganz feines Mädchen. Wissen Sie, vor dem Krieg hatte niemand Flirts, wie man sie heute mit 13 oder 12 hat und mit einem Jungen in den Wald geht, nicht? Jede hat dort auf ihre Ehre geachtet, die übrigens viel wert war. Sodass das schon ein großes Drama war, ja.«[156]

Hier deutet sich an, dass eine Vergewaltigung durch die Befreier für die Displaced Women vermutlich noch ehrenrühriger war als für die deutschen Frauen. Hinter den Geschichten über die Rettung bzw. Verschonung könnten daher auch narrative Strategien stehen, die eher ein Produkt des Erzählens und der innewohnenden Intention waren, als dass sie dem Erlebten entsprechen. Diese Verfremdungsstrategien[157], die nur in

154 Ebd. Hervorhebungen und Kommentare sind Teil des Transkripts.
155 Hervorhebungen sind Teil des Transkripts.
156 Janina M., Archiv-ID ZA 252, Zwangsarbeit 1939–1945.
157 Greiter, Flucht und Vertreibung im Familiengedächtnis.

wenigen Berichten so deutlich aufscheinen wie hier, lassen sich als »Narrativ der Betroffenen« identifizieren, mit dem die Frauen sich und ihre Reputation als Frauen zu schützen versuchten – z. T. in Analogie zu den Narrativen der Rotarmisten. Zwar bestätigt M. wie viele andere, dass es vonseiten der (sowjetischen) Befreier zu sexuellen Übergriffen auch gegenüber den Befreiten kam. Durch das Variieren ihrer Erzählung wird es aber von Mal zu Mal unwahrscheinlicher, dass auch sie selbst vergewaltigt worden ist. Ihr Bericht fokussiert nun v. a. die misshandelte Kollegin aus Łódź, die (unverschuldet) ihre »Ehre« verlor, da ihr dieses »Drama« widerfahren war.

Janina M.s Aussage liefert auch einen Hinweis darauf, wie es zu dem Gegensatz zwischen der Einschätzung vieler männlicher Zeitzeugen einerseits, dass fast alle überlebenden Frauen misshandelt wurden, und andererseits den »Rettungs«-Narrativen in den Berichten der Frauen kommen konnte. Denn während sich die Männer als Unbeteiligte und mit ihren ehemaligen Leidensgenossinnen verbunden fühlen und somit (mit jedem Erzählen) umso empörter und allgemeingültiger reden konnten, mussten die weiblichen Überlebenden Narrative finden, die zwei Dinge zugleich leisteten: Zeugnis von der Gewalt der Befreier ablegen und den eigenen Körper, an den die weibliche Ehre gebunden war, intakt lassen. Welche Narrative nun mehr dem entsprechen, »wie es eigentlich gewesen ist«, lässt sich im Nachhinein nicht mehr eruieren, genauso wie sich über die Hintergründe dieser nachträglichen (Selbst-)Rettung nur spekulieren lässt. Auf jeden Fall scheint für Frauen eine Vergewaltigung unabhängig von ihrer konkreten Situation ein Stigma gewesen zu sein, das es zu vermeiden galt. Und wie bei den Rotarmistinnen und Rotarmisten sind die Aussagen der Displaced Women daher als Interventionen in einen Erinnerungsdiskurs zu verstehen, mit dem sich diese Frauen von einem bestimmten, allgemeinen Bild absetzen wollten.[158]

---

158 Ob solch eine verfremdete Geschichte der Genesung vom Trauma förderlich ist, die Susan Brison an das Erzählen und Eingestehen der Erfahrung knüpft, da so das Opfer zu seiner Vollständigkeit als autonomes Selbst zurückfinde, steht auf einem anderen Blatt. Vgl. Brison, Vergewaltigt, S. 77–81, sowie Künzel, Einleitung, S. 9–19.

Vergewaltigung polnischer Frauen

Einmarsch, Plünderungen und sexuelle Gewalt durch Rotarmisten in Polen

Die Notwendigkeit, sich zum herrschenden Erinnerungsdiskurs zu positionieren, bestand auch für die dritte Gruppe der Opfer sexueller Gewalt: polnische Frauen. Die Übergriffe auf sie ebenso wie die auf Displaced Women zeigen, dass sich die von den Rotarmisten verübte sexuelle Gewalt mitnichten durch die nationale oder ethnische Zugehörigkeit der Täter und Opfer begründen lässt.

Es gibt keine verlässlichen Angaben über die Gesamtzahl von Vergewaltigungen polnischer Zivilistinnen. Der Historiker Marcin Zaremba verweist in seiner Studie auf einen Bericht, der von 30 bis 400 Fällen pro Monat in einzelnen Städten und Gegenden ausgeht, wobei jedoch unklar bleibt, was als Vergewaltigung definiert wurde und wie die Zahlen erhoben wurden.[159] Zudem ist mit Blick auf Polen (und Zarembas Zahlen) vielfach unklar, wer überhaupt Pole oder Polin war, da die Selbst- und Fremdzuschreibung als polnisch in den Jahren 1939 bis 1947 höchst situativ und pragmatisch sein konnte. Unter »Polen« soll hier sowohl das Gebiet der Zweiten Polnischen Republik (1918–1939), die ca. 200 km östlich der Curzon-Linie endete und Polesien, Galizien sowie das Gebiet von Wilno (Vilnius), die sogenannten Kresy, einschloss, als auch das der Volksrepublik Polen (seit 1944) gefasst werden, das überwiegend entlang der Curzon-Linie abschließt, also um die »Kresy« verkleinert und dafür um die »Wiedergewonnenen Gebiete« (»Ziemie Odzyskane«), also die ehemaligen deutschen Gebiete Ostpreußens, Pommerns, Ostbrandenburgs sowie Schlesiens, erweitert wurde. Dass die durchmarschierenden und dort stationierten Rotarmisten von diesen Grenzziehungen in Raum und Zeit wussten, ist fraglich, zumal manche im Zeitfenster zwischen Zweiter Republik und Volksrepublik »polnischen« Boden betraten und Polen kein unabhängiges Existenzrecht zugestanden.[160] Für die wei-

159 Zaremba, Die große Angst, S. 138 ff.

160 Dass die Rote Armee mindestens bis Sommer 1947 die deutschen Ortsnamen auf dem Gebiet der Volksrepublik benutzte, wie manche polnische Ministerien bemängelten, deutet zumindest an, dass sie sich nicht besonders um Polen scherten. AAN Del. Rządu RP przy RGWAR 1, Bl. 331–334, Schriftverkehr der Behörde im Juni 1947. Zudem wussten wohl auch viele der Einheimischen zu diesem Zeit-

teren Überlegungen ist nur von Bedeutung, dass es seitens der Rotarmisten zu sexuellen Übergriffen auf Frauen kam, die sich als polnisch verstanden oder als solche wahrgenommen wurden.

Quellen offizieller Provenienz zeigen, dass sich das Verhalten der Rotarmisten auf polnischem Territorium nicht grundlegend von dem auf genuin sowjetischem oder deutschem Territorium unterschied. So wie sich die Rote Armee auf sowjetischem Territorium sowohl staatlich legitimiert (lies: von oben angeordnet) als auch auf spontane Initiative der Soldaten hin (lies: durch Plündern, Raubüberfälle und den illegalen Verkauf von Armee-Eigentum) aus den Dörfern versorgt hatte, praktizierte sie das auch in Polen: Lebensmittel, Gebäude und Fabriken konnten offiziell beschlagnahmt, die Zivilbevölkerung zu Arbeiten, Dienstleistungen und Militäreinsatz herangezogen werden. Teilweise beruhten die Forderungen der Roten Armee auf Absprachen mit den polnischen Behörden, allerdings existierte gemäß der Dokumente polnischer Stellen in der Realität ein »großer Unterschied« zwischen dem, was abgesprochen war, und dem tatsächlichen Verhalten der Rotarmisten.[161] Das Spektrum an Maßnahmen zur Selbstversorgung der einfachen Soldaten reichte wie zuvor vom illegalen Fischen mithilfe von Handgranaten und Wildern über Hausdurchsuchungen und Konfiskationen bis hin zu Wegelagerei und bewaffneten Raubüberfällen.[162]

Diese Praxis wurde für die Rotarmisten vermutlich umso selbstverständlicher, je mehr sie sich ihres nahenden Sieges gewahr wurden. Die ab Januar 1945 bestehende Erlaubnis, monatlich entgeltfreie Pakete mit

punkt nicht wirklich, wo die politischen Grenzlinien verliefen. Borodziej/Lemberg, Vorbemerkung, S. 10; Bericht [...] für den Bezirk Masuren, (nach dem) 13. 06. 1945, abgedruckt in: Borodziej/Lemberg (Hg.), »Unsere Heimat ...«, Band 1, S. 492.

161 AAN Prezydium Rady Mininistrów 2/16, Bl. 2, Bericht des Vorsitzenden des Wirtschaftskomitees des Ministerrates für Toruń, 04. 03. 1945, Bl. 36, Bericht aus Krosno, 28. 07. 1945, Bl. 84 ff., Schriftverkehr der sowjetischen Armeeführung und schlesischer Behörden im August 1945. Siehe auch Kraft, Einleitung, S. 451.

162 Für all diese Fälle siehe AAN Prezydium Rady Mininistrów 2/16, passim; AAN Urząd Rady Mininstrów 5/776, passim; AAN Ministerstwo Informacii i Propagandy, 936, passim, sowie sämtliche Akten des Beauftragten der Regierung der Volksrepublik Polen bei den Sowjetischen Streitkräften insgesamt. AAN Del. Rządu RP przy RGWAR 1, 6–9, 12, 13, 47, 56. Für die Probleme, die sich dadurch für die polnischen Einheiten ergaben, siehe auch Borodziej/Lemberg, Einleitung, S. 67 f.

Lebensmitteln und Gegenständen an die Angehörigen in der Heimat zu senden, trug ihr Übriges zu ihrem Verhalten auf polnischem Boden bei. Manche verstanden das auch als Freibrief zum Plündern.

Die sexuellen Übergriffe der Rotarmisten auf polnischem Boden gegenüber der Zivilbevölkerung betrafen Deutsche und Polinnen gleichermaßen. Sie fanden im Rahmen von Hausdurchsuchungen statt, bei der Einquartierung und der Beschlagnahmung von Material, im Rahmen von (Raub-)Überfällen oder wenn die Betroffenen zur Zwangsarbeit herangezogen wurden. Die Nationalität ihrer Opfer spielte bei den Tätern keine Rolle.[163] Wie bereits in Bezug auf die deutschen Frauen sowie die Displaced Women ausgeführt, versuchten die sowjetischen und polnischen Sicherheitsorgane zu intervenieren, waren aber vielfach hilflos.[164] An manchen Orten fanden die Übergriffe sogar in Komplizenschaft von sowjetischen und polnischen Einheiten statt.[165]

Zum genauen Ablauf der Taten liefern die Akten in der Regel leider nur sehr einsilbige Informationen, sodass man es bei der reinen Konsta-

---

163 Del Rządu RP przy RGWAR 9, Bl. 329, Unterhaltsforderung [...]Kind aus einer Vergewaltigung, 18. 01. 1948; IPN By 060/48/1, Bl. 6 ff. Meldungen des Sicherheitsdienstes der Wojewodschaft Bydgoszczy im Sommer 1945; IPN BU 1572/1429, Bl. 6 ff. Tägliche Meldungen von August 1945 aus Krakau [...]; IPN BU 00294/45 t.54, passim, Tägliche Berichte der Bürgermiliz Krakau 1945; RGVA F. 32925, Op. 1, D. 517, L. 1, Schriftverkehr der politischen Abteilung der Weißrussischen Front, 06. 07. 1945; RGVA F. 32925, Op. 1, D. 521, L. 86, Mitteilung der Militärkommandanten der 1. Weißrussischen Front, 05. 04. 1945; AAN Prezydium Rady Mininistrów 2/16, Bl. 31, 37, 55 ff., Meldungen an das Präsidium des Ministerrates, Juli und August 1945; AAN Urząd Rady Mininstrów, 5/776, Bl. 11, Meldung aus Szczecin an das Ministerium für Kommunikation, 24. 08. 1945; Schreiben des Vorsitzenden des Wojewodschaftsamts in Olsztyn [...], 19. 03. 1945, abgedruckt in: Borodziej/Lemberg (Hg.), »Unsere Heimat ...«, Band 1, S. 481 ff.; Lagebericht der Stadtverwaltung in Gliwice, Gleiwitz, 04. 04. 1945, abgedruckt in: Borodziej/Lemberg (Hg.), »Unsere Heimat ...«, Band 2, S. 401 f.

164 AAN Del. Rządu RP przy PGWAR 13, Bl. 33, Offizielle Note des Ministers für die wiedergewonnenen Gebiete, 17. 01. 1946; AAN Prezydium Rady Mininistrów 2/16, Bl. 31, Bericht des Bürgermeisters von Głogówka, 21. 07. 1945; AAN Prezydium Rady Mininistrów 2/16, Bl. 77, Beobachtungen aus dem Distrikt Malborski, 26. 07. 1945. Angeblich wurde die Vergewaltigung einer Polin schwerer bestraft: Cvetkov, Valentin Alekseevič, Interview auf: Ja Pomnju, https://iremember.ru/memoirs/artilleristi/tsvetkov-valentin-alekseevich/ [23. 08. 2018].

165 Laut einem Inspektionsbericht aus Działdowo/Soldau traf es polnische Masurinnen. Zit. in: Kochanowski, Schicksale der Deutschen, S. 39 f.

tierung der Übergriffe belassen muss. Auch geben sie keine Auskunft über mögliche Widerstandshandlungen der polnischen Frauen oder darüber, ob diese ebenso wie die deutschen Frauen Schutzbeziehungen mit sowjetischen Offizieren eingingen. Marcin Zaremba hat herausgearbeitet, dass in Polen die Angst grassierte, aus Deutschland in die Sowjetunion demobilisierte Rotarmisten würden erst recht zu Übergriffen neigen.[166] Zu solchen Fällen kam es bereits im Juni 1945.[167] Die nach Osten marschierende Rote Armee galt bei den polnischen Behörden als »sehr aggressiv«, auch was sexuelle Übergriffe betraf.[168]

Sexuelle Gewalt von Rotarmisten im polnischen Erinnerungsdiskurs

Verfolgt man die Fälle sexueller Gewalt gegen polnische Frauen, stellt man fest, dass sie weder in den Zeugnissen der Rotarmisten[169] noch in der polnischen Erinnerungslandschaft besonders präsent sind. Für Polen lässt sich das z. T. damit begründen, dass in der mehrheitlich katholisch geprägten Gesellschaft sexuelle Themen ein Tabu darstellen, insbesondere wenn es um sexuelle Kontakte außerhalb der Ehe geht und wenn sie in hohem Maß mit Schamgefühlen verbunden sind, wie es bei

166 Zaremba, Die große Angst, S. 145 f.

167 IPN BU 00294/45 t. 67, Bl. 237, Tägliche Berichte/Informationen aus Lublin, Juni 1945.

168 Del. Rządu RP przy RGWAR 1, Bl. 499, Nachricht des Ministeriums für Post und Telegraphie, 18. 12. 1946. Auch diese Übergriffe konnten gemeinsam mit polnischen Einheiten stattfinden: Bericht der Starostei Opole/Oppeln [...], 20. 06. 1945, Auszug abgedruckt in: Borodziej/Lemberg (Hg.), »Unsere Heimat ...«, Band 2, S. 435 f.

169 Manchmal wird ex negativo darauf verwiesen: Michajl Šister meint, dass es deshalb in Deutschland zu keinerlei Übergriffen gekommen sei, weil ihnen dies durch exemplarische Erschießungen in Polen »abdressiert« worden seien. Šister, Michajl Semenovič, Interview auf: Ja Pomnju, https://iremember.ru/memoirs/tankisti/shister-mikhail-semenovich/. Dazu kommen vereinzelte Rettungsnarrative: Korjakin, Jurij Ivanovič, Interview auf: Ja Pomnju, https://iremember.ru/memoirs/svyazisti/koryakin-uriy-ivanovich/. Teilweise brachten die Täter dieselben Legitimationsphrasen vor wie bei Übergriffen auf Displaced Women: Interview mit dem Artilleristen Kazacker, Iona Volfovič, Interview auf: Ja Pomnju, https://iremember.ru/memoirs/artilleristi/kazatsker-iona-volfovich/ [23. 08. 2018].

(kriegsbedingten) Vergewaltigungen der Fall ist.[170] Zudem war es vermutlich keineswegs opportun, in den Jahrzehnten der aufgezwungenen Bruderschaft mit der Sowjetunion eine Kritik an den rotarmistischen Befreiern zu äußern und sie eines derart ehrlosen Verhaltens zu beschuldigen.

Überraschend ist allerdings, dass das Schweigen über das Gewalthandeln der sowjetischen Soldaten trotz des Systemwechsels 1989 bis heute anhält und das, obwohl der gegenwärtige polnische Erinnerungsdiskurs darauf fokussiert ist, Polen als besonderes Opfer sowjetischer Aggression darzustellen.[171] Es läge nahe, dass von Soldaten des »Aggressors« vergewaltigte Polinnen ebenfalls als Opfer angeführt werden. Dass dem nicht so ist, ist umso erstaunlicher angesichts dessen, dass sexuelle Übergriffe von sowjetischen Soldaten auf deutsche Frauen in Polen durchaus öffentlichkeitswirksam thematisiert werden.

Ein Beispiel dafür ist der Kinofilm *Róża*[172], in dem die gleichnamige masurische Protagonistin, die mit einem im Krieg gefallenen Wehrmachtsoffizier verheiratet war, immer wieder von Rotarmisten, die durch ihr Dorf kommen, oder von polnischen Banditen, die mit den neuen kommunistischen Herrschern kooperieren, vergewaltigt wird. Die gleichzeitigen sexuellen Übergriffe von Rotarmisten auf polnische Frauen bleiben jedoch im Hintergrund.[173] Ein kurzzeitiges Guerilla-Kunstprojekt in Gdańsk widmete sich eindeutig dem Schicksal deutscher Frauen: Die unter dem deutschsprachigen Titel *Frau komm* illegal neben dem Ehrenmal für die sowjetischen Soldaten aufgestellte Gipsstatue zeigte einen Rotarmisten, der eine schwangere (und laut Aussage des Künstlers) deutsche Frau vergewaltigt, während er ihr eine Pistole in

170 Siehe auch das lange Schweigen über sexuelle Kontakte mit Wehrmachtssoldaten. Röger, Kriegsbeziehungen.

171 Siehe die Rede des ehemaligen Staatspräsidenten Bronisław Komorowski anlässlich des 75. Jahrestages des sowjetischen Massenmordes 1940 in Katyń, Poland commemorates 75TH anniversary of Katyn-massacre – National, Radio Poland, 03. 04. 2015, http://www.thenews.pl/1/9/Artykul/202425,Poland-commemorates-75th-anniversary-of-Katyn-massacre [23. 08. 2018].

172 Auf Deutsch: *Rose*, Regie: Wojciech Smarzowski, 2011.

173 Neben der Masurin Róża ist der Staat Polen ein Opfer der Kommunisten und Banden: Auch der AK-Kämpfer, mit dem Róża eine Liebesbeziehung eingeht, gerät in das Visier der neuen Machthaber und wird gefoltert.

den Mund drückt.[174] Zudem präsentierte eine temporäre Ausstellung aus Anlass des 70. Jahrestags des Kriegsendes in Gdańsk ein von einem Rotarmisten geschaffenes Artefakt, das unzweideutig auf die mannigfachen sexuellen Kontakte zwischen Rotarmisten und Zivilistinnen hinweist. Bezeichnenderweise war es in der Sektion »Das Schicksal der Deutschen« zu sehen.[175] Es stellt sich die Frage, warum im polnischen Erinnerungsdiskurs die Erfahrungen der deutschen Frauen präsenter sind als die der polnischen.

Von Bedeutung ist dabei, dass die Übergriffe der sowjetischen Soldaten in Polen in einem weitaus komplexeren historischen Kontext stattfanden als in Deutschland. Zwar verhielten sich die Rotarmisten nicht anders als in Deutschland. In dem übergreifenden Gewaltgeschehen konnte sich ihre Rolle aber wandeln und war wie die der polnischen Männer bestenfalls ambivalent. Denn im Zuge des Vormarsches der Roten Armee spaltete sich Polen in den Jahren 1944 bis 1947 in ein (neues) Ost- und Westpolen, und in beiden Teilen kam es zu bürgerkriegsähnlichen Zuständen »aller gegen alle«, auch wenn die Konflikte jeweils unterschiedlich verliefen. In diesem Kontext konnten Polen in mehrfacher Hinsicht zu Opfern und Tätern werden, so wie die Rolle der Roten Armee nicht nur die des Besatzers, des Marodeurs, sondern auch die des Ordnungs- bzw. des Schutzgaranten sein konnte.

Den Anfang dieser auch innerpolnischen Auseinandersetzungen markierte die Flucht der Wehrmacht vor der Roten Armee und die Etablierung einer neuen, moskautreuen Regierung im Jahr 1944, des PKWN,[176] auf dem zu verschiebenden polnischen Staatsgebiet. Der polnischen Exilregierung in London zufolge übte der NKVD, der das PKWN

174 Hintergründe zur Aktion: Poland and Russia. Wounds of the Past. The Economist (online), 21. 10. 2013, http://www.Economist.com/blogs/easternapproaches/2013/10/poland-and-russia [23. 08. 2018].

175 Die Exponate sind auf der Webseite des Museums zu betrachten: https://muzeum1939.pl/koniec-wojny-45-03-losy-niemcow-po-wojnie/galeria/742.html (Bild Nr. 4) [23. 08. 2018]. Für das gestiegene Interesse am Schicksal aus Polen vertriebener Deutscher siehe Hytrek-Hryciuk, »Rosjanie nadchodzą!«; Kraft, Flucht, Vertreibung und Zwangsaussiedlung.

176 Polski Komitet Wyzwolenia Narodowego = Polnisches Komitee der Nationalen Befreiung. Das PKWN war in Moskau gegründet worden und formierte sich am 22. Juli 1944, nachdem die Rote Armee die Curzon-Linie überschritten hatte, in Lublin als Regierung.

unterstützte, »einen ähnlichen Terror wie die Gestapo« aus, das Ganze sei eine Besatzung, die eine »Wiederbelebung des Molotow-Ribbentrop-Paktes« darstelle.[177] Nicht minder gewalttätig agierten informelle Gruppen, die vorrangig im neuen Ostpolen unterwegs waren und für die gerade gegründete Staatsmacht und ihre sowjetischen Verbündeten ein Ordnungsproblem darstellten. Diese Gruppen (oder wie es offiziell hieß: Banden) rekrutierten sich vielfach aus denjenigen 500 000 Polen, die der Zwangsmobilisierung und der sowjetischen Repression zu entkommen versuchten oder gegen die sowjetische Fremdherrschaft für einen polnischen Nationalstaat kämpften.[178] Dazu kamen sowjetische Deserteure oder andere »politisch verdächtige Elemente«,[179] ukrainische Nationalisten und sogar Deutsche, die der Krieg in Polen hatte stranden lassen,[180] die als bunt zusammengewürfelte Gruppen schwer zu identifizieren waren, zumal sie die Uniformen trugen, derer sie gerade habhaft werden konnten.[181]

Wie auch die polnischen und sowjetischen Militär- und Polizeiverbände attackierten diese Gruppierungen ihre Gegner, versorgten sich in brutaler Manier bei der Bevölkerung, marodierten und verübten sexuelle Gewalt.[182] Die neuen polnischen Autoritäten mussten konstatieren, dass die zivile Bevölkerung von den irregulären Gruppen genauso terro-

---

177 HIA Jan Karski-Collection, Box 11, Folder 3, Bl. 3, Situation in Polen. November 1944–Januar 1945; HIA Jan Karski-Collection, Box 11, Folder 14, Bl. 13, Statement for the press. Given by Mr. Charles Rozmarek, Polish American Congress 13. 02. 1945. Siehe auch Bericht von Benjamin Zylberberg [...] über eine Dienstreise nach Śląsk/Schlesien, 02. 05. 1945, abgedruckt in: Borodziej/Lemberg (Hg.), »Unsere Heimat ...«, Band 2, S. 409 f. Für die lokale Doppelherrschaft von polnischen und sowjetischen Institutionen: Kraft, Einleitung, S. 447.

178 IPN BU 00294/45 t. 68, passim, Tägliche Berichte der Bürgermiliz in Lublin in 1945.

179 RGVA F. 32925, Op. 1, D. 293, Bl. 188 f., Befehle an die NKVD-Truppen [...], 09./14. 09. 1944.

180 HIA Josef Freijlich-Collection, Box 15, Folder 3, passim, »Situation in Poland. November 1944–January 1945« und »Despatches received by the Polish Government in London from the Polish Underground Administration [...].«

181 IPN BU 00294/45 t. 54, Bl. 200, Täglicher Bericht der Bürgermiliz in Krakau, 23./24. 11. 1945.

182 IPN BU 00294/45 t. 67, Bl. 232, Information aus Lublin, Mai 1945; IPN BU 00294/45 t. 68, Bl. 107, [...] Benachrichtigungen aus dem Lubliner Distrikt, 12. 09. 1945; IPN BU 00294/45 t. 73, passim, Tägliche Berichte aus Lublin 1946.

risiert wurde wie von denjenigen der sowjetischen Institutionen und der Bürgermiliz.[183] Betroffen waren auch die wenigen polnischen Juden, die den Holocaust überlebt hatten und an ihre Heimatorte zurückkehrten. Sie erlebten eine Pogromstimmung, die, wenn überhaupt, dann von sowjetischen Stellen einhegt wurde.[184]

Auch in den »Wiedergewonnenen Gebieten« changierte die Rolle der Roten Armee und anderer sowjetischer Institutionen zwischen Unsicherheitsfaktor und Ordnungsmacht: Hatten sie noch die Deutschen beim Vormarsch nach Berlin unter einer Welle der Gewalt quasi erdrückt, wendete sich nun das Blatt. Bei der Neubesiedelung des Territoriums durch Polen, die vielfach aus den »Kresy« oder dem sowjetischen Exil kamen oder repatriierte ehemalige Zwangsarbeiter waren, kam es neben den Konflikten zwischen Alteingesessenen und Neuankömmlingen, die oftmals als »Wegelagerei« beschrieben werden,[185] insbesondere zu solchen, die zwischen den polnischen Siedlern und Institutionen einerseits und ansässigen Deutschen und Vertretern der sowjetischen Besatzungsinstitutionen andererseits ausgefochten wurden. V.a. im Rahmen der »wilden Vertreibungen« im Sommer 1945 wurden Polen immer wieder gegen Deutsche gewalttätig, sei es in Form von Misshandlungen, Raub oder Vergewaltigung, um die Abwanderung zu forcieren. Polnische Befehlshaber hatten im Sommer 1945 die Parole ausgegeben, die »Aussiedelungsaktion [...] so durch[zu]führen, dass die Deutschen von

---

183 AAN Ministerstwo Informacji i Propagandy 934, Bl. 4, 11, Schlussfolgerungen aus den Berichten aus der Wojewodschaft Warschau, Februar 1946; Bericht der Abteilung des Kreisamtes für Information und Propaganda in Bytom/Beuthen O.S. [...], 01. 03. 1946, abgedruckt in: Borodziej/Lemberg (Hg.), »Unsere Heimat ...«, Band 2, S. 508.

184 Gross, Fear. Für antisemitische Flugblätter (»Żydokomuna«): AAN Ministerstwo Informacji i Propagandy 823, Bl. 1, 17; Bericht von N. Sieliwanowcki für L. Beriya mit Informationen über das Pogrom von Kraków vom 30. 09. 1945, abgedruckt in: Cariewskaja/Rosowska (Hg.), Teczka specjalna J.W. Stalina, S. 378 f. Laut manch polnischen Offiziellen wurden die Übergriffe von verkleideten sowjetischen Agenten durchgeführt, um Polen zu diskreditieren und sich als Schutzgarant der Juden zu inszenieren: »Report on Situation in Poland«, HIA, Jan Karski Collection, Box 11, Folder 3, Bl. 17.

185 Halicka, Polens Wilder Westen, S. 134 ff., 147, 170–174, 234; Bericht der Kriegskorrespondenzen [...] über die Situation in Śląsk/Opolski im Oppelner Schlesien, Juni 1945, abgedruckt in: Borodziej/Lemberg (Hg.), »Unsere Heimat ...«, Band 2, S. 439 ff.

selbst vor uns fliehen«.[186] Dazu kam die Rache für das im Krieg erfahrene Leid[187] sowie das Motiv der Bereicherung.[188]

Zwar plünderten und marodierten auch Rotarmisten, vielfach fielen sie aber dadurch auf, dass sie Partei für die Deutschen ergriffen, sie schützten und die attackierenden Polen düpierten.[189] Grundsätzlich, so ist zumindest der Tenor der polnischen Quellen, bevorzugten die sowjetischen Organe die verbliebenen Deutschen gegenüber den Angehörigen der (neuen) Titularnation: Die politisch unerwünschten Deutschen hätten besseren Zugang zu den sowjetischen Amtsträgern, würden eher eingestellt und besser bezahlt.[190] Manche Polen hätten gar auf deren Anweisung für Deutsche ihre Unterkünfte verlassen müssen.[191] Auch im Rahmen der regulären Aussiedlungen 1946 bis 1947 wurden Begebenheiten aktenkundig, bei denen Rotarmisten Deutsche vor polnischen Übergriffen schützten und ihnen Transportmittel für den Transfer nach Deutschland inklusive ihrer materiellen Güter gegen gute Bezahlung zur

186 Befehl des Leiters der 5. DP vom 25. 6. 1945, zit. in: Borodziej/Lemberg, Einleitung, S. 70; Polnisches Kreis-Nationalitätenkomitee in Szczytno/Ortelsburg: Gründe für die ausbleibende Deklaration der Masuren vom 13. 03. 1946, abgedruckt in: Borodziej/Lemberg (Hg.), »Unsere Heimat ...«, Band 1, S. 537 f.

187 Siehe dafür den bereits erwähnten Inspektionsbericht aus Działdowo/Soldau in: Kochanowski, Schicksale der Deutschen, S. 39 f.

188 Bericht des Starosten in Koźle/Cosel über die Aktion der Aussiedelung der Deutschen vom 06. 07. 1945, abgedruckt in: Borodziej/Lemberg (Hg.), »Unsere Heimat ...«, Band 2, S. 445 f.

189 Sonderbericht des stellvertretenden Batteriechefs der Geschützgruppe 45 vom 02. 07. 1945, abgedruckt in: Borodziej/Lemberg (Hg.), »Unsere Heimat ...«, Band 1, S. 165; Kraft, Flucht, Vertreibung und Zwangsaussiedlung der Deutschen aus der Wojewodschaft Breslau, S. 381.

190 Bericht der Abteilung des Kreisamtes für Information und Propaganda in Bytom/Beuthen O. S. für den 11. 08.–06. 09. 1945 [...], abgedruckt in: Borodziej/Lemberg (Hg.), »Unsere Heimat ...«, Band 2, S. 472; Halicka, Polens Wilder Westen, S. 104–109, 249.

191 AAN Prezydium Rady Mininistrów 2/16, Bl. 3, Bericht des Bürgermeisters von Głogówka, 21. 07. 1945; AAN Prezydium Rady Mininistrów 2/16, Bl. 77, Beobachtungen aus dem Distrikt Malborski, 26. 07. 1945; Das Kreisbodenamt in Ostróda/Osterode [...]: Bericht Nr. 3, 10. 06. 1945, abgedruckt in: Borodziej/Lemberg (Hg.), »Unsere Heimat ...«, Band 1, S. 489 f.; Bericht [...] über die Situation in Śląsk/Opolski/im Oppelner Schlesien, Juni 1945, abgedruckt in: Borodziej/Lemberg (Hg.), »Unsere Heimat ...«, Band 2, S. 439 ff.

Verfügung stellten.[192] Die polnischen Quellen verweisen in diesem Zusammenhang auf die »deutschen Geliebten« der Rotarmisten oder die »deutschen Prostituierten«, aufgrund derer die Rotarmisten die Deutschen allgemein bevorzugen würden und die jene dann gegen die Polen aufbrachten.[193]

Vermutlich sind es diese verworrenen Konfliktlinien sowie die Heftigkeit, mit der um nationale Zuschreibungen in Polen gestritten wurde, die eine Beschäftigung mit sexueller Gewalt und die Erinnerung an sexuelle Gewalt gegenüber polnischen Frauen in Polen damals wie heute erschweren. Es ist gut möglich, dass die polnischen Frauen aus Gründen der Scham und der politischen Opportunität gegenüber den neuen Besatzern auch deshalb über die erlittene Gewalt durch die sowjetischen Soldaten schwiegen, weil sexuelle Beziehungen von Rotarmisten zu Frauen in den unmittelbaren Nachkriegsjahren in den polnischen Quellen v.a. dann ein Thema waren, wenn es sich um deutsche Frauen handelte. Hierbei ging es um die lautstark thematisierten Vergewaltigungen gegen Kriegsende sowie die in Polen beargwöhnten (anscheinend) einvernehmlichen Begegnungen der Jahre 1945 bis 1947 im Kontext der Vertreibungen. Es scheint, als hätte in Polen die Vorstellung geherrscht, dass eine sexuelle Beziehung zu den Besatzern eine »deutsche Erfahrung« war – sei es als Vergewaltigung oder als käufliche Beziehung. Beides war ein Stigma. Da im Zuge der Aussiedlung der Deutschen viele Polen und

192 Schreiben [...] betreffend die Konflikte der staatlichen Stettiner Administration mit russischen Militäreinheiten vom 16. 08. 1946, abgedruckt in: Borodziej/Lemberg (Hg.), »Unsere Heimat ...«, Band 3, S. 473; Bericht des Regierungsbevollmächtigten für den Distrikt Lębork/Lauenburg für Juli 1946, 04. 08. 1946, abgedruckt in: Borodziej/Lemberg (Hg.), »Unsere Heimat ...«, Band 4, S. 236.

193 Untersuchungsbericht der Starostei Skwierzyna/Schwerin a. d. Warthe [...], 22. 06. 1945; Befehl des Kommandeurs der 5. Infanteriedivision [...], 25. 06. 1945; Schreiben des Wehrbereichskommandos Poznań/Posen [...] vom 27. 10. 1945; Beobachtungen und Eindrücke von einer Reise Poznań/Posen – Szczecin/Stettin – Poznań/Posen, 27. 08. 1945; Auszug aus dem Protokoll des II. Kongresses der Kreisbevollmächtigten des Bezirks Pomarze Zachodnie/Pommern, 08. 09. 1945, jeweils abgedruckt in: Borodziej/Lemberg (Hg.), »Unsere Heimat ...«, Band 3, S. 81 f., 84 f., 108, 378, 397; Auszug aus dem Bericht des Amtes für Information und Propaganda der Wojewodschaft Gdańsk/Danzig [...], o.D. 1945; Bericht des KC PPR [...], 06. 07. 1945, abgedruckt in: Borodziej/Lemberg (Hg.), »Unsere Heimat ...«, Band 4, S. 185, 474; Steffen, Flucht, Vertreibung und Zwangsaussiedlung, S. 286.

Polinnen bestrebt sein mussten, jeden Zweifel an ihrer polnischen Identität zu entkräften, könnte dies für die Frauen bedeutet haben, über die durch Rotarmisten erlittene sexuelle Gewalt besser zu schweigen. Denn das hätte sie zu sehr in die Nähe der Deutschen gerückt.[194]

Darüber hinaus ist es möglich, dass über die Gewalterfahrungen der polnischen Frauen deshalb im heutigen Polen geschwiegen wird, um das Kapitel der gewalttätigen Nachkriegsphase nicht wieder aufzuschlagen und daran zu erinnern, dass Gewalt gegen Polinnen immer auch von polnischen Tätern ausging. In dieser Gemengelage scheint es einfacher, wenn man denn auf das Gewalthandeln und die Skrupellosigkeit der sowjetischen Besatzer verweisen will, den Umweg über die Erfahrungen der deutschen Frauen zu nehmen.

Das aber bedeutet, dass die Vergewaltigung deutscher Zivilistinnen durch Rotarmisten insgesamt für die Rücksichtslosigkeit und Unzivilisiertheit der Roten Armee, gar der Sowjetunion, steht und auch Grausamkeiten gegenüber nichtdeutschen verfolgten Frauen miteinschließt.[195] Im Sinne von Etienne François und Hagen Schulze könnte man sogar davon sprechen, dass die Vergewaltigung deutscher Frauen zu einem Erinnerungsort in der internationalen Erinnerungslandschaft geworden ist. Problematisch daran wäre, dass ein solcher Erinnerungsort gleichzeitig allgemein wie auch speziell ist: Er steht für die Opfer sowjetischer Aggressionen allgemein, benennt aber nur die deutschen. Dies aber ist eine Schuldumkehr, da »die Deutschen« die Kriegsverursacher waren und als solche vorrangig erinnert werden sollten.

Resümee

Die Möglichkeiten, über das Erlebte zu reden, waren für die polnischen Frauen also noch beschränkter als für die bisher genannten Opfergruppen. Die Konflikte, in die der deutsch-sowjetische Krieg Polen verwickelte, ließen die Polinnen verstummen – und zwar nachhaltig. Im Gegensatz zu den Displaced Women und den Deutschen Frauen konnten

194 Diese These geht auf ein Gespräch mit Piotr Perkowski zurück. Vgl. auch Eser, Die Deutschen in Oberschlesien, S. 393. Eser sieht den gegenläufigen Effekt bei Oberschlesiern, die so verschreckt waren, dass sie sich als Deutsche nicht mehr zu rehabilitieren suchten.

195 Für das Konzept des Erinnerungsortes: Einleitung, S. 9–24.

sie nicht einmal Narrative entwickeln, um die Übergriffe in allgemeiner Form zu benennen und sich gleichzeitig davon abzugrenzen. An ihrem Opferstatus ändert dies aber nichts – im Gegenteil.

Die Übergriffe auf polnische Frauen und Displaced Women bestätigen, dass das sexuelle Gewalthandeln der Rotarmisten auf Alltagsdiskursen beruhte, über die sie sich brutalisiert und die Erwartungshaltung entwickelt hatten, ein Recht auf Frauen(-körper) zu haben. Durch den Zugriff auf diese verschafften sie sich wiederum Anerkennung in den Frontgemeinschaften. Es waren insofern vielmehr geschlechtliche Zuschreibungen als nationale, die im Gewalthandeln der Rotarmisten eine Rolle spielten und daher Frauen jeglicher Nationalität betrafen – wenn auch in unterschiedlicher Intensität. Die nationalen wie auch politischen Zugehörigkeiten wurden erst im Nachhinein (wieder) relevant, als es darum ging, das Erlebte zu verarbeiten und darüber zu sprechen. Dabei hatten und haben polnische Frauen bis heute noch schlechtere Ausgangspositionen als die deutschen Frauen, die vorrangig als die Opfer der Rotarmisten wahrgenommen werden. Der Frontraum, den der deutsche Angriff und die stalinistischen Repressionen geschaffen hatten und der die geschilderten Dynamiken bei den Rotarmisten in Gang setzte, öffnete sich gegen Kriegsende und zog Zivilistinnen unabhängig jedweder Zugehörigkeit in Mitleidenschaft. In den Erinnerungsdiskursen sind hingegen allein diejenigen präsent, die den kriegführenden Nationen angehörten: die deutschen Frauen als Opfer und die Rotarmisten als Täter.

Fazit

Gemeinhin gilt, dass wissenschaftliche Aussagen zwar nicht beweisbar sein müssen, aber die Möglichkeit, sie zu falsifizieren, gegeben sein muss und sie sich bewähren sollten.[1] In der vorliegenden Arbeit wurden daher Erklärungsansätze für die sexuellen Übergriffe durch Rotarmisten gegen Ende des Zweiten Weltkrieges schnell verworfen, die so allgemein sind, dass sie weder falsifizierbar noch verifizierbar sind. Dazu gehörten Allgemeinplätze wie »Barackensexualität«, »asiatische Kultur« oder »die dunkle Seite der männlichen Sexualität«, bei denen sich überdies die Frage stellt, ob damit mehr gewonnen ist, als die Verletzung des Rechts auf sexuelle Selbstbestimmung aus dem lichten Raum des sogenannten Westens zu externalisieren. Ebenfalls problematisiert wurden allgemeine Erklärungsansätze, die beim empirischen Abgleich zu viele Ungereimtheiten aufwiesen, da sie die Übergriffe monokausal auf Konstrukte wie »Hass«, »Rache« oder die Intention, den »Gegner zu bestrafen«, »ihm seine Niederlage vor Augen zu halten«, zurückführen. Ähnliches gilt für die Faktoren Hasspropaganda und Alkohol. Die Übergriffe auf nichtdeutsche Frauen ebenso wie die mannigfaltigen, keineswegs immer als »Schädigungsversuch« aufzufassenden Übergriffe, die in aufgezwungenen Versorgungsgemeinschaften endeten, machen deutlich, dass die Vergewaltigungen mehr waren als eine Gewaltform in den Kategorien des zwischenstaatlichen Konflikts. Zweifelsohne waren alle genannten Faktoren von Bedeutung, eine hinreichende Erklärung liefern sie jedoch nicht.

Auch die hier vorgebrachte These erscheint auf den ersten Blick reichlich allgemein. Doch mein Ansatz, die Übergriffe als Resultat eines sich radikalisierenden Männlichkeitsdiskurses der durch den Krieg brutalisierten Rotarmisten zu erklären, ist gleichermaßen These wie auch Roadmap. Sie gibt das Narrativ einer Erzählung vor, die gleichermaßen beschreibt wie erklärt. Man könnte auch sagen, wie in vielen anderen geschichtswissenschaftlichen Arbeiten ist der Weg das Ziel, und die Argu-

1 Popper, Logik der Forschung, S. 9.

mente stecken in einer plausiblen Erzählung im Kontext sehr disparater Elemente. Diese basiert auf meiner Interpretation und meinem Arrangement der Quellen, die über das Geschehen Auskunft geben und die nach gewissenhafter Prüfung keine andere Deutung und Erzählung zulassen. Diese Erzählung ließe sich zudem falsifizieren, vorausgesetzt es gäbe andere Quellen.

Das Hauptanliegen meiner Arbeit war es zu zeigen, dass innerhalb der Roten Armee unter den Bedingungen des Frontraums ein Männlichkeitsdiskurs hegemonial wurde, der auf Gewalt(-bereitschaft) und (sexueller) Potenz beruhte. Über beide Attribute hatten die Soldaten sich selbst darzustellen, wollten sie Teil der prekären Frontgemeinschaften sein, die in der Roten Armee möglich waren. Als sie nach der Brutalisierungserfahrung des Krieges auf Frauen trafen, die anders als ihre Kameradinnen in keinerlei Schutzbeziehungen standen, agierten sie die in ihren Gemeinschaften entstandene Männlichkeitsvorstellung entsprechend gewaltförmig aus. Die Vergewaltigungen gegen Kriegsende waren nicht zuletzt Kommunikationsakte unter Männern, die sich damit gegenseitig ihres Sieges, ihrer Gemeinschaft und ihrer Männlichkeit vergewissern wollten; ihre Opfer, deren Ethnizität oder Nationalität kaum eine Rolle spielte, wurden zu Objekten degradiert.

Eine derartige Radikalisierung war dadurch möglich geworden, dass der Frontraum ein stalinistisch organisierter Gewaltraum war – abgeriegelt und eine in der Tendenz kollabierende Gesellschaftsordnung. Die Mangel- und Gewaltgesellschaft, als die sich der Mikrokosmos der Roten Armee darstellte, brachte Unbekannte auf engstem Raum zusammen und ließ ihnen keinen Ausweg aus einer Situation, in der es ihnen an Privatsphäre, Verpflegung, Ausstattung und Entspannung mangelte. Die sozialen Beziehungen der Rotarmisten waren durchdrungen von Gewalt und Repression, Tod und Verlust, Misstrauen, Konkurrenz, Stress und Apathie, was immer wieder zu Konflikten untereinander und auch zu zeitweiligen Depressionen führte.

Es gab nur zwei kleinste gemeinsame Nenner (oder besser: nur zwei mögliche Situationen), über die die vereinzelten Rotarmisten als Gemeinschaft zusammenfinden konnten. Eine solche Situation waren zum einen die Gefechte, in die sie durch die äußere Bedrohung und den Staatsterror gezwungen waren. Indem sie sich auf die deutschen Truppen und den Kampf gegen sie fokussierten und die eigenen Frustrationserfahrungen gewaltförmig nach außen richten konnten, erlebten sie ein rauschartiges Gemeinschaftsgefühl. Zum anderen waren es die Momente, in denen die Rotarmisten zusammensaßen und über ein im Hinblick auf den stalinistischen Überwachungsapparat unverfängliches Thema redeten: nämlich über Frauen, insbesondere über die sexuellen Kontakte zu ihnen. In beiden Situationen entstanden jedoch nur vermittelte Gemeinschaften von kurzer Dauer, die wieder in sich zusammenfallen mussten. Und beide Modi der Vergemeinschaftung setzten eine bestimmte Form der (verbalen und tatsächlichen) Selbstdarstellung voraus: die des furchtlosen Soldaten und die des sexuell potenten Mannes. Man könnte dies auch unter den Begriff einer chauvinistischen Männlichkeit fassen, die in der Roten Armee die einzig mögliche soziale Rolle für die männlichen Soldaten vorgab.

Diese Rolle bedeutete im Mikrokosmos der Roten Armee zum einen, dass nur wer tapfer und selbstlos in die Gefechte ging, sowohl innerhalb als auch außerhalb der Armee sozial anerkannt war und im Falle des eigenen Todes als Held betrauert werden durfte. Zum anderen implizierte sie sexuelle Potenz: Wer sich im Gefecht auszeichnete, hatte einen Anspruch auf sexuellen Kontakt mit Frauen – dies wurde den Soldaten zumindest in Aussicht gestellt –, was zudem die Position des jeweiligen Soldaten in der sozialen »Hackordnung« verbesserte. Als Vorbild hierfür fungierten insbesondere die Offiziere mit ihren Beziehungen zu den Frontehefrauen, den PPŽ. Da sowohl in den Kampfhandlungen als auch im (sexuellen) Kontakt zu Frauen unterschiedliche Emotionen zusammenkamen (Sehnsüchte und Hoffnungen, Verlustängste, eigene Ansprüche und die der Kameraden), beides körperliche Signaturen trug und immer unter den Augen und in der Erwartungshaltung der Kameraden stattfand, dynamisierte sich dieses Wirkungsgeschehen. Im durch den stalinistischen Repressionsapparat rücksichtslos abgeriegelten Frontraum, in dem es unter den einander fremden Soldaten keine anderen sinn- oder gemeinschaftsstiftenden Momente gab, übernahmen sie die bipolare Unterscheidung zwischen Verräter und Held, hatten sich permanent untereinander auch in sexueller Hinsicht zu beweisen und trieben sich so gegenseitig zu chauvinistisch-heroischen Selbstdarstellungen an, die in der Gruppenkonstellation immer weniger einhegbar wurden. Das Resultat waren Akte von *deboš* (also die unterschiedlichsten, vielfach sinnfreien Disziplinarverletzungen, die immer wieder auch die sowjetische Zivilbevölkerung trafen) und die allgegenwärtige sexuelle Belästigung der Kameradinnen.

Die einzige Möglichkeit der Soldatinnen, sich zu schützen waren Beziehungen zu den Höherrangigen, wodurch sie in ihrem Verhalten die Geschlechterverhältnisse der Männer spiegelten, also ihre Körper in einer Weise betonten und einsetzten, auf die die Kameraden sie reduzierten. Doch als Frontehefrauen wurden sie erst recht zum Symbol soldatischer Macht und Potenz, auf die sich die Männergemeinschaften fokussierten.

Beim Überschreiten der sowjetischen Westgrenzen steigerten sich die Gewaltbereitschaft der Rotarmisten und ihre Belästigungen vollends zu Akten militärisch unsinniger Gewalt sowie zu massenhaft stattfindenden willkürlichen Übergriffen auf Zivilistinnen. Damit stehen die Vergewaltigungen gegen Kriegsende in einem Kontinuum mit den sich radikalisierenden Geschlechterverhältnissen im Frontraum der Roten Armee und müssen als deren Teil betrachtet werden. Nun konnten die dort entstandenen Vorstellungen und der eingeübte Habitus ausagiert werden. Die Vergewaltigungen und ihr Verlauf ergaben sich aus der Interaktion der Täter, die sich untereinander zu beweisen und auszuzeichnen suchten.

Manches von dem, was in dieser Arbeit beschrieben wurde, wäre zur Erläuterung der These nicht nötig gewesen – eigentlich. Während die Ausführungen zur Kriegsführung der Wehrmacht noch unabdingbar für eine Arbeit zur Roten Armee sind, da sie zeigen, dass deren Rücksichtslosigkeit die erste notwendige Bedingung zur Abgrenzung des sowjetischen Frontraums war, gilt das für die Kapitel zu den Erfahrungen der Rotarmistinnen sowie zu den Gewalterfahrungen und Erinnerungen der Displaced Women und der Polinnen nicht so offensichtlich. Der Nachweis, dass die Art, wie die Rotarmisten die Frauen in ihren Reihen wahrnahmen, massiv von Projektionen durchdrungen war, deren Ursprung in den Kommunikationsweisen der Männer lag, und dass sich der Männlichkeitsdiskurs radikalisierte, wäre – so scheint es – auch allein anhand der Quellen, in denen sich die Männer äußerten, möglich gewesen. Und für die verschiedenen Opfergruppen hätte es ausgereicht, auf das Faktum ihrer Misshandlung und die disparate Quellenlage zu verweisen.

Dass die entsprechenden Ausführungen dennoch Bestandteile meiner Arbeit sind, hat verschiedene Gründe. Das Kapitel zu den Rotarmistinnen erzählt ihre Geschichte auf eine Weise, die diese als Subjekte mit Handlungsmöglichkeiten präsentiert. Schließlich mussten sie sich unter den Bedingungen, denen sie ausgesetzt waren, verhalten. Dazu gehörten insbesondere die Avancen und Übergriffe durch die Offiziere und Kameraden ebenso wie die Vorwürfe und Schmähungen in den Nachkriegsjahren. Die Strategien, mit denen sie darauf reagierten, waren individualisiert, umstritten und fanden zum Teil auch in Abgrenzung zu den jeweiligen Kameradinnen statt. Insgesamt verweisen sie auf die Prekarität ihrer Position, die durch den in der Roten Armee hegemonialen Männlichkeitsdiskurs geschaffen wurde und auf dessen Spielregeln sie sich einlassen mussten. Durch eine Gegenüberstellung der Stimmen der Frauen, die auch auf ihre Handlungsräume verweisen, und der pauschalisierenden Männerstimmen wird sichtbar, dass die Männer in ihren Gesprächsrunden die eigenen Bedürfnisse chauvinistisch gewendet auf die Kameradinnen projizierten, ein Zerrbild von diesen verfertigten und so das Kriegserleben der Frauen (sowie die Möglichkeiten, dieses zu erinnern) massiv mitbestimmten.[2]

Auch die Ausführungen über die Misshandlungen der Displaced Women und der Exkurs zu den polnischen Frauen sucht nach deren Stimmen. Bisher wurde bestenfalls *über* sie geredet, und sie hatten gute oder weniger gute Gründe zu schweigen. Vor diesem Hintergrund sind die Quellen, die von ihren Erfahrungen zeugen, noch stärker freizulegen. Hauptthema waren daher die Distanzierungsstrategien der Displaced Women beziehungsweise das problematische Setting für eine offene Erinnerungskultur in Polen. Trotz dieser Schwierigkeiten sind die Gewalterfahrungen dieser Frauen aber fast noch relevanter als die mannigfaltigen Einlassungen der deutschen Frauen. Denn sie fordern eine Erklärung jenseits nationaler oder ethnischer Kategorien ein. Ihnen wurde daher im Wissen um die problematische Quellenlage, die nicht zuletzt der Fokussierung auf die Kategorien des deutsch-sowjetischen Krieges und der Instrumentalisierung der Ereignisse geschuldet ist, ein möglichst großer Raum eingeräumt.

2 Auf diese Weise zeigt das Kapitel zudem einen Ausweg aus den langen Debatten um die Frauen in der Roten Armee auf, die bislang zwischen deren Darstellung als emanzipierte Sowjetgeschöpfe und schlecht behandelte, sexuell ausgebeutete Patriotinnen changierten. Die Rotarmistinnen waren sicherlich beides, doch sagt eine einseitige Darstellung nichts über ihre Entscheidungen und Handlungsstrategien, mit denen sie sich dem Wunschbild der Agenda mancher Historiker_innen widersetzen. Zudem verweisen ihre Erfahrungen auf die Probleme einer von oben forcierten gesellschaftlichen Modernisierung, die ebenfalls zur Geschichte der Sowjetunion gehört.

Insofern hat der Verweis auf ihre Erfahrungen auch keine Alibifunktion oder sekundiert als Lippenbekenntnis die Opfererfahrung der deutschen, nicht verfolgten Frauen.[3] Diese Gefahr hätte tatsächlich bestanden, wäre die Arbeit – wie so viele andere – v. a. aus der Perspektive der deutschen Frauen geschrieben oder hätte sie sich davon leiten lassen, welche (eher) verlässlichen Quellen zur Verfügung stehen. Das ist aber nicht der Fall. Da die Arbeit im Wesentlichen auf der Perspektive der Rotarmisten, also der Täter, basiert und die Gewalt über die sich dynamisierenden Geschlechterverhältnisse im Frontraum erklärt, kann und muss den unterschiedlichen Opfergruppen auch annähernd gleichermaßen Raum zukommen. Dies relativiert die Erfahrung der deutschen Frauen, setzt die drei genannten Opfergruppen aber nicht gleich.

Eine Frage, die in der vorliegenden Arbeit keine Rolle spielte, sich aber unweigerlich aufdrängt, ist die nach der Besonderheit der Roten Armee. War sie ein Sonderfall in der Behandlung von Zivilistinnen, und wenn ja, was machte sie dazu? Das Gleiche gilt für den beschriebenen Frontalltag. Das Allgemeinwissen, dass auch andere Armeen in hohem Maße vergewaltigten und dass zu deren Frontalltag ebenfalls »Potenzprotzerei«, Alkohol, überbordende Gewalt, Ressourcenknappheit sowie willkürliche Disziplinarmaßnahmen gehörten, fordert förmlich einen Vergleich, den die Konstatierung eines Sonderfalls voraussetzen würde. Dafür kann diese Arbeit als Einzelfallstudie jedoch höchstens ein erster Schritt sein.

Problematisch wäre der Vergleich nicht allein aufgrund der vielfach strittigen Zahlen sowohl für die Vergewaltigungen durch die Rotarmisten (sowie durch Soldaten anderer Armeen) als auch für die Disziplinarmaßnahmen der Armeeführung gegenüber den eigenen Soldaten. Dazu kommt die kulturwissenschaftlich längst etablierte Frage, was Zahlen

3 Mit diesem Argument hatte Atina Grossmann das Projekt »BeFreier und Befreite« von Helke Sander kritisiert. Nach Lesart von Grossmann setzt Letztere nicht nur die Übergriffe der Wehrmacht in der Sowjetunion mit denjenigen der Roten Armee gleich, sondern verwischt mit der Aneinanderreihung der Opfergruppen auch jeglichen Unterschied zwischen diesen, da sie einer »international sisterhood« der Opferschaft das Wort rede und so von der NS-Belastung der deutschen, nicht verfolgten Frauen ablenke. Grossmann, A Question of Silence, S. 166.

letztlich aussagen. Denn es lässt sich zwar konstatieren, dass die Versorgungsnormen der Roten Armee niedriger waren als die der Wehrmacht, aber heißt das, dass die Rotarmisten »mehr« unter dem Hunger »litten«?[4] Eine letzte Schwierigkeit in Hinblick auf einen fruchtbaren Vergleich ist die Tatsache, dass dieser unter der Bedingung *ceteris paribus* am sinnvollsten wäre, es aber keine Armee gibt, die einen vergleichbaren Krieg führte. Am ehesten entspricht zweifellos die Wehrmacht in den letzten Kriegsjahren den geschilderten Kriterien. Nur befand diese sich ab Mitte 1943 auf dem Rückzug. Ihre Männer, verschlissen, ausgehungert und brutalisiert, gingen in die Kriegsgefangenschaft und Tatenlosigkeit und trafen nicht als Sieger auf schutzlose Frauen in der Fremde. Davor hatten die Wehrmachtssoldaten zwar auch vergewaltigt, im Gegensatz zu den Rotarmisten waren sie aber noch mit einem Völkermord beschäftigt, über den sie sich ihrer Männlichkeit versichern und ihre Gemeinschaft zelebrieren konnten. Zudem ermöglichte das Dritte Reich andere Beziehungen in die Heimat.

Nichtsdestoweniger wurden die Ereignisse und verfügbaren Zahlen über die sexuellen Übergriffe der Rotarmisten in dieser Arbeit so präsentiert, dass sie von einem Extremfall an sexueller Gewalt durch eine staatliche Armee zeugen. In der Konsequenz schließt sich – nicht nur um »aus der Geschichte zu lernen« – die Frage an, an welchem Rädchen in dem »System« Rote Armee mehr gedreht worden war, sodass die Übergriffe so massiv wurden. Lag es daran, dass das Ausmaß des Mangels und der Gewalt innerhalb der Roten Armee deshalb extremer war als in anderen Kriegskontexten, weil der Vernichtungskrieg der Nationalsozialisten auf eine unvorbereitete und stalinistisch organisierte Armee traf? Hätten eine bessere Versorgung, mehr Fronturlaub und weniger Repression die Radikalisierung des Männlichkeitsdiskurses verhindert oder gemindert? Hätte es in Bezug auf die Vorstellungen der Rotarmisten von Sexualität geholfen, wenn Offiziere und Höherrangige ein besseres Vorbild abgegeben und in Bezug auf das Verhalten gegenüber den Rotarmistinnen besser durchgegriffen hätten?[5] Wären eine (höhere) Quote insbesondere an

4 Jochen Hellbeck würde diese Frage mit »Nein« beantworten. Hellbeck, »The Diaries of Fritzes and the Letters of Gretchens«, S. 148.

5 Elizabeth Jean Wood argumentiert, dass Vergewaltigungsraten dann niedrig sind, wenn die Befehlshaber sie verbieten und dies auch durchsetzen. Die im Fall der

Offizierinnen und andere, realistischere weibliche Rollenbilder ein Gegengewicht zum sich radikalisierenden Chauvinismus gewesen? Oder war es im Gegenteil die Anwesenheit der Frauen an sich, die die Soldaten dazu brachte, sich in aller erdenklichen Weise gegen die vermeintliche Relativierung ihrer männlichen Rolle zu wehren? Brachten die Soldaten, die aus allen Teilen der vielfach ruralen Sowjetunion mit oftmals wenigen Jahren Schulbildung kamen, vielleicht doch in stärkerem Maße archaische Vorstellungen und Praktiken an Männlichkeit mit, als man es mit Blick auf die modernen *komsomolki* der stalinistischen Moderne meinen möchte? Auf diese Fragen gibt diese Einzelfallstudie zum Frontalltag keine Antwort.

Es steht außer Frage, dass ein notwendiger Grund für die Radikalisierung der Geschlechterverhältnisse im Kriegsalltag und damit der sexuellen Übergriffe im Aufeinandertreffen des nationalsozialistischen Vernichtungskrieges und der stalinistisch organisierten Armee lag. Es verbietet sich jedoch, darin die Letztursache zu behaupten. Isoliert man die beschriebenen Phänomene, ist es ein Leichtes, (ungleich harmlosere, aber ebenso abzulehnende) Entsprechungen sowohl im vorrevolutionären Russland als auch im Alltag westlicher Staaten um die Jahrtausendwende zu finden. Die Aufzählung Letzterer erübrigt sich hinsichtlich der Ereignisse, die 2018 publik wurden und nun unter dem Kürzel #metoo figurieren.

Diese immer wieder aufscheinende Nähe zu den von mir zu historisierenden Phänomenen, die auch an einer Exterritorialisierung der sexuellen Gewalt durch die Rotarmisten rüttelt, erschwerte mir den Recherche- und Schreibprozess nicht weniger als meine Schwierigkeiten, eine Haltung zu meinem historischen Gegenstand zu entwickeln. Am offensichtlichsten war das in Bezug auf die Rotarmistinnen, die den Anstoß zu dieser Arbeit gegeben hatten. Seit einem Besuch des Deutsch-Russischen Museums in Berlin-Karlshorst und der Ausstellung »Mascha + Nina + Katjuscha. Frauen in der Roten Armee 1941–1945« waren diese für mich mehrfache Heldinnen: Sie hatten sich aus dem herausbegeben, was für mich die universell traditionelle Frauenrolle war, aus der des »Heimchens am Herd«, indem sie bewaffnet und Seite an Seite mit Männern

---

Rotarmisten fehlende Kontrolle scheint mir aber eher eine notwendige, keine hinreichende Erklärung: Wood, Armed Groups and Sexual Violence.

kämpften. Und sie standen dem »richtigen« Feind gegenüber, der deutschen Wehrmacht. Zudem repräsentierten sie für mich die Emanzipiertheit der Sowjetunion in Sachen Frauenrechte. Offensichtlich war ich nicht die Einzige, die von ihnen fasziniert war, wie die hohen Besucherzahlen der Ausstellung und die vielen Bücher über sie zeigen.

Doch neben den vielen heroisierten Darstellungen, die ich von und über diese Frauen las, war ich frappiert: Egal, welche Anstrengungen sie auch unternahmen, welche Motivationen und Selbstbilder sie mitbrachten, die nahezu einzige Rolle, die ihnen in der Wahrnehmung und der Beschreibung durch die männlichen Kameraden zugestanden wurde, war die der »Regimentshure«. Warum?, fragte ich mich.

In der Konsequenz verschob sich die Perspektive meiner Arbeit: von den Frauen hin zu dem sozialen Universum, das ihre Rolle formte, und damit zu den Männern in der Roten Armee. Denn diese machten die Rote Armee letztendlich aus. Ich begann mich für den Alltag aller Soldaten und Soldatinnen im Frontraum der Roten Armee zu interessieren und beschäftigte mich in erster Linie mit Gewalt, Männern, deren Frauenbild und den anhängigen Übergriffen.

Im Verlauf der Recherchen musste ich feststellen, dass ich, so wie ich ursprünglich in den Rotarmistinnen zweifache Heldinnen gesehen hatte, weil sie als Frauen die Waffe in die Hand genommen hatten und dem »richtigen« Feind gegenüberstanden, zwischenzeitlich von ihnen enttäuscht war: Nicht wenige von ihnen schwenkten im Laufe des Krieges (und meiner Arbeit) auf ein Weiblichkeitshandeln zurück, das sich im Sich-schön-Machen, Geborgenheit-spenden und in fürsorglichem Handeln zu erschöpfen schien. Oder sie kreideten ihren Geschlechtsgenossinnen eben diese Überlebensstrategien an, waren also ein Teil der Strukturen, die die Positionen anderer Frauen prekär machten. Und ich handelte mir manch entrüstete Antwort ein, wenn ich versuchte, genau das einem Publikum verständlich zu machen, das mit ebensolchen Aspirationen an den Rotarmistinnen interessiert war wie ich zuvor.

Ähnlich, und doch ganz anders, erging es mir mit den misshandelten deutschen Frauen. Das Wissen darum, dass sie den Nationalsozialismus, dessen Kriege und Verbrechen als Teil der deutschen Gesellschaft mitgetragen hatten, und ihre Instrumentalisierung durch revanchistisch gefärbte Projekte der deutschen Nachkriegspolitik und Zivilgesellschaft, die das deutsche Opfernarrativ strickten, erschwerten mir anfangs jede

Form von Empathie. Der Rassismus (bzw. der Kulturalismus), der oftmals in ihren Aussagen mitschwang, tat sein Übriges. Ich fühlte mich wie eine schlechte Vertreterin eines Feminismus, für den jede vergewaltigte Frau erst einmal ein Opfer, eine Betroffene oder – neuerdings – eine »Überlebende« ist.[6] Auch wenn ich wusste, dass *jede* vergewaltigte Frau ein Opfer ist, näherte ich mich den deutschen Frauen mit »spitzen Fingern«. Diese Distanzierung bröckelte nur langsam. Eine Rolle dabei spielten Studien, die belegen, dass die Instrumentalisierung ihnen herzlich wenig gebracht hatte.[7]

Meine größten Probleme aber hatte ich mit den Rotarmisten. Im Laufe der Arbeit hatte ich verstanden, dass das, was sie zu Vergewaltigern gemacht hatte, größer als sie gewesen war. Sie waren nicht die intrinsisch motivierten »asiatischen« Gewalttäter, als die sie mir anfangs in der Literatur begegnet waren. Es rief meine Solidarität auf den Plan, dass sie als einfache Soldaten von der Literatur in der Regel übersehen und gleichzeitig zur Reinkarnation des Bösen erklärt worden waren – ein Schicksal, das ich für diejenigen, die die Hauptlast des Krieges gegen Nazideutschland getragen hatten, nicht angemessen fand. Zumal sie nicht nur gegen die Wehrmacht Krieg führen mussten, an der Front starben, verletzt und traumatisiert wurden, sondern auch noch den Stalinismus schmerzlich am eigenen Leib erfuhren und ins Nichts zurückkehrten – im besten Fall. Bis heute wurden sie weder von sowjetisch-russischer noch von deutscher Seite für die verlorenen Jahre und die Entbehrungen entschädigt. Die Solidarität mit ihnen wuchs, je mehr ich über das Grauen des Frontalltags erfuhr, die Dynamiken der Gewalt und die Männlichkeitsdiskurse verstand, je öfter ich in die zerfurchten Gesichter der Veteranen schaute und mich daran erinnerte, dass die meisten von ihnen nur halb so jung gewesen waren wie ich heute, als meine Großeltern ihr Land überfielen und sie einberufen wurden.

Es endete damit, dass ein deutscher Militärhistoriker, nachdem ich auf einer Konferenz die Alltags- und Bedeutungsstrukturen, die das Ver-

---

6 NetzwerkB, Warum sprechen wir von Überlebenden? https://netzwerkb.org/2011/01/15/warum-sprechen-wir-von-uberlebenden/ [23. 08. 2018].

7 Neben Miriam Gebhardt, Als die Soldaten kamen, S. 123–134, siehe auch Heineman, Die Stunde der Frauen; und Hauser, Vermiedene Erinnerung. Debatte Vergewaltigung im Krieg, in: *taz* (online), 22. 03. 2013, http://www.taz.de/!5070784/ [20. 07. 2016].

halten der Rotarmisten geprägt hatten, aufgezeigt und mich klar einer Exterritorialisierung der Gewalt verweigert hatte, meinte, mir erklären zu müssen, wie schlimm Vergewaltigung doch sei. Und er untermalte dies mit den nicht völlig erfundenen Gräuelgeschichten, die ab 1944 im deutschen Sprachraum zirkulierten. Ich tat das, was er wohl bezweckt hatte: Ich wurde erst einmal stumm. Auch wenn ich nicht daran zweifelte, dass es ihm v. a. darum ging, an seinem Bild der Roten Armee nicht zu rütteln, und dass derlei Übergriffe besser fern von uns lebenden Wilden zugeordnet wurden und nicht etwa auf einem Alltag zurückzuführen waren, den wir uns verständlich machen können, hatte er einen wunden Punkt getroffen:

Wo hört Verstehen auf, und wo fängt Verständnis an? Hatte ich tatsächlich Verständnis für die Vergewaltiger entwickelt, weil ich ihren Kriegsalltag zu verstehen meinte und wünschte, dass sie diesen nicht erlebt hätten? Wie weit darf die Solidarität mit den Opfern des deutschen Vernichtungskrieges gehen, wenn diese wiederum andere zu Opfern machten? Zumal nicht nur für die Rotarmistinnen, sondern auch für die Rotarmisten gilt, dass sie selbst im Kriegsgeschehen handelnde Subjekte blieben und nicht zu reinen Spielbällen der Strukturen wurden.

Eine endgültige Antwort kann ich nicht geben. Wie dieses Fazit zeigt, erklärt die historische Konstellation nicht alles, mit einer Einzelfallstudie lässt sich kein Sonderfall behaupten, und eine klare Haltung hinsichtlich von Fragen nach Schuld und Verständnis kann und will ich als Historikerin ebenfalls nicht präsentieren. Mit dem *modus scribendi* »Der Weg ist das Ziel« und dem großen Raum, den Selbstzeugnisse in dieser Arbeit einnehmen, hoffe ich aber, meinen historischen Subjekten so viel Raum gegeben zu haben, dass sie als ebensolche erscheinen. Eine Haltung dazu zu entwickeln, bleibt meinen Lesern und Leserinnen überlassen.

Anhang

Abkürzungsverzeichnis

AAN	Archiwum Akt Nowych = Archiv für Neue Akten, Warschau
AdK	Akademie der Künste, Berlin
BA-MA	Bundesarchiv-Militärarchiv, Freiburg
CAMO	Centralnij Archiv Ministerstva Oborony = Zentrales Archiv des Verteidigungsministeriums, Moskau
CMAMLS	Centralnij Moskovskij Archiv – Muzej Ličnich Sobranij = Zentrales Moskauer Stadtarchiv – Museum persönlicher Sammlungen
D.	Delo = Akte
F.	Fond
GKO	Gosudarstvennij Komitet Oborony = Staatliches Verteidigungskommitee, Notstandsregierung während des Krieges
HIA	Hoover Institution Archive, Stanford
IPN	Instytut Pamięci Narodowej = Institut für Nationale Erinnerung, Warschau
L./Ll	List(i) = Blatt/Blätter
NA IRI RAN	Naučnij Archiv Instituta Rossijskoj Istorii Rossijskoj Akademii Nauk = Wissenschaftliches Archiv des Instituts für Russländische Geschichte der Russländischen Akademie der Wissenschaften, Moskau
NKO	Narodnij Kommissariat Oborony = Verteidigungsministerium der Sowjetunion
NKVD	Narodnyi Kommissariat Vnutrennych Del = Innenministerium der Sowjetunion
OO	Osobye Otdely = NKVD-Sonderabteilungen zur Überwachung der Armee und Gegenspionage
Op.	Opis' = Findbuch
OŽDSB	Otdel'naja Ženskaja Dobrovol'českaja Strelkovaja Brigada = Erste Freiwillige Frauenschützenbrigade, gegründet im November 1942
PKWN	Polski Komitet Wyzwolenia Narodowego = Polnisches Komitee der Nationalen Befreiung, 1944 in Moskau gegründete volkspolnische Regierung
R.	Razdel = Teilgebiet

RGASPI	Rossijskij Gosudarstvennij Archiv Social'no-Političeskoj Istorii = Russländisches Staatliches Archiv für Sozialpolitische Geschichte, Moskau
RGASPI-M	Rossijskij Gosudarstvennij Archiv Social'no-Političeskoj Istorii – Molodež = Russländisches Staatliches Archiv für Sozialpolitische Geschichte – Komsomol-Abteilung, Moskau
RGVA	Rossiskij Gosudarstvennij Voennij Archiv = Russländisches Staatliches Militärarchiv
SondA	Sonderarchiv Moskau, beherbergt deutsche Beuteakten
VHA	Visual History Archive der US Shoa Foundation

Glossar

bliny	Pfannkuchen
Bloknoty Agitatora	(dt. »Notizbücher des Agitatoren«) – Journal für Argumentationshilfen für Propagandatätigkeiten
byt	alltägliche Lebensweise
chuj	Penis (vulg., Schwanz)
Čapaev	sowjetischer Film über den Bürgerkriegshelden Vasilij I. Čapaev und seine Crew, Regie: Georgij und Sergej Vasil'ev, 1934/35
deboš	unkontrollierbare Gewalt/Ruhestörung
ebat'sja	Geschlechtsverkehr haben (vulg.)
frontovik	Frontkämpfer
Frontovye Podrugi	(dt. »Freundinnen an der Front«) sowjetischer Film über Sanitäterinnen im Winterkrieg, Regie: Viktor Ejsymont, 1941
»Ja Pomnju« – Vospominanie o VOV	»Ich erinnere mich« – Erinnerungen an den Großen Vaterländischen Krieg
Komsomol	Komunističestkij Sojuz Molodeži = Jugendorganisation der KPdSU
komsomolki (Pl.)	weibliche Mitglieder des Komsomol
Krasnaja Zvezda	(dt. »Roter Stern«) Militärzeitung der Roten Armee
Krasnoarmeec	(dt. »Rotarmist«) Militärjournal der Roten Armee
Kresy	Ostpolen, das 1939 von sowjetischen Truppen besetzt und nach 1944 der Ukrainischen, der Weißrussischen und der Litauischen Sozialistischen Sowjetrepublik zugeteilt wurde
machorka	Tabak

mat	Flüche
Milicja Obywatelska	(volkspolnische) Bürgerpolizei
načal'stvo	Obrigkeit
nacmen	Nacional'noe Men'šinstva = (Angehöriger einer) ethnische(n) Minderheit
»Ni šagu nazad«	»Keinen Schritt zurück«
opolčennie	Bürgerwehr/Volkssturm
Papirossi	Zigaretten
pizda	Vagina (vulg. Fotze)
po-dušam	frei von der Seele weg(reden)
pogranpolki	Vnutrennie Vojska NKVD po Ochrane Tyla Dejstvujušej Armii = Die inneren Truppen des NKVD zur Sicherung des Hinterlandes der kämpfenden Armee
politruki	političeskie rukovoditeli = politische Mentoren, Leiter, hier: politische Kommissare
povestka	Mobilisierungsbefehl/Einberufungsbefehl
PPŽ	Pochodno-Polevaja Žena = marschierende Feldehefrau, Frontehefrau
Pravda	(dt. »Wahrheit«) sowjetische Tageszeitung
Rabotnica	(dt. »die Arbeiterin«) sowjetische Frauenzeitschrift
raporty situacyjne	situative/tägliche Berichte der volkspolnischen Bürgerpolizei
Róża	(dt. »Rose«) polnischer Film über die Beziehung eines Polen und einer Masurin, Regie: Wojciech Smarzowski, 2011
samogon	Selbstgebrannter
sibir'jak	Sibirier
sila	Stärke/Macht
SmerŠ	Smert' Špionam = Tod den Spionen, Nachfolgeorganisation der OO zur Überwachung der Armee und Gegenspionage
soldatka	Soldatin (grob)
sožitel'stvo	»wilde Ehe«, hier: jede Form von nicht registriertem Zusammenleben von Mann und Frau, kann auch Nötigung und Vergewaltigung meinen
sporno-peresyl'nye punkty	Sammelstellen
stavka	Stavka Verchovnogo Glavnokomandujuščego = (Hauptquartier des) Oberbefehlshaber(s) der sowjetischen Armee
štrafnik/ štrafniki (Pl.)	Angehörige(r) der Strafeinheit
štrafroty	Strafeinheiten

suchariki	kleine getrocknete Brotwürfel
trippernik/ trippernìki (Pl.)	Tripperkranke
tyl	Hinterland
tyloviki	Männer des Hinterlandes, hier: keine richtigen Soldaten
voenkomat	Volkskommissariat für militärische Angelegenheiten, auch die Vertretung vor Ort
vydvižency (Pl.)	(soziale) Aufsteiger
zagradotrjady	zagradnitel'nye otrjady = Sperrkommandos
zampolity	Zamestitel' Komandira po politiko-prosvetitel'skoj i vospitatel'noj rabote = Vertreter des Kommandeurs für politisch-aufklärerische und erzieherische Arbeit, siehe auch politische Kommissare
ziemie odzyskane	Wiedergewonnene Gebiete = Ostgebiete des Deutschen Reiches und die Freie Stadt Danzig, die nach dem Zweiten Weltkrieg Polen zugeteilt wurden

Archive

Russland

RGASPI – Rossijskij Gosudarstvennij Archiv Social'no-Političeskoj Istorii (Russländisches Staatliches Archiv für Sozialpolitische Geschichte, Moskau)

Fond 644	Staatliches Komitee der Verteidigung

RGASPI-M – Rossijskij Gosudarstvennij Archiv Social'no-Političeskoj Istorii, Molodež (Russländisches Staatliches Archiv für Sozialpolitische Geschichte – Komsomol-Abteilung, Moskau)

Fond 7	Materialien zu den Ausstellungen des Komsomol
Fond 33	Feldpost aus dem »Großen Vaterländischen Krieg«

RGVA – Rossiskij Gosudarstvennij Voennij Archiv (Russländisches Staatliches Militärarchiv, Moskau)

Fond 32925	Administration der NKVD-Truppen zur Sicherung des Hinterlandes in Deutschland
Fond 32905	Administration der NKVD-Truppen zur Sicherung der 2. Ukrainischen Front
Fond 38694	1. Freiwillige Frauenschützenbrigade (1. Otdel'naja Ženskaja Dobrovol'českaja Strelkovaja Brigada, OŽDSB)

CMAMLS – Centralnij Moskovskij Archiv – Muzej Ličnich Sobranij (Zentrales Moskauer Stadtarchiv – Museum persönlicher Sammlungen)

Fond 88, 140, 172,181, 201, 216, 289 Persönliche Ego-Dokumente von Teilnehmerinnen und Teilnehmern des Großen Vaterländischen Krieges

NA IRI RAN – Naučnij Archiv Instituta Rossijskoj Istorii Rossijskoj Akademii Nauk (Wissenschaftliches Archiv des Instituts für Russländische Geschichte der Russländischen Akademie der Wissenschaften in Moskau)

Fond 2 Sammlung der Kommission für die Geschichte des Großen Vaterländischen Krieges unter Isaak Minc

Sonderarchiv, Moskau (Sond A)

Fond 245 Deutsche Beuteakten

Deutschland

BA/MA – Bundesarchiv/Militärarchiv, Freiburg

RH 2 OKH Generalstab des Heeres
RH 26 – 9 9. Infanteriedivision
RH 26 – 10 10. Infanteriedivision

WKBA – Walter-Kempowski-Biographien-Archiv, Akademie der Künste, Berlin

Fond 2067, 2856, 3027, 4642 – 2, 6108 – 1, – 2, – 16, – 64, – 86, – 101, – 108, – 217 Ego-Dokumente von unterschiedlichsten Zeitzeuginnen und Zeitzeugen der (Nach)Kriegsjahre

Polen

AAN – Archiwum Akt Nowych (Archiv für Neue Akten, Warschau)

Del. Rządu RP przy PGWAR – Verbindungsstelle zwischen der volkspolnischen Regierung und der in Polen stationierten Roten Armee (hier: der Nördlichen Gruppe der Roten Armee)
Urząd Rady Mininstrów – Büro des Ministerrats
Prezydium Rady Mininistrów – Präsidium des Ministerrats
Ministerstwo Informacji i Propagandy – Ministerium für Information und Propaganda

IPN – Instytut Pamięci Narodowej (Institut für Nationale Erinnerung, Warschau)

BU 1572/1425 Ministerium für öffentliche Sicherheit
BU 00294 Situationsberichte, Meldungen und Telefonmitschriften der Bürgerpolizei in Kraków und Lublin
By 060/48 Abteilung für öffentliche Sicherheit in Toruń und Bydgoszcz

USA

HIA – Hoover Institution Archive, Stanford
Boris I. Nikolaevskii-Collection
Dmitrii A. Volkogonov-Collection
Jan Karski-Collection
Jozef Freilich-Collection
William Philp-Collection

Digitale Quellensammlungen

soldat.ru: http://soldat.ru
VOENNAJA LITERATURA: http://militera.lib.ru
Prozhito: http://prozhito.org
Ženščiny-Pamjat'-Vojna: http://wmw.gender-ehu.org
»Ja Pomnju« – Vospominanie o VOV: http://iremember.ru
Visual History Archive (VHA) der US Shoa Foundation: http://vhaonline.usc.edu
Zwangsarbeit 1939–1945: http://www.zwangsarbeit-archiv.de
Voices of the holocaust: http://voices.iit.edu

Interviewverzeichnis

Marija A. A., geb. 1922; hat sich 1941 in Leningrad, wo sie Medizin studierte, freiwillig verpflichtet; diente zuerst als Sanitäterin und dann als Krankenschwester in einem mobilen Feldhospital; hat 1943 in Lipeck geheiratet und arbeitete von da an in Lipeck als stationäre Krankenschwester.
Interview geführt am 06. 05. 2006 in Lipeck in der Pädagogischen Universität.

Maja F. B., geb. 1924; 1942 aus dem Technischen Institut Voronež als Funkerin und Telefonistin an die Front mobilisiert; mehrfach verwundet; erlebte das Ende des Krieges 1945 in Prag und wurde demobilisiert.
Interview geführt am 14. 06. 2006 in Voronež im Rat der Veteranen.

Bronja B., geb. 1922; arbeitete als Buchhalterin und hat sich 1941 freiwillig in Moskau verpflichtet; diente als Sanitäterin; erlebte das Ende des Krieges in Kiev, wo sie bis 1948 in der Armeeverwaltung tätig blieb.
Interview geführt am 06. 06. 2006 in Berlin in ihrer Privatwohnung im Altenheim.

Ksenija T. Z., geb. 1921; diente bereits im Winterkrieg; ausgebildet für die Chemische Abwehr, diente dann aber in der Nachrichtenübermittelung; erlebte das Ende des Krieges in Bulgarien, wo sie noch ein Jahr lang in einer Militärkommission für den Fuhrpark verantwortlich war.
Interview geführt am 11. 05. 2006 in Voronež in ihrer Privatwohnung.

Alle Interviews befinden sich in meinem Privatbesitz.

Gedruckte Quellen

Abdulin, Mansur G., Stranicy soldatskogo dnevnika, Moskau 1990.

Aleksandrova, Zoja N., Ženskoe eto delo – razvedka, in: *Mir oružija* (2005) H. 07, S. 10–15.

Alexijewitsch, Swetlana A., Der Krieg hat kein weibliches Gesicht, Berlin 2004.

Andreas-Friedrich, Ruth, Der Schattenmann. Tagebuchaufzeichnungen 1938–1948, Frankfurt am Main 2000.

Anonyma, Eine Frau in Berlin. Tagebuchaufzeichnungen vom 20. April bis 22. Juni 1945, Frankfurt am Main 2004.

Astaf'ev, Viktor, Veselyj soldat, in: *Novyi mir,* (1998) H. 5, S. 3–58.

Atabek, Tat'jana, Ožidanije sčast'ja. Dnevniki i pis'ma voennogo fel'dšera Tat'jany Atabek, 1941–1945, in: *Izvestija,* 22. 06. 2002.

B., Hugo, »Mich leckt am Arsch mit eurer Schlachterei!«. Aus den Tagbüchern eines Schneiders, in: Hammer/Zur Nieden, (Hg.), Sehr selten, S. 318–378.

Barabaš, Georgij, V borjach za žisn', Tiraspol 1978.

Beljavskaja, Irina M., Devniki i pis'ma Iriny Michajlovny i Michajla Timofeeviča Beljavskich (1941–1945), Moskau 2010.

Belov, Nikolaj F., Frontovoj dnevnik, in: *Vologda* (1997) H. 2, S. 431–476.

Berdinskich, Viktor, Rjadovye fronta i tyla. Rasskasy očevidcev, Teil 1, in: *Volga* (1989) H. 6, S. 3–23.

Bessonov, Evgenii, Tank Rider. Into the Reich with the Red Army, Philadelphia, Pa 2005.

Bogomolov, Vladimir, »Žizn' moja ili ty prisnilas' mne …«. Roman v dokumentach, Moskau 2013.

Bogačeva, Irina E., Dorogi, kotorye my vybiraem …: Vospominanija i rasmyšlenija vojennoj medcestry, Voronež 2005.

Borodziej, Wlodzimierz/Lemberg, Hans (Hg.), »Unsere Heimat ist uns ein fremdes Land geworden …«: die Deutschen östlich von Oder und Neiße 1945–1950; Dokumente aus polnischen Archiven, 4 Bände, Band 1: Zentrale Behörden, Wojewodschaft Allenstein, Marburg/Lahn 2000; Band 2: Zentralpolen, Wojewodschaft Schlesien, Marburg 2003; Band 3: Wojewodschaft Posen, Wojewodschaft Stettin (Hinterpommern), Marburg 2004; Band 4: Wojewodschaften Pommerellen und Danzig (Westpreußen), Wojewodschaft Breslau (Niederschlesien), Marburg 2004.

Böthig, Peter/Walther, Peter (Hg.), Die Russen sind da. Kriegsende und Neubeginn 1945 in Tagebüchern und Briefen aus Brandenburg, Berlin 2010.
Boveri, Margret, Tage des Überlebens. Berlin 1945, München 1977.
Bušin, Vasilij S., Ja posetil ves' mir. Iz dnevnikov frontovika, Moskau 2012, militera.lib.ru/db/bushin_vs01/index.html [28. 08. 2018].
Cariewskaja, Tatiana/Rosowska, Ewa (Hg.), Teczka specjalna J. W. Stalina. Raporty NKWD z Polski 1944–1946, Warschau 1998.
Chaustov, Vladimir N./Naumov, V. P./Plotnikova, N. S. (Hg.), Lubjanka. Stalin i MGB SSSR, mart 1946–mart 1953, Moskau 2007.
Cottam, Kazimiera J., Women in War and Resistance. Selected biographies of Soviet women soldiers, Nepean 1998.
Dies. (Hg.), Women in Air War. The Eastern front of World War II, Nepean 1997.
Čuchraj, Grigorij N., Moja vojna, Moskau 2001.
Čurkin, Vasilij, Tagebuch. Hrsg. als: Kormilicyn, Sergej V.; Lysev, A. V. (Hg.), Lož' ot Sovetskogo Informbjuro. St. Petersburg, Moskau 2005, militera.lib.ru/db/churkin_vv/01.html [28. 08. 2018].
Davydjuk, Svetlana, Cvety v poroxovom dymu, in: *Družba Narodov* (1995) H. 4, S. 122–144.
Davydov, Anatolij, Zdes' moja ostanovka, in: *Avrora* (1987) H. 6, S. 37–44.
Delagrammatik, Michajl, Voennye tribunaly za rabotoj, in: *Novyj Mir* (1997) H. 6, S. 130–139.
Djilas, Milovan, Gespräche mit Stalin, Frankfurt am Main 1962.
Dokumentation der Vertreibung der Deutschen aus Ost-Mitteleuropa, Band 1: Die Vertreibung der deutschen Bevölkerung aus den Gebieten östlich der Oder-Neisse, Teil 1 und 2, hrsg. vom Bundesministerium für Vertriebene, Bonn 1953.
Drabkin, Artem V./Irinčeev, Bair (Hg.), »A zori zdes' gromkie«. Ženskoe lico vojny, Moskau 2012.
Dunaevskaja, Irina, Ot Leningrada do Kenigsberga. Dnevnik voennoj perevodčicy (1942–1945), Moskau 2010.
Elancev, Grigorij, Frontovoj devnik, http://www.kurgangen.ru/WWW%20II/Frontovoy%20dnevni/ [28. 08. 2018].
Eremenko, Andrej. I., Dnevniki, zapiski, vospominanija 1939–1946, Moskau 2013.
Ermolenko, Vasilij I., Voennyj dnevnik staršego seržanta, Belgorod 2000.
Fitzpatrick, Sheila/Slezkine, Yuri (Hg.), In the Shadow of Revolution. Life Stories of Russian Women from 1917 to the Second World War, Princeton 2000.
Gelfand Wladimir N., Tagebuch 1941–1946, Baden-Baden 2002.
Glaškin, Nikolaj: Dnevnik, http://prozhito.org/person/240 [28. 08. 2018].
Gorbačevskij, Boris, Rževskaja mjasorubka. Vremja otvagi. Zadača – vyzhit'!, Moskau 2007.
Granin, Daniil, Mein Leutnant. Roman, Berlin 2015.
Gurvic, Leonid, Vospominanija frontovogo radista. Ot KV-radiostancij do morskich krylatych raket, St. Petersburg 2008.
Hammer, Ingrid/Zur Nieden, Susanne (Hg.), Sehr selten habe ich geweint. Briefe und Tagebücher aus dem Zweiten Weltkrieg von Menschen aus Berlin, Zürich 1992.
Hay, Julius, Geboren 1900. Erinnerungen, Reinbek bei Hamburg 1971.

Heinrici, Gotthard, Dokumente, in: Johannes Hürter (Hg.), Notizen aus dem Vernichtungskrieg. Die Ostfront 1941/42 in den Aufzeichnungen des Generals Heinrici, Darmstadt 2016.
Ders., Dokumente, in: Gotthard Heinrici/Johannes Hürter (Hg.), Ein deutscher General an der Ostfront. Die Briefe und Tagebücher des Gotthard Heinrici 1941/42, Erfurt 2001, S. 53–164.
Indžiev, Lidži O., Frontovoj dnevnik, Elista 2002.
Inozemcev, Nikolaj N., Frontovoj dnevnik, Moskau 2005.
Jahn, Peter (Hg.), Mascha + Nina + Katjuscha. Frauen in der Roten Armee 1941–1945, Berlin 2002.
Jašin, Aleksandr, Dnevniki 1941–1945, Moskau 1977.
Kaps, Johannes (Hg.), Martyrium und Heldentum ostdeutscher Frauen. Ein Ausschnitt aus der schlesischen Passion 1945/6, München 1954.
Kardin, V., Neob'javlaennaja vojna. Iz zapisok rjadogo učastnika, in: *Oktjabr'* (1995) H. 1, S. 107–160.
Kazakevič, Emmanuil' G., Slušaja vremja. Dnevniki, zapisnye knižki, pis'ma, Moskau 1990.
Kirilina, Evgenija/Schnegg, Alexander (Hg.), »Als alle an die Front gingen, ging ich auch«. Sechs Soldatinnen der Sowjetarmee erzählen, Berlin o. J.
Kopelew, Lew, Aufbewahren für alle Zeit, München 1983.
Kosterina, Nina, Das Tagebuch der Nina Kosterina, München 1973.
Kovalevskij, Andrej, Nynče u nas peredyška. Frontovoj dnevnik, in: *Neva* (1995) H. 5, S. 63–108.
Krasnoarmeec – Militärisches Journal des Volkskommissariats für Verteidigung.
Kukuev, Lev, Polevaja sumka. Irkutskie odnoklasniki, in: *Sibir'* (1985) H. 3, S. 18–51.
Lesin, Aleksandr A., Byla vojna. Kniga-dnevnik, Simferopol 1990.
Levin, Imanuil Il'ič, Zapiski voennogo perevodčika, Moskau 1986.
Loza, Dmitriy F., Fighting for the Soviet Motherland. Recollections from the Eastern Front, Hero of the Soviet Union, Lincoln, NE 1998.
Lugowskaja, Nina S., Ich will leben. Tagebuch aus Moskau 1932–1937, München 2008.
Maksimova, Ella M., (Hg.), Ja eto videl. Novye pis'ma o vojne, Moskau 2005.
Malakhova, Vera I., Four Years as a Frontline Physician, in: Barbara Alpern Engel (Hg.), A Revolution of their Own. Voices of Women in Soviet History, Boulder, CO. 1998, S. 175–218.
Markova-Kadnevskaja, Evgenija, Idut po vojne devčata. Zapiski Snajpera, in: *Volga* (1986) H. 3, S. 3–50.
Meletinskij, Eleazar, Moja vojna, in: *Znamja* (1992) H. 10, S. 148–179.
Mindlin, Venjamin, Poslednij boj – on trudnij samyj… Povest'-Vospominanie, Teil 1, in: *Znamja* (1985) H. 4, S. 90–124.
Nikulin, Nikolaj, Vospominanija o vojne, St. Petersburg 2007.
Noggle, Anne (Hg.), A Dance with Death. Soviet Airwomen in World War II, College Station 2001.
Normann, Käthe von, Ein Tagebuch aus Pommern 1945–46 (1. Beiheft der Dokumentation der Vertreibung der Deutschen aus Ost-Mitteleuropa, bearbeitet von Theodor Schieder), o. O. 1955.

Organy gosudarstvennoj bezopasnosti SSSR v Velikoj Otečestvennoj Vojne. Sbornik dokumentov, Band 2, Načalo, Buch 1 (22 ijunja–31 avgusta 1941 goda), Moskau 2000.
Organy gosudarstvennoj bezopasnosti SSSR v Velikoj Otečestvennoj Vojne. Sbornik dokumentov, Band 2, Načalo, Buch 2 (1 sentjabrja–31 dekabrja 1941 goda), Moskau 2000.
Organy gosudarstvennoj bezopasnosti SSSR v Velikoj Otečestvennoj Vojne. Sbornik dokumentov, Band 3, Buch 1, »Krušenie »blickriga« (1 janvarja–30 ijunja 1942 g.), Moskau 2003.
Organy gosudarstvennoj bezopasnosti SSSR v Velikoj Otečestvennoj Vojne. Sbornik dokumentov, Band 3, Buch 2, »Ot oborony k nastupleniju« (1 ijulja–31 dekabrja 1942 g.), Moskau 2003.
Organy gosudarstvennoj bezopasnosti SSSR v Velikoj Otečestvennoj Vojne. Sbornik dokumentov, Band 4, Buch 1, »Sekreti Operacii ›Citadel'‹« (1 janvarja–30 ijunja 1943), Moskau 2003.
Ovsjankin, Evgenij I., Pis'ma s fronta. 1941–1945, Archangelsk 1989.
Panarin, Iwan, Eine Stimme aus dem Jahr 1945, Rostock 2015.
Papst, Helmut, Der Ruf der äußersten Grenze. Tagebuch eines Frontsoldaten, Tübingen 1953.
Petrova, Nina K. (Hg.), Ženščiny Velikoj Otečestvennoj Vojny, Moskau 2014.
Plimak, Evgenij G., Na vojne i posle vojny. Zapiski veterana, Moskau 2005.
Podlubnij, Stepan, Tagebuch aus Moskau 1931–1939, München 1996.
Poljakov, Sergej, Zapiski malen'kogo soldata o bol'šoj vojne, in: *Sever* (1995) H. 9, S. 108–126.
Pomeranc, Grigorij, Zapiski gadkogo utenka, Teil 1, in: *Znamja* (1993) H. 7, S. 134–173; Teil 2, in: *Znamja* (1993) H. 8, S. 129–172.
Poslednie pis'ma s fronta 1941, Moskau 1991.
Poslednie pis'ma s fronta 1942, Moskau 1992.
Poslednie pis'ma s fronta 1943, Moskau 1992.
Poslednie pis'ma s fronta 1944, Moskau 1993.
Poslednie pis'ma s fronta 1945, Moskau 1995.
Pustovojt, Petr G., Pestrye liki vojny (Dnevnik voennogo perevodčika), Moskau 1998.
R., Robert, »Sehr selten habe ich geweint«. Ein Volksschullehrer in Russland, in: Hammer/Zur Nieden (Hg.), Sehr selten, S. 223–267.
Rabičev, Leonid, Vojna vse spišet. Neskol'ko fragmentov iz knigi vospominanij o vojne, in: *Znamja* (2005) H. 2, S. 142–166.
Reese, Willy Peter, Mir selber seltsam fremd. Russland 1941–44, Berlin 2004.
Rubinštejn, Levka, Ispoved' sčastlivogo al'pinista, St. Petersburg 2001.
Ders., Ispoved' sčastlivogo al'pinista. Glavy iz trilogii, in: *Zvezda* (1995) H. 5, S. 5–52.
Rudneva, Evgenija, Poka stučit serdce. Dnevniki i pis'ma Geroja Sovetskogo Sojuza, Moskau 1995.
Russkij Archiv, Velikaja Otečestvennaja: Prikazy narodnogo kommissara oborony SSSR 22 ijunja 1941 g.–1942 g., Moskau 1997.
Russkij Archiv, Velikaja Otečestvennaja: Prikazy narodnogo kommissara oborony SSSR 1943–1945 gg, Moskau 1999.

Russkij Archiv, Velikaja Otečestvennaja: Stavka VGK. Dokumenty i Materialy. 1941 god, Moskau 1996.
Russkij Archiv, Velikaja Otečestvennaja: Stavka VGK. Dokumenty i Materialy. 1942 god, Moskau 1996.
Russkij Archiv, Velikaja Otečestvennaja: Stavka VGK. Dokumenty i Materialy. 1943 god, Moskau 1999.
Safonov, Anatolij E., Soldatskie Memuary, in: *Vologda* (1997) H. 2, S. 404–430.
Samojlov, David, Pamjatnye Zapiski, in: *Neva* (1994) H. 4, S. 299–312.
Ders., Ljudi odnogo varianta. Iz voennych zapisok. Teil 1, in: *Avrora* (1990) H. 1, S. 42–83; Teil 2, in: *Avrora* (1990) H. 2, S. 50–96.
Sander, Helke/Johr, Barbara (Hg.), BeFreier und Befreite. Krieg, Vergewaltigungen, Kinder, München 1992.
Scherstjanoi, Elke (Hg.), Rotarmisten schreiben aus Deutschland. Briefe von der Front (1945) und historische Analysen, München 2004.
Schindel', Alexander D., Po obe storony fronta. Pis'ma sovetskich i nemeckich soldat, Moskau 1995.
Shayakhmetov, Mukhamet, The Silent Steppe. The Story of a Kazakh Nomad Under Stalin, London 2006.
Simonov, Konstantin, Sto sutok vojny, Smolensk 1999.
Ders., Dym Otečestva, in: ders., Sobranie sočinenij v 6 tomach, Band 3, Moskau 1967.
Sluckij, Boris, Zapiski o vojne. Stichotvorenija i ballady, St. Petersburg 2000.
Smirnova-Medvedeva, Zoya M., On the Road to Stalingrad, Newburyport 1997.
Snopkov, Pavel Aleksandrovič (Hg.), Plakaty vojny i pobedy. 1941–1945. Rossijskaja Gosudarstvennaja Biblioteka, Moskau 2005.
Solženicyn, Aleksandr, Prusskie Noči, Paris 1973.
Spieler, Silke (Hg.), Vertreibung und Vertreibungsverbrechen. 1945–1948; Bericht des Bundesarchivs vom 28. Mai 1974; Archivalien und ausgewählte Erlebnisberichte, Bundesarchiv, Kulturstiftung der Deutschen Vertriebenen, Bonn 1989.
Stalin, Iosif V., O Velikoj Otečestvennoj Vojne Sovetskogo Sojuza, Moskau 2002.
Steženskij, Vladimir, Soldatskij dnevnik. Voennye stranicy, Moskau 2005.
Stransky, Jan, East Wind over Prague, London 1950.
Šumeliškij, Mark, Dnevnik soldata, Moskau 2000.
Suris, Boris, Frontovoj dnevnik. Dnevnik, rasskazy, Moskau 2010.
Tartakovskij, Boris, Iz dnevnikov voennych let, Moskau 2005.
Temkin, Gabriel, My Just War. The Memoir of a Jewish Red Army Soldier in World War II, Novato CA 1998.
Tokarev, Gennadij, Vesti dnevnik na fronte zapreščalos', Novosibirsk 2005.
Tschetschnewa, Marina P., Der Himmel bleibt unser, Berlin 1982.
Ueberschär, Gerd R./Wette, Wolfram (Hg.), Der deutsche Überfall auf die Sowjetunion. »Unternehmen Barbarossa« 1941, Frankfurt am Main 1999.
Uranova, Sof'ja Sergeevna, Četyre goda v šineli. Frontovoj dnevnik xudožnicy. 1942–1945, Moskau 1967.
Valtna, Ats, Die Moral der Roten Armee. Identifiziertes Heldentum des 20. Jahrhunderts, Biel 1948.

Višnevskij, B., Dnevniki voennych let (1943, 1945 gg.), Moskau 1974.
Yakushin, Ivan, On the Roads of War. A Soviet Cavalryman on the Eastern Front, Barnsley 2005.
Žarikov, Andrej/Jurčenko, Petr., ...v polk pribyli sibirjaki, in: *Sibirskie ogni* (1989) H. 5, S. 145–151.
Žukova, Julija, Devuška so snajperskoj vintovkoj. Vospominaniija vypusknicy central'noj ženskoj školy snajperskoĭ podgotovki, 1944–1945, Moskau 2006.

Sekundärliteratur

Agamben, Giorgio, Homo sacer. Die souveräne Macht und das nackte Leben, Frankfurt am Main 2006.
Arendt, Hannah, Vita activa oder Vom tätigen Leben, München 2007.
Ashwin, Sarah, Introduction: Gender, State and Society in Soviet and post-Soviet Russia, in: dies. (Hg.), Gender, S. 1–29.
Dies. (Hg.), Gender, State, and Society in Soviet and Post-Soviet Russia, London 2002.
Baberowski, Jörg, Räume der Gewalt, Frankfurt am Main 2015.
Ders., Verbrannte Erde. Stalins Herrschaft der Gewalt, München 2012.
Ders., Gewalt verstehen, in: *Zeithistorische Forschungen* 5 (2008) H. 1, S. 5–18.
Ders., Der Sinn der Geschichte. Geschichtstheorien von Hegel bis Foucault, München 2005.
Ders., Der rote Terror. Die Geschichte des Stalinismus, München 2003.
Bajor, Frank/Pohl, Dieter, Massenmord und schlechtes Gewissen. Die deutsche Bevölkerung, die NS-Führung und der Holocaust, München 2006.
Baker, Catherine (Hg.), Gender in Twentieth-Century Eastern Europe and the USSR, London 2017.
Barber, John, The Image of Stalin in Soviet Propaganda and Public Opinion during World War II, in: John & Carol Garrard and World Congress for Soviet and East European Studies (Hg.), World War 2 and the Soviet People. Selected Papers from the 4. World Congress for Soviet and East European Studies, Harrogate, 1990, New York 1993, S. 38–49.
Bartov, Omer, Hitlers Wehrmacht. Soldaten, Fanatismus und die Brutalisierung des Krieges, Reinbek bei Hamburg 1999.
Bechdolf, Ute, Grenzerfahrungen von Frauen. Vergewaltigungen beim Einmarsch der französischen Besatzungstruppen in Südwestdeutschland, in: Utz Jeggle (Hg.), D'une rive à l'autre. Rencontres ethnologiques franco-allemandes, Paris 1997, S. 188–203.
Beevor, Antony, Ein Schriftsteller im Krieg. Wassili Grossman und die Rote Armee 1941–1945, München 2007.
Ders., Berlin. The Downfall, 1945, London/New York 2002.
Berding, Helmut/Sonderforschungsbereich Erinnerungskulturen (Hg.), Krieg und Erinnerung. Fallstudien zum 19. und 20. Jahrhundert, Göttingen 2000.

Bergson, Henri, Materie und Gedächtnis – Eine Abhandlung über die Beziehung zwischen Körper und Geist, Jena 1919.
Bielefeld, Ulrich, Ethnizität und Gewalt. Kollektive Leidenschaft und die Existenzialisierung von Ethnizität und Gewalt, in: Wolfgang Höpken/Michael Riekenberg (Hg.), Politische und ethnische Gewalt in Südosteuropa und Lateinamerika, Köln/Weimar/Wien 2001, S. 1–19.
Birstein, Vadim J., SMERSH. Stalin's Secret Weapon. Soviet Military Counterintelligence in WWII, London 2011.
Bischl, Kerstin, Female Red Army Soldiers in World War II and beyond, in: Baker, Catherine (Hg.), Gender in Twentieth-Century Eastern Europe and the USSR, S. 112–126.
Dies., Presenting Oneself. Red Army Soldiers and Violence in the Great Patriotic War, 1941–1945, in: *History* 101 (2016) H. 346, S. 364–379.
Dies., Seksualnoe nasilie i povsednevnaja žizn'. Rassuždenija o Krasnoj armii, in: Nikolaj V. Michajlov/Jan Plamper (Hg.), Malen'kij čelovek i bol'šaja vojna v istorii Rossii. Seredina XIX – seredina XX vekov; materialy meždunarodnogo kollokviuma (Sankt-Peterburg, 17–20 ijunja 2013 g.), St. Petersburg 2015, S. 530–543.
Dies., »Und bin nicht mehr da.« Überlebende berichten von sexueller Gewalt durch die Rote Armee 1944/45, in: Alina Bothe/Christina Brüning (Hg.), Geschlecht und Erinnerung im digitalen Zeitalter. Neue Perspektiven auf ZeitzeugInnenarchive, Berlin 2015, S. 135–156.
Dies., Telling Stories. Gender Relationships and Masculinity in the Red Army 1941–45, in: Maren Röger/Ruth Leiserowitz (Hg.), Women and Men at War. A Gender Perspective on World War II and its Aftermath in Central and Eastern Europe, Osnabrück 2012, S. 117–134.
Bisky, Jens, Wenn Jungen Weltgeschichte spielen, haben Mädchen stumme Rollen, in: *Süddeutsche Zeitung*, 24. 9. 2003, S. 16.
Böhler, Jochen, Auftakt zum Vernichtungskrieg. Die Wehrmacht in Polen. Frankfurt am Main 2006.
Bonwetsch, Bernd, War as a »Breathtaking Space«. Soviet Intellectuals and the »Great Patriotic War«, in: Thurston/Bonwetsch (Hg.), People's War, S. 137–153.
Bordiugov, Gennadi, The Popular Mood in the Unoccupied Soviet Union. Continuity and Change during the War, in: Thurston/Bonwetsch (Hg.), People's War, S. 54–70.
Börjesson, Mats/Österberg, Johann/Enander, Ann, Risk and Safety Attitudes among Conscripts during Compulsory Military Training, in: *Military Psychology* 23, (2011) H. 6, S. 659–684.
Borodziej, Włodzimierz, Der Warschauer Aufstand 1944, Frankfurt am Main 2001.
Ders./Lemberg, Hans, Einleitung, in: dies. (Hg.), »Unsere Heimat ...«, Band 1, S. 25–114.
Dies., Vorbermerkung der Herausgeber, in: dies. (Hg.), »Unsere Heimat...« Band 1, S. 2–23.
Dies., (Hg.), »Unsere Heimat ist uns ein fremdes Land geworden ...«. Die Deutschen östlich von Oder und Neiße 1945–1950; Dokumente aus polnischen Archiven, 4 Bände, Band 1: Zentrale Behörden, Wojewodschaft Allenstein, Marburg/Lahn

2000; Band 2: Zentralpolen, Wojewodschaft Schlesien, Marburg 2003; Band 3: Wojewodschaft Posen, Wojewodschaft Stettin (Hinterpommern), Marburg 2004; Band 4: Wojewodschaften Pommerellen und Danzig (Westpreußen), Wojewodschaft Breslau (Niederschlesien), Marburg 2004.

Bourke, Joanna, Rape. A History from 1860 to the Present, London 2007.

Dies., An Intimate History of Killing. Face-to-Face Killing in Twentieth-Century Warfare, London 1999.

Bracha, Stefan, Freeze, Flight, Fight, Fright, Faint. Adaptationist Perspectives on the Acute Stress Response Spectrum, in: *CNS Spectrums* 9 (2004), S. 679–685.

Brison, Susan J., Vergewaltigt. Ich und die Zeit danach. Trauma und Erinnerung, München 2004.

Bröckling, Ulrich, Der Stachel des Befehls. Mechanismen militärischer Gehorsamkeitsproduktion, in: Mihran Dabag/Antje Kapust/Bernhard Waldenfels (Hg.), Gewalt. Strukturen, Formen, Repräsentationen, München 2000, S. 221–236.

Broekmeyer, Marius J., Stalin, the Russians, and their War. 1941–1945, Madison, WI 2004.

Brooks, Jeffrey, Pravda Goes to War, in: Stites (Hg.), Culture, S. 9–27.

Brownmiller, Susan, Gegen unseren Willen. Vergewaltigung und Männerherrschaft, Frankfurt am Main 1978.

Budnitskii, Oleg, The Intelligentsia Meets the Enemy. Educated Soviet Officers in Defeated Germany, 1945, in: Michael David-Fox (Hg.), Fascination and Enmity. Russia and Germany as Entangled Histories, 1914–1945, Pittsburgh, PA 2012, S. 176–227.

Ders. (hier: Budnickij), Mužčiny i ženščiny v Krasnoi Armii, 1941–1945, in: *Cahiers du monde russe* 52 (2011) H. 2–3, S. 405–422.

Butler, Judith, Hass spricht. Zur Politik der Performativen, Frankfurt am Main 2006.

Dies., Das Unbehagen der Geschlechter, Frankfurt am Main 1991.

Canetti, Elias, Masse und Macht, 2 Bände, München 1960.

Carreiras, Helena, Gender and the Military. Women in the Armed Forces of Western Europe, New York 2006.

Carroll, Marjorie H./Rosenstein, Judith E./Foubert, John D./Clark, M. Diane/Korenman, Lisa M., Rape Myth Acceptance. A Comparison of Military Service Academy and Civilian Fraternity and Sorority Students, in: *Military Psychology* 28, (2016) H. 5, S. 306–317.

Clausewitz, Carl von/Hahlweg, Werner, Vom Kriege. Hinterlassenes Werk: Vollständige Ausgabe im Urtext, Bonn 1980.

Collins, Randall, Dynamik der Gewalt. Eine mikrosoziologische Theorie, Hamburg 2011.

Connell, Raewyn/Messerschmidt, James W., Hegemonic Masculinity. Rethinking the Concept, in: *Gender and Society* 19 (2005) H. 6, S. 829–859.

Connell, Robert W., Der gemachte Mann. Konstruktion und Krise von Männlichkeiten, Opladen 1999.

Conze, Susanne, Weder Emanzipation noch Tradition. Stalinistische Frauenpolitik in den vierziger Jahren, in: Plaggenborg (Hg.), Stalinismus, S. 293–320.

Dies./Fieseler, Beate, Soviet Women as Comrades in Arms. A Blind Spot in the History of the War, in: Thurston/Bonwetsch (Hg.), People's War, S. 211–234.

Creveld, Martin van, Kampfkraft. Militärische Organisation und militärische Leistung 1939–1945, Freiburg im Breisgau 1982.
Daniel, Ute, Clio unter Kulturschock. Zu den aktuellen Debatten der Geschichtswissenschaft, in: *Geschichte in Wissenschaft und Unterricht* 48 (1997) H. 4/5, Teil 1, S. 195–218; Teil 2, S. 259–278.
Daucé, Françoise/Sieca-Kozlowski, Elisabeth/Herspring, Dale R., (Hg.), Dedovshchina in the Post-Soviet Military. Hazing of Russian Army Conscripts in a Comparative Perspective, Stuttgart 2006.
Degele, Nina, Sich schön machen. Zur Soziologie von Geschlecht und Schönheitshandeln, Wiesbaden 2004.
Delahaij, Roos/Kamphuis, Wim/van der Berg, Coen E., Keeping Engaged during Deployment. The Interplay between Self-Efficacy, Family Support, and Threat Exposure, in: *Military Psychology* 28 (2016) H. 2, S. 78–88.
De Zayas, Alfred Maurice, Anmerkungen zur Vertreibung der Deutschen aus dem Osten, Stuttgart 1993.
Dombrowski, Nicole (Hg.), Women and War in the Twentieth Century. Enlisted with or without Consent, New York 1999.
Doßmann, Axel/Wenzel, Jan/Wenzel, Kai, Barackenlager. Zur Nutzung einer Architektur in der Moderne, in: Akademie der Künste und Symposium Auszug aus dem Lager (Hg.), Auszug aus dem Lager. Zur Überwindung des modernen Raumparadigmas [in der politischen Philosophie]; [Dokumentation des Symposiums Auszug aus dem Lager, 1. bis 3. Dezember 2005], Bielefeld 2007, S. 220–245.
Drabkin, Artem V., Predislovie. Ženščina i Voina, in: Artem V. Drabkin/Bair Irinčeev (Hg.), »A zori zdes' gromkie«. Ženskoe lico vojny, Moskau 2012.
Edele, Mark, Stalin's Defectors. How Red Army Soldiers Became Hitler's Collaborators, 1941–1945, Oxford 2017.
Ders., Soviet Veterans of World War II. A Popular Movement in an Authoritarian Society, 1941–1991, Oxford, New York 2008.
Ders./Slaveski, Filip, Violence from Below. Explaining Crimes against Civilians across Soviet Space, 1943–1947, in: *Europe-Asia Studies* 68 (2016) H. 6, S. 1020–1035.
Eifler, Christine, Bewaffnet und geschminkt. Zur sozialen und kulturellen Konstruktion des weiblichen Soldaten in Russland und in den USA, in: *L'Homme, Zeitschrift für feministische Geschichtswissenschaft* 12 (2001) H. 1, S. 73–99.
Eifler, Christine/Seifert, Ruth, Zur Einführung: Gender und Militär, in: Seifert/Eifler (Hg.), Gender und Militär, S. 10–23.
Dies., Soziale Konstruktionen – Militär und Geschlechterverhältnis (Forum Frauenforschung 11), Münster 1999.
Einleitende Darstellung, in: Dokumentation der Vertreibung der Deutschen aus Ost-Mitteleuropa, Band 1: Die Vertreibung der deutschen Bevölkerung aus den Gebieten östlich der Oder-Neisse, Teil 1, hrsg. vom Bundesministerium für Vertriebene, Bonn 1953, S. 1E–160E.
Einleitung, in: Silke Spieler (Hg.), Vertreibung und Vertreibungsverbrechen. 1945–1948, Bericht des Bundesarchivs vom 28. Mai 1974, Archivalien und ausgewählte Erlebnisberichte, Bonn 1989, S. 17–53.

Eitler, Pascal, Einführung: Gewaltverhältnisse – eine körpergeschichtliche Perspektive, in: *Body Politics, Zeitschrift für Körpergeschichte* 2 (2013) H. 2, S. 163–183.
Erickson, John, Stalin's War with Germany. The Road to Stalingrad, New Haven, CT 1999.
Ders., Stalin's War with Germany. The Road to Berlin, New Haven, CT 1999.
Eser, Ingo, Die Deutschen in Oberschlesien, in: Borodziej/Lemberg (Hg.), »Unsere Heimat…«, Band 2, S. 363–399.
Exeler, Franziska, Gewalt im Militär. Die Rote Armee im Zweiten Weltkrieg, in: *Zeitschrift für Geschichtswissenschaft* 3 (2012) H. 3, S. 228–246.
Dies., »Hier ist Krieg, kein Tanzboden!«. Frauen in der Roten Armee 1941–45 (Unveröffentlichte Magisterarbeit an der Humboldt Universität Berlin), Berlin 2007.
Fieseler, Beate, Der Krieg der Frauen, in: Jahn (Hg.), Mascha + Nina + Katjuscha, S. 11–20.
Figes, Orlando, Die Flüsterer. Leben in Stalins Russland. Berlin 2008.
Fitzpatrick, Sheila, Everyday Stalinism. Ordinary Life in Extraordinary Times. Soviet Russia in the 1930s, Oxford 2000.
Foucault, Michel, Analytik der Macht, Frankfurt am Main 2005.
Ders., Archäologie des Wissens, Frankfurt am Main 1981.
François, Étienne/Schulze, Hagen, Einleitung, in: dies. (Hg.), Deutsche Erinnerungsorte, München 2001, S. 9–24.
Fraser, Erica L., Soviet Masculinities and Revolution, in: Baker (Hg.), Gender, S. 127–140.
Frevert, Ute, Soldaten, Staatsbürger. Überlegungen zur historischen Konstruktion von Männlichkeit, in: Kühne (Hg.), Männergeschichte, S. 69–87.
Fried, Johannes, Der Schleier der Erinnerung. Grundzüge einer historischen Memorik, München 2004.
Frieser, Karl-Heinz, Blitzkrieg-Legende. Der Westfeldzug 1940, München 2012.
Frühstück, Sabine, »Nur nicht kampflos aufgeben!« Die Geschlechter des japanischen Militärs, in: Seifert/Eifler (Hg.), Gender und Militär, S. 155–187.
Fürst, Juliane, Introduction – Late Stalinist Society: History, Policies and People, in: dies. (Hg.), Late Stalinist Russia, S. 1–20.
Dies., Late Stalinist Russia. Society Between Reconstruction and Reinvention, Oxford 2009.
Ganzenmüller, Jörg, Das belagerte Leningrad 1941–1944. Die Stadt in den Strategien von Angreifern und Verteidigern, Paderborn 2005.
Gebhardt, Miriam, Als die Soldaten kamen. Die Vergewaltigung deutscher Frauen am Ende des Zweiten Weltkriegs, Bonn 2015.
Glantz, David M., Colossus Reborn. The Red Army at War: 1941–1943, Lawrence, KS 2005.
Ders., Stumbling Colossus. The Red Army on the eve of World War, Lawrence, KS 1998.
Gleichmann, Peter Reinhart/Kühne, Thomas (Hg.), Massenhaftes Töten. Kriege und Genozide im 20. Jahrhundert, Essen 2004.
Goeken-Haidl, Ulrike, Der Weg zurück. Die Repatriierung sowjetischer Kriegsgefangener und Zwangsarbeiter während und nach dem Zweiten Weltkrieg, Essen 2006.

Goffman, Erving, Asyle. Über die soziale Situation psychiatrischer Patienten und anderer Insassen, Frankfurt am Main 1972.
Goldman, Wendy Z., Women, the State, and Revolution. Soviet Family Policy and Social Life, 1917–1936, Cambridge, NY 1993.
Gorinov, Mikhail M., Muscovites' Moods, 22. 06. 1941 to May 1942, in: Thurston/Bonwetsch (Hg.), People's War, S. 108–134.
Gorsuch, Anne E., Youth in Revolutionary Russia. Enthusiasts, Bohemians, Delinquents, Bloomington, IN 2000.
Greiner, Bernd, Krieg ohne Fronten. Die USA in Vietnam, Bonn 2007.
Ders., Das alltägliche Verbrechen. Sexuelle Gewalt im Vietnamkrieg, in: Gleichmann/Kühne (Hg.), Massenhaftes Töten, S. 224–243.
Greiter, Susanne, Flucht und Vertreibung im Familiengedächtnis. Geschichte und Narrativ, München 2014.
Grenz, Sabine, Prostitution, eine Verhinderung oder Ermöglichung sexueller Gewalt? Spannungen in kulturellen Konstruktionen von männlicher und weiblicher Sexualität, in: Sabine Grenz/Martin Lücke (Hg.), Verhandlungen im Zwielicht, Bielefeld 2006, S. 319–343.
Griesebner, Andrea, Geschlecht als soziale und als analytische Kategorie. Debatten der letzten drei Jahrzehnte, in: Johanna Gehmacher (Hg.), Frauen- und Geschlechtergeschichte. Positionen/Perspektiven, Innsbruck 2003.
Griffith, James, Multilevel Analysis of Cohesion's Relation to Stress, Well-being, Identification, Disintegration, and Perceived Combat Readiness, in: *Military Psychology* 14 (2002) H. 3, S. 217–239.
Ders./Vaitkus, Mark, Relating Cohesion to Stress, Strain, Disintegration, and Performance. An Organizing Framework, in: *Military Psychology* 11 (1999) H. 1, S. 27–55.
Gross, Jan Tomasz, Fear. Anti-semitism in Poland after Auschwitz. An Essay in Historical Interpretation, New York 2006.
Ders., »Und wehe, du hoffst …« Die Sowjetisierung Ostpolens nach dem Hitler-Stalin-Pakt 1939–1941, Freiburg im Breisgau 1988.
Grossmann, Atina, Juden, Deutsche, Alliierte. Begegnungen im besetzten Deutschland. Unter Mitarbeit von Axel Meier, Göttingen 2011.
Dies., A Question of Silence. The Rape of German Women by Soviet Occupation Soldiers, in: Dombrowski (Hg.), Women and War, S. 162–185.
Gudkov, Lev, Die Fesseln des Sieges – Russlands Identität aus der Erinnerung an den Krieg, in: *Osteuropa* 55 (2005) H. 4–6, S. 56–72.
Haas, Birgit, Der postfeministische Diskurs. Positionen und Aspekte, in: dies. (Hg.), Der postfeministische Diskurs, Würzburg 2006, S. 7–63.
Habermas, Rebekka, Frauen- und Geschlechtergeschichte, in: Joachim Eibach/Günther Lottes (Hg.), Kompass der Geschichtswissenschaft. Ein Handbuch, Göttingen 2002, S. 231–245.
Hagemann, Karen/Schüler-Springorum, Stefanie (Hg.), Heimat-Front. Militär und Geschlechterverhältnisse im Zeitalter der Weltkriege, Frankfurt am Main 2002.
Hagen, Mark von, Soviet Soldiers and Officers on the Eve of the German Invasion. Toward a Description of Social Psychology and Political Attitudes, in: Thurston/Bonwetsch (Hg.), People's War, S. 187–210.

Halbwachs, Maurice, Das Gedächtnis und seine sozialen Bedingungen, Frankfurt am Main 1985.
Halder, Franz, Kriegstagebuch: tägliche Aufzeichnungen des Chefs des Generalstabs des Heeres, 1939–1942, hrsg. vom Arbeitskreis für Wehrforschung, 3 Bde., Stuttgart 1962–1964.
Halicka, Beata, Polens Wilder Westen. Erzwungene Migration und die kulturelle Aneignung des Oderraums 1945–1948, Paderborn 2013.
Hämmerle, Christa, Von den Geschlechtern der Kriege und des Militärs. Forschungseinblicke und Bemerkungen zu einer neuen Debatte, in: Thomas Kühne (Hg.), Was ist Militärgeschichte?, Paderborn 2000, S. 229–262.
Hampf, Michaela, Demarkationslinien. Geschlecht, Sexualität und Kampf in der US Army im Zweiten Weltkrieg, in: Latzel/Maubach/Satjukow (Hg.), Soldatinnen, S. 353–374.
Harrison, Mark, Soviet Planning in Peace and War, 1938–1945, Cambridge, NY 1985.
Hartmann, Christian, Unternehmen Barbarossa. Der deutsche Krieg im Osten 1941–1945, München 2012.
Ders., Wehrmacht im Ostkrieg. Front und militärisches Hinterland 1941–42, München 2009.
Hauser, Monica, Vermiedene Erinnerung. Debatte Vergewaltigung im Krieg, *taz* (online), 22. 03. 2013, http://www.taz.de/!5070784/ [28. 08. 2018].
Haynes, John, New Soviet Man. Gender and Masculinity in Stalinist Soviet Cinema, Manchester, NY 2003.
Heer, Hannes, Killing Fields. Die Wehrmacht und der Holocaust, in: Heer/Naumann (Hg.), Vernichtungskrieg, S. 57–77.
Ders., Die Logik des Vernichtungskrieges. Wehrmacht und Partisanenkampf, in: Heer/Naumann (Hg.), Vernichtungskrieg, S. 104–157.
Ders./Naumann, Klaus (Hg.), Vernichtungskrieg. Verbrechen der Wehrmacht 1941 bis 1944, Hamburg 1995.
Heinemann, Elizabeth, Die Stunde der Frauen. Erinnerungen an Deutschlands »Krisenjahre« und westdeutsche nationale Identität, in: Naumann (Hg.), Nachkrieg, S. 149–177.
Hellbeck, Jochen, »The Diaries of Fritzes and the Letters of Gretchens«. Personal Writings from the German-Soviet War and Their Readers, in: Michael David-Fox (Hg.), Fascination and Enmity. Russia and Germany as Entangled Histories, 1914–1945, Pittsburgh, PA 2012, S. 123–153.
Ders., Einführung, in: Jochen Hellbeck, Die Stalingrad-Protokolle. Sowjetische Augenzeugen berichten aus der Schlacht, Frankfurt am Main 2012, S. 9–108.
Ders., Revolution on My Mind. Writing a Diary under Stalin, Cambridge, MA 2006.
Hellmann, Manfred/Schramm, Gottfried/Zernack, Klaus/Plaggenborg, Stefan/Hoffmann, Peter/Kölm, Lothar (Hg.), Handbuch der Geschichte Russlands. 1945–1991: Vom Ende des Zweiten Weltkriegs bis zum Zusammenbruch der Sowjetunion, Stuttgart (1976–2004).
Herbert, Ulrich, Das »Jahrhundert der Lager«. Ursache, Erscheinungsformen, Auswirkungen, in: Peter Reif-Spirek/Bodo Ritscher (Hg.), Speziallager in der SBZ. Gedenkstätten mit »doppelter Vergangenheit«, Berlin 1999, S. 11–27.

Hoffmann, Martin, Der Zweite Weltkrieg in der offiziellen sowjetischen Erinnerungskultur, in: Berding (Hg.), Krieg und Erinnerung, S. 129–144.
Holleuffer, Henriette von, Zwischen Fremde und Fremde. Displaced Persons in Australien, den USA und Kanada 1946–1952, Osnabrück 2001.
Honneth, Axel, Kampf um Anerkennung. Zur moralischen Grammatik sozialer Konflikte, Frankfurt am Main 1992.
Hösler, Joachim, Aufarbeitung der Vergangenheit – Der Große Vaterländische Krieg in der Historiographie der UdSSR und Russlands, in: *Osteuropa* 55 (2005) H. 4–6, S. 115–125.
Huber, Florian, Kind, versprich mir, dass du mich erschießt. Der Untergang der kleinen Leute 1945, Bonn 2015.
Hürter, Johannes, Hitlers Heerführer. Die deutschen Oberbefehlshaber im Krieg gegen die Sowjetunion 1941/42, München 2007.
Ders., Biographie und Mentalität eines Wehrmachtsgenerals, in: Gotthard Heinrici/Johannes Hürter (Hg.), Ein deutscher General an der Ostfront. Die Briefe und Tagebücher des Gotthard Heinrici 1941/42, Erfurt 2001, S. 9–52.
Hytrek-Hryciuk, Joanna, »Rosjanie nadchodzą!«. Ludność niemiecka a żołnierze Armii Radzieckiej (Czerwonej) na Dolnym Śląsku w latach 1945–1948, Wrocław 2010.
Isaev, Viktor I., Die Militarisierung der Jugend und jugendlicher Radikalismus in Sibirien (1920er–Anfang der 1930 Jahre), in: Kuhr-Korolev (Hg.), Sowjetjugend, S. 149–169.
Issupova, Olga, From Duty to Pleasure? Motherhood in Soviet and Post-Soviet, in: Ashwin (Hg.), Gender, S. 30–54.
Ivanova, Julija N., Chrabrejšie iz prekrasnych. Ženščiny Rossii v vojnach, Moskau 2002.
Jahn, Peter (Hg.), Mascha + Nina + Katjuscha. Frauen in der Roten Armee 1941–1945, Berlin 2002.
Johr, Barbara, Die Ereignisse in Zahlen, in: Sander/Johr (Hg.), BeFreier, S. 46–73.
Kaganovsky, Lilya, How the Soviet Man Was (Un)Made, in: *Slavic Review* 63 (2004) H. 3, S. 577–596.
Kaplan, Cynthia S., The Impact of World War II on the Party, in: Susan J. Linz (Hg.), The Impact of World War II on the Soviet Union, Totowa, NJ 1985, S. 157–187.
Karner, Stefan, (Hg.), Die Rote Armee in Österreich. Sowjetische Besatzung, 1945–1955 = Krasnaja Armija v Avstrii: sovetskaja okkupacija, 1945–1955, Graz/Wien 2005.
Keegan, John, Das Antlitz des Krieges. Die Schlachten von Azincourt 1415, Waterloo 1815 und an der Somme 1916, Frankfurt am Main/New York 2007.
Kessel, Martina, Heterogene Männlichkeit. Skizzen zur gegenwärtigen Geschlechterforschung, in: Friedrich Jaeger/Jörn Rüsen (Hg.), Handbuch der Kulturgeschichte, Band 3: Themen und Tendenzen, Stuttgart 2004, S. 372–384.
Kiblitskaya Marina, Russia's Female Breadwinner. The Changing Subjektive Experience, in: Ashwin (Hg.), Gender, S. 55–70.
Kirschenbaum, Lisa A., The Legacy of the Siege of Leningrad, 1941–1995. Myth, Memories, and Monuments, New York 2006.
Dies., »Our City, Our Hearths, Our Families«. Local Loyalties and Private Life in Soviet World War II Propaganda, in: *Slavic Review* 59 (2000) H. 4, S. 825–847.

Dies., Small Comrades. Revolutionizing Childhood in Soviet Russia, 1917–1932, New York 2000.
Klimó, Árpád von/Rolf, Malte, Rausch und Diktatur. Emotionen, Erfahrungen und Inszenierungen totalitärer Herrschaft, in: dies. (Hg.), Rausch und Diktatur, Inszenierung, Mobilisierung und Kontrolle in totalitären Systemen, Frankfurt am Main 2006, S. 11–43.
Köbberling, Anna, Das Klischee der Sowjetfrau. Stereotyp und Selbstverständnis Moskauer Frauen zwischen Stalinära und Perestroika, Frankfurt am Main 1997.
Kochanowski, Jerzy, Schicksale der Deutschen in Zentralpolen in den Jahren 1945–1950. Am Beispiel der Wojewodschaften Łódź/Lodz, Warszawa/Warschau, Kraków/Krakau (Kreis Biała, Biala), in: Borodziej/Lemberg (Hg.), »Unsere Heimat …«, Band 2, S. 3–67.
Koenker, Diane P., Men against Women on the Shop Floor in Early Soviet Russia. Gender and Class in the Socialist Workplace, in: *The American Historical Review* 100 (1995) H. 5, S. 1438–1464.
Kovalev, Boris, Kollaboracionizm v Rossii v 1941–1945 gg. Tipy i formy, Velikij Novgorod 2009.
Kraft, Claudia, Die aktuelle Diskussion über Flucht und Vertreibung in der polnischen Historiographie und Öffentlichkeit, in: *Zeitgeschichte-online*, Januar 2004, https://zeitgeschichte-online.de/thema/die-aktuelle-diskussionueber-flucht-und-vertreibung-der-polnischen-historiographie-und [28. 08. 2018].]
Dies., Einleitung (zum Teilband Wojewodschaft Allenstein), in: Borodziej/Lemberg (Hg.), »Unsere Heimat…«, Band 1, S. 431–480.
Dies., Flucht, Vertreibung und Zwangsaussiedlung der Deutschen aus der Wojewodschaft Breslau (Województwo Wrocłaskie) in den Jahren 1945 bis 1960. Das Jahr 1945, in: Borodziej/Lemberg (Hg.), »Unsere Heimat …«, Band 4, S. 357–400.
Kraus, Shane W./Martino, Steve/Potenza, Marc N./Park, Crystal/Merrel, Jeremy D./Hoff, Rani A., Examining Compulsive Sexual Behavior and Psychopathology Among a Sample of Postdeployment U.S. Male and Female Military Veterans, in: *Military Psychology* 29 (2017) H. 2, S. 143–156.
Krylova, Anna, Soviet Women in Combat. A History of Violence on the Eastern Front. Cambridge, NY 2010.
Dies., Stalinist Identity from the Viewpoint of Gender. Rearing a Generation of Professionally Violent Women-Fighters in 1930s Stalinist Russia, in: *Gender & History* 16 (2004) H. 3, S. 926–953.
Kühne, Thomas, Kameradschaft. Die Soldaten des nationalsozialistischen Krieges und das 20. Jahrhundert, Göttingen 2006.
Ders., Imaginierte Weiblichkeit. Geschlechterverwirrung und Geschlechterordnung, 1918–1945, in: Hagemann/Schüler-Springorum (Hg.), Heimat-Front, S. 237–257.
Ders., Männergeschichte als Geschlechtergeschichte, in: Ders. (Hg.), Männergeschichte, S. 7–31.
Ders. (Hg.), Männergeschichte – Geschlechtergeschichte. Männlichkeit im Wandel der Moderne, Frankfurt am Main 1996.
Kuhr-Korolev, Corinna (Hg.), Sowjetjugend 1917–1941. Generation zwischen Revolution und Resignation, Essen 2001.

Künzel, Christine, Einleitung, in: dies. (Hg.), Unzucht, Notzucht, Vergewaltigung. Definitionen und Deutungen sexueller Gewalt von der Aufklärung bis heute, Frankfurt am Main/New York 2003, S. 9–19.
Kustov, Maksim, Cena pobedy v rublach, Moskau 2011.
Lamp, Nicolas, Der Beitrag der Vereinten Nationen zur Entwicklung des Völkerstrafrechts zu sexueller Gewalt, in: Sabine von Schorlemer (Hg.), Die Vereinten Nationen und neuere Entwicklungen der Frauenrechte, Frankfurt am Main/New York 2007, S. 369–426.
Langenohl, Andreas, Erinnerung und Modernisierung. Die öffentliche Rekonstruktion politischer Kollektivität am Beispiel des Neuen Rußland, Göttingen 2000.
Latzel, Klaus, Kriegsbriefe und Kriegserfahrung: Wie können Feldpostbriefe zur erfahrungsgeschichtlichen Quelle werden?, in: *WerkstattGeschichte* 22 (1999), S. 7–23.
Ders., Deutsche Soldaten – nationalsozialistischer Krieg? Kriegserlebnis, Kriegserfahrung 1939–1945, Paderborn 1998.
Ders./Maubach, Franka/Satjukow, Silke (Hg.), Soldatinnen. Gewalt und Geschlecht im Krieg vom Mittelalter bis heute, Paderborn 2010.
Lejeune, Philippe, Der autobiographische Pakt, Frankfurt am Main 1994.
Levy, Edna, Die paradoxe Geschlechterpolitik der israelischen Armee, in: Seifert/Eifler (Hg.), Gender und Militär, S. 52–73.
Lie, John, The State as Pimp. Prostitution and the Patriarchal State in Japan in the 1940s, in: *The Sociological Quarterly* 38 (1997) H. 2, S. 251–263.
Lilly, J. Robert, Rape and American GIs in Europe during World War II, Basingstoke 2007.
Livers, Keith A., Introduction. Stalinism Embodied, in: ders. (Hg.), Constructing the Stalinist Body. Fictional Representations of Corporeality in the Stalinist 1930s, Lanham, MD 2004, S. 1–26.
Lovell, Stephen, The Shadow of War. The Soviet Union and Russia, 1941 to the Present, Chichester, West Sussex 2010.
Lowe, Keith, Savage Continent. Europe in the Aftermath of World War II, London 2012.
Lüdtke, Alf, War as Work. Aspects of Soldiering in Twentieth-Century Wars, in: Richard Bessel/Alf Lüdtke/Bernd Weisbrod (Hg.), No Man's Land of Violence. Extreme Wars in the 20th Century, Göttingen 2006, S. 127–153.
Ders., Geschichte und Eigensinn, in: Berliner Geschichtswerkstatt e. V. (Hg.), Alltagskultur, Subjektivität und Geschichte. Zur Theorie und Praxis von Alltagsgeschichte, Münster 1994, S. 139–153.
Ders., Einleitung. Was ist und wer treibt Alltagsgeschichte?, in: ders. (Hg.), Alltagsgeschichte. Zur Rekonstruktion historischer Erfahrungen und Lebensweisen, Frankfurt am Main/New York 1989, S. 9–47.
Maier, Robert, »Die Frauen stellen die Hälfte der Bevölkerung unseres Landes«. Stalins Besinnung auf das weibliche Geschlecht, in: Plaggenborg (Hg.), Stalinismus, S. 243–267.
Majstorovic; Vojn, The Red Army in Yugoslavia, 1944–1945, in: *Slavic Review* 75 (2016) H. 2, S. 396–421.
Markwick, Roger D./Cardona, Euridice Charon, Soviet Women on the Frontline in the Second World War, Houndmills, Basingstoke/Hampshire, New York 2012.

Maubach, Franka, Die Stellung halten. Kriegserfahrungen und Lebensgeschichten von Wehrmachthelferinnen, Göttingen 2009.

Merridale, Catherine, Iwans Krieg. Die Rote Armee 1939–1945. Frankfurt am Main 2006.

Dies., Steinerne Nächte. Leiden und Sterben in Russland, München 2001.

Mibenge, Chiseche Salome, Sex and International Tribunals. The Erasure of Gender from the War Narrative, Philadelphia, PA 2013.

Michajlin, Vadim, Russian Army Mat as a Code System Controlling Behaviour in the Russian Army, in: Daucé/Sieca-Kozlowski/Herspring (Hg.), Dedovshchina, S. 121–143.

Mischkowski, Andrea, Sexualisierte Gewalt im Krieg – eine Chronik, in: Karin Griese (Hg.), Sexualisierte Kriegsgewalt und ihre Folgen. Handbuch zur Unterstützung traumatisierter Frauen in verschiedenen Arbeitsfeldern, Frankfurt am Main 2006, S. 17–56.

Mitchel, Mary M./Gallaway, M. Shayne/Millikan, Amy/Bell, Michael R., Combat Stressors Predicting Perceived Stress Among Previously Deployed Soldiers, in: *Military Psychology*, 23 (2011) H. 6, S. 573–586, DOI: 10.1080/08995605.2011.616478 [18. 12. 2018].

Moll-Sawatzki, Andrea, Freiwillige an die Front?, in: Jahn (Hg.), Mascha + Nina + Katjuscha, S. 21–27.

Mühlhäuser, Regina, Eroberungen. Sexuelle Gewalttaten und intime Beziehungen deutscher Soldaten in der Sowjetunion 1941–1945, Hamburg 2010.

Dies., Vergewaltigungen in Deutschland 1945. Nationaler Opferdiskurs, in: Naumann (Hg.), Nachkrieg, S. 384–408.

Müller, Rolf-Dieter, Menschenjagd. Die Rekrutierung von Zwangsarbeitern in der besetzten Sowjetunion, in: Heer/Naumann (Hg.), Vernichtungskrieg, S. 92–103.

Müller, Sven Oliver, Deutsche Soldaten und ihre Feinde. Nationalismus an Front und Heimatfront im Zweiten Weltkrieg, Frankfurt am Main 2007.

Mulley, Klaus Dieter, Die Rote Armee in Niederösterreich 1945–1947. Ein ambivalentes Geschichtsbild, in: Karner (Hg.), Rote Armee in Österreich, S. 469–486.

Münch, Ingo von, »Frau, komm!«. Die Massenvergewaltigungen deutscher Frauen und Mädchen 1944/45, Graz 2009.

Murmanceva, Vera, Sovetskie ženščiny v Velikoj Otečestvennoj Vojne, Moskau 1971.

Muschik, Eva-Maria, Selbsttötungen in Neustrelitz gegen Ende des Zweiten Weltkrieges, in: *Zeitgeschichte regional* 14 (2010), H. , S. 22–31.

Musial, Bogdan, Sowjetische Partisanen in Weißrussland. Innenansichten aus dem Gebiet Baranoviči 1941–1944: eine Dokumentation, München 2004.

Naimark, Norman M., Die Russen in Deutschland. Die sowjetische Besatzungszone 1945–1949, Berlin 1997.

Nakachi, Mie, Population, Politics and Reproduction. Late Stalinism and its Legacy, in: Fürst (Hg.), Late Stalinist Russia, S. 23–45.

Naumann, Klaus (Hg.), Nachkrieg in Deutschland, Hamburg 2001.

Neitzel, Sönke/Welzer, Harald, Soldaten. Protokolle vom Kämpfen, Töten und Sterben, Frankfurt am Main 2011.

netzwerk b, Warum sprechen wir von »Überlebenden«?, 15. 01. 2011, http://netzwerkb.org/2011/01/15/warum-sprechen-wir-von-Uberlebenden/ [28. 08. 2018].

Nikonova, Ol'ga, Das große Schweigen. Frauen im Krieg, in: *Osteuropa* 55 (2005) H. 4–6, S. 186–196.
Oberländer, Alexandra, Unerhörte Subjekte. Die Wahrnehmung sexueller Gewalt in Russland 1880–1910, Frankfurt am Main 2013.
Oleynik, Anton, Dedovshchina as an Element of the »Small Society«. Evidence from Russia and Other Countries, in: Daucé/Sieca-Kozlowski/Herspring (Hg.), Dedovshchina, S. 75–93.
Oppenheimer, Christa, Anerkennung, Mißachtung und Gewalt. Anerkennungstheoretische Reflexionen am Beispiel von Frauen- und Heiratshandel sowie Vergewaltigung als Kriegspraxis, Königstein im Taunus 2006.
Overy, Richard J., Russlands Krieg. 1941–1945, Reinbek bei Hamburg 2003.
Ders, Die Wurzeln des Sieges. Warum die Alliierten den Zweiten Weltkrieg gewannen, Stuttgart/München 2000.
Paperno, Irina, Stories of the Soviet Experience. Memoirs, Diaries, Dreams, Ithaca 2009.
Dies., Personal Accounts of the Soviet Experience, in: *Kritika: Explorations in Russian and Eurasian History* 3 (2002) H. 4, S. 777–610.
Parmak, Merle/Euwema, Martin C./Mylle, Jacques J. C., Changes in Sensation Seeking and Need for Structure Before and After a Combat Deployment, in: *Military Psychology* 24 (2012) H. 6, S. 551–564.
Pennington, Reina/Erickson, John, Wings, Women, and War. Soviet Airwomen in World War II Combat, Lawrence, KS 2001.
Peterson, Edward Norman, The Many Faces of Defeat. The German People's Experience in 1945, New York 1990.
Petö, Andrea, Stimmen des Schweigens. Erinnerungen an Vergewaltigungen in den Hauptstädten des »ersten Opfers« (Wien) und des »letzten Verbündeten« Hitlers (Budapest), in: *Zeitschrift für Geschichtswissenschaft* 47 (1999) H. 10, S. 892–914.
Petrov, Nikita, Unter Verdacht. Die staatliche Überprüfung sowjetischer Repatrianten und ihre rechtlichen Folgen (1944–1954), in: Pohl, Dieter (Hg.), Zwangsarbeit, S. 311–327.
Ders., Die Inneren Truppen des NKVD/MVD im System der Repressionsorgane in Österreich 1945–1946, in: Karner (Hg.), Rote Armee in Österreich, S. 219–242.
Plaggenborg, Stefan (Hg.), Stalinismus. Neue Forschungen und Konzepte, Berlin 1998.
Plessner, Helmuth, Conditio humana, in: ders., Gesammelte Schriften, Band 8, Frankfurt am Main 1983.
Pohl, Dieter (Hg.), Zwangsarbeit in Hitlers Europa. Besatzung, Arbeit, Folgen, Berlin 2013.
Ders., Die Herrschaft der Wehrmacht. Deutsche Militärbesatzung und einheimische Bevölkerung in der Sowjetunion 1941–1944, München 2008.
Pohl, Rolf, Feindbild Frau. Männliche Sexualität, Gewalt und die Abwehr des Weiblichen, Hannover 2004.
Poland and Russia. Wounds of the Past, in: *The Economist* (online), 21. 10. 2013, http://www.Economist.com/blogs/easternapproaches/2013/10/poland-and-russia, [28. 08. 2018].

Poland Commemorates 75th Anniversary of Katyn Massacre, in: *The News* (online), 03. 04. 2015, www.thenews.pl/1/9/Artykul/202425,Poland-commemorates-75th-anniversary-of-Katyn-massacre [28. 08. 2018].
Popitz, Heinrich, Phänomene der Macht, Tübingen 1992.
Popper, Karl R., Logik der Forschung, in: ders., Gesammelte Werke in deutscher Sprache, Band 3, Tübingen 2005.
Reddy, William M., Historical Research on the Self and Emotions, in: *Emotion Review* 1 (2009) 4, S. 302–315.
Reese, Roger R., Why Stalin's Soldiers Fought. The Red Army's Military Effectiveness in World War II, Lawrence, KS 2011.
Ders., Motivations to Serve: The Soviet Soldier in the Second World War, in: *Journal of Slavic Military Studies* 20 (2007) H. 2, S. 263–282.
Ders., Red Commanders. A Social History of the Soviet Army Officer Corps, 1918–1991, Lawrence, KS 2005.
Ders., Stalin's Reluctant Soldiers. A Social History of the Red Army, 1925–1941, Lawrence, KS 1996.
Reid, Anna, Leningrad. Tragedy of a City under Siege, 1941–44, London/New York 2011.
Rigby, T. H., Communist Party Membership in the U.S.S.R. 1917–1967, Princeton, NJ 1968.
Rittersporn, Gabor T., Between Revolution and Daily Routine. Youth and Violence in the Soviet Union in the Interwar Period, in: Kuhr-Korolev (Hg.), Sowjetjugend, S. 63–82.
Roberts, Mary Louise, What Soldiers Do. Sex and the American GI in World War II France, Chicago, IL 2013.
Röger, Maren, Kriegsbeziehungen. Intimität, Gewalt und Prostitution im besetzten Polen 1939 bis 1945, Frankfurt am Main 2015.
Römer, Felix, Gewaltsame Geschlechterordnung. Wehrmacht und »Flintenweiber« an der Ostfront 1941/42, in: Latzel/Maubach/Satjukow (Hg.), Soldatinnen, S. 331–351.
Ders., Der Kommissarbefehl. Wehrmacht und NS-Verbrechen an der Ostfront 1941/42, Paderborn 2008.
Rosenwein, Barbara H., Problems and Methods in the History of Emotions, in: *Passions in Context: Journal of the History and Philosophy of the Emotions* 1 (2010) H. 1, S. 1–33.
Roždestvenskaja, Elena, Probleme und Strategien der Integration ehemaliger »Ostarbeiter« in die sowjetische Gesellschaft, in: Pohl (Hg.), Zwangsarbeit, S. 327–342.
Sanborn, Joshua A., Drafting the Russian Nation. Military Conscription, Total War, and Mass Politics, 1905–1925, DeKalb, IL 2003.
Sander, Helke, Erinnern/Vergessen, in: Sander/Johr (Hg.), BeFreier, S. 7–21.
Dies./Johr, Barbara (Hg.), BeFreier und Befreite. Krieg, Vergewaltigungen, Kinder, München 1992.
Sartorti, Rosalinde, »Weben ist das Glück fürs ganze Land«. Zur Inszenierung eines Frauenideals, in: Plaggenborg (Hg.), Stalinismus, S. 267–291.
Dies., On the Making of Heroes, Heroines and Saints, in: Stites (Hg.), Culture, S. 176–193.
Savčenko, Nikolaj: Ne v odnoj strane voennye poteri ne priveli k takomu narušenie

polovych proporcij, kak v SSSR, in: *Demoskop weekly* No. 559–560 (online), 17.–30. 06. 2013, http://demoscope.ru/weekly/2013/0559/tema02.php [28. 08. 2018].
Scarry, Elaine, The Body in Pain. The Making and Unmaking of the World, Oxford 1985.
Scheide, Carmen, Kinder, Küche, Kommunismus. Das Wechselverhältnis zwischen sowjetischem Frauenalltag und Frauenpolitik von 1921 bis 1930 am Beispiel Moskauer Arbeiterinnen, Zürich 2002.
Scherstjanoi, Elke, Ein Rotarmist in Deutschland, in: Wladimir Gelfand, Deutschland-Tagebuch 1945–1946 (ausgewählt und kommentiert von Elke Scherstjanoi), Berlin 2005, S. 315–340.
Dies., »Wir sind in der Höhle der Bestie.« Die Briefkommunikation von Rotarmisten mit der Heimat über ihre Erlebnisse in Deutschland, in: dies. (Hg.), Rotarmisten schreiben, S. 194–228.
Dies. (Hg.), Rotarmisten schreiben aus Deutschland. Briefe von der Front (1945) und historische Analysen, München 2004.
Schneider-Janessen, Karlheinz, Arzt im Krieg. Wie deutsche und russische Ärzte den Zweiten Weltkrieg erlebten, Frankfurt am Main 1993.
Schnell, Felix, Räume des Schreckens. Gewalt und Gruppenmilitanz in der Ukraine 1905–1933, Hamburg 2012.
Schrand, Thomas G., Socialism in One Gender: Masculine Values in the Stalin Revolution, in: Barbara Evans Clements (Hg.), Russian Masculinities in History and Culture, Basingstoke, Hampshire 2002, S. 194–209.
Ders., The Five-Year Plan for Women's Labour. Constructing Socialism and the »Double Burden«, 1930–1932, in: *Europe-Asia Studies* 51 (1999) H. 8, S. 1455–1478.
Schwarzkopf, Jutta, Britische Frauen in Luftabwehrbatterien im Zweiten Weltkrieg, in: Latzel/Maubach/Satjukow (Hg.), Soldatinnen, S. 375–393.
Schwendemann, Heinrich, Strategie der Selbstvernichtung. Die Wehrmachtsführung im »Endkampf« um das »Dritte Reich«, in: Rolf-Dieter Müller/Hans-Erich Volkmann (Hg.), Die Wehrmacht. Mythos und Realität, München 1999, S. 224–244.
Scott, Joan Wallach, Die Zukunft von Gender. Fantasien zur Jahrtausendwende, in: Claudia Honegger/Joan Wallach Scott (Hg.), Gender – die Tücken einer Kategorie, Zürich 2001, S. 39–65.
Dies., Gender: Eine nützliche Kategorie der historischen Analyse, in: Nancy Kaiser (Hg.), Selbst bewusst. Frauen in den USA, Leipzig 1994, S. 27–75.
Seifert, Ruth, Identität, Militär und Geschlecht. Zur identitätspolitischen Bedeutung einer kulturellen Konstruktion, in: Hagemann/Schüler-Springorum (Hg.), Heimat-Front, S. 53–66.
Dies., Der weibliche Körper als Symbol und Zeichen. Geschlechtsspezifische Gewalt und die kulturelle Konstruktion des Krieges, in: Andreas Gestrich (Hg.), Gewalt im Krieg. Ausübung, Erfahrung und Verweigerung von Gewalt in Kriegen des 20. Jahrhunderts, Münster/Hamburg 1996, S. 13–33.
Dies., Krieg und Vergewaltigung. Ansätze zu einer Analyse, in: Alexandra Stiglmayer/Hanne-Margret Birckenbach (Hg.), Massenvergewaltigung. Krieg gegen die Frauen, Freiburg im Breisgau 1993, S. 85–108.

Dies. (Hg.), Gender und Militär. Internationale Erfahrungen mit Frauen und Männern in Streitkräften, Königstein im Taunus 2003.
Selek, Pınar, Zum Mann gehätschelt, zum Mann gedrillt. Männliche Identitäten, Berlin 2010.
Senjavskaja, Elena Spartakovna, Psichologija vojny v XX veke. Istoričeskij opyt Rossii, Moskau 1999.
Dies., Čelovek na vojne. Istoriko-psichologičeskie očerki, Moskau 1997.
Shelyag, V. V./Glotochkin, A. D./Platonov, K. K., Military Psychology. A Soviet View, Washington 1976.
Shepherd, Benjamin V., War in the Wild East. The German Army and Soviet Partisans, Cambridge, MA 2004.
Shils, Edward A./Janowitz, Moris, Cohesion and Disintegration in the Wehrmacht in Word War II, in: *Public Opinion Quarterly* 12 (1948) H. 1, S. 280–315.
Shura, Robert D./Miskey, Holly M./Williams, Vanessa G./Jadidian, Alex/Rowland, Jared A., Informing Evidence-Based Assessment of ADHD in Veterans and Service Members, in: *Military Psychology* 29 (2017) H. 1, S. 27–40.
Skojbeda, Ul'jana, Ja budu vsegda saščiščat' našu Pobedu, no za ›abažury‹ prinošu izvinenie, in: *Komsomol'skaja Pravda* (online), 18. 05. 2013, http://www.kp.ru/daily/26077/2982584/, [28. 08. 2018].
Šnajder, Boguslav, Neizvestnaja vojna, in: *Voprosy istorii* (1995) H. 1, S. 104–113.
Snyder, Timothy, Bloodlands. Europa zwischen Hitler und Stalin, München 2011.
Sofsky, Wolfgang, Die Ordnung des Terrors das Konzentrationslager, Frankfurt am Main 2004.
Ders., Traktat über die Gewalt, Frankfurt am Main 2001.
Stander, Valerie A./Thomsen, Cynthia J./Merrill, Lex L./Rabenhorst, Mandy M./Crouch, Julie L./Milner, Joel S., Gender and Military Contextual Risk Factors for Intimate Partner Aggression, in: *Military Psychology* 23 (2011) H. 6, S. 639–658.
Steffen, Karin, Flucht, Vertreibung und Zwangsaussiedlung der Deutschen aus der Wojewodschaft Stettin (Województwo Szczecińskie) in den Jahren 1945–1950, in: Borodziej/Lemberg (Hg.), »Unsere Heimat…«, Band 3, S. 269–344.
Stelzl-Marx, Barbara, Freier und Befreite. Zum Beziehungsgeflecht zwischen sowjetischen Besatzungssoldaten und österreichischen Frauen, in: Karner (Hg.), Rote Armee in Österreich, S. 421–449.
Stephan, Robert W., Stalin's Secret War. Soviet Counterintelligence against the Nazis, 1941–1945, Lawrence, KS 2004.
Stites, Richard, Soviet Russian Wartime Culture. Freedom and Control, Spontaneity and Consciousness, in: Thurston/Bonwetsch (Hg.), People's War, S. 171–184.
Ders. (Hg.), Culture and Entertainment in Wartime Russia, Bloomington, IN 1995.
Stockdale, Melissa K., »My Death for the Motherland Is Happiness«. Women, Patriotism, and Soldiering in Russia's Great War, 1914–1917, in: *The American Historical Review* 109 (2004) H. 1, S. 78–116.
Stoff, Laurie S., They Fought for the Motherland. Russia's Women Soldiers in World War I and the Revolution, Lawrence, KS 2006.
Stouffer, Samuel A./Suchman, Edward A., The American Soldier. Volume I: Adjustment During Army Life, Princeton, NJ 1949.

Streit, Christian, Keine Kameraden. Die Wehrmacht und die sowjetischen Kriegsgefangenen, 1941–1945, Bonn 1991.
Thomassen, Ågne G./Hystad, Sigurd W./Johnsen, Bjorn. H./Johnsen, Grethe E./Laberg, Jon C./Eid, Jarle, The Combined Influence of Hardiness and Cohesion on Mental Health in a Military Peacekeeping Mission. A Prospective Study, in: *Scandinavian Journal of Psychology* 56 (2016) H. 5, S. 560–566.
Thurston, Robert W., Cauldrons of Loyalty and Betrayal. Soviet Soldiers' Behavior, 1941 and 1945, in: Thurston/Bonwetsch (Hg.), People's War, S. 235–258.
Ders./Bonwetsch, Bernd (Hg.), The People's War. Responses to World War II in the Soviet Union, Urbana, IL 2000.
Tirado, Isabell, The Komsomol and the Bright Social Future, in: Kuhr-Korolev (Hg.), Sowjetjugend, S. 217–231.
Tischler, Carola, Die Vereinfachungen des Genossen Ehrenburg. Eine Endkriegs- und eine Nachkriegskontroverse, in: Scherstjanoi (Hg.), Rotarmisten schreiben, S. 326–339.
Tosh, John, What Should Historians Do with Masculinity? Reflections on Nineteenth Century Britain, in: *History Workshop Journal* 38 (1994) H. 1, S. 179–202.
Trotha, Trutz von, Zur Soziologie der Gewalt, in: ders. (Hg.), Soziologie der Gewalt, Opladen 1997, S. 9–59.
Tumarkin, Nina, The Living & the Dead. The Rise and Fall of the Cult of World War II in Russia, New York 1994.
UdSSR hat im Zweiten Weltkrieg rund 37 Millionen Menschen verloren (2009), in: *Sputnik news* (online), 07. 05. 2009, https://de.sputniknews.com/politik/20090507121492894 [28. 08. 2018].
Villa, Paula-Irene, Sexy Bodies. Eine soziologische Reise durch den Geschlechtskörper, Opladen 2001.
Weatherford, Doris, American Women and World War II, New York 1990.
Weiner, Amir, Something to Die for, a Lot to Kill for. The Soviet System and the Barbarization of Warfare, 1939–1945, in: George Kassimeris/Janet Todd (Hg.), The Barbarization of Warfare, New York 2006.
Ders., Making Sense of War. The Second World War and the Fate of the Bolshevik Revolution, Princeton, NJ 2002.
Welzer, Harald, Das kommunikative Gedächtnis. Eine Theorie der Erinnerung, München 2005.
Werner, Frank, Soldatische Männlichkeit im Vernichtungskrieg. Geschlechtsspezifische Dimensionen der Gewalt in Feldpostbriefen 1941–1944, in: Veit Didczuneit/Jens Ebert (Hg.), Schreiben im Krieg – Schreiben vom Krieg. Feldpost im Zeitalter der Weltkriege, Essen an der Ruhr 2011, S. 283–294.
Werth, Alexander, Russland im Krieg 1941–1945, München 1965.
Williams, Jill H./Fitzgerald, Louise F./Drasgow, Fritz, The Effects of Organizational Practices on Sexual Harassment and Individual Outcomes in the Military, in: *Military Psychology* 11 (1999) H. 3, S. 303–328.
Wingfield, Nancy M./Bucur, Maria, Introduction, in: dies. (Hg.), Gender and War in Twentieth-Century Eastern Europe, Bloomington, IN 2006.
Withuis, Jolande, Die verlorene Unschuld des Gedächtnisses. Soziale Amnesie in Hol-

land und sexuelle Gewalt im Zweiten Weltkrieg, in: Insa Eschebach/Sigrid Jacobeit/Silke Wenk (Hg.), Gedächtnis und Geschlecht. Deutungsmuster in Darstellungen des nationalsozialistischen Genozids, Frankfurt am Main/New York 2002, S. 77–96.

Wood, Elizabeth Jean, Armed Groups and Sexual Violence. When Is Wartime Rape Rare?, in: *POLITICS & SOCIETY* 37 (2009) H. 1, S. 131–162.

Wood, Michael D./Foran, Heather M./Britt, Thomas W./Wright, Kathleen M., The Impact of Benefit Finding and Leadership on Combat-Related PTSD Symptoms, in: *Military Psychology* 24 (2012) H. 6, S. 529–541.

Yuval-Davis, Nira, Militär, Krieg und Geschlechterverhältnisse, in: Ruth Seifert/Christine Eifler (Hg.), Soziale Konstruktionen – Militär und Geschlechterverhältnis, Münster 1999, S. 18–42.

Zaremba, Marcin, Die große Angst. Polen 1944–1957. Ein Land im Ausnahmezustand, Paderborn 2016.

Zeidler, Manfred, Kriegsende im Osten. Die Rote Armee und die Besetzung Deutschlands östlich von Oder und Neisse 1944/45, München 1996.

Ders., »Eine moderne Armee ist eine offensive Armee«. Die Sowjetstreitkräfte im Zeichen des Stalinismus, in: Plaggenborg (Hg.), Stalinismus, S. 419–440.

Zipfel, Gaby, Schlachtfeld Frauenkörper, in: Gleichmann/Kühne (Hg.), Massenhaftes Töten, S. 244–263.

Dies., »Blood, Sperm and Tears«. Sexuelle Gewalt in Kriegen, in: *Mittelweg 36* 10 (2001) H. 5, S. 3–20.

Zubkova, Elena, Die sowjetische Gesellschaft nach dem Krieg. Lage und Stimmung der Bevölkerung 1945/46, in: *Vierteljahrshefte für Zeitgeschichte* 47 (1999) H. 3, S. 363–383.

Dies., Russia after the War. Hopes, Illusions, and Disappointments, 1945–1957, Armonk, NY 1998.

Zur Nieden, Susanne, Alltag im Ausnahmezustand. Frauentagebücher im zerstörten Deutschland 1943 bis 1945, Berlin 1993.

Dank

Dieses Buch wäre ohne mannigfaltige Unterstützung nicht zustande gekommen. Manche, die diese Unterstützung geleistet haben, lassen sich hier aufzählen, andere nicht. Dankbar bin ich allen, auch denen, die ich hier vergessen haben mag.

Am Anfang der Promotion stand Jörg Baberowski, mein Erstbetreuer, der mich als Studentin beeindruckte und zur russischen Geschichte brachte, der es aber v. a. verstand, mein Fremdeln mit dem akademischen Betrieb auf sehr eigene Art zu neutralisieren. Dafür und für die langjährige Förderung, die mir so manche Tür öffnete, bleibe ich ihm trotz mancher Differenz dankbar.

Dank gebührt ebenfalls Claudia Kraft, die die Zweitbetreuung übernahm. Die Einladung zu einer von ihr geleiteten internationalen Konferenz in einem sehr frühen Stadium der Promotion ließ mich weit über mein damaliges Berliner Umfeld hinausschauen und vermittelte mir das Gefühl, in der wenn auch disparaten akademischen Landschaft einen Platz haben zu können.

Kontinuierlich ermöglicht wurde meine Promotion durch eine Drittmittelförderung des Hamburger Instituts für Sozialforschung, die die monetären Sorgen für lange Zeit vertrieb, sowie durch Forschungsstipendien des DAAD, des DHI Moskau und des DHI Warschau. Deren Mitarbeiter_innen ermöglichten zudem unzählige produktive und warmherzige Kontakte, lösten das eine oder andere Problem während meiner Archivaufenthalte und gaben mir und meiner Arbeit immer wieder neuen Schwung. Namentlich zu nennen seien an dieser Stelle Dietmar Wulff, ohne den ich wohl nie nach Russland gekommen wäre, Brigitte Ziehl und Maren Röger.

Zu den Annehmlichkeiten meiner Promotion gehörten insbesondere die vielen Reisen, die ich ansonsten wohl nicht hätte machen können. Sie brachten mich bis nach San Francisco ans Hoover Institute und in Kontakt mit Menschen wie Atina Grossmann, Amir Weiner, Norman Naimark und Amandine Regamey, die sich Zeit nahmen und deren hilfreiche Kommentare ich nicht missen möchte.

Zu den härteren Momenten der Promotion gehörten die Begegnungen mit den Veteran_innen der Roten Armee, deren Erfahrungen ich nachspüren wollte und die mich oft genug an liebgewonnen Einsichten zweifeln ließen. Ihnen gebührt mein Dank für diese Gespräche und noch mehr mein Respekt – denn sie sind durch die Hölle gegangen, und ich wünsche ihnen, dass sie diese eines Tages hinter sich lassen können.

Bedanken möchte ich mich ebenso bei den Mitarbeiter_innen des Deutsch-Russischen Museums in Berlin-Karlshorst, die Tipps und Ratschläge hatten, mir

Kontakte vermittelten und die nicht zuletzt eine Ausstellung organisierten, die für mich nachhaltige Folgen hatte.

Teil an dieser Arbeit hatten insbesondere Freund_innen und Kolleg_innen, die mir in den Jahren mit Rat und Tat, Empathie und solidarischer Kritik zur Seite standen. Am augenscheinlichsten war die Unterstützung durch Benjamin Beuerle, Maria Birger, Nina Bussmann, Alexander Frese, Jochen Krüger, Vojn Majstorovič, Sarah Matuschak, Katja Selmikeit, Leiv E. Voigtländer und Katja Wulff, die zu unterschiedlichen Zeitpunkten Teile dieser Arbeit lasen, korrigierten und diskutierten. Fachlich, freundschaftlich und politisch. Mehrfach. Dazu kommen, ganz am Anfang der Promotion, Peer Soehring und Markus Berg, und am Ende Felix Schnell und Florian Peters, die das ganze Manuskript lasen. Insbesondere Florian ließ sich trotz eines gebrochenen Fußes (an dem ich nicht ganz unschuldig war) wie kaum ein anderer auf den Text ein. Ich hoffe, dass es mit euch weitere Texte und Tanzeinlagen gibt!

Für pragmatische Hilfe und ihre Freundschaft sei zudem Rodrigo von Horn, Sergej Petrov und Daša Rozenštejn gedankt, die oftmals im richtigen Moment da waren, mich in Moskau aufnahmen und Birkenzweige in einer Banja schwangen. Ebenso David Šimek, der dafür sorgte, dass ich in den letzten Monaten der Promotion nicht verhungerte.

Nach der Abgabe und Verteidigung wurde aus der Dissertation ein Buchmanuskript. Jörg Baberowski, Michael Wildt und Stefanie Schüler-Springorum ermöglichten es, dass es bei der Hamburger Edition erscheinen konnte. Zur generösen Ausstattung und kompetenten Betreuung durch die Hamburger Edition gehörte insbesondere das Lektorat von Sigrid Weber. Ohne sie wäre mir (und meinen Leser_innen) wohl so manch eigener Gedanke verborgen geblieben, und ich hätte am Ende die Waffen gestreckt.

Die Fertigstellung des Manuskripts wurde nicht zuletzt auch durch das kollegiale und solidarische Klima an meinem neuen Arbeitsplatz an der Professur von Anke Hilbrenner in Göttingen möglich. Dafür ein herzliches Dankeschön an sie und das gesamte Team, zumal an Jennifer Frank und Maria Kireenko. Auch Matthias Pruns las kurz vor Schluss noch einige Teile Korrektur.

Widmen möchte ich dieses Buch meiner Mutter Helgard Bischl. Ohne sie (und die familiäre Starrköpfigkeit) wäre ich wohl nicht da, wo ich gerade bin. Möge sie noch einige Jährchen bei uns bleiben.

Göttingen, im Oktober 2018

Studien zur Gewaltgeschichte des 20. Jahrhunderts

Sara Berger
Experten der Vernichtung
Das T4-Reinhardt-Netzwerk in den Lagern Belzec, Sobibor und Treblinka
2018 [2013] | br., 622 S., 23 Abb., € 28,– | 978-3-86854-268-4

Svenja Bethke
Tanz auf Messers Schneide
Kriminalität und Recht in den Ghettos Warschau, Litzmannstadt und Wilna
2015 | br., 317 S., 28,– | 978-3-86854-295-0

Robert Kindler
Stalins Nomaden
Herrschaft und Hunger in Kasachstan
2014 | br., 381 S., 14 Abb., 3 Karten, € 28,– | 978-3-86854-277-6

Alexander Korb
Im Schatten des Weltkriegs
Massengewalt der Ustaša gegen Serben, Juden und Roma in Kroatien 1941–1945
2014 [2013] | br., 510 S., 33 Abb. und Karten, € 28,– | 978-3-86854-259-2

Jonas Kreienbaum
»Ein trauriges Fiasko«
Koloniale Konzentrationslager im südlichen Afrika 1900–1908
2015 | br., 349 S., 5 Abb., € 28,– | 978-3-86854-290-5

Silvan Niedermeier
Rassismus und Bürgerrechte
Polizeifolter im Süden der USA 1930–1955
2014 | br., 287 S., 9 Abb., € 28,– | 978-3-86854-283-7

Harriet Scharnberg
Die »Judenfrage« im Bild
Der Antisemitismus in nationalsozialistischen Fotoreportagen
2018 | br., 448 S., 95 Abb., € 28,– | 978-3-86854-325-4